Senan Elyafi-Schulz

Das Phänomen des „Ehrenmordes"

Senan Elyafi-Schulz

Das Phänomen des „Ehrenmordes"

Eine rechtliche Untersuchung unter Berücksichtigung der Täter- und Opferperspektive

Tectum Verlag

Senan Elyafi-Schulz

Das Phänomen des „Ehrenmordes"
Eine rechtliche Untersuchung unter Berücksichtigung der Täter- und Opferperspektive

Zugl. Diss. Univ. Universität Bielefeld 2012, Fakultät für Rechtswissenschaft

ISBN: 978-3-8288-3039-4

Umschlagabbildung: istockphoto.com © azat1976 (bearbeitet)
Druck und Bindung: CPI buchbücher.de, Birkach
Printed in Germany

Besuchen Sie uns im Internet
www.tectum-verlag.de

FSC www.fsc.org MIX Papier aus verantwortungsvollen Quellen FSC® C003147

Bibliografische Informationen der Deutschen Nationalbibliothek
Die Deutsche Nationalbibliothek verzeichnet diese Publikation in der Deutschen Nationalbibliografie; detaillierte bibliografische Angaben sind im Internet über http://dnb.ddb.de abrufbar.

VORWORT

Die Arbeit wurde im Sommersemester 2011 von der Fakultät für Rechtswissenschaft an der Universität Bielefeld als Dissertation angenommen. Literatur und Rechtsprechung konnten bis Mai 2011 berücksichtigt werden. Die Disputation fand am 05. Juni 2012 statt.

Mein großer Dank gilt meiner Doktormutter Frau Prof. Dr. Britta Bannenberg, die mir diesen Weg erst ermöglicht hat. Ich danke ihr für das Vertrauen, die vielfältige Unterstützung sowie die zügige Erstellung des Erstgutachtens. Hervorheben möchte ich an dieser Stelle insbesondere ihre wertvollen Denkanstöße wie auch die herzliche Betreuung. Bedanken möchte ich mich daneben bei Frau Prof. Dr. Regina Harzer für die Erstellung des Zweitgutachtens und das rege Interesse an meinem Promotionsthema. Ein ebenso großes Dankeschön an Herrn Prof. Dr. Ralf Kölbel, der den Vorsitz meiner mündlichen Prüfung übernommen hat.

Nicht genug danken kann ich all denjenigen, die mir während dieser Zeit als wertvolle Diskussionspartner zur Seite standen. Namentlich nennen möchte ich insbesondere meine Freundin und ehemalige Kollegin Frau Dr. Smaro Tassi. Danke für die wertvollen Korrekturvorschläge, die emotionale Unterstützung sowie die Hilfestellungen bei technischen Fragen. Ebenso möchte ich meiner Freundin Frau Maike Timmermann danken, die sich die Zeit genommen hat, die diversen Manuskripte Korrektur zu lesen. Ein großes Dankeschön auch an meine Cousine Frau Bengü Özkesen Türkeri für ihre maßgebliche Unterstützung während meines Forschungsaufenthalts in der Türkei sowie an meinen Schwager Herrn Rechtsanwalt Murat Ulusu. Herrn Prof. Dr. Wolfgang Schild danke ich für die Zeit an seinem Lehrstuhl. Sein Verständnis hat es möglich gemacht, die Erstellung der Arbeit mit der Berufstätigkeit als wissenschaftliche Mitarbeiterin zu vereinbaren.

Meinem Ehemann Herrn Andre Schulz und meiner Familie danke ich von ganzem Herzen für ihre liebevolle Unterstützung. Ohne sie hätte mir an vielen Stellen die notwendige Kraft gefehlt.
Der Gleichstellungskommission der Fakultät für Rechtswissenschaft der Universität Bielefeld gilt ebenfalls ein besonderes Dankeschön. Die finanzielle Förderung meiner Untersuchung durch ein halbjähriges Promotionsstipendium war mir vor allem in der Anfangsphase meiner Arbeit eine sehr große Hilfe.

Bielefeld, im Juni 2012. Senan Elyafi-Schulz

INHALTSVERZEICHNIS

1 Fragestellung und Aufbau der Arbeit

Spätestens seit dem Tod der kurdisch-türkischstämmigen Hatun Sürücü am 07. Februar 2005 hat die Diskussion über „Ehrenmorde" in Deutschland stark zugenommen. Lange Zeit vernachlässigt, sind sie mittlerweile in das Interesse der Öffentlichkeit gerückt und stehen nicht selten im Mittelpunkt der Integrationsdebatte in Deutschland.[1] Obwohl die Nachfrage sehr groß ist, gibt es bisher erst wenige wissenschaftliche Publikationen, die sich mit dem Thema „Ehrenmorde" in Deutschland auseinandersetzen. Offizielle Statistiken und repräsentative Studien zum Vorkommen des Phänomens stehen nach wie vor aus.[2] Bisherige Sonderauswertungen und Fallsammlungen über Formen, Ursachen und Verbreitung der Taten bieten einen sehr vagen Ansatzpunkt und können die Situation in Deutschland nicht umfassend und tiefgreifend genug wiedergeben. Dies gilt etwa für die Ergebnisse der vom Bundeskriminalamt im Jahre 2006 veröffentlichten „Bund-Länderabfrage zum Phänomenbereich Ehrenmorde in Deutschland", bei der alle Kriminalämter beauftragt wurden, ihre polizeiliche Kriminalstatistik der letzten zehn Jahre nach Ehrmotiven zu untersuchen. Ungenau fallen auch die Angaben der Materialsammlung zu „Verbrechen im Namen der Ehre" in Deutschland aus, die von der Berliner Schutzeinrichtung „Papatya" für den Zeitraum von 1996 - 2009 anhand von Medienberichterstattungen zusammengestellt wurde.[3] Diverse Arbeiten aus dem Bereich der Psychologie und der Soziologie befassen sich zwar etwas ausführlicher mit der Analyse der Besonder-

1 Auch aktuell sind „Ehrenmorde" wieder Gegenstand verschiedener Diskurse, was nicht zuletzt auf die jüngsten Äußerungen des ehemaligen Bundesbankvorstandes und Ex-Finanzsenators Thilo Sarrazin zurückzuführen ist, der unter dem Buchtitel *„Deutschland schafft sich ab. Wie wir unser Land aufs Spiel setzen"* Kritik an der gescheiterten Integration vor allem türkischer Einwanderer geübt und damit eine Welle der Empörung in der deutschen Politik ausgelöst hat.

2 Eine aktuelle Ausnahme ist die Untersuchung zur *„Gewalt im Namen der Ehre"* (2011) von Esma Cakir-Ceylan, der eine Analyse von *„Gewalttaten in Deutschland und in der Türkei unter besonderer Betrachtung der Rechtsentwicklung in der Türkei"* zugrunde liegt.

3 So auch die *„Studie Ehrenmord"* (2005) der Nichtregierungsorganisation Terre des Femmes, wo insbesondere bei der Darstellung der Situation in Deutschland auf die Dokumentation Papatyas zurückgegriffen wird; zu den Befunden der einzelnen Berichte siehe im 1. Teil unter 1.4.1.1.

heiten von „Ehrenmorden“, liefern aber keinerlei Erkenntnisse in rechtlicher Hinsicht.[4] Dabei drängt sich die Frage nach der rechtswissenschaftlichen Einordnung dieser speziellen Gewaltform geradezu auf, da sie der deutschen Justiz wegen ihrer fremden Merkmale immer wieder große Schwierigkeiten bereitet. Aus diesem Grund haben sich in den letzten Jahren vermehrt auch juristische Arbeiten der Thematik gewidmet, in denen allerdings nicht so sehr auf die Details und die spezifische Vorgeschichte des Phänomens eingegangen wird.[5] Teilweise fehlt es auch an einem Bezug zur türkischen Strafrechtsordnung, der aber zwingend notwendig ist, um gezielter beantworten zu können, ob das Ehrmotiv bei der Bewertung der Tat nach deutschem Recht eine privilegierende Berücksichtigung erfahren sollte.[6] Vor dem Hintergrund, dass der Forschungsschwerpunkt bereits vorhandener juristischer Untersuchungen insbesondere auf der strafrechtlichen Behandlung der Problematik – und damit auf dem Umgang mit dem Täter – liegt, steht die rechtliche Aufarbeitung der Opferperspektive bislang noch völlig aus. Die Beschreibung der spezifischen Situation potentieller „Ehrenmordopfer“ ist aber ebenso wichtig und muss vor allem aus rechtlicher Sicht beleuchtet werden, um festzustellen wie Betroffenen in Deutschland effektiv geholfen werden kann und welche Besonderheiten hierbei zu berücksichtigen sind. Aus dieser wissenschaftlichen Lücke und dem geringen Erkenntnisstand zu „Ehrenmorden“ in Deutschland ergeben sich die Notwendigkeit und die Zielsetzung der vorliegenden Dissertation, die in erster Linie darauf ausgerichtet ist, die soziokulturellen Ursachen und (Hinter-)Gründe von „Ehrenmorden“ eingehend zu betrachten und auf der Grundlage dieser Erkenntnisse die Tat rechtlich sowohl auf Täter- als auch auf Opferseite sachgerecht einzuordnen. Zentrale Fragesellungen der Arbeit sind, welche für die Tat typischen Faktoren bei ihrem Zustandekommen im Allge-

---

4 Hier sind hauptsächlich der von Ilhan Kizilhan unternommene *„Unmögliche Versuch einer Erklärung“* von *„Ehrenmorden“* (2006) und die Studie *„Ehrenmord in Deutschland“* von Anna Caroline Cöster aus dem Jahre 2009 zu nennen.

5 Dies trifft vor allem auf die Dissertation Bahar Erbils *„Soziokulturelle Motive im Strafrecht unter Berücksichtigung des türkischen Ehrbegriffs“* aus dem Jahre 2008 sowie auf die rechtsvergleichende Untersuchung Erol Rudolf Pohlreichs *„Ehrenmorde im Wandel des Strafrechts“* (2009) zu.

6 So insbesondere die Analyse Werner Baumeisters *„Ehrenmorde“* aus dem Jahr 2007, der im Rahmen seiner Ausführungen zur strafrechtlichen Bewertung der Tat in Deutschland die türkische Rechtslage unberücksichtigt lässt.

meinen und auch im Zuwanderungskontext eine wichtige Rolle spielen; wie in Deutschland strafrechtlich auf „Ehrenmorde" reagiert wird und wo die größten Problembereiche liegen. Ferner wird untersucht, welche juristischen Mittel als wirksame Opferschutzmaßnahmen herangezogen werden können. Schließlich ist zu fragen, wie in einer akuten Bedrohungssituation vorgegangen werden sollte.

Das Erkenntnisinteresse der Untersuchung gilt vor allem dem Vorkommen von „Ehrenmorden" innerhalb türkischer (Migranten-)Familien, wobei der Blick sowohl auf das Herkunftsland Türkei als auch auf die Situation in Deutschland zu richten ist. Die Beschränkung auf diese Zielgruppe ergibt sich neben dem hohen Bevölkerungsanteil von Familien mit türkischem Migrationshintergrund in Deutschland auch aus der Tatsache, dass „Ehrenmorde" hier insbesondere aus diesem Kreis bekannt sind. Es ist jedoch darauf hinzuweisen, dass es sich bei der folgenden Darstellung nicht um verbindliche Maßstäbe handelt, die für die Allgemeinheit aller türkischen (Migranten-)Familien beziehungsweise der muslimischen Glaubensgemeinschaft gleichermaßen gelten. Vielmehr wird in der vorliegenden Untersuchung lediglich auf einen Teil der türkischen Gesellschaft Bezug genommen, ohne gesamte (Migranten-)Gruppen stigmatisieren zu wollen.

Der erste Teil der Arbeit beinhaltet die Annäherung an den Untersuchungsgegenstand „Ehrenmord". Hierzu werden zunächst einige Ausführungen zum Begriff gemacht sowie das allgemeine Phänomen ausführlich beschrieben. Die möglichst exakte Charakterisierung der Merkmale des „Ehrenmordes" erfordert zudem die Typisierung der der Tat zugehörigen Delikte. In diesem Zusammenhang wird vor allem auf die Blutrache und die Zwangsheirat eingegangen. Da es sich sowohl bei „Ehrenmorden" als auch bei der Blutrache um Tötungsdelikte handelt, die durch die Verletzung der Ehre gekennzeichnet sind, wird sich das besondere Augenmerk auf die Beschreibung der Blutrache in ihrem Verhältnis zum „Ehrenmord" richten. Für eine eventuelle Grenzziehung wird hier vor allem geklärt, worin die Gemeinsamkeiten, Berührungspunkte und Unterschiede der Taten liegen. Im Rahmen der Erläuterungen zur Zwangsheirat, bei der es sich häufig um eine im Vorfeld des „Ehrenmordes" in Erscheinung tretende Tat handelt, werden neben ihren allgemeinen Kulturbedingten Eigenschaften auch ihre migrationsspezifischen Ausprägungen beleuchtet. In diesem Zusammenhang wird auch die Frage aufzugreifen sein, inwiefern Zwangsverheiratungen von arrangierten Ehen abgegrenzt werden können. An diese Ausführungen wird sich die statistische Darstellung zum Vorkommen und zur Häufigkeit von „Ehrenmorden" in Deutschland anschließen. Ihr folgt die Interpretation der Ergebnisse und die Ableitung erster Schlussfolgerungen für die Bestimmung des Phänomens in Deutschland. Um die Tat aus verschiedensten Blickwinkeln zu erläutern und eine Vergleichsmöglichkeit zu schaffen, wird im Weiteren auf die statistischen Erkenntnisse zu „Ehrenmorden" in der Türkei eingegangen. Die Auseinandersetzung mit den Untersuchungen im Heimatland wird dazu beitragen, zusätzliche Merkmale des „Ehrenmordes" aufzudecken, die auch bei der Begehung der Tat in Deutschland eine Rolle spielen könnten und daher bei der Einordnung des Phänomens künftig Berücksichtigung finden sollten.

Im zweiten Abschnitt wird dem wichtigsten Herkunftsland des „Ehrenmordes", der Türkei, besondere Aufmerksamkeit gewidmet und ein Einblick in das traditionell türkische Ehrverständnis gegeben, das den Referenzrahmen für „Ehrenmorde" bildet. So werden der Ehrbegriff der traditionell türkischen Kultur, sein Stellenwert und seine Formen umfassend dargelegt und verständlich gemacht. Der Fokus richtet sich hierbei auf den zentralsten Wert des Ehrverständnisses in der traditionell türkischen Gesellschaft *(„Namus")*, welcher zwischen der Ehrenhaftigkeit der Geschlechter unterscheidet und verschiedene Verhaltenserwartungen an Frau und Mann stellt.

Der dritte Teil der Arbeit setzt sich mit den (Hinter-)Gründen des „Ehrenmordes" auseinander. Hierzu werden diejenigen Lebensbereiche, die unter dem Einfluss der Ehre stehen, genau beleuchtet. Für ein tieferes Verständnis ist es sinnvoll, zunächst die Situation im Herkunftsland der Zuwanderer in den Blick zu nehmen und das Phänomen regional und personenspezifisch einzuordnen. So wird mit der Erörterung der Fragen begonnen, aus welchen Gebieten der Türkei die Tat stammt und worin die ausschlaggebenden Gründe für ihre Persistenz in den betroffenen Zonen liegen. Ferner wird die für die Herkunftsbereiche des „Ehrenmordes" typische Sozialstruktur eine ausführliche Erwähnung finden, die durch solidarische (Groß-)Familien und ihre engen Verflechtungen zu ihrem sozialen Umfeld gekennzeichnet ist. Nachfolgend werden die patriarchalisch-hierarchischen Familienstrukturen dargestellt und es wird aufgezeigt, welchen Einfluss diese auf die Stellung und Aufgaben von Mann und Frau in Familie und Gesellschaft haben. Daneben erfolgt eine Darstellung zu dem Heiratsverhalten in der traditionell türkischen Gesellschaft, der Funktionen und der Bedeutung der Ehe sowie dem Erleben von Sexualität in diesem Rahmen. Den nächsten Bereich nehmen die traditionellen Erziehungsziele und Erziehungsmethoden in türkischen Familien und ihre Einstellung zu außerfamiliären Sozialisationsinstanzen am Beispiel der Schule ein, die einen wesentlichen Beitrag für die Aufrechterhaltung des traditionellen Wertesystems liefern können. Mit der Beleuchtung innerfamiliärer Gewalt gegenüber der Frau und den Kindern in traditionell türkischen Familien werden die Ausführungen sodann ihren Abschluss finden. Da „Ehrenmorde" vorwiegend aus muslimischen Kulturkreisen bekannt sind, werden sie in einem letzten Schritt religiös eingeordnet. Hierbei richtet sich der Fokus auf die Frage, ob es einen spezifischen Bezug zwischen „Ehrenmorden" und dem Islam gibt, indem erörtert wird, ob der Islam - und somit der Koran - eine Legitimation für solche Taten darstellen kann, und wenn ja, woraus sich diese ableiten lässt.

Auf der Grundlage dieser Erkenntnisse findet im vierten Abschnitt eine Herausarbeitung von Erklärungsansätzen für das (Fort-)Bestehen von „Ehrenmorden" in Deutschland statt. Hierzu wird der Situation türkischer Migrantenfamilien in Deutschland besondere Aufmerksamkeit gewidmet, indem insbesondere analysiert wird, welche Faktoren die Straftat in der Migrationssituation fördern können. Eingangs erfolgt ein historischer Abriss über die Gründe und Entwicklungen der Zuwanderung von türkischen Migrantenfamilien nach Deutschland. Dem werden sich eine Untersuchung der Frage, wie die Menschen mit dem „Aufprall" mitgebrachter und vorgefundener Wertesysteme umgehen und eine Beschreibung der hieraus resultierenden Probleme anschließen. Ferner wird die Lebenssituation türkischer Migrantenfamilien beleuchtet und dargelegt, welche Einstellungen und religiöse Orientierungen hier herrschen und welche Rolle die türkische Gemeinschaft spielt. Daneben erfolgt eine Untersuchung der Strukturen der Familien und eine Auseinandersetzung mit den Fragen, ob diese migrationsbedingt aufgeweicht wurden und wie die Familien im Allgemeinen auf Veränderungen reagieren. Da bisherige Arbeiten darauf hinweisen, dass das Weitergeben der eigenen Wertorientierungen an die Kinder für die meisten türkischen Familien von größter Bedeutung ist,[7] ist es sinnvoll, auch die Situation der jüngeren Generationen zu beschreiben und dabei in den Blick zu nehmen, wie sich Vorstellungswelt und Denkmuster bei dieser gestalten.

Der fünfte Teil der Arbeit beschäftigt sich schwerpunktmäßig mit der strafrechtlichen Behandlung von „Ehrenmorden" in Deutschland und in der Türkei. Um einen ersten Eindruck zu vermitteln, werden zunächst Bedeutung und Stellenwert der Ehre in der türkischen und

---

7 König/Straube/Taylan, 9; Zemlin, 1.

deutschen Strafrechtsordnung erörtert. Hieran knüpfen Ausführungen zur Ehre und ihrer Verteidigung in der Geschichte der deutschen Strafrechtspflege an. Wie sich herausstellen wird, kann die Darstellung ihrer historischen Entwicklung dazu beitragen, die Frage zu beantworten, welche Gründe für die Überwindung ehrbedingter Gewaltformen grundsätzlich ausschlaggebend sein können. Anschließend werden die rechtlichen Bestimmungen des türkischen Strafgesetzbuches, die die „Ehrenmordproblematik" berühren, aufgezeigt. Im Rahmen der Ausführungen zum Verlauf der höchstrichterlichen Rechtsprechung und dem Meinungsstand im Schrifttum zu „Ehrenmorden" in Deutschland wird die Problematik, die sich aus dem Zusammentreffen des deutschem Rechtssystem mit den spezifischen Besonderheiten des Phänomens ergibt, im Mittelpunkt der Betrachtung stehen. Bei der Erarbeitung der Lösungsansätze wird auf die bereits gewonnenen Erkenntnisse zurückgegriffen.

Der letzte Abschnitt wird Aufschluss darüber bringen, wie auf die Situation bedrohter Opfer wirksam reagiert werden kann. Hierzu werden vor allem verschiedene justizielle Maßnahmen aufgearbeitet und unter Berücksichtigung der Erkenntnisse aus den vorherigen Abschnitten der Arbeit detailliert untersucht. Dabei gilt es insbesondere festzustellen, welche dieser Maßnahmen effektive Instrumente darstellen, die den spezifischen Bedürfnissen potentieller „Ehrenmordopfer" gerecht werden, und welche anderen Maßnahmen im Kontext der „Ehrenmorde" keine adäquate Hilfestellung bieten können. Am Schluss der Arbeit finden sich die Zusammenfassung der zentralen Untersuchungsergebnisse sowie die Schlussbetrachtung.

2 Der „Ehrenmord“ als schwerste Form der Gewalt im Namen der Ehre[8]

2.1 Zum Begriff

Da es in Deutschland lange Zeit keinen Ausdruck für „Ehrenmorde“ gab, fällt das Ergebnis der Suche nach einer Definition sehr spärlich aus. So wurde erst im Jahre 2004 die Kategorie der „Gewalt im Namen der Ehre“ eröffnet, die von der anonymen Hilfseinrichtung „Papatya“ in Zusammenarbeit mit der Frauenrechtsorganisation Terre des Femmes folgendermaßen beschrieben wird:

> „Unter Gewalt im Namen der Ehre sind physische und psychische Übergriffe zu verstehen, die im Rahmen von patriarchalischen Familienstrukturen, Gemeinschaften oder Gesellschaften ausgeübt werden. Sie richten sich überwiegend gegen Mädchen und Frauen. (...) Die Ausübung der Gewalt wird als legitime Wahrung/Wiederherstellung der (Familien-)Ehre gerechtfertigt, um traditionelle Wertesysteme und Normen aufrechtzuerhalten“.[9]

Während zur psychischen Gewalt die Unterdrückung, Bedrohung und Erpressung des Opfers gehören, werden unter physischen Übergriffen die Misshandlung, Folter, Zwangsheirat sowie der „Ehrenmord“ als extremste Form ehrbedingter Gewalthandlungen verstanden.[10]

Nach Angaben von Böhmeke werden die Termini „Gewalt im Namen der Ehre“ und „Ehrverbrechen“ in der Literatur und Praxis immer wieder diskutiert. Die Expertin meint, der Grund für die Debatte sei die Widersprüchlichkeit der Ausdrücke, die daraus resultiere, dass Gewalthandlungen niemals als ehrenhaft angesehen werden könnten.[11]

---

8 Die folgenden Beschreibungen haben exemplarischen Charakter für alle Länder, in denen die verschiedenen Phänomene in Erscheinung treten.

9 Ter-Nedden 2007a, 164.

10 Terre des Femmes/Böhmeke 2005, 6.

11 Böhmeke, 14 Fn. 1. Vor diesem Hintergrund wurde der Begriff des „Ehrenmordes“ im Jahre 2005 sogar im Rahmen der Aktion „Unwort des Jahres“

Diese Unvereinbarkeit hat den ehemaligen UN-Generalsekretär Kofi Annan dazu veranlasst, den Begriff der „Schande-Morde" („shame killings") einzuführen, dem sich der Deutsche Bundestag angeschlossen hat.[12] Obwohl die Bezeichnung „Schande-Morde" die Motivation der Tat besser zum Ausdruck bringt, wird sie in der Literatur kaum genutzt. Trotz der Bedenken haben sich auf internationaler Ebene vielmehr die Begriffe „crimes in the name of honour" und „honour killings" durchgesetzt.[13] Das andauernde Festhalten an dem plakativen Begriff des „Ehrenmordes" auch in Deutschland liegt vermutlich daran, dass nur auf diesem Wege deutlich wird, in welchem Zusammenhang das Phänomen zu dem spezifischen Ehrenkodex steht. Daher wird auch im Rahmen dieser Arbeit auf die Bezeichnung „Ehrenmord" zurückgegriffen, wobei die Gegensätzlichkeit des Ausdrucks durch die Setzung von Anführungszeichen untermauert werden soll.[14]

2.2 Allgemeine Phänomenbeschreibung

2.2.1 Das weltweite Ausmaß

Laut einer im Jahre 2000 von der UNO veröffentlichten Studie werden jedes Jahr weltweit bis zu 5000 Mädchen und Frauen im Namen der Ehre getötet. Länder, die besonders betroffen sind, sind beispielsweise Pakistan, Jordanien, Afghanistan, Irak und die Türkei.[15] Nach Angaben von Asma Jahangir - UN-Sonderberichterstattern zu illegalen, willkürlichen und Massenexekutionen - nehmen die Zahlen im Allgemeinen zu,[16] was bereits durch einzelne Berichte für das Irakisch-Kurdistan und Pakistan bestätigt werden konnte.[17] Da offizielle Kriminalstatistiken fehlen, kann keine verlässliche Aussage über das tatsächliche Ausmaß getroffen werden. Eine vielfach höhere Dunkelziffer ergibt sich zudem vor dem Hintergrund, dass die Morde in der Regel als

---

als ein solches gerügt, vgl.www.uni-frankfurt.de/fb/fb10/IDLD/Ehemalige_hist/Sprw/Schlosser/unwortdesjahres/unwoerter/index.html; abgerufen am 19.06.2009.

12 BT-Drucks. 14/7457.

13 Böhmeke, 14 Fn. 1.

14 So auch Terre des Femmes/Böhmeke 2007, 8 Fn. 1.

15 UNFPA, 39.

16 Ebd.

17 Eingehend hierzu siehe Kvinnoforum 2005, 16 f.

„Familiensache" angesehen werden, in die sich niemand einmischen darf. Wegen der hohen gesellschaftlichen Legitimation sind Verwandte, Nachbarn und auch die Polizei häufig nicht dazu bereit, die Aufklärung der Tat zu veranlassen oder sie zu fördern.[18] Hierdurch können die Familien die Taten mit Leichtigkeit als Unfall oder Selbstmord tarnen, ohne dass weiter untersucht beziehungsweise ein Täter vor Gericht gebracht wird.[19] Auch eine vorgetäuschte Vermisstenmeldung oder fehlende Geburtsregister in ländlichen Gegenden tragen dazu bei, dass der Tod der Opfer nicht bekannt wird.[20]

2.2.2 Täter

Der „Ehrenmord" wird zumeist von den männlichen Verwandten einer Frau ausgeführt. Als Täter kommen neben dem Vater oder den Brüdern auch der Ehemann, der Verlobte, ein Onkel oder ein Cousin in Betracht.[21] Bei Bekannt werden einer Ehrverletzung wird die genaue Vorgehensweise oftmals von dem „Familienrat" beschlossen, der sich vorwiegend aus den älteren Familienmitgliedern zusammensetzt.[22] Da hierbei nicht zwischen den Geschlechtern unterschieden wird, können durchaus auch ältere Frauen an der Tatplanung mitwirken.[23] Obwohl sich die Beteiligung der Frauen an der Tat in der Regel auf das Vorbereitungsstadium beschränkt, nehmen sie immer wieder eine wichtige Rolle im Rahmen eines „Ehrenmordgeschehens" ein. Denn nicht selten sind es die Frauen, die auf die Begehung der Tat bestehen oder sogar zu ihr anstiften.[24] Was auf den ersten Blick als eine Tragödie erscheint, wird häufig mit der starken Verinnerlichung der gesellschaftlich auferlegten Rolle der Frau begründet.[25] Wer die Tat letztlich ausführen soll, wird ebenfalls durch den „Familienrat" bestimmt. Häufig fällt die Entscheidung auf ein minderjähriges beziehungsweise heranwachsendes

---

18 Terre des Femmes/Böhmeke 2005, 3; Izol, 17; ebenso Becker, 52, die über Fälle aus Indien berichtet, in denen sich die Polizei sogar an der Beweisvernichtung der Familien beteiligt.

19 Führing, 30; Holzer-Özgüven, 39.

20 Böhmeke, 12.

21 Schirrmacher 2007, 11 f.

22 Terre des Femmes/Böhmeke 2007, 8; Führing, 30.

23 Dörfel/Naendorf, 4.

24 Schirrmacher 2007, 14.

25 Izol, 17.

Familienmitglied,[26] was oftmals von praktischen Gedanken geleitet wird. So verspricht die Tatausführung durch eine jüngere Person einerseits die Erwirkung einer Strafminderung.[27] Andererseits kann das Ausbleiben der Arbeitskraft eines jüngeren Familienmitgliedes - im Falle einer Verurteilung zu einer Freiheitsstrafe - am ehesten wirtschaftlich verkraftet werden.[28]

Die Täter sind in der Regel einem enormen Zwang ausgesetzt, da nicht nur die Familie, sondern die gesamte Gesellschaft von ihnen die Wiederherstellung der Ehre durch die Tötung der Frau oder des Mädchens verlangt.[29] Wenn sie sich weigern, werden sie selbst als unmännlich und schwach angesehen, weshalb die ganze Familie gesellschaftlich ausgestoßen wird. So kann es vorkommen, dass eine Familie sogar entgegen ihrer eigenen Überzeugung zur Selbstjustiz greift, nur um den gesellschaftlichen Anforderungen gerecht zu werden und ihre eigene Stärke zu beweisen.[30] Andere Täter lassen sich wiederum als „Helden" feiern und genießen das gesellschaftliche Ansehen, das sie für die Begehung einer Tötung erhalten.[31]

2.2.3 Opfer

Dem „Ehrenmord" fallen weltweit vorwiegend Frauen und Mädchen zum Opfer.[32] Während erwachsene Frauen in jedem Alter betroffen sein können, besteht bei jungen Mädchen ab der Pubertät die erhöhte Gefahr eine Ehrverletzung zu begehen und deshalb von der Familie getötet zu werden.[33] Der Tod der Frau oder des Mädchens wird häufig nicht betrauert. Deshalb werden außer der Beerdigung des Opfers keine weiteren Trauerrituale durchgeführt.[34] Hat das Opfer die Tat überlebt, kommt es in der Regel zu weiteren Übergriffen durch die Familie. In diesem Zusammenhang wird etwa berichtet:

---

26 Kvinnoforum 2005, 18.

27 Böhmeke, 13; Izol, 10.

28 Schirrmacher 2007, 14; zu der Familie als Produktionseinheit siehe 3. Teil unter 3.2.1.

29 Bulut, 107 f.

30 Schirrmacher 2007, 13 f.

31 Terre des Femmes/Böhmeke 2007, 8; Führing, 30.

32 Papatya, ohne Seite.

33 Terre des Femmes/Böhmeke 2007, 8; Tellenbach 2003a, 2.

34 Izol, 17.

„Nachdem meine Eltern erfahren hatten, dass ich nicht tot war, kam meine Mutter mit einem Glas Gift ins Krankenhaus".[35]

Auch Männer werden - jedoch in einem geringeren Ausmaß - Opfer ehrbedingter Tötungen durch ihre eigene Familie.[36] Männliche Opfer werden jedoch häufiger im Rahmen von so genannten Blutrachedelikten vorgefunden.[37]

2.2.4 Auslöser

In den verschiedenen Gesellschaften wird es unterschiedlich beurteilt, welches Verhalten letztendlich zu einer Ehrverletzung führt und wann die Tötung einer Frau angemessen erscheint.[38] So können bereits absolut harmlose Handlungen wie etwa ein Gespräch mit einem fremden Mann oder ein Zulächeln ausreichen, um eine Ehrverletzung zu begründen. Wenn sich Mädchen oder Frauen nicht keusch genug kleiden, kann dies ebenfalls als ehrenrührig gedeutet werden. Problematisch wird es zudem, wenn sich das Mädchen weigert, einen für sie ausgesuchten Partner zu heiraten oder sie eine Beziehung zu einem Mann führt, den die Eltern nicht akzeptieren.[39] Der (Verdacht auf) Ehebruch[40] gehört ebenso wie der Scheidungswunsch von einem (gewalttätigen) Ehemann zu den anerkannten ehrenrührigen Verhaltensweisen einer Frau.[41] Von großer Bedeutung ist daneben der Verlust der Jungfräulichkeit vor der Ehe.[42] Eine uneheliche Schwangerschaft kann ebenfalls die Ehre der Familie beflecken und somit den Tod einer Frau begründen.[43] Ob die Frau sich dabei freiwillig mit dem Mann eingelas-

---

35 Siehe bei Rostock, 36.

36 Kvinnoforum 2005, 23.

37 Zur Differenzierung zwischen Blutrache und „Ehrenmorden" siehe im 1. Teil unter 1.3.1.2.

38 Terre des Femmes/Böhmeke 2005, 5; umfassend zu dem Ehrbegriff in der traditionell türkischen Kultur siehe im 2. Teil.

39 Zum Ganzen Terre des Femmes/Böhmeke 2007, 9; Bundeskriminalamt 2006, 5.

40 Bulut, 47 f.; Institut für Islamfragen, www.islaminstitut.de/Artikelanzeige.41+M54cb2a3c605.0.html, abgerufen am 08.10.2007.

41 Terre des Femmes/Böhmeke 2007, 9.

42 Bundeskriminalamt 2006, 5.

43 Siehe bei Rostock, 35.

sen hat oder das Kind im Rahmen einer Vergewaltigung gezeugt wurde, wird von den Familien nicht hinterfragt. Vielmehr wird die Frau als alleinige Schuldträgerin angesehen, die als Vergewaltigte Schande über die ganze Familie gebracht hat.[44] Auch bei einer Schwangerschaft durch Inzest kann der Frau der Tod aus Gründen der Ehre drohen. In diesen Fällen dient der Mord vorrangig der Vertuschung der Gewalttat und soll den Täter vor einem Gesichtsverlust schützen.[45] Zudem ist es möglich, dass Frauen und Mädchen aufgrund ihres Selbstständigkeitsbestrebens zum Opfer eines „Ehrenmordes" werden. So können beispielsweise der Wunsch einer Ausbildung oder eine eigenständige Partnersuche einen Tötungsgrund darstellen.[46] Nicht selten wird eine Ehrverletzung auf Gerüchte und Vermutungen gestützt, wobei den Frauen und Mädchen keine Gelegenheit zur Rechtfertigung gegeben wird.[47] Der tatsächliche Geschehensablauf ist ohnehin nicht von Bedeutung, da es immer die Frau ist, die als die *„Provokateurin der Gewalt"* angesehen wird.[48]

2.2.5 Erscheinungsformen

Die unterschiedlichen Erscheinungsformen eines „Ehrenmordes" können auf regionale Gegebenheiten zurückgeführt werden. Allgemein wird das Delikt etwa durch Erschießen, Erstechen, Erwürgen oder Steinigung der Frau verübt.[49] Im Rahmen der Steinigung ist zwischen einem „wilden" und einem „legalen" Tötungsakt zu unterscheiden. Während „wilde" Steinigungen auf Selbstjustiz beruhen, sind die „legalen" Steinigungen gesetzlich geregelt und als Strafe für Ehebruch, Prostitution, Homosexualität oder ähnliches vorgesehen.[50]

Eine weitere Form des „Ehrenmordes" stellen so genannte Säureattentate dar, die vor allem in Bangladesch vorgefunden werden.[51] Zur

---

44 Tellenbach 2003a, 4.

45 Böhmeke, 10.

46 Terre des Femmes/Böhmeke 2007, 9; Dörfel/Naendorf, 3.

47 Bulut, 58.

48 Holzer-Özgüven, 39; zum Bild der Frau im Islam siehe im 3. unter Teil 3.3.2.5.1.

49 Böhmeke, 12.

50 Kröhn, 55, die darauf verweist, dass legale Steinigungen vor allem in Ländern wie Pakistan und Iran anzutreffen sind.

51 Schirrmacher 2007, 12.

Wiederherstellung der Familienehre wird den Frauen ätzende Säure über Kopf und Körper gegossen. Der „Vorteil" dieser Vorgehensweise wird darin gesehen, dass das Opfer auch im Falle seines Überlebens von seinen Brandwunden gekennzeichnet ist und hierdurch ein Leben lang von der Gesellschaft isoliert werden kann.[52]

Mitgiftmorde sind ebenfalls als eine gängige Form des „Ehrenmordes" zu qualifizieren und vor allem aus Indien bekannt. Hintergrund dieser Tötungsart ist die Vereinbarung einer Mitgift zwischen zwei Familien für eine zu verheiratende Frau. Die Notwendigkeit einer derartigen Absprache ergibt sich aus der Heirat mit einem Mann höheren Ranges, dem die Familie der Braut beweisen muss, dass die Braut diesen Rang überhaupt verdient. Können die Mitgiftforderungen der Familie des Bräutigams nicht erfüllt werden, ist die Braut einschließlich ihrer Familie in den Augen des Mannes und der Schwiegereltern entehrt.[53] Da die Rückkehr der Tochter in die eigene Familie einen zusätzlichen Schaden des familiären Ansehens bedeuten würde, finden sich die Angehörigen der Frau mit ihrer Tötung durch die Schwiegerfamilie ab.[54] Oftmals entscheiden sich die Täter für die Verbrennung der Frau, die später als tragischer Küchenunfall ausgegeben wird.[55]

2.2.6 Opferschutz

Obwohl dem „Ehrenmord" häufig andere Gewalttaten und Drohungen vorausgehen,[56] sind die Frauen in der Regel nicht in der Lage, sich eigenständig aus der Zwangslage zu befreien. Da sich das gesamte Umfeld gegen sie kehrt, erfahren sie vielfach nicht einmal Unterstützung durch nahe Angehörige.[57] Versuchen Verwandte oder Freunde der Betroffenen zu helfen, werden sie selbst den Bedrohungen der Familie ausgesetzt und wollen sich daher nicht einmischen.[58] Dieser Umstand kann dazu führen, dass ein Hilfegesuch ignoriert und die Betroffene wieder bei ihrer gewalttätigen Familie abgeliefert wird.[59]

---

52 Terre des Femmes/Böhmeke 2005, 6 f.

53 Umfassend Becker, 53.

54 Terre des Femmes/Böhmeke 2005, 7.

55 Becker, 51 f.

56 Terre des Femmes/Böhmeke 2007, 8.

57 Papatya, ohne Seite.

58 Terre des Femmes/Böhmeke 2007, 8.

59 Siehe bei Rostock, 35.

Gelingt es den Frauen vor ihrer Familie zu fliehen, stoßen sie oftmals auf wenig bis gar kein Engagement seitens staatlicher Institutionen. Obwohl großer Schutzbedarf besteht, werden sie von Polizisten in aller Regel zurück zu ihrer Familie gebracht.[60] Diese öffentliche Haltung trägt entscheidend dazu bei, dass sich die Frauen in der Regel nicht aus den gesellschaftlichen Zwängen lösen können und sich daher häufig ihrem Schicksal ergeben (müssen).[61] Schaffen sie es dennoch ihrer Familie zu entkommen, sind sie häufig der Verfolgung der gesamten Gruppe ausgesetzt, da die Ehre erst mit dem Tod der Betroffenen als bereinigt gilt. Aus Jordanien ist bekannt, dass die Frauen in ihrer Verzweiflung sogar freiwillig ins Gefängnis gehen (so genannte Schutzhaft), da dies die einzige Möglichkeit ist, um in Sicherheit weiterleben zu können.[62]

2.3 Verwandte Deliktstypen

2.3.1 Die Blutrache

Die Blutrache tritt im Allgemeinen in solchen Kulturkreisen auf, in denen die Bewahrung der Ehre eine sehr hohe Bedeutung besitzt.[63] Sie ist eine weitere Form der Gewalt im Namen der Ehre, die die Tötung einer Person aus Ehrengründen vorsieht.

2.3.1.1 Phänomenbeschreibung

Die Blutrache ist vor allem in den Balkanstaaten, entlang der Kaukasusregion, Sizilien, Korsika, Albanien, im Kosovo,[64] in der Türkei, Pakistan und im afrikanischen Raum präsent.[65] In Deutschland sind Blutrachetaten von Migranten aus der Türkei, den arabischen Ländern, Albanien, Iran und Afghanistan bekannt.[66]

---

60 Izol, 7.

61 Holzer-Özgüven, 39 f.

62 Ausführlich dazu Führing, 31; detailliert zum Opferschutz in Deutschland siehe im 6. Teil.

63 Tuna, 50 f.

64 Gendercide Watch, www.gendercide.org/case_honour.html, abgerufen am 19.02.2007.

65 Greuel/Petermann, 190.

66 Baumeister, 13.

Es gibt unterschiedliche Handlungen, die die Blutrache auslösen und somit als ehrverletzend gelten. Die häufigste Ursprungshandlung ist jedoch ein Tötungsgeschehen.[67] Kennzeichnendes Merkmal der Blutrache ist, dass sie nicht innerhalb der eigenen Familie stattfindet, sondern durch das Verhalten einer fremden Person ausgelöst wird.[68] Die von Außen angegriffene Sippe wehrt sich hiergegen, indem sie die Handlung an dem Täter selbst oder einem anderen Angehörigen seiner Familie rächt.[69] Die Folge daraus ist die Gegenüberstellung der am Konflikt beteiligten Großfamilien, die zusammen zur Tat verpflichtet werden. Somit wird durch den Eingriff in die Ehre einer Person der Opferfamilie eine kollektive Betroffenheit ausgelöst. Umgekehrt empfindet die gegnerische Familie die Rachetat als einen Gegenschlag gegenüber allen ihren Angehörigen.[70]

Als Vollstrecker des Vergeltungsaktes kommen grundsätzlich alle nahen männlichen Verwandten des Opfers in Betracht.[71] Im Allgemeinen legen die Autoritätspersonen der Familie den Ausführenden fest, wobei der Vater oder der Großvater des Opfers oder ein anderer (männlicher) Vertreter der Familie das letzte Wort hierbei spricht. Wegen des Grundsatzes der Gleichwertigkeit (sog. Ius talionis oder Talion),[72] muss der Schaden der Opferfamilie mit Gleichem gesühnt werden. Besteht die Ursprungshandlung etwa in der Tötung eines Familienmitgliedes, so kann nur der Tod eines Mitgliedes der gegnerischen Familie die Ehrverletzung bereinigen.[73] Oft ist der Ursprungstäter die Zielperson der Blutrache. Ist er jedoch gar nicht oder besonders schwer greifbar oder stimmt seine gesellschaftliche Stellung mit der des Opfers überhaupt nicht überein, kann sich die Blutrache auch gegen ein anderes – gleichwertiges – Mitglied der Familie richten.[74] Frauen sind an einem Blutrachegeschehen weder auf Verpflichteten- noch auf Opferseite be-

---

67 Singer, 129.

68 Singer, 16, 129.

69 Bulut, 69.

70 Ausführlich Kizilhan 2002, 6; ders. 2006, 80.

71 Bulut, 48; Singer, 147.

72 Frauenstädt, 1, der auf das allgemeine Talionsprinizp verweist, welches besagt: Auge um Auge, Blut für Blut oder Leben für Leben.

73 Bulut, 58, 88; Kizilhan 2002, 6, ders. 2006, 81.

74 Özbek 2008, Art. 82, 241; Singer, 147. Es geht also nicht um die Gleichwertigkeit des Menschenlebens, die Person muss dem Opfer vielmehr in Ansehen, Würde und Alter entsprechen (vgl. Singer, 147).

teiligt.[75] Dennoch können sie passiv an dem Vorgang mitwirken, indem sie die Männer durch dauernde Klagen um den Toten oder durch ständige Sticheleien zur Bluttat „überreden". Daher sollte ihre Rolle auch im Blutrachegeschehen nicht unterschätzt werden.[76] Die Begehung der Blutrache wird nicht als Straftat oder Unrecht angesehen. Vielmehr verleiht sie dem Täter Ansehen und Ruhm.[77]

Mit der Ursprungstat kann eine unendlich lange Kette von wechselseitigen Vergeltungsakten ausgelöst werden (so genannte Blutfehde).[78] Hierdurch kann es zur Vernichtung ganzer Familien kommen, die nur durch eine Verhandlungsbereitschaft der Familien verhindert werden kann.[79]

2.3.1.2 Abgrenzung zum „Ehrenmord"

Wenngleich eine allgemeingültige Begriffsbestimmung von „Ehrenmorden" wie auch von Blutrachetötungen schwierig ist und eine eindeutige Zuordnung der Fälle in die eine oder andere Kategorie nicht immer möglich sein mag, zeigen sich bei einer näheren Betrachtung deutliche Gemeinsamkeiten und Unterschiede der Phänomene.

So ist beiden Tötungsphänomenen ein traditionelles Familien- und Gesellschaftssystem immanent. Zudem weisen „Ehrenmorde" und Blutracheakte eine enge Verknüpfung zur Ehre auf, die in der hohen Bedeutung der Bewahrung beziehungsweise Wiederherstellung dieses ethnischen Faktors besteht. Dabei ist die Bereinigung der Ehre nicht fakultativ, sondern sie rührt aus einem unangezweifelten traditionellen Pflichtbewusstsein her. Wer die Tötungshandlung ausführen soll, wird im Rahmen beider Taten von dem „Familienrat" bestimmt. Wäscht die auserwählte Person die Ehrverletzung nicht rein, gilt die Familie in beiden Fällen als ehrlos und verliert ihr gesellschaftliches Ansehen.[80]

Im Gegensatz zum „Ehrenmord" – ein Sanktionsmittel innerhalb der Familie, das sich vorwiegend gegen weibliche Personen richtet – ist die Blutrache aber eine Gewaltform, die eine Reaktion auf Angriffe von

---

75 Greuel/Petermann, 188.

76 Singer, 141 ff.

77 Bulut, 93, 117; Singer, 41 für die Blutrache im alten Testament.

78 Baumeister, 19; Kehl/Pfluger, 22.

79 Kizilhan 2002, 8; vgl. ausführlich dazu Singer, 171 ff.

80 Ebd.

Außen darstellt und in erster Linie männliche Personen zum Opfer hat. Während beim „Ehrenmord" die Wiederherstellung der Geschlechtsehre der Familie im Mittelpunkt des Geschehens steht, geht es im Rahmen der Blutrache insbesondere um die Demonstration der Unantastbarkeit des familiären Ansehens und ihrer Stärke, da die Tötung eines männlichen Familienmitgliedes vor allem als Schwächung der Familie aufgefasst wird.[81] Obwohl beide Phänomene derselben Werteordnung entspringen, wollen sie also grundsätzlich unterschiedliche Ehrverletzungen vergelten. Ein weiterer Unterschied liegt darin begründet, dass nur die Blutrache zu wechselseitigen Gegenangriffen (so genannte Blutfehden) der Familien führen kann. Diese Diskrepanz ergibt sich aus dem Umstand, dass die Tötung einer Frau - mangels Außenstehender Männer, die sich hierdurch in ihrer Ehre verletzt fühlen könnten - keinen weiteren Ehrkonflikt auslösen kann. Denn handelt es sich um eine noch unverheiratete Frau, wird die Tötungshandlung von ihren männlichen Angehörigen selbst ausgeführt, die für den Erhalt und die Wiederherstellung der Ehre zuständig sind. Begeht dagegen eine verheiratete Frau eine Ehrverletzung, ist es die Pflicht ihres Ehemannes oder einer seiner Angehörigen die Frau zu töten. Ihre Blutsverwandten müssen dies akzeptieren, da ab dem Zeitpunkt der Heirat die Ehrenverantwortung für die Tochter auf die Familie des Ehemannes übertragen wird.[82]

Allerdings kann es auch zur Vermischung beziehungsweise Überschneidung beider Phänomene kommen, was zum Teil mit praktischen Erwägungen der Familien zusammenhängt. Einerseits ist nicht auszuschließen, dass sich die Familien bei einer Ehrverletzung eher zur Tötung eines weiblichen Mitglieds entscheiden, weil das Leben eines Mannes als hochwertiger eingestuft wird und sein Verlust von größerer wirtschaftlicher Bedeutung wäre.[83] Da nur der Tod eines Mannes eine Vergeltungstat nach sich zieht, könnte andererseits auch dieser Aspekt zu einem Übergriff an einer Frau verleiten. Somit kann der „Ehrenmord" unter Umständen die „schonendere" Alternative der Konfliktlösung im Rahmen eines Blutrachegeschehens darstellen. Ferner sind auch solche Fälle denkbar, in denen die Ehrverletzung durch eine Frau nicht nur an ihr, sondern auch an dem männlichen Mitver-

---

81 Zu den einzelnen Formen der Ehre in der traditionell türkischen Kultur siehe im 2. Teil unter 2.2.

82 Zum Ganzen Kuzkaya, 56.

83 Schirrmacher 2007, 15.

antwortlichen seitens der Familie der Frau gesühnt wird. Während die Tötung der Frau (also der „Ehrenmord") keinerlei Konsequenzen nach sich ziehen würde, könnte die Tötung des familienfremden Mannes zu einer Provokation seiner Familie führen, die sich sodann dazu aufgefordert fühlen könnte, die Tötung ihres Mitgliedes an der Gegnerfamilie durch Blutrache zu sühnen. Da eine einzelne ehrverletzende Handlung zu verschiedenen Reaktionen führen kann, sollte folglich nicht von einem Ausschlussverhältnis, sondern eher davon ausgegangen werden, dass es sich bei „Ehrenmord" und Blutrache um zwei grundsätzlich unterschiedliche Phänomene handelt, die aber unter Umständen fließend ineinander übergehen können und eine Grenzziehung nicht immer möglich ist.

2.3.2 Die Zwangsheirat

2.3.2.1 Phänomen

Obgleich sowohl Deutschland als auch die Türkei auf internationaler Ebene die Allgemeine Erklärung der Menschenrechte anerkennen – welche in Art. 16 Abs. 2 die freie Partnerwahl garantiert –, wird die Zwangsehe in beiden Ländern immer noch praktiziert.[84] Sie ist ein Ausdruck patriarchalischer Denkmuster, der auf den Schutz der Familienehre zurückgeführt werden kann und häufig in dem Zeitraum vor dem „Ehrenmord" eine Rolle spielt. Eine Zwangsheirat ist gegeben *„(...) wenn einer der beiden Ehegatten keine freie Zustimmung zur Ehe gegeben hat, sondern sich von der eigenen Familie, Verwandtschaft oder dem zukünftigen Ehepartner zur Ehe gezwungen fühlt"*.[85]

Der Zwang kann sowohl psychische als auch physische Gewalt beinhalten. Die Androhung der Gewalt ist hierbei genauso ausreichend wie ihre Anwendung.[86] Denn um körperliche Gewalt zu vermeiden, versuchen die Familien ihre Kinder häufig durch eine emotionale Erpressung zur Ehe zu drängen, indem sie planvoll und manipulativ auf sie einreden.[87] Hierdurch werden die Kinder so stark unter Druck gesetzt,

---

84 Vgl. Art. 16 Abs. 2 der Allgemeinen Menschrechte vom 10. Dezember 1948, wo es heißt: *Die Ehe darf nur auf Grund der freien und vollen Willenseinigung der zukünftigen Ehegatten geschlossen werden.*

85 Lehnhoff 2002, 12.

86 Fachkommission Zwangsheirat, 7.

87 Terre des Femmes/Böhmeke 2007, 12.

dass sie oftmals gar keine andere Möglichkeit sehen, als der Eheschließung zuzustimmen.[88] Um diesem Umstand Rechnung zu tragen, ist das Vorliegen einer Zwangsehe zudem auch dann zu bejahen, wenn die Betroffenen ihre Weigerung nicht offen aussprechen. Ausschlaggebend ist vielmehr das subjektive Gefühl der Beteiligten vor oder während der Ehe.[89] Somit sind nun auch Fälle, in denen die Auflehnung erst lange Jahre nach der Vermählung geäußert wird, ebenfalls als Zwangsehen zu beurteilen.[90]

Die Auswahl des Ehepartners stellt im Rahmen der Zwangsheirat eine Angelegenheit der gesamten Familie dar. So sind nicht die Kinder entscheidungsbefugt, sondern die Familie als übergeordnetes Gesamtsystem.[91] Obwohl Frauen und Männer gleichermaßen an einer Ehe beteiligt sind, wird oftmals nur das Einverständnis des Bräutigams eingeholt. Daher sind es insbesondere Frauen und Mädchen, die der Gefahr einer Zwangsheirat ausgesetzt sind.[92]

Im Rahmen der Zwangsheirat wird häufig ein Partner aus dem sozialen Umfeld auserwählt. Dies kann bedeuten, dass die Tochter beispielsweise zur Heirat ihres Cousins gezwungen wird.[93] Der Grund für die Verheiratung in der eigenen Verwandtschaftsgruppe ist vor allem ein wirtschaftlicher. Denn nur auf diese Weise gerät das familiäre Vermögen und der Grundbesitz nicht in fremde Hände[94] und es muss kein Brautpreis gezahlt werden.[95] Daneben dient die (Zwangs-)Heirat der Gliederung und Verfestigung verwandtschaftlicher Bindungen. Es geht also in erster Linie um die Stärkung der Familie in jeglicher Form.[96]

Oftmals werden die Betroffenen in einem sehr jungen Alter verheiratet. Teilweise einigen sich die Eltern bereits im Kindesalter auf die Verhei-

---

88 Fachkommission Zwangsheirat, 16.

89 Lehnhoff 2006, 11.

90 Ebd.; so auch Yerlikaya/Cakir-Ceylan ZIS online 2011, 205 f.

91 Toprak 2007, 77, 125.

92 Eisenrieder 2006, 23; Fachkommission Zwangsheirat, 10, 16; ähnlich im islamischen Eherecht siehe im 3. Teil unter 3.3.2.5.2.2.

93 Anonyme Lehrerin, 57.

94 Cileli 2006, 18; Fachkommission Zwangsheirat, 20.

95 Cileli 2006, 18.

96 Eisenrieder 2006, 26, die diese Art der Eheschließung als eine „Strategie" bezeichnet.

ratung ihrer Töchter.[97] Hierbei werden die Familien in der Regel von der Vorstellung geleitet, dass ihre Chancen im Hinblick auf die Jungfräulichkeit der Tochter bei einer möglichst frühen Hochzeit am größten sind.[98] Da die Aufgabe der Bewachung der Ehre mit der Verheiratung des Mädchens auf den Ehemann übergeht, wollen sich die Familien mit einer Eheschließung im jungen Alter zudem so schnell wie möglich von ihrer Pflicht befreien.[99] Ferner kann eine sehr junge Tochter die Auswirkungen einer Ehe noch gar nicht begreifen, was ihnen die Verleitung zur Hochzeit deutlich erleichtert.[100] Außerdem verspricht man sich am ehesten von einer jungen Braut, dass sie die Anweisungen der Familie widerstandslos befolgt und stets zuverlässig ist.[101] Da die Eheschließung regelmäßig zum Abbruch der Schul- oder Ausbildung der Braut führt,[102] verfallen die jungen Mädchen nach einer Zwangsheirat häufig in eine absolute wirtschaftliche Abhängigkeit.[103] Als (Ehe-)Frau werden sie dazu verpflichtet, sich ausschließlich dem Haushalt zu widmen.[104] So erhoffen sich die Familien, die Selbstbestimmung der Braut zu unterbinden.[105]

Die Zwangsverheiratung junger Männer ist im Hinblick auf ihr Heiratsalter an ähnliche Motive geknüpft. So machen sich die Eltern gerade die Unerfahrenheit ihrer Söhne zunutze, um sie dazu zu verleiten, sich ihren Heiratsvorstellungen anzupassen.[106] Zum Teil wird die Verheiratung eines Mannes auch als Disziplinarmaßnahme herangezogen. Dies gilt insbesondere für solche Fälle, in denen ein junger Mann nicht von selbst das von ihm gesellschaftlich erwartete Verhalten an den Tag legt. Traditioneller Auffassung zufolge müssen sich junge Männer ab einem gewissen Alter von ihrem jugendtypischen Benehmen distanzieren und Verantwortung tragen. Wird diese Verhaltensänderung nicht autonom erreicht, ist die Zwangsehe in den Augen der Familie ein

---

97 Serap, 73.

98 Fachkommission Zwangsheirat, 19; Kelek 2005, 215 f.

99 Schiffauer 1983, 75.

100 Lehnhoff 2002, 13.

101 Toprak 2007, 121.

102 Serap, 73; Cileli 2006, 17; Fachkommission Zwangsheirat, 17; Kuhlmann/Meyer (Ayse), 49; Lehnhoff 2002, 15.

103 Fachkommission Zwangsheirat, 17.

104 Terre des Femmes/Böhmeke 2007, 69.

105 Lehnhoff 2002, 14.

106 Toprak 2007, 127.

mögliches Mittel, um den Sohn zur Verantwortungsübernahme für sich und seine Frau zu erziehen. Allerdings haben die Männer oftmals gar nicht die Gelegenheit dazu, sich auf die Ehe vorzubereiten beziehungsweise sich mit ihren ehelichen Pflichten auseinanderzusetzen. Viel weniger verstehen sie, dass gerade ihr leichtfertiges jugendliches Verhalten Anlass der Hochzeit ist.[107] Obwohl die Familien den Männern die Eheschließung ebenfalls vorschreiben, erleben sie die Zwangsheirat regelmäßig nicht als ein äußerst negatives Ereignis, was in erster Linie auf ihren sozialen Aufstieg zurückzuführen ist. So erhält ein Mann erst nach seiner Hochzeit den Status eines Erwachsenen. Er ist nun autonom und seine Eltern mischen sich nicht mehr in sein Leben und seine Entscheidungen ein.[108] Eine Zwangsehe wirkt für einen Mann daher nicht zwingend belastend. Im Vergleich zur Frau schlägt er wesentlich mehr Profit aus der zwangsweise geschlossenen Partnerschaft.

Die Folgen der Verweigerung einer Zwangsheirat oder ihrer Scheidung sind vielfältig und können zum Teil verheerend sein. Da beide genannten Alternativen als ehrverletzende Verhaltensmuster definiert werden, schrecken die Familien oftmals nicht vor einer physischen Gewaltanwendung zurück, um die Betroffenen wieder auf den „richtigen" Weg zu bringen. So kann die Auflehnung gegen eine drohende Zwangsehe beispielsweise dazu führen, dass das Opfer bis zur Eheschließung eingesperrt wird, damit es nicht flieht.[109] Häufig wehren sich die Frauen und Mädchen nicht gegen die Gewalt. Sie halten sie vielmehr aus, meistens aus Angst vor den härtesten Sanktionen. Denn im schlimmsten Fall kann der Widerstand gegen oder die Scheidung eine(r) Zwangsehe den „Ehrenmord" nach sich ziehen.[110] Den Betroffe-

107 Zum Ganzen siehe Toprak 2007, 113.

108 Toprak 2007, 114.

109 Hierzu Serap, 74.

110 Cileli 2006, 17; Anonyme Lehrerin, 56; Fachkommission Zwangsheirat, 16 f., 23; Lehnhoff 2006, 14. Aus den noch darzustellenden Statistiken zu „Ehrenmorden" in Deutschland konnte gefolgert werden, dass „Ehrenmorde" vielfach mit Zwangsehen zusammenhängen. So führte in vielen Fällen entweder die Verweigerung der Zwangsehe oder die (beabsichtigte) Trennung zu einem „Ehrenmord", wobei in der letzteren Variante offen gelassen werden musste, ob es sich bei diesen Ehen tatsächlich um Zwangsverheiratungen handelte. Doch auch wenn die Ehe ursprünglich freiwillig geschlossen wurde, liegt nach richtigem Verständnis die Annahme nahe, dass die Pflicht zur Weiterführung der Partnerschaft, die sich aus der Bedrohung mit dem Tode

nen bleibt daher oftmals nur der Weg, sich den Erwartungen der Gesellschaft zu unterwerfen. Dass dies jedoch keine Lösung für sie darstellt, zeigen Fälle, in denen sich die Frauen für einen Selbstmord entschieden haben, da sie sonst keine andere Möglichkeit sahen, um sich aus dieser schwierigen Zwangslage zu befreien.[111]

Bei einem Ausbruch aus einer Zwangsehe oder ihrer Zurückweisung durch einen Mann sind regelmäßig nicht so gravierende Pressionen zu erwarten. Die Sanktionskette reicht hier von etwaigen Gewaltanwendungen bis zum gesellschaftlichen Ausschluss.[112] Da letzteres zumeist zu einer absoluten gesellschaftliche Isolation führt, fügen sich auch die Männer im Regelfall ihrem Schicksal und beugen sich dem Willen ihrer Familien.

2.3.2.2 Migrationsspezifische Arten der Zwangsheirat

Zwangsverheiratungen sind in Deutschland vor allem innerhalb Migrantengruppen aus dem türkischen und kurdischen Umfeld üblich. So gibt es bis heute zahlreiche türkische Migranten, die mit einem Partner aus ihrem Herkunftsland liiert sind. Durch die Heirat mit einer Person aus demselben Kulturkreis erhoffen sich die Familien einerseits, dass ihre Kinder den Bezug zu ihrer Kultur und zu ihren Wurzeln (wieder-)finden. Da der deutsche Raum als schädigend für die Kinder angesehen wird, ermöglicht die vorzugsweise frühe Heirat innerhalb der eigenen Gemeinschaft zudem die Vorbeugung einer nicht erwünschten Beziehung zu einem Mitglied der deutschen Gesellschaft.[113] Andererseits soll die Verheiratung zweier Personen gleicher Abstammung der Fortdauer und Verfestigung der eigenen Minderheitengruppe in der Migration dienen.[114] Somit handelt es sich bei der Zwangsverheiratung in Deutschland insbesondere um den Versuch der Familien, ihre Kinder vor westlichen Einflüssen zu schützen und die mitgebrachte Tradition notfalls zwangsweise beizubehalten.[115] Wie

---

ergibt, aus einer ursprünglich freiwilligen Heirat durchaus eine Zwangsehe machen kann, vgl. hierzu unter 1. Teil 1.4.1.1.2.

111 Fachkommission Zwangsheirat, 23.

112 Terre des Femmes/Böhmeke 2007, 69.

113 Hierzu ausführlich Eisenrieder 2006, 22.

114 Lehnhoff, 12.

115 Umfassend zur Situation von Kindern und Jugendlichen in türkischen Migrantenfamilien siehe im 4. Teil unter 4.2.5.

hierbei vorgegangen wird, soll im Folgenden am Beispiel der vier häufigsten Formen der Zwangsheirat in Deutschland verdeutlicht werden.

Bei der ersten Form der Zwangsheirat in Deutschland handelt es sich um einen Vorgang, in dem in Deutschland lebende Migranten Mädchen und junge Frauen aus dem Heimatland mitbringen, um sie hier zu verheiraten (so genannte Importbräute).[116] Die Familien werden hierbei vor allem von dem Gedanken geleitet, dass die Mädchen im Herkunftsland traditionell erzogen wurden und sich im Gegensatz zu den in Deutschland aufgewachsenen Frauen eher an der erwarteten Geschlechterrolle orientieren.[117] Hierdurch sollen die traditionellen Strukturen beibehalten werden.[118]

Eine weitere migrationsspezifische Form der Zwangsheirat ist die „Ferienheirat", die auch als „Heiratsverschleppung" bezeichnet wird. Hier werden in Deutschland lebende Mädchen und Frauen in den Ferien ins Herkunftsland gebracht, gegen ihren Willen verheiratet und dort zurückgelassen.[119] Da sie den offiziellen Anlass des Urlaubs oftmals nicht kennen, fahren oder fliegen sie bereitwillig mit und haben dann keine Möglichkeit, um sich dieser Zwangslage zu entziehen.[120] Diese Form stellt häufig eine Disziplinierungsmaßnahme von Kindern dar, bei denen die Eltern eine Entgleisung in die „westliche Welt" befürchten.[121]

Als dritte Form der erzwungenen Ehe in Deutschland sind solche Fälle zu benennen, in denen hier lebende Migranten dazu benutzt werden, einer Person aus dem Heimatland durch eine Hochzeit die Einwanderung und somit den Nachzug nach Deutschland zu ermöglichen.[122] Da es sich hierbei nicht selten um Verwandtschaftsehen handelt, soll in

---

116 Cileli 2006, 18.

117 Terre des Femmes/Böhmeke 2007, 12; Toprak 2007, 93 ff. mit weiteren Fallbeispielen.

118 Straube, 52.

119 Ter-Nedden 2005, 35.

120 BR-Drucks. 546/05 (Beschl.). Hinzukommt der Aspekt, dass Ausländerinnen nach bisherigem Aufenthaltsrecht (§ 51 Abs. 1 Nr. AufenthG) ihren Aufenthaltstitel verlieren, wenn sie unangekündigt länger als 6 Monate im Ausland verbleiben. Da die Bedingungen für ein Recht auf Wiederkehr gemäß § 37 AufenthG sehr strikt sind und nur von den Wenigsten erfüllt werden können, sind nun Gesetzesänderungen geplant, die vorsehen, dass Betroffene in Zukunft ein Rückkehrrecht von 5 bis 10 Jahren bekommen.

121 Ates 2005, 19; Ter-Nedden 2004, 11.

122 Eisenrieder 2006, 24; Terre des Femmes/Böhmeke 2007, 12.

erster Linie die (eigene) Familie im Ursprungsland von dieser Heirat profitieren.[123] Gleichzeitig bietet die Orientierung an den Landsleuten den Familien die Stabilität ihrer eigenen Kultur.

Die vierte Form ist die zwangsweise Verheiratung zweier in Deutschland aufgewachsener und lebender Migranten.[124] Auch dies ist eine Methode der Familien, die dazu dient, „unter sich" zu bleiben.

2.3.2.3 Die Zwangsheirat in Abgrenzung zur arrangierten Ehe[125]

Die Abgrenzung der Zwangsheirat zur arrangierten Ehe ist eine kontrovers diskutierte. Dabei scheint auf dem ersten Blick relativ klar, wo die Unterschiede dieser Phänomene liegen. Während es sich im ersteren Fall um eine erzwungene Verheiratung handelt, ist die arrangierte Ehe - bei der es sich um eine gesellschaftlich legitimierte und durchaus übliche Form der Eheschließung handelt - dadurch gekennzeichnet, dass die Betroffenen die Möglichkeit haben, den von der Familie ausgewählten Partner abzulehnen.[126] Wesentliches Differenzierungskriterium ist somit der freie Wille und das Selbstbestimmungsrecht der Personen. Fraglich ist allerdings, ob es nicht oftmals zu einer Vermischung beider Formen kommt und eine Abgrenzung daher gar nicht möglich ist. Während einige Autoren eine klare Differenzierung befürworten,[127] unterstreichen andere die fließenden Grenzen der beiden Phänomene.[128]

Letzteres wird insbesondere von Kelek vertreten und damit begründet, dass auch bei einer arrangierten Ehe tatsächlich keine freiwillige Zustimmung der Heiratskandidaten vorliege. Vielmehr würden die Betroffenen unter dem Deckmantel der Freiwilligkeit durch ihre Familien in unterschiedlicher Weise zu einem Einverständnis gezwungen werden. Zum einen führt Kelek diesen Umstand auf die traditionelle Er-

---

123 Toprak 2007, 126.

124 Terre des Femmes/Böhmeke 2007, 12.

125 Bei der arrangierten Ehe handelt es sich um eine typische Form der Eheschließung innerhalb der traditionell türkischen Gesellschaft, hierzu im Detail siehe im 3. Teil unter 3.2.5.1.

126 Eisenrieder 2006, 23, Volz 2004, 6.

127 So etwa Karakasoglu/Subasi, 100; Strobl/Lobermeier, 24; Yerlikaya/Cakir-Ceylan ZIS online 2011, 206.

128 Hierzu gehören unter anderem Ates 2007, 225; Toprak 2007a, 167 ff., der die Zwangsheirat als einen Unterfall der arrangierten Ehe versteht.

ziehung der Betroffenen zurück, die auf Gehorsamkeit abziele und der Entfaltung der Persönlichkeit im Wege stünde, weshalb die Kinder gar nicht in der Lage seien, eine freie Entscheidung zu treffen. Auf der anderen Seite seien die Konsequenzen der Verweigerung so gravierend, dass es für die Betroffenen gar keinen anderen Ausweg gebe, als der Partnerwahl der Eltern zuzustimmen. Schließlich würden die Familien sogar ablehnende Verhaltensweisen der Tochter, wie fassungsloses Schweigen oder leises Weinen, als eine Zustimmung bewerten.[129]

Gegenstimmen betonen, dass bei einer arrangierten Ehe keinerlei Zwangseinwirkung vorliege. So hebt Straßburger beispielsweise hervor, dass den Beteiligten im Rahmen einer arrangierten Verheiratung unterschiedliche Einflussmöglichkeiten zukämen. Obwohl man sich bei der Entscheidung an der Familie orientiere und sich vielfach passiv verhalte, stelle dies nicht automatisch einen Hinweis auf Zwang oder Unterdrückung dar. Vielmehr seien die potentiellen Partner in den Heiratsprozess involviert, wobei die Eheschließung bewusst erfolge und auf ihrer freien Entscheidung beruhe. Bei Ehen, die diese Merkmale nicht erfüllen, könne man nicht mehr von arrangierten Ehen sprechen.[130]

Die Beantwortung der Fragen, ob Zwangsheiraten und arrangierte Ehen tatsächlich voneinander abgegrenzt werden können und wie dies gegebenenfalls zu erfolgen hätte, kann an dieser Stelle offen gelassen werden, da sie für die vorliegende Arbeit nicht von Bedeutung ist. Eine genaue Auseinandersetzung wäre allenfalls im Hinblick auf die strafrechtliche Verfolgung und Prävention der Tat in Deutschland angebracht.[131] Feststeht jedoch, dass die deutsche Justiz hierbei vor einer schweren Aufgabe steht, die nur gelöst werden kann, wenn auf die Umstände des Einzelfalles abgestellt und zumindest ein Graubereich

---

129 Kelek 2007, 89 f.

130 Hierzu etwa Straßburger 2007, 69 ff. unter Berufung auf Volz, 6.

131 Durch das 37. Strafrechtsänderungsgesetz wurde mit Wirkung zum Februar 2005 der Zwang zur Eingehung einer Ehe als besonders schwerer Fall der Nötigung in das Strafgesetzbuch aufgenommen (§ 240 Abs. 4 Nr. 1 2. Alt. StGB, vgl. Bundesgesetzblatt 2005 I, 239). Wegen etwaiger Regelungslücken wurde nun ein neuer Gesetzentwurf auf den Weg gebracht, der vorsieht einen eigenen Straftatbestand für die Zwangsheirat (§ 237 StGB) zu schaffen, vgl.www.bundestag.de/dokumente/analysen/2010/zwangsheirat.pdf, abgerufen am 28.12.2010; ablehnend zu der Frage, ob ein gesonderter Straftatbestand ein geeignetes Mittel zur Verhinderung von Zwangsehen darstellt vgl. Yerlikaya/Cakir-Ceylan ZIS online 2011, 207 ff.

anerkannt wird, der solche Fälle mit einschließt, in denen eine arrangierte Ehe auch Indizien einer Zwangsheirat aufweist.[132] Dies können indirekte Zwänge wie zum Beispiel familiäre Manipulationsversuche, die Aufwertung wirtschaftlicher Aspekte oder das Verbot einer Scheidung sein. Aus Opferschutzgesichtspunkten sollte im Zweifel von einer Zwangsehe ausgegangen werden. Trotzdem sind Polarisierungen tunlichst zu vermeiden, da dies zur Stigmatisierung einer gesamten Migrantengruppe führen würde. Hervorzuheben ist auch, dass nicht jede arrangierte oder erzwungene Heirat automatisch zugleich eine unglückliche Ehe sein muss.

2.4 Vorkommen und Häufigkeit in Deutschland und in der Türkei

2.4.1 Deutschland

2.4.1.1 Statistische Erfassung

Es gibt in Deutschland keine offiziellen Statistiken, die sich ausdrücklich mit dem „Ehrenmord" befassen. Bisherige Justiz- und Polizeistatistiken weisen ihn nicht als spezielle Kriminalitätsform aus, wobei eine gesonderte Erfassung auch für die Zukunft nicht vorgesehen ist.[133] Da es sich beim „Ehrenmord" um ein Tötungsdelikt handelt, das zumeist in einem Verwandtschaftsverhältnis verübt wird, könnten die Befunde der Polizeilichen Kriminalstatistik (PKS) über die Opfer-Tatverdächtigen-Beziehung als erste Indizien für die Verbreitung von „Ehrenmorden" in Deutschland herangezogen werden. Laut PKS standen von den insgesamt 2763 Opfern vorsätzlich begangener Tötungsdelikte (Versuch und Vollendung einschließlich Mord) im Jahre 2009 815 Opfer in einem Verwandtschaftsverhältnis zu ihrem Täter; in 548 Fällen handelte es sich um Opfer weiblichen Geschlechts.[134] Da an dieser Stelle jedoch nicht zwischen den Nationalitäten der Opfer differenziert wird, und es zudem an Hinweisen zur Motivlage der Täter fehlt, sind Rück-

---

132 Ähnlich Yerlikaya/Cakir-Ceylan ZIS online 2011, 206, die bei der Differenzierung ebenfalls auf den Einzelfall abstellen und auf die Möglichkeit eines fließenden Übergangs aufmerksam machen.

133 Bundeskriminalamt 2006, 7.

134 Vgl. Bundeskriminalamt 2010, Tabellenanhang, Tabelle 92, 1.

schlüsse auf das tatsächliche Ausmaß von „Ehrenmord-Fällen" in Deutschland hieraus kaum begründbar. Ferner werden Tötungshandlungen, die im Rahmen einer religiös geschlossenen Ehe oder nach einer Scheidung begangen wurden, in der PKS nicht als Verwandtschaftstaten ausgewiesen.[135]

Nicht nur die unzureichende kriminalstatistische Erfassung, sondern auch die Tatsache, dass keine repräsentativen Studien zur Verbreitung und zu den Hintergründen von „Ehrenmorden" in Deutschland existieren, haben zur Folge, dass Aussagen über die Prävalenz mit äußerster Vorsicht zu genießen sind. Trotz geringer Datenmenge gibt es aktuell zwei bundesweite Sonderauswertungen, die sich mit der Häufigkeit und den Merkmalen von „Ehrenmorden" in Deutschland befasst haben. Während das Bundeskriminalamt eine eigene Auswertung der ihm bekannt gewordenen Fälle vorgenommen hat, hat die anonyme Schutzeinrichtung „Papatya" eine Materialsammlung zu „Verbrechen im Namen der Ehre" zusammengestellt, die anschließend von der Nichtregierungsorganisation Terre des Femmes analysiert und unter dem Titel „Studie Ehrenmord" im Jahre 2005 veröffentlicht wurde. Um den neuesten Stand der Situation in Deutschland in der vorliegenden Arbeit abbilden zu können, wurde eine eigene Auswertung der Materialsammlung „Papatyas" durchgeführt, die in gewissen Zeitabständen mit neuem Datenmaterial ergänzt wird und mittlerweile das Vorkommen der Taten bis ins Jahre 2009 erfasst. Im Folgenden werden die eigenen Ergebnisse vorgestellt und die Befunde des Bundeskriminalamtes wiedergegeben.[136] Durch ihre anschließende Interpretation können erste Schlussfolgerungen für die Bestimmung des Phänomens in Deutschland abgeleitet werden.

2.4.1.1.1 Materialsammlung „Papatya": Verbrechen im Namen der Ehre in Deutschland

Die Kriseneinrichtung „Papatya" hat den Versuch unternommen, mit Hilfe von Zeitungsartikeln, Internetrecherchen und des Archivs der Organisation Terre des Femmes Ausmaß, Gründe und Besonderheiten von „Ehrverbrechen" in Deutschland für den von 1996 bis 2009 bun-

---

135 Beauftragte der Bundesregierung für Migration, Flüchtlinge und Integration, 300.

136 Ähnlich Cakir-Ceylan, 68 ff., 77 ff., die sich bei ihrer Darstellung zu Tätern und Opfern von „Ehrenmorden" in Deutschland ebenfalls auf diese Sonderauswertungen bezieht.

desweit statistisch zu erfassen. Hierbei wurden solche Fälle aufgenommen, in denen der Täter oder das Opfer einen Hinweis auf die Familienehre als Tatmotiv angaben. Die Materialsammlung beinhaltet nicht nur Tötungshandlungen (einschließlich Versuche), sondern auch Körperverletzungsdelikte, die im Namen der Ehre verübt wurden.[137] Wegen der teilweise unvollständigen und vagen Dokumentation einiger Fälle konnte teilweise nicht geklärt werden, ob es sich bei der Tat um einen versuchten „Ehrenmord" oder um eine von Anfang an geplante Körperverletzung im Namen der Ehre handelte. Um dennoch einen unverfälschten Eindruck über die typischen Merkmale von „Ehrenmorden" in Deutschland vermitteln zu können, wurden Fälle, die in der Materialsammlung explizit als vollendete Tötungen ausgewiesen wurden, gesondert dargestellt. Da die Zusammenstellung nur Fälle beinhaltet, die in den Medien beziehungsweise der Einrichtung selbst bekannt wurden, können die Ergebnisse der Erhebung nicht als vollständig oder maßgeblich verstanden werden.

2.4.1.1.1.1 Graphische Darstellungen[138]

2.4.1.1.1.1.1 Anzahl der Fälle

---

137 Daher meint der Ausdruck „Ehrverbrechen" im Folgenden „Ehrenmorde", versuchte „Ehrenmorde" und Körperverletzungsdelikte. Eine Differenzierung zur Blutrache wurde nicht vorgenommen.

138 Soweit nicht anders vermerkt, wurden die folgenden Diagramme und Tabellen auf der Grundlage der Materialsammlung von Papatya erstellt, ohne Seite.

2.4.1.1.1.1.2 Die Verteilung der Delikte

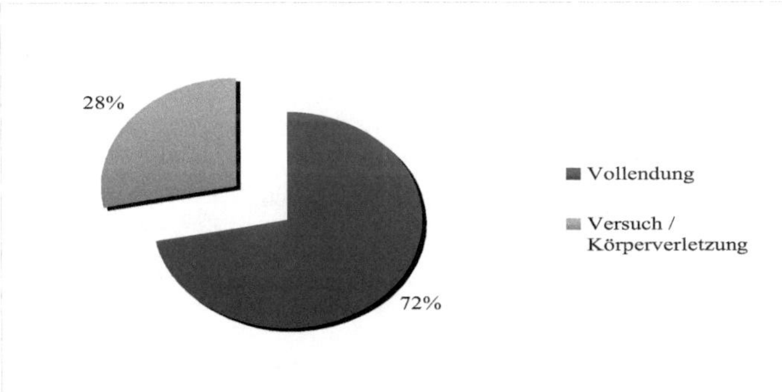

2.4.1.1.1.1.3 Der kulturelle Hintergrund der Opfer

Herkunftsland	Opferzahl	Prozent[139]
Afghanistan	5	4,3
Deutschland	8	6,9
Ehem. Jugoslawien	3	2,6
Frankreich	1	0,9
Griechenland[140]	2	1,7
Irak	3	2,6
Italien	1	0,9
Jordanien	1	0,9
Libanon	3	2,6
Marokko	2	1,7
Pakistan	3	2,6
Serbien	1	0,9
Syrien	1	0,9
Türkei[141]	82	70,7
Unbekannt	4	0
Insgesamt	**120**	**100**

139 Bei der Berechnung des prozentualen Anteils wurden die 4 unbekannten Fälle nicht berücksichtigt.

140 Davon wurde eine Person zufällig getroffen, die sich im Zeitpunkt des Übergriffs in der Nähe des Tatorts befand, vgl. Papatya, ohne Seite, Fall Nr. 30. Auch sie wurde nicht mit in die Analyse mit einbezogen.

141 13 Personen waren kurdisch-türkische Opfer.

2.4.1.1.1.4 Das Geschlecht der Opfer

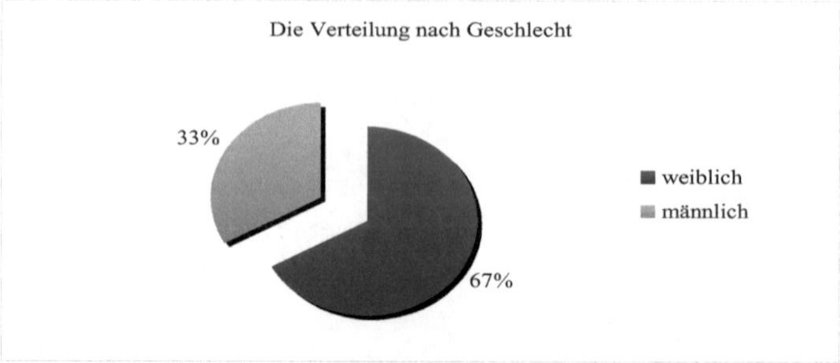

2.4.1.1.1.5 Das Alter der Opfer

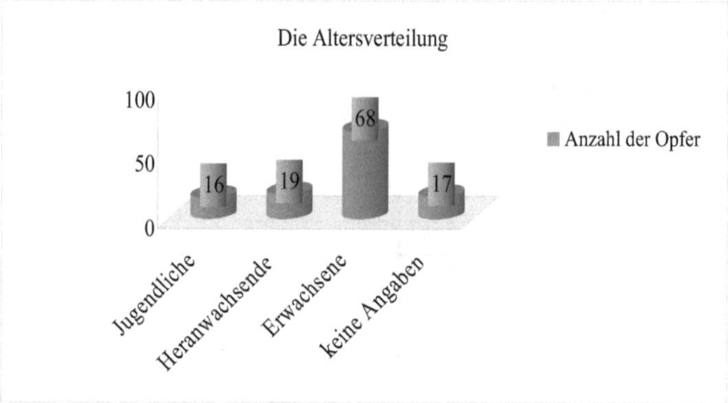

2.4.1.1.1.1.6 Der kulturelle Hintergrund der Täter

Herkunftsland	Täterzahl	Prozent[142]
Afghanistan	4	3,2
Ehem. Jugoslawien	6	4,8
Eritrea	1	0,8
Irak	4	3,2
Jordanien	3	2,4
Kasachstan	1	0,8
Libanon	6	4,8
Marokko	4	3,2
Mazedonien	1	0,8
Pakistan	4	3,2
Polen	1	0,8
Syrien	3	1,6
Tunesien	1	0,8
Türkei[143]	85	69,0
Unbekannt	6	0
Insgesamt	**130**	**100**

2.4.1.1.1.1.7 Das Geschlecht der Täter[144]

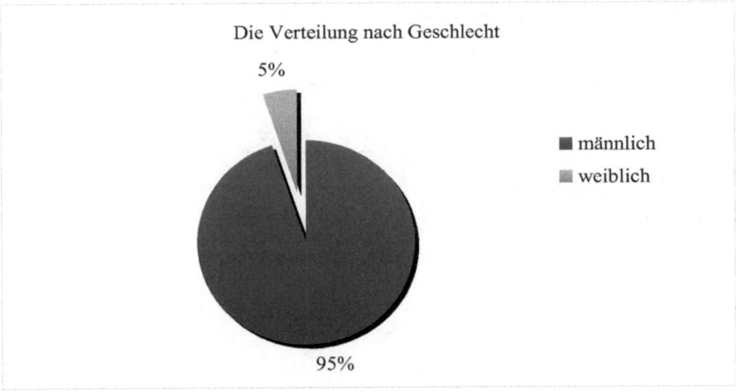

142 Bei der Berechnung des prozentualen Anteils wurden die 6 unbekannten Fälle nicht berücksichtigt.

143 In 5 Fällen handelte es sich um kurdisch-türkische Täter.

144 Die Berechnung des prozentualen Anteils beruht auf der Anzahl der bekannt gewordenen Fälle.

2.4.1.1.1.8 Das Alter der Täter

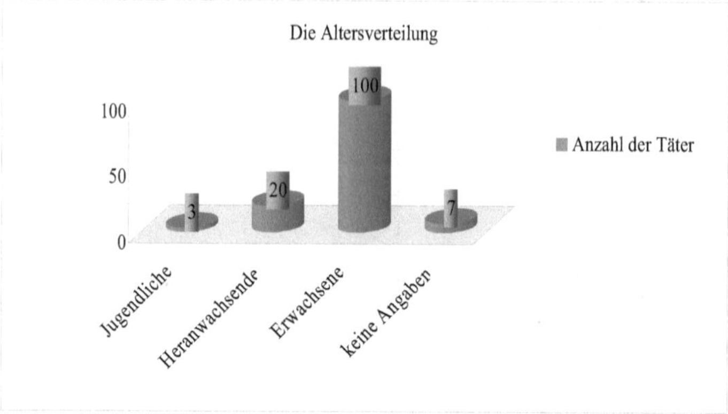

2.4.1.1.1.9 Die Tötungsform

Tötungsform	Fälle	Prozent[145]
Erstechen	28	43,1
Erschießen	23	35,4
Ertränken	2	3,1
Erdrosseln	4	6,2
Erwürgen	2	3,1
Erschlagen	4	6,2
Strangulieren	1	1,5
Ersticken	1	1,5
Unbekannt	1	0
Insgesamt	**66**[146]	**100**

---

145 Die Auswertung des prozentualen Anteils bezieht die Fälle mit unbekannter Tötungsform nicht mit ein.

146 Die erhöhte Gesamtzahl der Tötungsformen im Verhältnis zur Anzahl der vollendeten Tötungsdelikte ergibt sich daraus, dass in manchen Fällen mehrere Tötungsformen vorgefunden wurden. So hat der Täter das Opfer etwa zunächst gewürgt und anschließend erstochen.

2.4.1.1.1.1.10 Täter-Opfer-Beziehung[147]

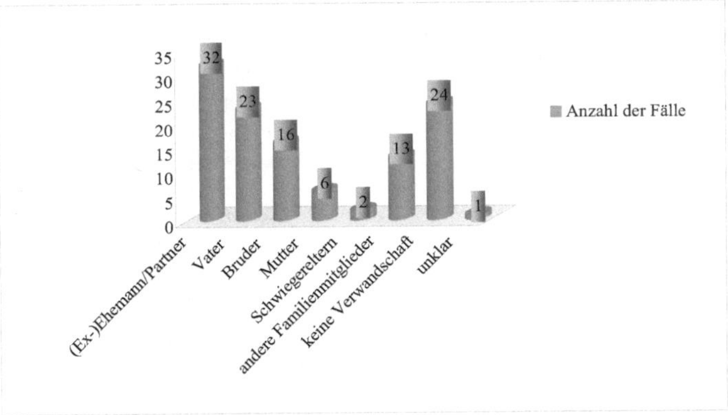

2.4.1.1.1.1.11 Hauptgründe der Tat

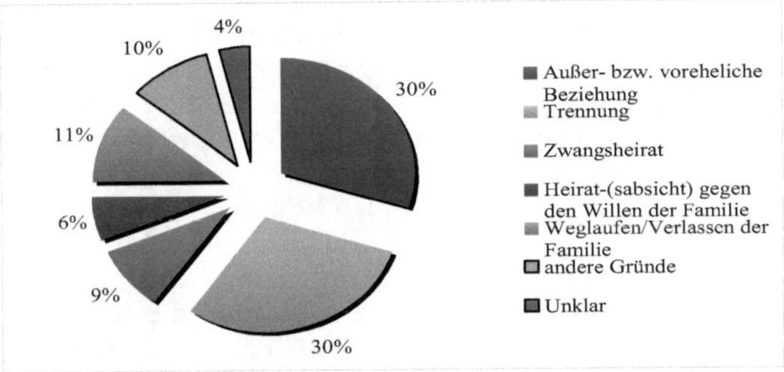

147 Die hohe Anzahl der Fälle im Verhältnis zur Gesamtzahl der „Ehrverbrechen“ beruht auf dem Umstand, dass im Rahmen mancher Delikte auf Täter- und Opferseite mehrere Personen vorgefunden wurden, die teilweise in unterschiedlichen oder keinen Beziehungen zueinander standen.

2.4.1.1.1.2 Ergebnisse

Die Zählung der Kriseneinrichtung „Papatya" ergab für den Untersuchungszeitraum von 1996 bis 2009 insgesamt 88 Fälle von „Ehrenmorden", versuchten „Ehrenmorden" und Körperverletzungsdelikten. Die Gesamtzahl der aufgenommenen Delikte unterteilt sich in 63 vollendete (14 davon in Berlin) und in 25 versuchte „Ehrenmorde" beziehungsweise Körperverletzungen.

Aus den insgesamt bekannt gewordenen 88 Fällen von „Ehrenmorden", versuchten Morden und Körperverletzungsdelikten sind 120 Opfer hervorgegangen. Die hohe Anzahl der Opfer im Vergleich zu der der Täter ergab sich dabei aus dem Umstand, dass oftmals mehrere Personen von einem Gewaltgeschehen betroffen waren.[148]

Die Darstellung des kulturellen Hintergrundes hat gezeigt, wie unterschiedlich die Herkunftsländer der Opfer von „Ehrverbrechen" ausfallen können. Allerdings fanden mit 70,7 % ehrbedingte Delikte im Vergleich zu den anderen Herkunftsländern am häufigsten gegenüber türkischer Migranten statt. Neben Betroffenen aus Afghanistan (4,3 %), dem Libanon und dem ehemaligen Jugoslawien (jeweils 2,6 %), zeichneten sich die Delikte gegenüber Personen aus den restlichen Nationen eher als Einzelfälle ab. Die 8 deutschen Opfer fielen trotz ihrer geringen Anzahl deutlich ins Auge. Diese waren größtenteils (6 Fälle) allein von der ehrbedingten Tat betroffen. In zwei Fällen wurden deutsche Männer neben einer türkischen Frau zur Rechenschaft gezogen. Bei 7 der deutschen Opfer konnte aus dem Namen hergeleitet werden, dass hier mit hoher Wahrscheinlichkeit kein (türkischer) Migrationshintergrund vorlag. Ähnliche Ergebnisse wurden für den vollendeten „Ehrenmord" erzielt. So waren Opfer türkischer Herkunft mit 71 % deutlich überrepräsentiert. Auffällig war noch zudem, dass ein Großteil der deutschen Opfer (63 %) aus Ehrengründen sterben musste.[149]

Obwohl die Anzahl weiblicher Betroffener deutlich überwog, fiel das Ausmaß der männlichen Betroffenen unerwartet hoch aus. So wurden 80 weibliche[150] und 40 männliche[151] Opfer gezählt.

---

148 Papatya, ohne Seite.

149 Papatya, ohne Seite; in einem Tötungsfall blieb das Herkunftsland des Opfers ungeklärt; von den 44 Fällen, in denen türkische Opfer ausgewiesen wurden, waren die Betroffenen in 7 Fällen kurdischer Herkunft.

150 5 der weiblichen Opfer waren deutsch, davon sind alle gestorben (vgl. Papatya, ohne Seite).

Den 63 Fällen vollendeter „Ehrenmorde“ erlagen insgesamt 84 Opfer. Davon waren 59 weiblichen (70,2 %) und 25 männlichen (29,8 %) Geschlechts.[152] Im Durchschnitt ist also bei fast jedem vollendeten Tötungsdelikt eine Frau gestorben. Lediglich in zwei Fällen kamen Männer wegen eigener ehrenrühriger Verhaltensweise zu Tode (Blutrache); in den anderen 17 Fällen erlagen sie dem „Ehrenmord“ neben oder wegen einer weiblichen Person. Der Hauptgrund (64,7 %) ihrer Tötung war die Beziehung zu einer Frau, die von ihrer Familie nicht akzeptiert wurde.

Mit 66 %[153] waren die meisten Opfer zum Zeitpunkt der Tat bereits erwachsen (21 Jahre und älter), wobei der Schwerpunkt im Alter von 22-25 (33,3 %) und 31-40 (19,2 %) Jahren lag. Während die Anzahl der heranwachsenden Opfer (ab 18 bis 21 Jahre) 18,4 % ausmachte, entsprach die Gruppe der jugendlichen Opfer (bis 17 Jahre) schließlich nur 15,5%. Die getöteten Opfer befanden sich hauptsächlich im Alter zwischen 18 bis 25 Jahren (59,3 %) und 31 bis 40 Jahren (27,8 %). In 7 Fällen kam es zu einem Mord gegenüber minderjährigen Personen, in weiteren 8 Fällen waren die Opfer zwischen 26 und 30 Jahre alt. Lediglich in einem Fall wurde eine 53-jährige, in einem weiteren Fall eine 74-jährige Frau getötet. Der älteste männliche Tote verstarb im Alter von 64 Jahren.[154]

Aus der Zählung der Kriseneinrichtung „Papatya“ gingen insgesamt 130 Täter hervor. Davon handelte es sich bei 6 Personen um Tatverdächtige.[155]

Die Verteilung der Nationalitäten auf Täterseite entsprach in weiten Teilen der der Opferseite, sodass „Ehrverbrechen“ am häufigsten (69%) von türkischen Zuwanderern verübt wurden.[156] Zumeist (71 Fälle) kam bei Täter und Opfer derselbe kulturelle Hintergrund zum Vorschein. Abweichende Nationalitäten gab es insbesondere bei den deutschen

---

151 Es gab drei männliche deutsche Opfer.

152 Papatya, ohne Seite.

153 Die Berechnung der folgenden Zahlen erfolgte anhand der bekannten Fälle. Bei 17 Opfern gab es keine Angaben zu ihrem Alter.

154 Papatya, ohne Seite.

155 Da aus strafrechtlicher Sicht alle Personen, die noch nicht wegen der Tat verurteilt worden sind, als Tatverdächtige bezeichnet werden müssten, ist davon auszugehen, dass es in den Fällen, in denen Personen in der Materialsammlung Papatyas explizit als solche definiert wurden, besondere Zweifel gab.

156 Davon handelte es sich in 7 Fällen um kurdische Täter.

Opfern. Hier ergab die Zählung 3 türkische, 2 libanesische, 1 tunesischen und 1 türkisch/deutschen Täter. Im Rahmen der vollendeten Tötungsdelikte dominierte die türkische Migrantengruppe mit 75,9 % ebenfalls. In jeweils drei Fällen haben Afghanen, Libanesen und Jugoslawen einen „Ehrenmord" begangen. Vereinzelt stammten die Täter aus dem Irak, Jordanien, Syrien, Tunesien, Eritrea, Kasachstan, Polen, Pakistan und Deutschland. In 5 Fällen konnte die Herkunft des Täters nicht ermittelt werden.[157]

Insgesamt sind laut Recherchen „Papatyas" 121 männliche und 6 weibliche Personen zur Tat geschritten.[158] In 24 Fällen wurde die Straftat von mehr als einer Person begangen.[159] Nur 2 der Täterinnen sind alleine gegen das ehrenrührige Verhalten vorgegangen. Die restlichen 4 weiblichen Delinquenten haben die Straftat unter Mitwirkung weiterer Beteiligter verübt.[160] In den 63 vollendeten Tötungsfällen sind insgesamt 91 Männer und lediglich 2 der insgesamt 6 Frauen gewalttätig geworden, wobei es in 34,5 % der Fälle zur Hinrichtung des Opfers durch eine Vielzahl von Personen kam, die fast ausnahmslos mit ihm verwandt waren. [161]

Die Täter von „Ehrverbrechen" waren mehrheitlich (81,3 %)[162] über 21 Jahre alt, wobei die Altersgruppe zwischen 26 und 40 Jahren mit 53,8 % dominierte. Demgegenüber war die Gruppe der Heranwachsenden mit 12,3 % eher selten vertreten. Vereinzelt (2,4 %) kam es zu einem „Ehrverbrechen" durch jugendliche Täter. Die vollendeten Tötungsdelikte wurden ebenfalls vorwiegend (47,4 %) von Personen im Alter von 26 bis 40 Jahren verübt. Die Gruppe der Heranwachsenden machte wiederholt nur einen verhältnismäßig geringen Anteil (24,4 %) aus. Beachtenswert war jedoch die Verteilung der jugendlichen Täter. Obwohl sie insgesamt nur gelegentlich in Erscheinung traten, waren alle drei Ju-

---

157 Papatya, ohne Seite. Da der deutsche Täter einen türkischen Namen hat, liegt die Vermutung nahe, dass es sich hierbei um eine eingebürgerte Person handelte.

158 Bei 3 Personen blieb das Geschlecht unklar.

159 Dabei handelte es sich aber nicht ausschließlich um Familienmitglieder.

160 In einem Fall ist die Tatbeteiligung einer Frau nur als wahrscheinlich eingestuft worden (vgl. Papatya, ohne Seite).

161 Papatya, ohne Seite.

162 Nachfolgende Zahlen wurden anhand der Anzahl der bekannten Fälle berechnet. Von insgesamt 130 Tätern konnten bei 7 keine Daten über das Alter ermittelt werden.

gendlichen an den vollendeten Delikten beteiligt, wobei in diesen Fällen die Mitwirkung weiterer (älterer) Personen entweder feststand oder zumindest vermutet wurde.[163] Zieht man nun in Betracht, dass das im Verhältnis zum Erwachsenenstrafrecht mildere Jugendstrafrecht bis zum 21. Lebensjahr des Täters Anwendung finden kann, könnte dieses Ergebnis einerseits dafür sprechen, dass ein - wenn auch nur geringer - Teil der Familien in Deutschland bewusst einen jüngeren Täter für die Tatausführung bestimmt hat. Umgekehrt kann dieser Befund aber auch gerade als ein Indiz dafür gewertet werden, dass der Großteil von „Ehrenmorden" in Deutschland - entgegen der traditionellen Begehungsweise - von älteren Personen verübt wurde. Ein möglicher Grund hierfür könnte sein, dass es die Familien in der Migration vielleicht keine minderjährigen männlichen Angehörigen haben.

In den meisten Fällen (43,1 %) ist das Opfer durch Erstechen gestorben. Dem folgte der Tod durch Schussverletzungen mit 35,4 %. Gelegentlich wurden die Betroffenen erdrosselt oder erschlagen (jeweils 6,2 %). Eher selten haben die Täter die Opfer ertränkt oder erwürgt (jeweils 3,1 %). Vereinzelt (jeweils 1,5 %) haben sich die Täter für die Strangulierung oder die Erstickung des Opfers entschieden. Zwischen 2006 bis 2009 wurden die Opfer in sieben von insgesamt 25 Fällen auf offener Straße getötet.[164]

Täter und Opfer standen größtenteils (79,3 %) in einem Verwandtschaftsverhältnis zueinander,[165] wobei die (Ex-)Ehemänner/Partner mit 34,8 % die größte Gruppe der Ausführenden mit verwandtschaftlichem Bezug bildeten. Waren die Frauen nicht verheiratet beziehungsweise nicht in einer Partnerschaft, so wurden sie oftmals Opfer ihrer Väter (25 %) und/oder ihrer Brüder (17,4 %). Sehr selten (6,5 %) handelte es sich bei dem Täter um die Mutter des Opfers. In einigen Fällen (14,1 %) kam es zu einem „Ehrverbrechen" durch andere Familienmitglieder, wie zum Beispiel durch Onkel oder Cousins. Straftaten, in denen gar kein Verwandtschaftsverhältnis vorlag, wurden dennoch erstaunlich oft (20,7 %)[166] verzeichnet. Auffällig war hier allerdings, dass 27 Män-

---

163 Papatya, ohne Seite.

164 Papatya, ohne Seite. In einem Fall fanden sich keine Angaben zur Tötungsform.

165 In einem Fall konnte die Frage einer verwandtschaftlichen Beziehung nicht genau geklärt werden. Deshalb wurde dieser nicht mitberücksichtigt.

166 Davon handelte es sich in 3 Fällen um eine Auftragstat (vgl. Papatya, ohne Seite).

ner zum Opfer dieser Taten geworden waren, die entweder allein oder neben einer weiblichen Person für die Ehrverletzung büßen mussten. Die 63 Fälle der vollendeten Tötungsdelikte wurden ebenfalls mehrheitlich (46,6 %) von dem (Ex-)Ehemann/Partner verübt. Der Tatausführung der Väter mit 19 % folgte die der Brüder und der anderen Familienmitglieder mit jeweils 15,5 %. Mütter waren bei 3,4 % der Fälle an dem Tötungsakt beteiligt. In 23,7 % der Fälle handelte es sich bei den Tätern um Personen außerhalb der Familie. Zum Teil (in 19 Fällen) wirkten auch hier mehrere Personen zusammen.[167]

Die Auswertung der Zusammenstellung „Papatyas" ergab, dass die außer- beziehungsweise voreheliche Beziehung und die (gewollte) Trennung einer Frau von ihrem Ehemann oder Partner[168] mit jeweils 31,6 % die häufigsten Motive von Straftaten im Namen der Ehre in Deutschland sind.[169] Während im Rahmen der Trennungsfälle hin und wieder (23,3 %) auf Sorgerechtsstreitigkeiten beruhende Faktoren in das Geschehen mit einflossen, handelte es sich in 20 % der außer- beziehungsweise vorehelichen Beziehungen um solche mit einem Deutschen. In 9 Fällen hat schließlich eine Zwangsheirat die Tat ausgelöst. Was die getöteten Personen betrifft, lag die Hauptursache der Tat bei einer (beabsichtigten) Trennung des Opfers (50 %). Hiervon waren 30 Frauen und 4 Männer betroffen. Bis auf ein männliches Opfer sind die restlichen Männer auch hier neben einer weiblichen Person dem „Ehrenmord" zum Opfer gefallen. In 20 % der Fälle kam es wegen einer außer- beziehungsweise vorehelichen Beziehung zum Tode des Opfers. Vereinzelt (8,1 %) wurde als Tötungsmotiv eine Zwangsheirat angegeben.[170]

---

167 Vgl. Papatya, ohne Seite.

168 Den Angaben Papatyas zufolge handelte es sich bei 90 % der Fälle um eine Ehe, von der sich eine Frau bereits gelöst hatte oder dies in absehbarer Zeit beabsichtigte. Von diesen Ehen wurden 25,9 % zwangsweise geschlossen, wobei dies bei 7,4 % vermutet wurde. Bei etwa einem Drittel der Ehen (37 %) konnten mehrfache Misshandlungen der Frauen, und damit eine problematische Vorgeschichte, ermittelt werden. In 10 % der Fälle lag lediglich eine Partnerschaft vor (vgl. Papatya, ohne Seite).

169 Die vier Fälle, in denen die Hintergründe der Tat ungeklärt blieben, wurden nicht in die Bewertung einbezogen.

170 Vgl. Papatya, ohne Seite.

2.4.1.1.2 Die Bund-Länderabfrage des Bundeskriminalamtes

Neben der Kriseneinrichtung „Papatya" hat auch das Bundeskriminalamt im Juni 2005 eine Bund-Länderabfrage zu polizeilich bekannt gewordenen „Ehrenmorden" (einschließlich Versuche) in Deutschland für den Zeitraum vom 01.01.1996 bis 18.07.2005 durchgeführt. Da es nach wie vor keinen vorherrschenden „Ehrenmordbegriff" gibt, wurde bei der Auswahl der Fälle folgende Definition zugrunde gelegt:

> „Bei Ehrenmorden handelt es sich um Tötungsdelikte, die aus vermeintlich kultureller Verpflichtung heraus innerhalb des eigenen Familienverbandes verübt werden, um der Familienehre gerecht zu werden".[171]

Um einen umfassenden Überblick über das Phänomen zu bekommen, hat das Bundeskriminalamt jeden von den Ländern weitergeleiteten Fall auf diese Definition hin überprüft und gegebenenfalls weitere Informationen bei den zuständigen Dienststellen eingeholt. Im Ergebnis nahm es so genannte Grenzfälle auf, bei denen neben einer Ehrverletzung im herkömmlichen Sinne zugleich das Tatmotiv der Blutrache oder der Eifersucht angenommen wurde.[172]

---

171 Bundeskriminalamt 2006, 3.

172 Bundeskriminalamt 2006, 9.

2.4.1.1.2.1 Graphische Darstellungen[173]

2.4.1.1.2.1.1 Anzahl der Fälle[174]

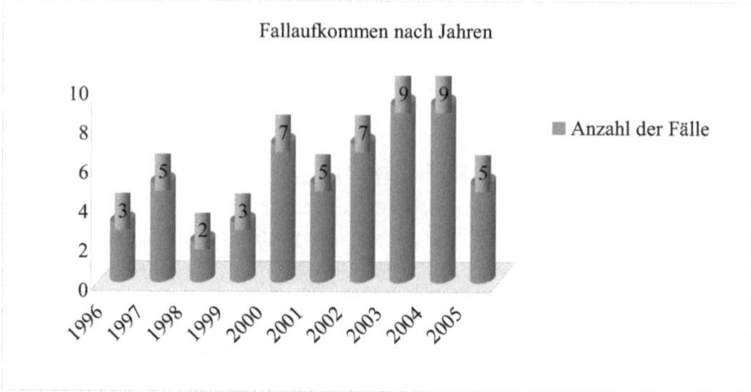

2.4.1.1.2.1.2 Die Verteilung der Delikte

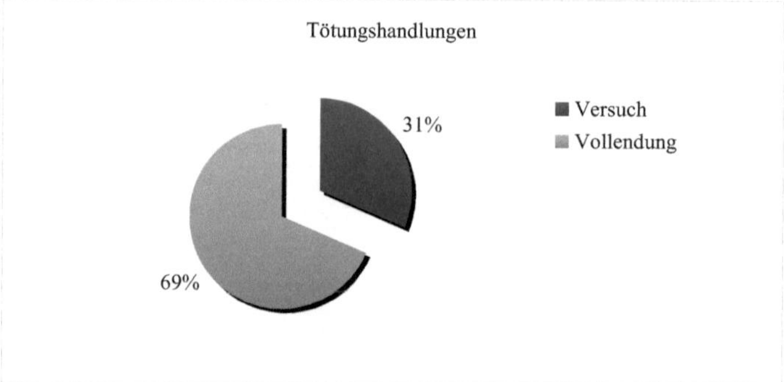

---

173 Wenn nicht anders gekennzeichnet, wurden die nachfolgenden Graphiken und Tabellen auf Grundlage der Bund-Länderabfrage des Bundeskriminalamtes erstellt.

174 Nachfolgendes Diagramm ist aus der Bund-Länderabfrage des Bundeskriminalamtes entnommen, 10.

2.4.1.1.2.1.3 Das Geschlecht der Opfer

2.4.1.1.2.1.4 Das Alter der Opfer

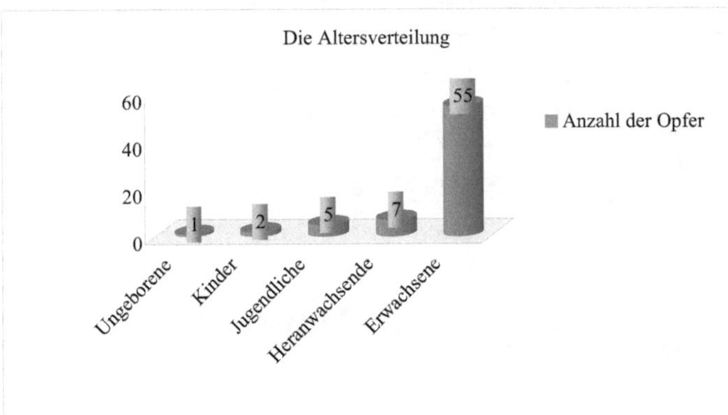

2.4.1.1.2.1.5 Der kulturelle Hintergrund der Opfer

Herkunftsland	Opferzahl	Prozent
Afghanistan	1	1,4
Albanien	1	1,4
Deutschland	18	27
Frankreich	1	1,4
Irak	1	1,4
Italien	1	1,4
Jordanien	1	1,4
Libanon	1	1,4
Pakistan	1	1,4
Ehem. Jugoslawien	6	8,6
Syrien	1	1,4
Türkei	36	51,4
Unbekannt	1	1,4
Insgesamt	**70**	**100**

2.4.1.1.2.1.6 Das Geschlecht der Tatverdächtigen

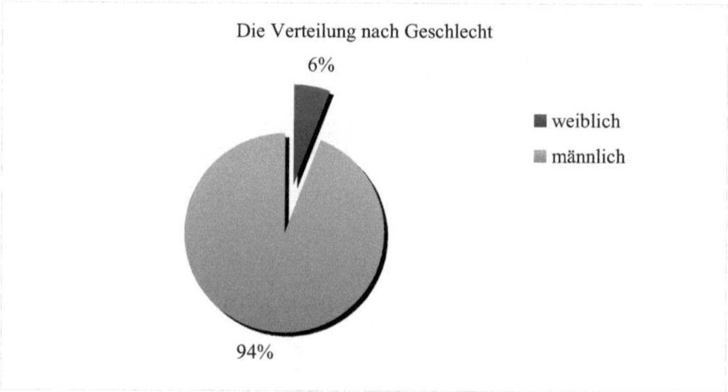

2.4.1.1.2.1.7 Das Alter der Tatverdächtigen

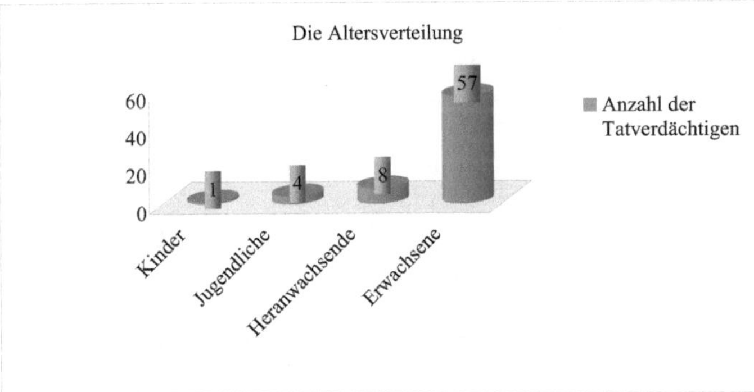

2.4.1.1.2.1.8 Der kulturelle Hintergrund der Tatverdächtigen[175]

Herkunftsland	Tatverdächtigenanzahl	Prozent
Afghanistan	1	1,4
Albanien	2	2,9
Deutschland	3	4,3
Irak	1	1,4
Libanon	3	4,3
Niederlande	1	1,4
Pakistan	1	1,4
Ehem. Jugoslawien	7	10,0
Syrien	1	1,4
Türkei	50	71,4
Insgesamt	**70**	**100**

175 Nachfolgende Tabelle wurde aus der Bund-Länderabfrage des Bundeskriminalamtes entnommen, 14.

2.4.1.1.2.1.9 Tatverdächtigen-Opfer-Beziehung

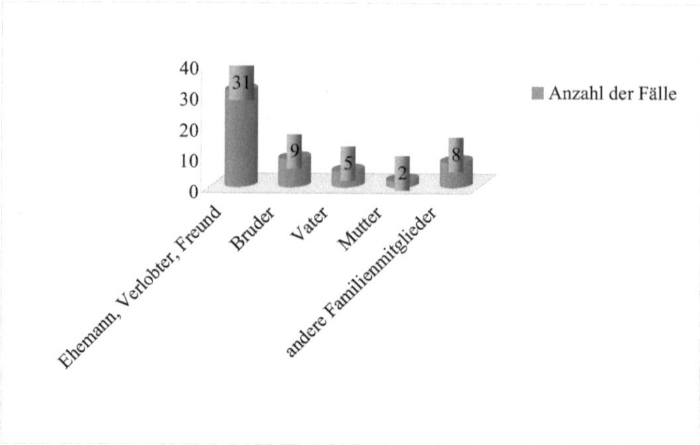

2.4.1.1.2.1.10 Hauptgründe der Tat

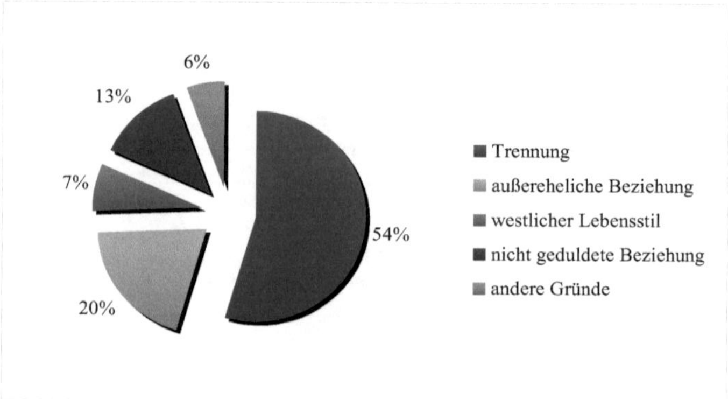

2.4.1.1.2.2 Ergebnisse

Das Bundeskriminalamt hat für den Untersuchungszeitraum von 1996 bis 2005 55 Fälle von „Ehrenmorden" registriert. Insgesamt wurden 70 Tötungshandlungen gezählt, die in 48 vollendete und 22 versuchte Delikte unterteilt waren.

Aus den 55 Fällen sind insgesamt 70 Opfer hervorgegangen. Diese erhöhte Gesamtzahl hat das Bundeskriminalamt ebenfalls mit dem Aspekt mehrerer Opfer pro Tat begründet. So gab es in 4 Fällen 2 Opfer (ein Versuch und eine Vollendung), in 2 Fällen 2 Opfer (zwei Versuche), in 3 Fällen 2 Opfer (zwei Vollendungen), in 1 Fall 3 Opfer (zwei Versuche/eine Vollendung) und in 1 Fall 5 Opfer (fünf Vollendungen).[176]

Von den insgesamt 70 registrierten Opfern waren 48 weiblich und 22 männlich.[177] Während 12 der männlichen Geschädigten zum Opfer eines vollendeten und 10 zum Opfer eines versuchten Tötungsdeliktes geworden sind, gab es 36 vollendete und 12 versuchte Tötungsdelikte gegenüber weiblichen Personen.[178] Bei vielen männlichen Opfern handelte es sich um den Geliebten oder Freund einer Frau, die als „Mitverantwortliche" für die Ehrverletzung durch die Frau einstehen mussten. Dagegen kam es selten zur Tötung eines Mannes wegen einer eigenen ehrenrührigen Verhaltensweise.[179]

Sowohl männliche als auch weibliche Opfer wurden überwiegend (78,6%) im Erwachsenenbereich (21 Jahre und älter) vorgefunden, wobei die Anzahl des weiblichen Geschlechts auch hier mit 63,6 % deutlich dominierte.[180] In den Altersgruppen der Jugendlichen und Heranwachsenden (14 bis 21 Jahre) (der Anteil lag bei 21,8 %) wurden ausschließlich weibliche Opfer vorgefunden. Die Fälle, in denen zwei Kinder und ein ungeborenes Kind[181] Opfer der Tat geworden sind, hat das Bundeskriminalamt als Ausnahmefälle eingestuft.[182]

---

176 Bundeskriminalamt 2006, 9.

177 Bundeskriminalamt 2006, 10.

178 Bundeskriminalamt 2006, 11.

179 Bundeskriminalamt 2006, 12.

180 Es handelt sich insgesamt um 20 männliche und 35 weibliche Geschädigte (vgl. Bundeskriminalamt 2006, 11).

181 Totschlag in Tateinheit mit Abbruch einer Schwangerschaft (vgl. Bundeskriminalamt 2006, 11).

182 Bundeskriminalamt 2006, 12.

Die „Ehrenmorde" wurden vorwiegend gegenüber türkischen Migranten verübt. Auffällig war dennoch die relativ häufige (27 %) Deliktsbegehung gegenüber deutschen Opfern, wobei es keine Hinweise auf einen Migrationshintergrund dieser Personen gab. Neben diesen Gruppen waren insbesondere Geschädigte aus dem ehemaligen Jugoslawien betroffen. Vereinzelt (jeweils 1 %) kam es zu Übergriffen gegenüber Menschen aus Italien, Albanien, Afghanistan, Pakistan oder dem Libanon.

Im Rahmen der 55 Fälle wurden insgesamt 70 Tatverdächtige registriert, die sich in 66 männliche und 4 weibliche Täter unterteilten. Die erhöhte Gesamtzahl wurde auch hier auf den Umstand mehrerer Beteiligter auf Täterseite zurückgeführt. Während 2 der weiblichen Täter die Tat alleine ausführten, haben die restlichen beiden Frauen die Tat unter Mitwirkung männlicher Familienmitglieder begangen.[183]

81,4 % der Tatverdächtigen waren erwachsen (21 Jahre und älter). Demgegenüber konnten 11,4 % der Tatverdächtigen den Heranwachsenden (18 bis 21 Jahre) und lediglich 5,7 % dem Jugendbereich (14 bis unter 18) zugeordnet werden. Daneben gab es 1 (männlichen) Tatverdächtigen, der zwischen 6 und unter 14 Jahren alt war. Bei den 4 weiblichen Tatverdächtigen handelte es sich in 2 Fällen um erwachsene Personen, die anderen beiden waren heranwachsend.[184]

Die Staatsangehörigkeit der Tatverdächtigen verteilte sich ähnlich der der Opfer. So stammten die meisten Tatverdächtigen aus der Türkei (71,4 %). Einige Tötungsdelikte (10 %) wurden von Jugoslawen begangen, vereinzelt (4,3 %) kamen die Tatverdächtigen aus dem Libanon. Bei den drei deutschen Tatverdächtigen lag die Vermutung nahe, dass es sich hierbei um Personen handelte, die sich eingebürgert und somit die deutsche Staatsbürgerschaft erst nachträglich erhalten haben.

Opfer und Tatverdächtige standen den Befunden des Bundeskriminalamtes zufolge in der Regel in einer Verwandtschaftsbeziehung zueinander. So wurde die Tat mehrheitlich (56,4 %) von dem Ehemann, dem Verlobten oder dem Freund (im Sinne einer Beziehung oder Lebensgemeinschaft) gegenüber der Ehefrau (einschließlich getrennt lebender/geschiedener Partnerinnen), der Verlobten, der Freundin oder dem Liebhaber der Frauen begangen. Dem folgte mit 16,4 % die Tatausführung durch den Bruder. Opfer waren hier entweder die Schwes-

183 Bundeskriminalamt 2006, 13.

184 Ebd.

ter selbst oder ihr Freund, ihr Liebhaber oder der Ehemann.[185] Selten wurde ausschließlich der für die Ehrverletzung „Mitverantwortliche" (Geliebter beziehungsweise nicht geduldeter Freund der Frau) getötet oder verletzt. Handelte es sich bei dem Täter um den Vater (9,1 %) oder die Mutter (3,6 %), war immer die Tochter und/oder ihr Freund beziehungsweise Liebhaber Opfer der Tat. Im Rahmen der Gruppe der sonstigen Familienmitgliedern (14,5 %) kamen als Tatverdächtige beispielsweise Cousins, Schwager/Schwägerinnen, Schwiegereltern oder Neffen des Opfers in Betracht.[186]

Überwiegend (30 Fälle) wurde die Tat wegen einer beabsichtigten oder tatsächlichen Trennung der Frau von ihrem Partner verübt. In 11 Fällen war eine außereheliche Beziehung der Anlass der (versuchten) Tötung. Neben einer nicht geduldeten Beziehung (7 Fälle) und dem „westlichen Lebensstil" (4 Fälle), haben sonstige, nicht genau dargelegte, Gründe den (versuchten) „Ehrenmord" begründet.[187]

2.4.1.2 Interpretation der Befunde und hieraus abgeleitete Schlussfolgerungen für die Bestimmung des Phänomens

Nachdem die Ergebnisse beider Studien dargestellt wurden, stellt sich nun die Frage, ob es für eine Beschreibung des „Ehrenmordes" in Deutschland sinnvoll ist, sie in einen direkten Vergleich zu setzen. Dagegen könnte sprechen, dass die Erhebungen verschiedene Untersuchungszeiträume erfassen und sich teilweise in ihren Arbeitshypothesen unterscheiden. Zudem hat das Bundeskriminalamt nur (versuchte) Tötungsdelikte in seine Untersuchung aufgenommen, während die Materialsammlung „Papatyas" darüber hinaus auch Körperverletzungsdelikte enthält. Für eine direkte Gegenüberstellung spricht aber, dass die Befunde der Studien häufig übereinstimmen, was eine Überschneidung vieler Fälle vermuten lässt. Deshalb soll trotz der anfangs angeführten Bedenken, eine Gesamtschau der Untersuchungsergebnisse erfolgen, um die bezeichnenden Merkmale ehrbedingter Gewalt in Deutschland zu beschreiben. Dabei können die gezogenen Schlussfol-

---

185 Bundeskriminalamt 2006, 15 mit dem Verweis darauf, dass Fälle, in denen der Bruder die Tat gegenüber seiner Schwester beging, obwohl diese bereits verheiratet war und nicht mehr mit der Familie zusammenlebte, nur vereinzelt registriert wurden.

186 Ebd.

187 Bundeskriminalamt 2006, 16.

gerungen grundsätzlich auf beide Arbeiten gleichermaßen übertragen werden.[188]

Die Befunde machen das Vorkommen von „Ehrenmorden“ in Deutschland vor allem innerhalb der türkischen Migrantencommunity deutlich. Allerdings muss hier der ausdrückliche Hinweis erfolgen, dass diese Angabe an dem Anteil der Menschen mit türkischem Migrationshintergrund an der Gesamtzahl der ausländischen Wohnbevölkerung in Deutschland zu messen ist. Demnach haben zurzeit ca. 18,8 % aller in Deutschland lebender Ausländer ihre Wurzeln in der Türkei und bilden damit die größte Minderheitengruppe Deutschlands.[189]

Daneben gibt es eine unerwartet hohe Beteiligung deutscher Personen, die jedoch fast ausnahmslos in Form von Opfern in Erscheinung traten. Da nicht eindeutig geklärt werden konnte, ob es sich hierbei um Migranten handelt, die die deutsche Staatsbürgerschaft erlangt haben, sollten hieraus keine voreiligen Rückschlüsse über eine generelle Bedrohung deutscher Personen gezogen werden.[190]

Bei einem Vergleich der Anzahl der Fälle mit der Anzahl der Täter ergibt sich, dass Gewalt im Namen der Ehre in Deutschland oftmals von mehreren Personen begangen wird. Hierin findet das Merkmal der kollektiven Betroffenheit seine Bestätigung. Die Studien belegen zudem die Eigenschaft des „Ehrenmordes“ als eine „Familiensache“, was insbesondere durch das fast ausnahmslos auftretende Verwandtschaftsverhältnis zwischen Täter und Opfer zum Ausdruck kommt. Da sich die Tat vorwiegend gegen Mädchen und Frauen richtet und häufig von den männlichen Angehörigen verübt wird, kann hieraus die Abhängigkeit der Ehre von dem („richtigen“) Verhalten der weiblichen Familienmitglieder abgeleitet werden. Folglich wird die Wiederherstellung der beschmutzten Ehre auch in Deutschland größtenteils als Aufgabe oder Pflicht der Männer einer Familie angesehen. Eine Tatbegehung durch weibliche Familienmitglieder ist für Deutschland ebenfalls bekannt. Allerdings handelt es sich hierbei selten um die alleinige Aus-

---

188 Es sei denn, es wird explizit auf die Befunde einer Studie hingewiesen.

189 Statistisches Bundesamt, Pressemitteilung Nr. 248 vom 14.07.2010, www.destatis.de/jetspeed/portal/cms/Sites/destatis/Internet/DE/Presse/pm/2010/07/PD10__248__122,templateId=renderPrint.psml, abgerufen am 12.11.2010.

190 Während die Bund-Länderabfrage des Bundeskriminalamtes hierzu keinerlei Angaben enthält, können mit den Inhalten aus der Materialsammlung Papatyas lediglich Vermutungen aufgestellt werden.

führung der Tat durch eine Frau. Häufig sind es Hilfeleistungen, die die Tat der männlichen Angehörigen unterstützen. Die Gründe für ein „Ehrverbrechen" sind in Deutschland sehr vielfältig. Am häufigsten werden sie jedoch durch die Entscheidung einer Frau, sich von einer zum Teil gewalttätigen oder zwangsweise eingegangenen Ehe beziehungsweise einer Partnerschaft loszulösen, oder durch ihr Bestreben, selbst bestimmt mit Partnerschaftsfragen umzugehen, ausgelöst. Dieses Verhalten scheint in der Migration somit als besonders verwerflich zu gelten. Höchst gefährdet sind erwachsene Frauen im Alter von 21 bis 40 Jahren. Dies muss allerdings nicht bedeuten, dass jüngere Mädchen nicht von „Ehrenmorden" bedroht sind. Im Gegenteil, laut den Ergebnissen des Bundeskriminalamtes handelte es sich bei den jüngeren Betroffenen im Alter zwischen 14 und 21 Jahren ausschließlich um weibliche Geschädigte. Dies kann als Zeichen für den frühen Beginn ehrbedingter innerfamiliärer Konflikte gewertet werden und ist im Zusammenhang mit dem Eintritt der Mädchen in die Pubertät zu sehen. Die allgemein geringe Anzahl der Fälle gegenüber dieser Altersgruppe könnte mit dem fehlenden Mut der Mädchen, sich gegen die patriarchalischen Familienregeln aufzulehnen, erklärt werden.

Während die Tat bei unverheirateten Mädchen und Frauen in erster Linie von dem Bruder oder Vater verübt wurde, kam es nach der Ehe häufig zu Tötungen durch den (Ex-)Ehemann. Fälle, in denen eine Frau von einem ihrer männlichen Familienangehörigen getötet wurde, obwohl sie das Elternhaus bereits verlassen hatte, wurden nur vereinzelt angetroffen. Somit scheint die Verantwortung für den Ehrenschutz in Deutschland im Regelfall mit der Hochzeit des Mädchen oder der Frau von ihren männlichen Familienmitgliedern auf den Ehepartner überzugehen.

Auch Männer können in Deutschland dem „Ehrenmord" zum Opfer fallen. Hierbei handelt es sich hauptsächlich um solche Fälle, in denen der Mann für eine Ehrverletzung durch eine Frau „mitverpflichtet" wird, da er mit ihr eine Beziehung eingegangen ist, die von den Familien nicht gebilligt wird. In diesen Konstellationen fehlt es vielfach an einer Verwandtschaftsbeziehung zwischen Täter und (männlichem) Opfer, weil hier oftmals die Angehörigen der entehrten Frau zur Tat geschritten sind, was den unerwartet hohen Anteil der Fälle, in denen Täter und Opfer nicht miteinander verwandt sind, erklärt. Fälle, in denen das Verhalten eines Mannes allein als ehrverletzend angesehen und durch Tötung sanktioniert wird, sind dagegen kaum anzutreffen, was für ein geringeres Ausmaß von Tötungen aus Blutrache sprechen könnte.

Täter und Opfer ehrbedingter Gewalt befinden sich oftmals in der Altersgruppe der 21 bis 40-Jährigen. Das heißt, an „Ehrenmorden" in Deutschland sind sowohl auf Täter- als auch auf Opferseite vermehrt junge Menschen beteiligt. Die Tatbeteiligung der älteren Generation ist aber nicht gänzlich ausgeschlossen und tritt am häufigsten durch den Vater, den Onkel oder die Mutter der Frau in Erscheinung. Minderjährige Täter sind zwar im Allgemeinen eher selten anzutreffen, machen den Befunden der Materialsammlung „Papatyas" zufolge bei den Tötungsdelikten aber einen verhältnismäßig großen Anteil aus. Es lässt sich daher nicht ausschließen, dass der „Familienrat" auch in Deutschland bewusst minderjährige Mitglieder zur Tatausführung bestimmt, um hierdurch in den Genuss eines geringeren Strafmaßes zu kommen. Darüber hinaus sind für Deutschland einige Fälle bekannt, in denen „Ehrenmorde" auf offener Straße begangen werden. Hierdurch soll vermutlich dem Erfordernis einer öffentlichen Bereinigung der Ehre Rechnung getragen werden. Ferner spiegelt sich hierin deutlich die Haltung der Familie beziehungsweise des Täters wider, keine Angst vor der Entdeckung der Tat zu haben und ihre Folgen in Kauf nehmen zu wollen. Da die öffentliche Begehung der Tat eine Erscheinung aus den letzten Untersuchungsjahren ist, bleibt abzuwarten, ob sie sich zu einer wesentlichen Eigenschaft des „Ehrenmordes" in Deutschland entwickelt.

2.4.2 Türkei

In der Türkei mangelt es ebenfalls an repräsentativen Untersuchungen zu „Ehrenmorden". Auch gibt es keine, mit der deutschen polizeilichen Kriminalstatistik vergleichbare Statistik, sondern nur eine allgemeine regelmäßig veröffentlichte Zusammenstellung der strafgerichtlichen Urteile. Da hierin jedoch keine Angaben zu Erschwerungsgründen enthalten sind und nur die einschlägige Strafnorm Erwähnung findet, können Tötungshandlungen aus Gründen der Ehre nicht als solche identifiziert werden.[191] Daher kann das Vorkommen in der Türkei lediglich anhand von Fällen dargestellt werden, die der Öffentlichkeit oder besonderen Einrichtungen bekannt geworden sind oder die an die Justizbehörden weitergeleitet wurden. Die folgende Beschreibung des Phänomens basiert auf den Befunden des Berichtes des Türkischen Nationalparlamentes (Türkiye Büyük Millet Meclisi Raporu)[192],

191 Vgl. Cakir-Ceylan, 17 f.

192 Im Folgenden TBMM.

welches das Polizeikriminalamt mit der Auswertung polizeilicher Kriminalakten für den Zeitraum von 2000 bis 2005 beauftragt hat, auf einer Urteilsanalyse Cakir-Ceylans für den Zeitraum von 1999 bis 2005 im Bereich der südöstlichen Stadt Diyarbakir sowie auf den Erkenntnissen der KA-MER-Stiftung[193].

Laut Befunden des Türkischen Nationalparlamentes finden „Ehrenmorde" in der Türkei im Vergleich zu Deutschland sehr häufig statt. Für den Untersuchungszeitraum zwischen 2000 bis 2005 hat das Polizeikriminalamt 1091 ehrbedingte Tötungshandlungen registriert, was im Durchschnitt etwa 218 „Ehrenmorden" pro Jahr entspricht.[194] Als häufigste Auslöser der Gewalttat werden neben klassischen Fällen, wie unkeusches Verhalten weiblicher Angehöriger, auch Probleme bei Annehmen und Hergeben von Töchtern zur Heirat, allgemeine innerfamiliäre Konflikte, sexuelle Belästigungen, nicht geduldete Beziehungen, Vergewaltigungen sowie die Blutrache benannt.[195] Auch Cakir-Ceylan nennt als Hauptmotivation für die Tat vergleichbare Konstellationen wie etwa die Vergewaltigung, die sexuelle Nötigung, eine nicht geduldete Beziehungen sowie die Prostitution weiblicher Personen.[196]

„Ehrenmorde" ereignen sich den Ergebnissen des Türkischen Nationalparlaments zufolge sowohl in den westlichen (529 Fälle) als auch in den anatolischen (562 Fälle) Gebieten der Türkei. Dabei sind die anatolischen Regionen als deutlich überrepräsentierte Räume zu bewerten, was auf den ersten Blick jedoch nicht erkennbar ist und nur deutlich wird, wenn man die Einwohnerzahl des jeweiligen Gebietes mit der Anzahl des Fallaufkommens ins Verhältnis setzt. Hierdurch wird ersichtlich, dass etwa in einer Großstadt wie Izmir, die die Provinzhauptstadt der Ägäis darstellt und mit etwa 3,9 Millionen Bürgern eine sehr hohe Bevölkerungsdichte hat,[197] mit einem Anteil von 9-10 % von

---

193 KA-MER steht für Kadin Merkezi (Frauenzentrum). Hierbei handelt es sich um eine Frauenorganisation, die ihren Hauptsitz in der Stadt Diyarbakir (Osttürkei) hat. Die Stiftung hat einen Bericht über Frauen herausgegeben, die von einem „Ehrenmord" bedroht waren und sich in den Jahren 2003 bis 2006 an die Einrichtung wandten, um ihre Unterstützung zu ersuchen.

194 TBMM, 112.

195 TBMM, 113.

196 Cakir-Ceylan, 82.

197 World Gazetteer, http://bevoelkerungsstatistik.de/wg.php?xmen=gpro&lng=de&des=wg&geo=3605&srt= npan&col=adhoq&msz=1500 (Stand 2009), abgerufen am 23.03.2010.

einer insgesamt eher geringen Anzahl von „Ehrenmorden" zu sprechen ist.[198] Anders verhält es sich demgegenüber in den ländlichen Regionen der Türkei, die eine insgesamt eher schwache Besiedlung aufweisen und somit mit einer Anzahl von 529 Fällen verhältnismäßig stark belastet sind.[199] Für einen Zusammenhang von „Ehrenmorden" mit den ländlichen Gebieten der Türkei spricht zudem der Umstand, dass viele Delikte, die in den Großstädten des Landes auftreten, laut Statistik des Türkischen Nationalparlamentes in erster Linie von Anatoliern verübt werden, die aus dem Landesinneren abstammen und dort gemeldet sind (60 %). Täter, die in den Großstädten der westlichen Zonen der Türkei geboren und aufgewachsen sind, sind dagegen sehr selten vertreten.[200] Hieraus kann geschlussfolgert werden, dass der „Ehrenmord" erst durch die Zuwanderung der Landbevölkerung Einzug in die Großstädte der Türkei erhalten und der Zuzug in die westlichen moderneren Gebiete des Landes zu keiner Veränderung der Vorstellungen geführt hat.[201]

„Ehrenmorde" werden in der Türkei häufig (73 %) von mehreren Personen begangen. Das Geschlecht der Täter ist überwiegend (88 %) männlich, wobei die Delinquenten hauptsächlich (91 %) erwachsen sind. Es gibt aber auch einige (9 %) - vor allem männliche (90 %) - minderjährige Täter.[202] Täter und Opfer stehen der KA-MER-Stiftung zufolge immer in einer Verwandtschaftsbeziehung zueinander. Die Entscheidung für die Durchführung eines „Ehrenmordes" wird überwiegend von der Familie der Frau (35 %) getroffen.[203] An dem Todesurteil wirken am häufigsten der Vater, Onkel, der ältere Bruder, der Schwiegervater oder der Schwager der Frau mit. Hierbei handelt es sich in der Regel auch um diejenigen Personen, die die Funktion des Familienoberhauptes einnehmen.[204] In der Türkei werden „Ehrenmor-

---

198 TBMM, 113 ff., wonach die Großstädte Ankara, Istanbul und Izmir mit jeweils 9-10 % von „Ehrenmorden" betroffen sind.

199 Genauer zur Bevölkerungsverteilung zwischen Stadt und Land in der Türkei siehe im 3. Teil unter 3.1.2.1.

200 TBMM, 115.

201 So auch Cakir-Ceylan, 81.

202 TBMM, 117.

203 Sezgin für die KA-MER-Stiftung, 132.

204 Sezgin, 132, 138.

de“ aber auch oft (34 %) von dem Ehemann der Frau allein beschlossen und ausgeführt, wobei sie auf das Verständnis ihrer Familie stoßen.[205]

Cakir-Ceylan kommt in vielen Bereichen zu ähnlichen Ergebnissen. So ergab ihre Auswertung insgesamt 81, überwiegend (76) männliche Täter, die sich auf 59 Delikte verteilen. Der Altersschwerpunkt liegt auch hier im jüngeren Erwachsenenbereich - vorwiegend (37 %) zwischen 19 und 25 Jahren -, wobei der Anteil der minderjährigen Täter ebenfalls eher gering (8 %) ausfällt. Täter und Opfer stehen auch laut Cakir-Ceylan überwiegend (65 %) in einer verwandtschaftlichen Beziehung, wobei in 18 % der Ehemann, in 10 % Geschwister, in 6 % der Vater, in 9 % die Brüder des Ehemannes und in 25 % der Fälle ein anderes Familienmitglied die Tat ausführt. Zudem stellt die Autorin fest, dass die männlichen Delinquenten zum Großteil (47 %) verheiratet, nicht selten (32 %) ledig sind, partiell (11 %) durch einen Imam getraut wurden und nur in Einzelfällen (1 %) in Scheidung leben. Der Familienstand der weiblichen Täter verhält sich ähnlich: hier zählt Cakir-Ceylan 3 verheiratete und 2 religiös getraute Frauen.[206]

Die Erkenntnisse der KA-MER-Stiftung weisen auf einen sehr schlechten Bildungsstand der meisten (88 %) an einem Todesurteil Mitwirkenden hin. Ein Großteil (41 %) kann nicht mal lesen oder schreiben. Unter den Personen mit Schulabschluss werden „Ehrenmorde“ in der Türkei am häufigsten (20 %) von solchen Personen begangen, die lediglich die Grundschule absolviert haben. Täter mit einem Realschul- oder Hochschulabschluss kommen äußerst selten (8 %) vor.[207] Cakir-Ceylans Befunde ergeben, dass über die Hälfte der männlichen Täter (51 %) lesen und schreiben kann, einige (12 %) Analphabeten sind, 3 % die Schule besuchen und es kaum (jeweils 1%) Täter mit Abitur oder einem akademischen Abschluss gibt. Bei den Täterinnen gibt sie 2 Analphabetinnen und 1 Frau an, die lesen und schreiben kann.[208]

Aus dem Bericht des Türkische Nationalparlaments lässt sich ableiten, dass sich ehrbedingte Tötungshandlungen in der Türkei sowohl gegen Frauen als auch Männer richten. Die hohe Anzahl männlicher Opfer (710) ist vermutlich darauf zurückzuführen, dass nicht zwischen „Ehrenmorden“ und Blutrache differenziert wurde. Auch in der Türkei

---

205 Sezgin, 132.

206 Cakir-Ceylan, 81 f.

207 Sezgin, 133.

208 Cakir-Ceylan, 82.

sterben teilweise (20 %) mehrere Personen unterschiedlichen Geschlechts an einer Tat.[209] Ein möglicher Grund könnte in dem Umstand liegen, dass die Tötungshandlungen oftmals Reaktionen auf ehrverletzende Verhaltensweisen von Mann und Frau darstellen, wozu etwa die sexuelle Belästigung, die verbotene Beziehungen oder die Vergewaltigung gehören.[210] Diese Erkenntnisse finden in den Befunden Cakir-Ceylans weitgehend Bestätigung, die in 59 Fällen von insgesamt 71 Opfern spricht. Das Geschlecht der Geschädigten unterteilt sie in 35 Frauen und 36 Männer. Auch nach Cakir-Ceylan handelt es sich bei den männlichen Opfern in erster Linie um solche Personen, die für die Ehrverletzung eines weiblichen Angehörigen des Täters mitverantwortlich sind.[211]

Die Ergebnisse des Türkischen Nationalparlaments weisen zudem daraufhin, dass die Opfer eines „Ehrenmordes" in der Türkei im Regelfall (92 %) erwachsen sind und im Wesentlichen derselben Altersgruppe der Täter zuzuordnen.[212] Viele Opfer sind in den anatolischen Regionen der Türkei geboren und aufgewachsen (66 %). Die meisten (67 %) haben auch ihren Wohnsitz in unterschiedlichen Gebieten in Ost- und Südostanatolien gemeldet.[213]

Laut Befunden der KA-MER-Stiftung haben viele (65 %) Betroffene Kurdisch als Muttersprache. Dies ist nicht besonders verwunderlich, da das ost- und südostanatolische Gebiet grundsätzlich einen hohen Anteil an kurdischen Einwohnern aufweist. Gleichwohl sprechen auch viele (31 %) Geschädigte türkisch als Muttersprache.[214] Somit sind „Ehrenmorde" nicht als ein ausschließlich kurdisches Phänomen zu verstehen, was von manchen Stimmen mit Nachdruck behauptet wird.[215]

---

209 TBMM, 118.

210 TBMM, 113.

211 Cakir-Ceylan, 72.

212 TBMM, 118; ähnlich auch Cakir-Ceylan, die zwischen den Geschlechtern differenziert und bei den weiblichen Opfern den Altersschwerpunkt mit 50 % auf die 18-25 Jährigen und bei männlichen Betroffenen (mit jeweils 36 %) auf die Altersgruppe der 18-25 beziehungsweise der 25-40 Jährigen legt (Cakir-Ceylan, 72 f.).

213 TBMM, 116.

214 Sezgin, 124.

215 In diese Richtung etwa Izol, 10; ablehnend dagegen auch Cöster, 275, die das Phänomen weder auf eine bestimmte Region, noch auf eine Religion beschränken will.

Vielmehr sind die Ergebnisse ein Beleg dafür, dass es viel zu kurz greifen würde, den „Ehrenmord" auf eine bestimmte ethnische Zugehörigkeit zu beschränken.

Auch auf Opferseite gibt es üblicherweise (86 %) einen sehr geringen Bildungsstand. Mehr als die Hälfte (55 %) der Geschädigten hat gar keine Ausbildung durchlaufen und kann weder lesen noch schreiben. Frauen, die das Gymnasium besucht oder studiert haben, sind mit 13% absolute Einzelfälle. Oftmals (92 %) gehen die Betroffenen keiner Erwerbstätigkeit nach.[216]

Viele (51 %) der bedrohten Frauen sind verheiratet, einige ledig (35 %), verwitwet (8 %) oder getrennt lebend (6 %). Nicht selten ist die Ehe keine Liebesbeziehung, sondern wird nach einer Absprache der Familien (49 %) geschlossen oder die Betroffene wird zur Heirat gezwungen (11 %). Dabei sind die Mädchen häufig noch minderjährig (44 %) oder nur knapp über 18 Jahre (49 %) alt.[217] Auch nach Cakir-Ceylan sind die meisten (15) betroffenen Frauen verheiratet, einige (11) ledig und äußerst selten (1) geschieden. Teilweise (5) leben sie in einer Imam-Ehe. Bei den männlichen Opfern handelt es sich in den häufigsten Fällen (8) um ledige Personen, gefolgt von den verheirateten Männern (7) und denen, die eine islamische Eheschließung vollzogen haben (3).[218]

Der Bericht der KA-MER-Stiftung kommt zu dem Ergebnis, dass dem „Ehrenmord" immer gewalttätige Übergriffe durch die Familie vorausgehen, die oft (53 %) über mehrere Jahre andauern können.[219] In manchen Fällen (15 %) werden die Opfer zu einem Selbstmord gezwungen, damit sich die Familie die Hände nicht selbst „schmutzig" machen muss.[220]

Nur wenige (27 %) Geschädigte erfahren im Rahmen ihrer Bedrohung Unterstützung; in der Regel werden sie allein gelassen. Größtenteils (22 %) handelt es sich bei dem Kreis der Beistehenden um eigene weibliche Familienmitglieder. Die Anzahl der Frauen, die Hilfe von ihrem

---

216 Sezgin, 128.

217 Sezgin, 128 f.

218 Cakir-Ceylan, 72 f.

219 In den meisten Fällen handelt es sich um innerfamiliäre Gewalt. Es wurde von Übergriffen durch den Ehemann, die eigene Familie oder von Aggressionen der Familie des Partners berichtet (vgl. Sezgin, 131).

220 Sezgin, 136.

Ehemann oder seiner Familie bekommen, ist äußerst niedrig (3 %).[221] Zumeist (90 %) liegt nur ein geringer Zeitraum zwischen der „Familienratssitzung“ und der Verwirklichung eines „Ehrenmordes“.[222] Zum Schutz der Betroffenen muss also sofort gehandelt werden.

Die Darstellungen zum „Ehrenmord“ in Deutschland und in der Türkei haben erste Anhaltspunkte für das Vorkommen und die Häufigkeit des Phänomens in beiden Ländern geliefert. Bei einem Vergleich der Studien werden die Parallelen in der Grundstruktur der Taten ersichtlich. Vor allem wird die Annahme bestätigt, dass die Männer den „Ehrenmord“ oftmals kollektiv begehen und damit auf ein vermeintliches Fehlverhalten ihrer weiblichen Familienmitglieder reagieren. Somit scheint die Umsiedlung nach Deutschland zu keiner Veränderung beziehungsweise zum Ablegen traditioneller Vorstellungen und Verhaltensmuster zu führen. Unklar ist an dieser Stelle jedoch, worin die Gründe für das Überleben der heimatlichen Anschauungen in der Migration liegen könnten.[223]

---

221 Sezgin, 136 f.

222 Sezgin, 135.

223 Ausführlich hierzu siehe im 4. Teil unter 4.2.1 ff.

3 Die Ehre in der traditionell türkischen Kultur

Kennzeichnendes Merkmal des „Ehrenmordes“ ist die (Familien-)Ehre, die die Grundlage der Tat bildet und deshalb im Folgenden ausführlich beschrieben werden soll.

3.1 Allgemeine Grundzüge des Ehrkonzepts

Obwohl es sich bei der Ehre um einen elementaren Wert des türkischen Wertesystems handelt, kann nicht genau gesagt werden, was unter diesem Begriff zu verstehen ist. Mangels einer allgemeingültigen Definition wird Ehre innerhalb der türkischen Bevölkerung unterschiedlich begriffen und interpretiert. Daher wäre es falsch, von dem *einen* Ehrenkodex *aller* Türken zu sprechen. Vielmehr ist davon auszugehen, dass es sich um einen veränderbaren Wert handelt, der sich durchaus an Ort und Zeit anpassen kann.[224] Nach traditioneller Auffassung weist Ehre unterschiedliche Formen auf. Da diese zum Teil sehr eng miteinander verknüpft sind, ist eine klare Grenzziehung in den meisten Fällen nahezu unmöglich, aber - wie noch zu sehen ist - auch nicht unbedingt notwendig.

Die Ehre steht nach traditioneller Auffassung an oberster Stelle der Wertehierarchie.[225] Als ein Wert von zentraler Bedeutung reguliert sie die sozialen Beziehungen innerhalb einer Gruppe und zwischen den einzelnen Gruppen.[226] Ihr Besitz ist die Eintrittskarte in das soziale Leben, da sie die entscheidenden Maßstäbe für die gesellschaftliche Integration und Akzeptanz setzt.[227] Die Ehre bildet zwar einen ungeschriebenen, aber nahezu unumstößlich vorgegebenen Moral- und Rechtskodex, der von der traditionell türkischen Gemeinschaft bestimmte Verhaltensweisen fordert.[228] Die Einhaltung der Normen des Ehrkonzepts wird als eine wesentliche Pflicht der Gesellschaftsmitglieder angesehen[229] und kann unter Umständen sogar zum alleinigen Le-

---

224 Schiffauer 2000, 93 ff.

225 Schiffauer 2002, 31 f.; Schirrmacher 2007, 13.

226 Yalcin-Heckmann, 143.

227 Kehl/Pfluger, 16; Kizilhan 2006, 85.

228 Pfluger, 11.

229 Petersen, 17.

bensinhalt einer Person werden.[230] Menschen, die ihr Verhalten den Ehrenregeln unterordnen, bieten Anlass zum Stolz und werden von ihrem sozialen Umfeld hierfür bewundert. Der Ehrverlust ist dagegen mit sozialer Ausgrenzung und Ächtung verbunden.[231] Dabei führt Ehrlosigkeit nicht nur zum Verlust von Handels- und Tauschpartnern, sondern auch zur Verringerung der Chancen auf Verheiratung der Kinder.[232] Da sich die Folgen somit sowohl auf soziale als auch auf wirtschaftliche Aspekte beziehen, bleibt ehrlosen Familien lediglich die Möglichkeit, ihr Dorf zu verlassen und an irgendeinem anderen Ort neu anzufangen.[233] Wegen der Gefahr einer solch schwerwiegenden Isolation, haben die Menschen ein großes Interesse daran, die Normen des Ehrkonzepts zu befolgen. Um dies zu garantieren, erfolgt eine strenge gegenseitige Verhaltenskontrolle innerhalb und zwischen den einzelnen Gruppen.[234]

Um die Ehre vollständig erfassen zu können, ist hervorzuheben, dass sie die strikte Trennung des inneren von dem äußeren Bereich widerspiegelt. Während der äußere Bereich die Öffentlichkeit meint, sind dem inneren Bereich die Familie und der Haushalt zugeordnet. Dabei befindet sich vor allem die Geschlechtsehre einer Familie im „Innen". Sie muss vor dem „Außen" geschützt werden. Kommt es auch nur zu einem Versuch der Verletzung des inneren Bereichs durch einen Außenstehenden, so muss dieser mit allen denkbaren Mitteln gesühnt werden.[235] Dabei tritt Ehrlosigkeit nicht bereits mit einem Übergriff auf die Ehre, sondern erst dann ein, wenn die Familie nichts gegen die Grenzüberschreitung unternimmt.[236]

Der Ehrgedanke stellt nicht auf eine tatsächliche Ehrenhaftigkeit beziehungsweise Ehrlosigkeit ab. Da das gesellschaftliche Urteil von maßgeblicher Bedeutung ist, kommt es ausschließlich darauf an, ob eine Familie einen ehrenhaften Ruf vorweisen kann oder nicht.[237] Eine Ehrverletzung wird daher nur dann angenommen, wenn sie öffentlich

---

230 Akgün 1996, 94.

231 Tuna, 52.

232 Schiffauer 2002, 30.

233 Izol, 15; Schiffauer 2002, 30.

234 Petersen, 31; Tuna, 53 f.

235 Kehl/Pfluger, 17.

236 Kizilhan 2006, 85; Schiffauer 2002, 30.

237 Petersen, 17.

bekannt geworden ist, also den Bereich des „Innen" verlassen hat.[238] Das heißt, solange Ehrverletzungen von der Öffentlichkeit unentdeckt bleiben, steht die Entscheidung über ihre Sühne im Ermessen der Familie. So kann ehrenrühriges Verhalten unter Umständen sogar intern toleriert werden, wenn die Familie es für die Beteiligten als förderlich erklärt.[239] Gelingt es einer Familie also, den äußeren Eindruck von dauerhafter Ehrenhaftigkeit zu erwecken, beziehungsweise diesen aufrechtzuerhalten, bewertet man sie in der öffentlichen Meinung auch als ehrenhaft. Dabei führt die gleichzeitige Assoziation der Familie mit Eigenschaften wie Stärke und Unantastbarkeit zu einer gewissen Abschreckung der Außenwelt, die Übergriffe auf die Ehre immer unwahrscheinlicher macht.[240] Wann die Ehre als verloren gilt, wird ebenfalls von der Gesellschaft bestimmt und durch vordefinierte Situationen konkretisiert. Da ausschließlich auf die gesellschaftliche Wahrnehmung abgestellt wird, spielt die persönliche Meinung der am Ehrkonflikt unmittelbar Beteiligten eine ebenso bedeutungslose Rolle, wie die individuell vorgebrachte Verteidigung.[241] So kann es durchaus vorkommen, dass vermeintliche Ehrverletzungen und tatsächliche Normenverstöße identische Konsequenzen nach sich ziehen.[242] Obwohl sich die Familie unter Umständen gar nichts vorzuwerfen hat, wird sie von der Community unter sehr großen Druck gesetzt, wodurch sie sich in jedem Fall zum Handeln gezwungen fühlt.[243]

Maßnahmen zur Wiederherstellung der Ehre müssen ebenfalls öffentlich demonstriert werden. So ist es einer Familie nur anhand einer öffentlichen Sühne möglich, ihre Ehre unter Beweis zu stellen und ihre Schwächung hierdurch wieder zu kompensieren.[244] Dasselbe gilt für Umstände, die die Ehrenhaftigkeit erst begründen sollen. Demnach gilt beispielsweise die Jungfräulichkeit einer Braut, die ihre bisherige Ehrenhaftigkeit bestätigen soll, erst mit dem Vorzeigen des blutbefleckten

---

238 Petersen, 32; Schiffauer 1988, 58.

239 Schiffauer 1988, 54 f., der als Beispiel ein heimliches Treffen eines jungen Paares anführt und darauf hinweist, dass dieses oftmals von den Familien hingenommen wird, die sich hiervon eine stabile Ehe für ihre Kinder versprechen; ähnlich auch Heine, P., 39.

240 Schiffauer 1988, 52.

241 Kehl/Pfluger 1988, 9.

242 Schiffauer 1988, 55.

243 Tuna, 53.

244 Kizilhan 2006, 88.

Betttuches nach der Hochzeitsnacht als bewiesen.[245] Hierauf ist der Leitsatz *„Ehre, von der ausschließlich die Familienmitglieder wissen, ist nichts wert“* gegründet.[246]

Wird ein bestimmtes Verhalten gesellschaftlich als ehrbar interpretiert, kann dies die Betroffenen ebenfalls in eine missliche Lage bringen. Denn Ehrbesitz bedeutet Verantwortung zu tragen. Einmal zugesprochen, befindet sich die Familie in den obersten Rängen der Wertschätzung. Um diese nicht zu verlieren, muss sie den hohen Erwartungen gerecht werden und ihre Ehre auf strengste Weise behüten und hegen. Deshalb spricht man in dem Zusammenhang auch von der *„Last der Ehre“*.[247]

3.2 Die unterschiedlichen Formen der Ehre

Was Ehre ist, welche Relevanz sie besitzt und wie sich ihr Einfluss auf die türkische Gesellschaft darstellt, ist vor allem anhand ihrer unterschiedlichen Formen erkennbar. Während wir im Deutschen nur einen Begriff für Ehre kennen, gibt es in der Türkei drei unterschiedliche Ausdrücke dafür. Dabei beziehen sich die Differenzen der verschiedenen Formen nicht nur auf den Sprachgebrauch, sondern auch auf ihre Inhalte.

Familien, die gesellschaftliches Ansehen genießen wollen, müssen alle drei Ehrbegriffe vorweisen können. Denn erst durch das Zusammenspiel dieser Werte wird von Ehrenhaftigkeit gesprochen. Da „Ehrenmorde“ vorwiegend durch Verstöße gegen die *„Namus“* ausgelöst werden, soll diese Form der Ehre im Mittelpunkt der folgenden Ausführungen stehen. Um die wechselseitigen Berührungspunkte der Werte zu erfassen, ist im Anschluss eine Gesamtbetrachtung der drei wichtigsten Ehrbegriffe vorzunehmen.

3.2.1 Die *„Namus“*

Ehre in Form von *„Namus“* bildet vermutlich den zentralsten Wert des Ehrverständnisses der türkischen Gemeinschaft.[248] Wie die folgende

---

245 Tellenbach 2003a, 4.

246 Petersen, 16 f.

247 Yalcin-Heckmann, 148 f.

248 Seiser, 82; ebenso Kuzkaya, S 22, der die *„Namus“* im Kontext des türkischen Dorfes als ein Heiligtum beschreibt. Bedeutungsgehalt und Anwendungsbe-

Darbietung zeigen wird, spiegelt sich die Trennung der Bereiche „Innen" und „Außen" am stärksten in der *„Namus"* wieder, die dem häuslich-familiären Bereich zugeordnet wird.[249] Sie ist beschmutzt, wenn jemand von Außen - damit ist die männliche Öffentlichkeit eines Dorfes oder einer Stadt gemeint - einen Angehörigen einer Familie - zumeist handelt es sich hierbei um die weiblichen Mitglieder - belästigt oder angreift.[250] *„Namus"* ist somit ein Instrument, welches insbesondere für die Beziehungen zwischen Mann und Frau tragend ist.[251] Sie umfasst die Ehre im sexuellen Bereich und regelt das Verhalten der Geschlechter zueinander. Da sich ihre Verhaltensanforderungen an den traditionellen Geschlechterrollen orientieren, ist zwischen der *„Namus"* der Frau und der *„Namus"* des Mannes zu differenzieren.[252] Dabei steht die *„Namus"* der Geschlechter in einer besonderen Beziehung zueinander. Während sich die *„Namus"* der Frau in erster Linie auf die Bewahrung ihrer eigenen Ehre bezieht, hängt die *„Namus"* des Mannes von der Ehrenhaftigkeit seiner weiblichen Familienangehörigen ab. Deshalb ist es die Aufgabe des Mannes, Angriffe auf die Ehre seiner Frauen abzuwehren.[253] Schließlich ist *„Namus"* ein statischer Wert, sodass Frau wie Mann ihn nur besitzen oder verlieren kann.[254]

---

reich von *„Namus"* können ungeachtet ihrer allgemein anerkannten und besonderen Stellung jedoch variieren, wobei sich die Unterscheide vorwiegend aus dem örtlichen und zeitlichen Kontext ergeben. Mit anderen Worten ist *„Namus"* - wie auch *„Seref"* und *„Saygi"* - ein vielseitiger Wert, der schlecht verallgemeinert werden kann (vgl. Yalcin-Heckmann, 143). Dass der Begriff der *„Namus"* differenziert ausgelegt wird und vor allem von dem Herkunftsort einer Person abhängt, wurde durch eine Studie in der Türkei, die die Dynamik von „Ehrenmorden" zum Gegenstand hatte, bestätigt (ausführlich bei Kardam, 16 ff.). Mehr zum Verständnis von Ehre in der Türkei siehe EMMA vom März/April 2007 Nr. 2, 47. Trotz der, zum Teil eher feinen Unterschiede, hat vor allem die traditionell türkische Gesellschaft ein bestimmtes Verständnis von dem Wert der *„Namus"*, das für die vorliegende Arbeit wesentlich und ausschlaggebend ist.

249 Kehl/Pfluger 1988, 20.

250 Schiffauer 1983, 65.

251 Petersen, 21.

252 Schiffauer 1983, 74.

253 Pfluger-Schindlbeck, 37.

254 Petersen, 31.

3.2.1.1 Die „*Namus*" der Frau

Die „*Namus*" einer Frau besteht vor allem darin, die Jungfräulichkeit bis zur Ehe zu bewahren und anschließend in der Ehe treu zu sein.[255] Eine Frau erfüllt das von ihr erwartete ehrenhafte Rollenbild im Allgemeinen, wenn sie „*(...) ihren Körper und ihr Haar vor Männern bedeckt hält, vor ihnen ihre körperlichen Funktionen zu verbergen weiß und sich allgemein schüchtern und scheu gegenüber Männern verhält*".[256] Dabei wird die „*Namus*" als ihre wichtigste Eigenschaft angesehen. Kriterien wie Persönlichkeit, Interessen oder Begabungen spielen für die gesellschaftliche Anerkennung einer Frau eine nur untergeordnete Rolle.[257]

Eine Frau kann „*Namus*" nicht selbst erwerben. Sie kann sie nur besitzen oder beschmutzen.[258] Da hierfür bereits Gerüchte oder Vermutungen ausreichreichen können,[259] stehen Frauen in der allgemeinen Pflicht, alle Situationen, in denen auch nur die Gefahr einer Ehrverletzung entstehen kann, zu vermeiden.[260] Andernfalls wird ihnen schnell Unrecht oder der Wille zum ehrlosen Verhalten unterstellt.[261] Allerdings gibt es keine einheitliche Auffassung darüber, in welchem Fall eine Verletzung der „*Namus*" letztlich begründet wird beziehungsweise wie schwerwiegend die Verfehlung hierfür sein muss. „*In Urfa kann es sein, wenn eine Frau vor ihrem Mann geht, woanders kann es etwas Ernsteres sein, etwa mit einem Jungen zu sprechen*".[262] Gleichwohl haben sich einige Verhaltensprinzipien durchgesetzt, die nun vorgestellt werden sollen.

Im Hinblick auf das äußere Erscheinungsbild erfordert die Ehrenhaftigkeit von der Frau, ihren Körper zu verhüllen. So müssen „*namuslu*" Frauen ihr Haar durch ein Kopftuch bedecken und Kleidung tragen, die Arme und Beine verbirgt.[263]

---

255 Straube, 109.

256 Petersen, 11.

257 Schirrmacher 2007, 8.

258 Kizilhan 2006, 83; Tuna, 51.

259 Heine, P., 39; Petersen, 11.

260 Petersen, 31; ähnlich Tuna, 52 ff.; der hervorhebt, dass dies insbesondere Situationen potentieller sexueller Kontakte betrifft (vgl. Tuna, 53).

261 Schirrmacher 2009, 14.

262 Amnesty International, 19.

263 Schiffauer 1983, 75.

Für eine ehrenhafte Frau gehört es sich zudem nicht, in der Gegenwart von Männern viel zu sprechen. Sind Männer in der Nähe, dürfen sie nicht schreien oder rennen und sollten es vermeiden, die Toilette zu besuchen.[264] Es kann sogar als recht ehrlos gewertet werden, wenn Frauen in Anwesenheit nichtverwandter Männer essen oder trinken.[265] *„Namuslu"* Frauen sind zugleich saubere Frauen. So müssen ehrenhafte Frauen ständig danach bestrebt sein, ihren Haushalt sauber zu halten.[266]

Die *„Namus"* fordert ferner, dass eine Frau eine öffentliche Straße nur dann betritt, wenn dies notwendig oder mit einem bestimmten Zweck verbunden ist. Will sie einfach nur spazieren gehen oder nachts das Haus verlassen, darf sie dies nur unter der Begleitung eines männlichen Angehörigen tun, der ihr Schutz und Sicherheit bieten soll.[267] Nicht von Bedeutung ist, ob die Begleitperson erwachsen beziehungsweise tatsächlich in der Lage dazu ist, in einer gefährlichen Situation wirkungsvoll eingreifen zu können, sondern nur, dass sie männlich ist. In Bezug auf die Begleitung einer erwachsenen Frau durch einen fünfjährigen Jungen wird angeführt: *„(...) Mann ist Mann. Hauptsache, Du gehst nicht allein!"*.[268] Begegnet eine ehrenhafte und anständige Frau einem ihr bekannten Mann in der Öffentlichkeit, hat sie den Kontakt zu ihm so kurz wie möglich zu halten. Je nach Situation sollte sie im Idealfall wegschauen oder wortlos an ihm vorbeigehen.[269] Da es in der Öffentlichkeit schnell zu Gerüchten über ihren ehrenhaften Ruf kommen kann, kommt es häufig vor, dass Frauen ihr Leben in erster Linie auf den häuslichen Bereich beschränken.[270] Hier sind sie vor der für sie grundsätzlich bedrohlichen und feindlichen Außenwelt der (fremden) Männer geschützt.[271]

Definiert sich die Ehre der Frau also durch ihre Zurückhaltung und Keuschheit im Verhältnis zum Mann, bedeutet dies im Umkehrschluss, dass die Gebote der Ehrenhaftigkeit innerhalb der Frauengruppe keine

---

264 Ebd.

265 Petersen, 15.

266 Petersen, 47.

267 Schiffauer 1983, 75, 91.

268 Lubig, 27.

269 Toprak 2007, 158.

270 Heine, P., 38.

271 Kehl/Pfluger, 18; Tuna, 52.

Geltung beanspruchen. Somit können Frauen sich untereinander viel freier bewegen und arbeiten, ohne sich an die gesellschaftlich geforderten Normen halten zu müssen.[272] Da die Frauen traditionell dem häuslichen Bereich zugeordnet werden, setzen sie diese Ungezwungenheit vor allem innerhalb der eigenen vier Wände um.[273]

Gleichwohl herrscht auch innerhalb der „Frauenwelt" eine besondere Form der Ehrenkontrolle, die durch das ständige Beisammensein mit anderen Frauen zum Ausdruck kommt. Denn durch die Anwesenheit in der Frauengruppe werden die eigenen Handlungen offen gelegt und unter Beweis gestellt, dass es keine Geheimnisse gibt, für die sich die Frauen schämen müssten.[274] Eine andere Form der weiblichen Kontrolle ist der Austausch über Gerüchte oder Tatsachen ehrenrühriger Verhaltensweisen und ihrer Konsequenzen in der „Frauenwelt". Auf diese Weise wollen die Frauen insbesondere jüngere Mädchen vor Fehltritten abschrecken und sie vor jeglichem Fehlverhalten ermahnen.[275]

Allerdings entsteht durch die Frauengemeinschaft nicht nur eine erweiterte Kontrolle, sondern auch ein gewisser Schutz für den Erhalt der weiblichen *„Namus"* in der Öffentlichkeit. So können sich Frauen im Kollektiv leichter und wirksamer gegen physische Angriffe von Außen absichern. Gleichzeitig dient die Gemeinschaft als Gegenbeweis für mögliche Vorwürfe eines ehrlosen Verhaltens.[276] Dies ist einer der Gründe, warum sich ehrenhafte Frauen möglichst in Begleitung anderer Frauen in der Öffentlichkeit zeigen.[277]

Da die sexuelle Attraktivität einer Frau mit zunehmendem Alter nachlässt, verlieren die Regeln der Ehrenhaftigkeit im Laufe der Zeit immer mehr an Bedeutung. So wird älteren Frauen, bei denen keine sexuellen Bedürfnisse mehr angenommen werden, reichlich Bewegungsfreiheit in unterschiedlichen Lebensbereichen zugestanden. Diese äußert sich beispielsweise darin, sich vergleichsweise frei – aber nicht allein – mit Männern unterhalten,[278] das Kopftuch ablegen,[279] in der Nähe von

---

272 Petersen, 56.

273 Lubig, 31; näher zu den unterschiedlichen „Geschlechterwelten" siehe im 3. Teil unter 3.2.3.2 und 3.2.4.

274 Petersen, 63.

275 Heine, P., 38.

276 Petersen, 11.

277 Heine, P., 38.

278 Schiffauer 1983, 88.

Männern laut rufen, ihnen widersprechen oder ordinäre Witze machen[280] zu dürfen, ohne als *„namussuz"* zu gelten.

Die *„Namus"* der Frau definiert sich also in Bezug auf das männliche Geschlecht und verlangt eine korrekte Kleidung und Haltung, korrektes Benehmen und vor allem Keuschheit und Zurückhaltung im Umgang mit Männern. Somit wird weibliche Ehre insbesondere an den Körper und das sexuelle Verhalten einer Frau geknüpft.[281] Entspricht eine Frau nicht den gesellschaftlichen Erwartungen - indem sie etwa ihre Jungfräulichkeit vor der Ehe verliert oder ein außereheliches Verhältnis eingeht - gilt sie sofort als *„namussuz"*. Mit ihrem Verhalten hat sie dann nicht nur ihre eigene, sondern die Ehre der ganzen Familie beschmutzt.[282] Die Unehre bezieht sich jedoch nur auf die männlichen Verwandten einer Frau. Ihre weiblichen Angehörigen bleiben hiervon unberührt.[283] Dagegen wird die weibliche Ehre nicht durch ein männliches Fehlverhalten tangiert, was zu einem asymmetrischen Abhängigkeitsverhältnis der *„Namus"* der Geschlechter führt.[284]

Da Fehltritte einer Frau ihre männlichen Angehörigen gleichermaßen treffen, sehen sie sich in der Pflicht für die Bewahrung der Ehre durch die Frau zu sorgen.[285] Findet gleichwohl eine Ehrverletzung statt, folgen hierauf in der Regel unnachgiebige und rigide Sanktionierungsmaßnahmen durch die Männer. Als mildere Formen kommen der kontrollierte Ausgang der Betroffenen, ihre ständige Beaufsichtigung und die Bewachung ihrer Verhaltensweisen durch das gesamte Umfeld in Betracht.[286] Dabei sind die Verstoßung oder im schlimmsten Fall die Tötung der Frau im Namen der Ehre die härtesten Mittel, die nach traditionell türkischer Auffassung Anwendung finden, um die beschmutzte Ehre wiederherzustellen.[287]

---

279 Petersen, 13 f.

280 Toprak 2007, 158.

281 Kizilhan 2006, 83; Pfluger-Schindlbeck, 37.

282 Sahin, 56; Schiffauer 1983, 74; Tuna, 51.

283 Kuzkaya, 23.

284 Pfluger-Schindlbeck, 43, 63.

285 Rumpf 2000, 167.

286 Heine, P., 38.

287 Akgün 1996, 97.

3.2.1.2 Die „*Namus*" des Mannes

Die Männer werden nach traditionellem Verständnis als Hüter der Familienehre definiert.[288] In ihrer Funktion als Familienoberhaupt sind sie dazu angehalten, die „*Namus*" der ganzen Gruppe zu bewahren und gegebenenfalls zu verteidigen.[289] In erster Linie sind der Vater, der Onkel oder der (große) Bruder einer Frau dafür zuständig.[290] Mit der Eheschließung geht diese Verantwortung jedoch in der Regel auf den Ehemann über.[291]

Wie bereits angesprochen, hängt die „*Namus*" des Mannes vorwiegend von dem (sexuellen) Verhalten der ihm anvertrauten weiblichen Familienmitglieder ab.[292] Ein Mann gilt also nicht automatisch als ehrenhaft sobald er sich selbst an die gesellschaftlichen Vorgaben hält, sondern erst dann, wenn seine Mutter, Schwester, Tochter und/oder Ehefrau ebenfalls gesellschaftskonform handeln und die ihnen auferlegten Ehrennormen befolgen. Daher stellen die weiblichen Angehörigen sowohl die beste Garantie, als auch die größte Gefahr für die „*Namus*" des Mannes und der ganzen Familie dar.[293]

Steht der Ruf der Frau auf dem Spiel, wird dies als ein öffentliches Eingeständnis ihrer männlichen Familienmitglieder gewertet. Die Gesellschaft geht dann davon aus, diese seien offenbar nicht stark genug gewesen, um sie an ihrer ehrenrührigen Handlung zu hindern beziehungsweise den „Störer" von seiner Tat abzuhalten.[294] In diesem Mo-

---

288 Heine, P., 38; Kizilhan 2006, 72; Rumpf 2000, 167.

289 Dass die Männer für den Erhalt beziehungsweise für die Bereinigung der verletzten Ehre zuständig sind, ergibt sich insbesondere aus der Annahme, ein entehrender Angriff könne nur durch einen fremden Mann erfolgen. Da man davon ausgeht, dass die Frau körperlich zu schwach ist, um sich aus eigener Kraft hiergegen zu verteidigen, muss der starke Mann einschreiten und die Frau beschützen (vgl. Yalcin-Heckmann, 145).

290 Yalcin-Heckmann, 145 f.; ähnlich Tuna, 53; er verweist zudem darauf, dass daneben auch andere männliche Personen aus dem sozialen Umfeld in Betracht kommen.

291 Petersen, 26.

292 Pfluger-Schindlbeck, 43. Umgekehrt spielt die sexuelle Reinheit des Mannes für die Beurteilung seiner eigenen „*Namus*" keine Rolle. Das heißt, die Aufnahme von außer- oder vorehelichem sexuellen Kontakt hat keinen Einfluss darauf, ob er als ehrenhaft beurteilt wird (vgl. Kizilhan 2006, 83).

293 Petersen, 26.

294 Schiffauer 1983, 74; Schirrmacher 2007, 14.

ment werden die Männer einer Familie von der Öffentlichkeit als schwach und unmännlich abgestempelt, was zum Verlust des gesellschaftlichen Respekts und zur steigenden Wahrscheinlichkeit eines (weiteren) ehrverletzenden Übergriffs führt.[295] Denn wurde ein Mann einmal für schwach und weich befunden, hat dies oftmals zur Folge, dass er übervorteilt wird und immer öfter in Konflikte gerät.[296] Zur Vermeidung dieses gesellschaftlichen Abstiegs, versuchen die Männer ihre weiblichen Angehörigen strengstens zu kontrollieren.[297] Dabei sind sie der Ansicht, nur auf diesem Wege sichergehen zu können, dass sich die Frauen der Familie den herrschenden Werten und Normen anpassen.[298]

Die *„Namus"* des Mannes kann prinzipiell mit Verantwortung, Stärke und Verteidigungsbereitschaft beschrieben werden. Da die männlichen Angehörigen die Vertreter der Familie nach Außen sind, obliegt ihnen auch die Pflicht, diese Eigenschaften ständig in der Öffentlichkeit zu demonstrieren.[299] Ausdrucksmittel sind etwa ein sicherer Gang und der aufmerksame Blick, der sich auf das Umfeld konzentriert und sich gegenüber Blicken Anderer behaupten kann.[300] Ferner muss ein *„namuslu"* Mann nach Außen signalisieren, dass er stets bereit und imstande ist, angemessen auf einen Angriff auf die Familienehre zu reagieren.[301] Vor dem Hintergrund, dass ihm im Bereich des Außen vorwiegend Männer anderer Haushalte begegnen, muss er seine Entschiedenheit vor allem innerhalb seines eigenen Geschlechtes unter Beweis stellen.[302] Je mehr männliche Angehörige eine Familie hat, desto abschreckender wird ihr Bild in der Gesellschaft empfunden. Somit steht eine Vielzahl von Söhnen für die Stärke und die Macht der gesamten Gruppe. Dies ist der Grund, warum sich die meisten Familien möglichst viele Söhne wünschen.[303]

---

295 Schiffauer 1983, 76.

296 Ebd.

297 Lubig, 29.

298 Pfluger-Schindlbeck, 43.

299 Kehl/Pfluger, 18.

300 Petersen, 24, allerdings soll die Pflicht zu einem aufmerksamen Blick nach Petersen nicht gelten, wenn der Andere geehrt werden soll. Vielmehr sei in diesem Fall die Senkung des Blickes angezeigt.

301 Kehl/Pfluger, 18.

302 Petersen, 22.

303 Kizilhan 2006, 82.

Es gibt insbesondere zwei Momente in dem Leben eines Mannes, in denen die Wahrscheinlichkeit einer Ehrverletzung am höchsten ist. Dies sind der Zeitpunkt kurz nach seiner eigenen Hochzeit und der Beginn des heiratsfähigen Alters seiner Töchter.[304] Im Kontext der eigenen Eheschließung ergibt sich die mögliche Belastung der Ehre eines Mannes aus der Frage, ob er tatsächlich eine Jungfrau geheiratet hat.[305] Ist dies der Fall, steht die *„Namus"* des Mannes – die eheliche Treue seiner Frau unterstellt – erst wieder mit dem Aufwachsen der Töchter auf dem Spiel, für deren *„Namus"* er bis zur Eheschließung sorgen muss.[306] Die steigende Gefahr des Verlustes der Jungfräulichkeit der Tochter mit zunehmendem Alter hat dabei oftmals zur Folge, dass sich die Eltern bemühen, sie möglichst früh zu verheiraten. Hierdurch wollen sie das Risiko eines Ehrverlustes so gering wie möglich halten.[307]

Kommt es zur Entehrung eines Mannes, wirkt diese zunächst bloß virtuell. Fortan hat er die Möglichkeit, die befleckte *„Namus"* durch eine Gegentat zu bereinigen[308] und hierdurch seine Männlichkeit unter Beweis zu stellen.[309] Da dies nur durch die Demonstration von Stärke und Bestimmtheit möglich ist,[310] kommt es häufig zu besonders radikalen Reaktionen auf eine Ehrverletzung durch eine Frau.[311] Lässt ein Mann es dagegen an Verteidigungsbereitschaft fehlen, ist nicht nur die Ehre der Frau, sondern auch seine *„Namus"* unwiederbringlich verloren.[312] Soll nicht die ganze Familie unter der Ehrlosigkeit leiden, muss ein anderes männliches Familienmitglied eingreifen und alle Angehörigen vor dem sozialen „Ruin" bewahren.[313]

---

304 Kizilhan 2006, 81; Tuna, 51.

305 Kizilhan 2006, 84.

306 Schiffauer 1983, 75.

307 Straube, 109.

308 Petersen, 30 f.

309 Kehl/Pfluger, 18; Sahin, 55.

310 Petersen, 21.

311 Schiffauer 1983, 74.

312 Petersen, 48, die dabei unterstreicht, dass ein Mann, der sich von dem Ehrkodex freispricht, als unberechenbar angesehen wird, was so weit gehen kann, dass man ihm sogar zutraut, mit der eigenen Mutter oder Schwester sexuell zu verkehren.

313 Petersen, 26.

3.2.2 Die *„Seref"*

Neben der *„Namus"* kennt die türkische Sprache den Begriff der *„Seref"* als eine weitere Form der Ehre, der sich mit Ansehen, Würde und Prestige ins Deutsche übersetzen lässt.[314] Nach traditionellem Verständnis kommt *„Seref"* in erster Linie in Bezug auf das soziale Umfeld einer Familie zum Tragen und wirkt daher vorwiegend im Außenbereich.[315] Die *„Seref"* regelt vor allem die Beziehungen einer Familie zu ihrer Verwandtschaft und Nachbarschaft. Diese Beziehungen sind - im Gegensatz zu den hierarchisch und autoritär aufgebauten Familienstrukturen - regelmäßig von Gleichheit geprägt, was vor allem im Rahmen des Gabentausches zum Ausdruck kommt. Hierunter werden insbesondere die Arbeits- und Nachbarschaftshilfe, der Verleih von Geld und anderen Gegenständen sowie die Gastfreundschaft verstanden.[316]

Da es sich bei dem Gabentausch um ein ständiges Geben und Nehmen handelt, weisen außerfamiliäre Beziehungen traditionell stets einen Schuldner und einen Gläubiger auf. Die jeweilige Position bleibt so lange erhalten, bis das Schuldverhältnis durch eine Gegenleistung der schuldnerischen Partei aufgehoben wird. Dabei darf die Gegengabe traditionsgemäß erst nach Ablauf einer gewissen Zeit erfolgen, wobei der Schuldner darauf achten muss, die Forderung des Gläubigers nicht adäquat zu begleichen. Andernfalls würde dies die Ungleichheit der Beziehung aufheben und ihr Ende bedeuten. Das heißt, die auf prinzipielle Gleichheit beruhende Beziehung zwischen den Familien wird erst durch die temporäre Ungleichheit gegründet.[317]

Der Erwerb von *„Seref"* erfolgt durch die bestmögliche Erwiderung einer Herausforderung im Rahmen des Gabentausches. Eine Person, die *„(...) stark und mutig, gastfrei, großzügig und hilfsbereit (...)"* ist, gilt als besonders *„serefli"*.[318] Daneben werden *„serefli"* Personen regelmäßig mit Eigenschaften wie Reife und Erfolg in Verbindung gebracht. Wer *„Seref"* besitzt, stellt oftmals zugleich eine gesellschaftlich anerkannte

---

314 Kehl/Pfluger, 24.

315 Yalcin-Heckmann, 147.

316 Schiffauer 1983, 70; genauer zu den Bindungen der traditionell türkischen Familie zur Verwandtschaft und Nachbarschaft siehe im 3. Teil unter 3.2.2.

317 Schiffauer 1983, 70.

318 Schirrmacher 2007, 6.

Respektperson dar,[319] die ein erstrebenswertes Vorbild für andere ist und für ihre Eigenschaften verehrt wird.[320]

„Seref" muss also mühselig erworben werden. Unter Umständen kann man die Wertschätzung aber auch erben. Denn häufig wird *„Seref"* mit der Herkunft und den historischen Wurzeln einer Person oder einer Familie assoziiert. Haben die Vorfahren schon gesellschaftliche Wertschätzung genossen, wird der Nachkomme in diese Position hineingeboren. Sein gesellschaftlicher Ehrenplatz ist somit bereits bei der Geburt garantiert.[321]

Da die Männer ihre Familie nach Außen vertreten, ist es in erster Linie ihre Aufgabe, die Beziehungen zu anderen Familien bestmöglich zu gestalten und das gesellschaftliche Ansehen ihrer Gruppe hierdurch sicherzustellen.[322] Dies ist der Grund, warum einige Stimmen die *„Seref"* als einen ausschließlich männlichen Wert definieren.[323] Allerdings können die Außenbeziehungen des Mannes nicht unabhängig von dem Verhalten der Frau, also dem inneren Bereich, gesehen werden. Dies zeigt sich insbesondere am Beispiel der Gastsituation, die im Folgenden kurz erläutert werden soll. Durch die Einladung in das Haus kommen die Gäste auch mit den Handlungsweisen der Frauen der Familie in Berührung, die für ihre Verpflegung zuständig sind und als Einzige einschätzen können, welche Form der Bewirtung für die Gäste angemessen erscheint. Wurden die Erwartungen der Besucher im Hinblick auf ihre Verpflegung erfüllt, ist dies nicht nur in der Großzügigkeit und Gastfreundschaft des Mannes zu sehen, sondern in erster Linie als ein Verdienst der Frau zu betrachten, die sich eigenverantwortlich der Situation angepasst und angemessen verhalten hat. Der Erfolg von öffentlichen Kontakten und der Anstieg der *„Seref"* sind daher nicht nur im Zusammenhang mit dem männlichen, sondern mit dem Verhalten aller Angehörigen einer Familie zu verstehen.[324] Somit ist die

---

319 Yalcin-Heckmann, 147.

320 Petersen, 28.

321 Yalcin-Heckmann, 147.

322 Petersen, 28.

323 Petersen, 28, die hierin einen möglichen Grund für den informellen Umgang zwischen den Frauen sieht; Schiffauer 1983, 74; Tuna, 51.

324 Pfluger-Schindlbeck, 55.

gesamte Gruppe von dem Gewinn und dem Verlust der *„Seref"* gleichermaßen betroffen.[325]

Eine *„serefli"* Familie muss zudem unbedingt eine innere Stabilität aufweisen. Denn sind die Verhältnisse nach Innen gestört, spricht man der Familie erst recht die Fähigkeit dazu ab, erfolgreiche Beziehungen nach Außen führen zu können. Ständige Konflikte innerhalb der Gruppe können sich daher auf das gesellschaftliche Ansehen all ihrer Angehörigen auswirken.[326]

Neben dieser extrovertierten Ebene, ist *„Seref"* auch als ein individueller Wert in Form der „persönlichen Würde" eines Menschen zu verstehen.[327] Dabei muss sich die Ab- oder Zunahme dieses ich-bezogenen Wertes nicht zwangsläufig auf die gesamte Familie zurück verteilen. Die individuelle Form der *„Seref"* steht in Abhängigkeit zur geschlechtsspezifischen Rollenkonformität des Einzelnen. Das heißt, ein Mann, der seinen dahingehenden Verpflichtungen nachkommt, wird als ebenso *„serefli"* angesehen, wie eine Frau, die sich *„namuslu"* verhält und die gesellschaftlichen Erwartungen erfüllt.[328]

Schließlich ist *„Seref"* im Vergleich zur *„Namus"* ein variabler Wert und kann steigen wie auch sinken. Eine Schmälerung oder Liquidation der *„Seref"* kann sowohl durch Handlungen Fremder, als auch durch das eigene Verhalten ausgelöst werden. In beiden Fällen muss die Ehre durch die Sühne der Tat wiederhergestellt werden. Während dies im Falle einer Fremdverletzung die Tötung des Angreifers bedeutet, folgt bei eigenem Verschulden in der Regel der Suizid der betroffenen Person.[329]

3.2.3 Die *„Saygi"*

Der dritte zentrale Ehrbegriff des türkischen Wertesystems ist die *„Saygi"*. Am treffendsten kann er mit Achtung und Respekt übersetzt

---

325 Pfluger-Schindlbeck, 53; ähnlich Yalcin-Heckmann, 147, die betont, dass eine Frau auch eigenständig *„Seref"* erwerben kann und der Besitz der *„Seref"* im Gegensatz zur *„Namus"* keine besonders strengen Kontrollmaßnahmen durch die Männer erfordert.

326 Pfluger-Schindlbeck, 55.

327 Kehl/Pfluger, 16; Pfluger-Schindlbeck, 48.

328 So auch Kehl/Pfluger, 24 f., die die *„Seref"* nicht auf den Prestigegewinn beschränken.

329 Akgün 1996, 96.

werden.[330] Da *„Saygi"* vorwiegend die Umgangsformen zwischen Jung und Alt sowie Mann und Frau bestimmt, gewinnt sie insbesondere zwischen Personen unterschiedlichen Alters und Geschlechts an Bedeutung und basiert in erster Linie auf der traditionell türkischen Auffassung, männliche und vor allem ältere Personen stets respekt- und achtungsvoll behandeln zu müssen.[331] Dabei schreibt die *„Saygi"* gewisse formalisierte Verhaltensweisen vor, deren Einhaltung die Anerkennung der Autorität des anderen ausdrückt.[332]

So müssen sich jüngere Personen im Beisein von Respektpersonen im Allgemeinen sittsam und höflich verhalten, was sich auf unterschiedliche Lebenssituationen beziehen kann. Beispielsweise sind sie dazu angehalten, einen Älteren über seinen Vornamen hinaus in einer bestimmten, seiner sozialen Rolle entsprechenden, Form zu betiteln. Für Geschwister bedeutet dies den älteren Bruder mit *„agabey"* und die ältere Schwester mit *„abla"* anzusprechen. Ebenso gilt es als respektvoll, ältere tatsächlich verwandte oder fremde Personen als *„teyze"* (Tante mütterlicherseits) beziehungsweise *„amca"* (Onkel väterlicherseits) zu bezeichnen.[333]

Häufig reicht es aus, die Regeln der *„Saygi"* bloß offiziell zu befolgen, was am Beispiel des Rauchverbotes erläutert werden soll: *„Saygi"* verlangt nicht, gar nicht oder heimlich zu rauchen, sondern nur, dies in der Anwesenheit älterer Menschen zu unterlassen. Durch kontrolliertes und respektvolles Verhalten soll hervorgehoben werden, dass junge und alte Personen unterschiedliche Ränge besitzen. Entscheidend ist demnach, sich der Autorität des Älteren widerspruchslos zu beugen und hierdurch die Ungleichheit anzuerkennen.[334]

„Saygi" fordert ferner, dass Jüngere den Älteren nicht widersprechen und die eigenen Interessen hinter den Anordnungen des Höherstehenden anstellen, was sich innerhalb der Familie durchaus auf Bereiche wie die Berufs- und Partnerwahl erstrecken kann. Zudem ziemt es sich nicht, in der Gegenwart des Älteren Alkohol zu trinken oder irgendeine Form des Körperkontaktes zu dem Partner aufzunehmen. In einigen

---

330 Toprak 2007, 154.

331 Petersen, 71.

332 Umfassend zu der patriarchalisch-hierarchischen Struktur traditionell türkischer Familien siehe im 3. Teil unter 3.2.3.1.

333 Kehl/Pfluger, 22 f.

334 Petersen, 50.

Gegenden erfordert die *„Saygi"* sogar von jungen Personen, generell nicht zu reden und nur zu reagieren, wenn sie direkt angesprochen werden.[335]

Nach traditionellem Verständnis ist *„Saygi"* nicht nur gegenüber älteren, sondern vor allem auch gegenüber männlichen Personen zu erweisen. Für den innerfamiliären Bereich bedeutet dies, dass Frauen ihren männlichen Angehörigen gegenüber eher Respekt zollen müssen als umgekehrt, wodurch die Autorität des Mannes anerkannt werden soll.[336]

Töchter erweisen ihren Vätern eine ganz spezielle Form der *„Saygi"*, die sich insbesondere durch ihr schamhaftes Verhalten gegenüber dem anderen Geschlecht ausdrückt. Ob die Töchter die Regeln des Vaters tatsächlich akzeptiert und eingehalten haben, stellt sich erst mit dem Beweis ihrer Jungfräulichkeit heraus. Dies ist auch der Grund, warum das Verhältnis zwischen Vater und Tochter kurz vor der Hochzeit sehr angespannt ist.[337] Auch nach der Hochzeit muss sich die Tochter schamhaft und respektbezeugend in der Anwesenheit ihres Vaters verhalten. So darf sie etwa auf Fragen in Bezug auf ihr Privatleben nicht selbst antworten, sondern muss ihren Blick auf den Boden richten und hierdurch zu erkennen geben, dass es angemessener erscheint, ihren Vater auf diese Thematik reagieren zu lassen.[338]

„Saygi" kommt auch im Zusammenhang mit den öffentlichen Beziehungen einer Familie zum Tragen. So bewertet man einen Haushalt, in dem es an der Bezeugung von *„Saygi"* fehlt, von Außen als schwach.[339] Hintergrund ist die Annahme, dass ein Mann, der sich innerhalb seiner eigenen Familie nicht durchsetzen kann, erst recht nicht die notwendige Stärke besitzt, um seine Gruppe vor äußeren Angriffen zu schützen und sie gegebenenfalls zu verteidigen.[340] Gilt ein Mann als labil, interessiert sich sein Umfeld nicht mehr für seine Meinung. Er wird vielmehr auf die Situation im eigenen Haus verwiesen und dazu aufgefordert, zunächst für Ordnung im eigenen Haus zu sorgen. Umgekehrt werden Familien mit respektvollen Söhnen als besonders stark angese-

---

335 Akgün 1996, 95 f.

336 Schiffauer 1983, 67.

337 Petersen, 50.

338 Ebd.

339 Schiffauer 1983, 67.

340 Petersen, 21.

hen. Da die Einhaltung der Regeln der „*Saygi*" mit Solidarität und Gehorsamkeit verbunden wird, gibt es in diesen Fällen keinen Anlass dazu, die Autorität des Vaters anzuzweifeln.[341]

Auf Verstöße gegen die Regeln der Respektspyramide folgt keine Bestrafung durch den Verletzten, da der Rangtiefere als Verantwortlicher angesehen wird. Nicht der Adressat seines respektlosen Verhaltens, sondern er selbst ist von der gesellschaftlichen Verurteilung betroffen. Entsprechend liegt es an ihm, seine befleckte Ehre zu bereinigen. Hierfür ist regelmäßig eine mündliche Entschuldigung und ein Handkuss zu leisten.[342]

3.3 Das Verhältnis der Werte von „*Namus*", „*Seref*" und „*Saygi*"

Obwohl die drei Ehrbegriffe unterschiedliches regeln, fallen ihre Berührungspunkte bei eingehender Betrachtung deutlich ins Auge. Da Besitz und Verlust von Ehre nach traditionell türkischem Verständnis im Wesentlichen vom gesellschaftlichen Urteil abhängig sind, kann der Wert der „*Seref*", der am deutlichsten in den Beziehungen einer Familie zur Gesellschaft zur Geltung kommt, als ein übergeordneter Wert verstanden werden. Allerdings kann „*Seref*" nicht ohne die Ehrenhaftigkeit in Form von „*Namus*" und „*Saygi*" existieren. Somit ist erst das Zusammenspiel aller drei Formen das, was das türkische Verständnis von Ehre ausmacht.

Wie eng die einzelnen Ehrbegriffe miteinander zusammenhängen, kann an folgendem Beispiel erklärt werden: Hat eine Frau die Geschlechtsehre verletzt, tangiert sie damit nicht nur die „*Namus*", sondern zugleich die „*Saygi*" und die „*Seref*" ihrer gesamten Familie. Denn wenn sich ein - vor allem weibliches - Familienmitglied nicht den gesellschaftlichen Erwartungen entsprechend verhält, so wird dies in erster Linie als ein Versagen des Vaters beziehungsweise des Mannes gedeutet und das Entgegenbringen von „*Saygi*" innerhalb seiner Familie angezweifelt. Wenn die Gesellschaft der Meinung ist, ein Mann sei nicht stark genug, um sich gegenüber seinen (weiblichen) Angehörigen durchzusetzen und diese unter Kontrolle zu halten, traut man es ihm erst recht nicht zu, erfolgreiche Beziehungen nach Außen führen zu

341 Schiffauer 1983, 67.

342 Akgün 1996, 96.

können. Da ihm nun Fähigkeiten wie Stärke, Macht und Autorität abgesprochen werden, kann er im Verhältnis zu anderen Männern nicht mehr ernst genommen werden, was seine *„Seref"* antastet. Hierdurch ist die Familienehre in allen Formen berührt.

3.4 Zusammenfassung und Stellungnahme

Zusammenfassend lässt sich vorerst festhalten, dass die Ehre beziehungsweise ihre Bewahrung nach traditioneller Auffassung das höchste Gut einer Familie darstellt. Sie wird als eine erstrebenswerte Tugend angesehen, der ein bestimmtes Verständnis von Familie und ihrem Verhältnis zum sozialen Umfeld zugrunde liegt. Im Rahmen dieses Sozialsystems kann Ehre allgemein als ein Konfliktbewältigungssystem verstanden werden, das sowohl innerhalb der Familie als auch in Außenbeziehungen zur Regelung von Problemen herangezogen wird. Das Ehrkonzept stellt einen Kodex dar, an dem sich das Verhalten von Mann und Frau ausrichtet. Während Ehrenhaftigkeit als äußerst positiv erachtet wird, bedeutet Ehrverlust die größte denkbare Schande und führt in der Regel zum sozialen Aus einer Person beziehungsweise einer ganzen Gruppe. Diese schwerwiegende Folge lässt einen starken gesellschaftlichen Druck entstehen und macht es erforderlich, die Familienangehörigen strengstens zu kontrollieren. Ist einmal der Ruf von Ehrlosigkeit endgültig verbreitet, ist es nicht mehr möglich, die Ehre wiederherzustellen. Alle Mitglieder dieser Gruppe werden dann endgültig als ehrlos angesehen.

Der Ehrverlust selbst setzt keine schuldhaften oder tatsächlichen Fehltritte voraus. Entscheidend ist die öffentliche Wahrnehmung und Bewertung einer Verhaltensweise oder einer Situation als ehrenhaft oder ehrlos. Ehrverlust und ihr Besitz sind aus diesem Grund nur im Zusammenspiel mit der Gemeinschaft möglich. Hat niemand etwas erfahren, so gilt eine Ehrverletzung als nicht geschehen und es wird weiterhin der Schein von Ehrenhaftigkeit gewahrt. In diesen Fällen steht der Kreis der Betroffenen - zumindest offiziell - nicht in der Pflicht, sanktionierende Maßnahmen zu ergreifen.

Ist jemand ehrenhaft, muss er dieses gleichermaßen öffentlich demonstrieren. So ist es von zentraler Bedeutung, dass Besitz und Wiederherstellung der Ehre innerhalb der Community bekannt gemacht werden. Ehre erhält ihren Ausdruck in der Öffentlichkeit und hat wenig mit der subjektiven Einstellung einer Person zu tun. Entscheidend ist das gesellschaftliche Ansehen der Familie. Bei der inhaltlichen Ausfüllung der *„Namus"* ist eine geschlechtsspezifische Differenzierung vorzunehmen. Während Ehrenhaftigkeit für die Frau in erster Linie eine keusche Lebensführung bedeutet, gilt der Mann als ehrenhaft, wenn er die Ehre seiner weiblichen Angehörigen bewahren beziehungsweise schützen kann und einen etwaigen Verstoß gegen die Ehrenregeln angemessen sühnt. Was die anderen beiden Formen von Ehre angeht, ist ebenfalls eine Unterscheidung zwischen den Geschlechtern ratsam, wobei diese Werte nach richtigem Verständnis für Mann und Frau gelten, das Ausmaß jedoch unterschiedlich ausfallen kann. So müssen jüngere Menschen älteren Personen zwar unabhängig von ihrem Geschlecht Respekt zollen, doch wird auf die Ehrerbietung gegenüber dem männlichen Geschlecht besonders viel Wert gelegt. Ähnlich verhält es sich mit dem Wert der *„Seref"*, der grundsätzlich in den Außenbeziehungen zum Tragen kommt und daher eher dem Mann zugeordnet wird. Dennoch kann *„Seref"* nicht losgelöst vom weiblichen Verhalten gesehen werden, was das Beispiel der Besuchssituation verdeutlicht hat. Bei einer näheren Betrachtung des Verhältnisses der Werte zueinander fällt somit auf, dass sie sehr eng miteinander verbunden sind und es oftmals schwer fällt, sie getrennt voneinander zu betrachten. Es handelt sich bei dem traditionell türkischen Verständnis von Ehre also um einen komplexen wie auch facettenreichen Begriff.

Spricht ein Mann bei einem „Ehrenmord" von der Wiederherstellung seiner Ehre, so will er nach dem bisher gesagten neben der *„Namus"* auch die *„Seref"* und *„Saygi"* seiner ganzen Familie retten. Sicherlich ist davon auszugehen, dass die Wiederherstellung der *„Namus"* hierbei im Vordergrund stehen wird. Nichtsdestotrotz zielt die Tat auf die Wiederherstellung des gesamten gesellschaftlichen Ansehens der Gruppe ab.

4 Erfassung möglicher (Hinter-)Gründe eines „Ehrenmordes"

Bei der Untersuchung der möglichen (Hinter-)Gründe eines ehrbedingten Tötungsaktes ist in erster Linie maßgeblich, sich mit dem heimatlichen Hintergrund und den Sozialisationsbedingungen der nach Deutschland migrierten türkischstämmigen Gesellschaft vertraut zu machen. Denn erst mit den Erkenntnissen zur Herkunftssituation der türkischen Migranten wird es möglich einzuschätzen, welche Faktoren bei dem Zustandekommen eines „Ehrenmordes" in Deutschland unter Umständen mitwirken und ob, und wenn ja, welche Modifikationen im Zuwanderungskontext stattgefunden haben. Da die Ehre nach türkischem Verständnis einen großen Einfluss auf viele Lebensbereiche der Menschen hat, kann die Komplexität des „Ehrenmordes" nur erklärt und verstanden werden, wenn diese Bereiche umfassend beschrieben werden. Für die Hintergrundanalyse bedeutet dies, die Tat soziokulturell und religiös einzuordnen und hierbei vor allem diese drei Fragen zu klären:

- Welche historischen und geographischen Wurzeln hat der „Ehrenmord"?
- Wer hält an diesem Phänomen fest?
- Gibt es eine Verbindung zwischen dem „Ehrenmord" und dem Islam?

Der Versuch einer Beantwortung dieser Fragen wird an die empirischen Daten aus der Türkei und aus Deutschland sowie an die Darstellung des Ehrbegriffs in der traditionell türkischen Kultur anknüpfen. Dabei sollen die bereits erzielten Ergebnisse als eine Orientierungshilfe herangezogen werden, um die kennzeichnenden Merkmale von „Ehrenmorden" einer ausführlichen Betrachtung zu unterziehen. Die detaillierte Analyse der bisherigen Erkenntnisse und einiger darüber hinausgehender Aspekte wird hilfreich sein, die Faktoren, die bei dem Zustandekommen des „Ehrenmordes" eine wichtige Rolle spielen können, zu verstehen.

Studien haben belegt, dass „Ehrenmorde" in der Türkei sehr häufig eine geographische Verbindung zum Landesinneren und hier besonders zu den anatolischen Gebieten aufweisen.[343] Es stellt sich daher die Frage, woraus sich der Einfluss des regionalen Faktors auf das Zustandekommen eines „Ehrenmordes" ergibt. Besondere Bedeutung erfährt der räumliche Aspekt zudem vor dem Hintergrund, dass ein Großteil der in Deutschland lebenden türkischen Migranten gerade aus diesen Bereichen der Türkei stammt.[344]

Um die Gründe für die allgemeine Aufwertung des Ehrfaktors in den abgelegenen ländlichen Räumen der Türkei genau zu erläutern, wird bei der regionalen Einordnung des Phänomens im Vordergrund stehen, eine Grundvorstellung über die ländliche Türkei zu verschaffen. Hierzu wird zunächst ein Einblick in die Hintergründe aus historischer Sicht gegeben, da aktuelle Gegebenheiten nicht ohne die historischen Ereignisse nachvollzogen werden können, die nicht nur das kulturelle Verständnis, sondern auch die gesellschaftlichen Strukturen und Verhaltensweisen der Menschen bis zum heutigen Zeitpunkt prägen. Um die Lebenswelt im türkischen Dorf besser nachzuvollziehen, werden sich hieran aktuelle Angaben zur Geographie, Bevölkerungsverteilung und Wirtschaft der Türkei sowie zur allgemeinen Situation der breiten Landbevölkerung anschließen.

Es ist bereits mehrfach angeklungen, dass enge und fest gefügte familiäre Beziehungen wichtige Anhaltspunkte für das Zustandekommen eines „Ehrenmordes" darstellen. Im Rahmen der personenspezifischen Einordnung des „Ehrenmordes" gilt es daher, die hinter dem Ehrkonzept stehende traditionelle Vorstellung von Familie, ihre Bedeutung sowie die Beziehung der Familie zum sozialen Umfeld aufzudecken. In diesem Rahmen ist neben der traditionellen Familienform insbesondere auch auf Organisation, Strukturen, Verhaltensnormen und Einstellungen der Familie einzugehen. Zudem manifestiert sich in der klar abgesteckten Rollenverteilung innerhalb eines „Ehrenmordgeschehens" (der Mann ist der Täter, der das weibliche Opfer tötet) sehr deutlich die von dem Ehrkonzept getragene Vorrangstellung des Mannes gegenüber der Frau. Aus diesem Grund werden auch die Geschlechterrollen von Mann und Frau in der traditionell türkischen Familie gründlich beleuchtet. Aspekte wie die Gestaltung der Geschlechterpflichten und die an Mann und Frau gestellten Verhaltenserwartungen werden hierbei von besonderem Interesse sein.

343 Vgl. Cakir-Ceylan, 81; TBMM, 113 ff.

344 Umfassend hierzu siehe im 4. Teil unter 4.1.

Die Auseinandersetzung mit den Untersuchungen zum „Ehrenmord" hat ferner auf einen engen Zusammenhang des „Ehrenmordes" mit dem Sexualverhalten der Frauen aufmerksam gemacht, wobei der Ehrenkodex darüber bestimmt, wann das Ausleben von Sexualität erlaubt und wann es verboten ist.[345] Da die sexuelle Betätigung der Frauen nach traditioneller Auffassung ausschließlich der Ehe vorbehalten ist, werden zunächst Anbahnung und Gründe einer traditionellen Eheschließung sowie das Verständnis von Ehe und ihrer Funktion erörtert. An nächster Stelle gilt es zu beleuchten, wie eine traditionell eingestellte Familie im Allgemeinen mit Sexualität umgeht und unter welchen Umständen sie in der Ehe stattfindet.

Der „Ehrenmord" ist bekanntermaßen ein archaisches Phänomen, das seit Jahrhunderten existiert. Es stellt sich daher die Frage, aus welchen Gründen die Begehung dieser Gewalttat selbst in der heutigen Zeit aufrechterhalten werden kann. Da hierbei die Art und Weise des Gefühls- und Gedankenaustauschs sowie die Vermittlung von Werten zwischen Erwachsenen und Kindern eine besonders große Rolle spielen, wird das Thema Kinder und der Verlauf ihrer Erziehung in traditionell türkischer Form angerissen. Die nähere Analyse traditioneller Erziehungsziele und -methoden sowie der Aufgaben, die Mutter und Vater dabei übernehmen, kann unter Umständen wichtige Indizien dafür liefern, warum die jüngeren Generationen das Ehrkonzept für sich übernehmen und sich immer wieder für die Begehung der Tat bereit erklären. Die anschließende Auseinandersetzung mit der Einstellung der traditionellen Familie zur Schule und dem Ablauf des Unterrichts kann schließlich aufzeigen, wie es dazu kommt, dass die Stabilität des archaischen Wertesystems trotz vorhandener außerfamiliärer Erziehungseinrichtungen gewährleistet wird und die Statistiken auf einen geringen Bildungsstand bei Tätern und Opfern von „Ehrenmorden" in der Türkei hinweisen.[346]

Wenn sich eine Familie aus Gründen der Ehre zur Tötung eines ihrer Mitglieder entschließt, dann ist die Wahrscheinlichkeit der Anwendung körperlicher Gewalt als einem gewöhnlichen Konfliktlösungsmittel sehr hoch. Von dieser Annahme geleitet, ist ferner zu erörtern, inwieweit Gewalt von der türkischen Gesellschaft und ihrer traditionellen Kultur getragen wird. Hierzu wird erforscht, ob es eine

345 Vgl. Cakir-Ceylan, 83; TBMM, 113.

346 Zu dem Bildungsstand der Täter siehe bei Cakir-Ceylan, 82; im Hinblick auf die Ausbildung von Tätern und Opfern vgl. Sezgin, 128, 133.

regelmäßige Gewaltanwendung in türkischen Familien gibt und wenn ja, in welchem Maße diese stattfindet und von wem sie ausgeht.

„Ehrenmorde" sind nicht nur in Deutschland, sondern in der ganzen Welt primär in muslimischen Gesellschaften verortet.[347] Daher wird das Phänomen überwiegend mit dem Islam in Verbindung gebracht. Vor diesem Hintergrund darf bei einer Auseinandersetzung mit den möglichen Ursachen und Hintergründen des „Ehrenmordphänomens" der Faktor Religion nicht unberücksichtigt bleiben. Im Rahmen einer ausführlichen Analyse des Islams wird zunächst eine erste Annäherung über allgemeine Themen wie die Geschichte des Islam, das Selbstverständnis, die Rechtsgrundlagen und seine Grundpfeiler erfolgen. Dies ist notwendig, um zuerst an den Kern des Problems heranzuführen und die Religion des Islam, seine Inhalte, Funktion und Rolle sowie seine Bedeutung im Alltagsleben der muslimischen Gesellschaft zu verstehen. Bei der Beantwortung der Frage, ob der Islam den Tötungsakt aus Gründen der Ehre beinhaltet, erlaubt, legitimiert oder sonst wie fördert, wird in zwei Schritten vorgegangen. Erstens ist zu untersuchen, ob es sich bei der männlichen Vorherrschaft, die im Rahmen eines „Ehrenmordes" klar zum Ausdruck kommt, ausschließlich um einen Ausfluss des traditionellen Ehrenkodexes handelt oder ob sich die Unterdrückung der Frau auch aus dem Islam ableiten lässt. Hierzu wird in den Blick genommen, wie der Islam generell zu Frauen steht, welches Frauenbild dort herrscht und wie er sich auf die (Rechts)Stellung der Frau auswirkt. Zweitens muss hinterleuchtet werden, ob der Islam die Tötung als Sanktionsform für ein weibliches „Fehlverhalten" überhaupt vorsieht und ob er sich dabei auf den spezifischen Ehrbegriff, der die Grundlage des „Ehrenmordes" bildet, bezieht.

---

[347] Schirrmacher 2009, 20.

4.1 Die regionale Einordnung des „Ehrenmordes": Die traditionell ländliche Türkei

4.1.1 Die Hintergründe aus historischer Sicht

4.1.1.1 Das Osmanische Reich

Das Osmanische Reich (1299-1922) war seit Beginn des 15. Jahrhunderts bis zum Ende des 16. Jahrhunderts eines des mächtigsten und größten Staatengebildes der Welt. Dies lag neben seiner militärischen Stärke auch an seinem ursprünglich sehr hohen Entwicklungsstand.[348] Im Osmanischen Reich galt das Scheriat - also die islamische Gesetzgebung -, welches alle staatlichen und privaten Bereiche verbindlich regelte und die Grundlage der vorherrschenden patriarchalischen Vorstellungen und kollektiven Gesellschaftsstrukturen bildete.[349] Das Osmanische Reich war ein militärisch-zentralistischer Feudalstaat, der sich insbesondere aus seiner Kriegsführung und der Landwirtschaft reproduzierte.[350] Der Boden gehörte *„(...) grundsätzlich dem Sultan, der ihn den Sihapi (Beamte) zuteilte. Sihapi erhoben Steuern von den rea (Bauern) und mussten dafür je nach Größe ihres Einkommens eine bestimmte Anzahl von Celebi (Soldaten) jederzeit zur Verfügung stellen können"*.[351] Zum Ende des Osmanischen Reiches gingen etwa 80 % der gesamten Produktion auf die Land- und Forstwirtschaft zurück. Trotzdem war die gesamte Agrarwirtschaft zu dieser Zeit kaum entwickelt. *„Ein Produktionsgewerbe existierte nicht. (...) Insgesamt bot sich noch immer das typische Bild eines Aufbereitungs- und Reparaturgewerbes, das in handwerklich-hausindustriellen Formen ohne den Einsatz moderner technischer Hilfsmittel arbeitete"*.[352]

Dieser Umstand war einer der wesentlichen Gründe, warum das Osmanische Reich kurz vor seinem Untergang mit ständigen Wirtschafts- und Finanzkrisen zu kämpfen hatte. Hinzu kamen eine hohe Staatsverschuldung im Ausland und immer mehr militärische Niederlagen an der Seite Deutschlands im Ersten Weltkrieg.[353] Als die europäischen

---

348 Kestin, 49.

349 Mertens, 36 f.

350 Baumgartner-Karabak/Landesberger, 11.

351 Kestin, 50.

352 Zum Ganzen Steinhaus, 128.

353 Zemlin, 3.

Großmächte das Osmanische Reich dann auch noch dazu zwangen, mit einem beträchtlichen Teil seines Einkommens die aufgenommenen Anleihen zu tilgen, bedeutete dies den Verlust der Finanzhoheit des Reiches.[354] Innenpolitisch führte der zunehmende Verfall zu einer verstärkten militärischen Ausbeutung des eigenen Landes, die sich vor allem gegen die Bauern richtete. Es kam zu einem Rückzug großer Bevölkerungsteile in unwegsames Hochgebirge, wodurch Zehntausende kleine Dörfer entstanden.[355]

Demgegenüber hatte sich die Osmanische Oberschicht nach und nach in den Städten niedergelassen und organisierte hauptsächlich aus Istanbul die Verwaltung des Reiches. Diese räumliche Trennung war der Anfang einer stets wachsenden Diskrepanz zwischen der im inneren Anatolien verbliebenen Stammesbasis und der sich weiterentwickelnden Osmanischen Elite in den westlichen Gebieten des Landes.[356]

4.1.1.2 Die Türkische Republik

Die Gründung der Türkischen Republik erfolgte im Jahre 1923 aus den Resten des nach zehn Kriegsjahren auseinander gefallenen Osmanischen Reiches unter General Mustafa Kemal (genannt „Atatürk", also Vater der Türken).[357] Dieser leitete tief greifende Reformen in Gesellschaft, Recht und Kultur ein, die die jahrhundertealte überkommene Ordnung durch die europäische Zivilisation und Kultur ersetzen sollten.[358] Mit dem Aufbau einer neuen Türkei sollte diese Leitidee in die Realität umgesetzt werden.[359] Erste Schritte waren die Abschaffung des Scheriats im Jahre 1924 und die Übertragung der Rechtsprechung auf weltliche Gerichte.[360] Es folgten die Aufhebung der Bauernzehnte und der Derwischorden im Jahre 1925. Gleichzeitig wurde die europäische Zeitrechnung eingeführt und auch das türkische Rechtswesen erneuert, dessen Vorlagen das schweizerische Zivilrecht, das italienische Strafrecht und das deutsche Handelsrecht waren.[361] Durch Kemal fand

---

354 Steinhaus, 45.

355 Baumgartner-Karabak/Landesberger, 11.

356 Kleff, 19.

357 Holtbrügge, 42.

358 Steinbach 2007, 31.

359 Kleff, 38.

360 Mertens, 37.

361 Zu den einzelnen Reformen siehe Heinrich 1973, 44.

zudem die lateinische Schrift Anwendung. Es wurden neue Bekleidungsvorschriften erlassen, die das Tragen von Fes und Turbanen ebenso verboten, wie das Tragen von Schleiern und Pluderhosen. Muezzins verschwanden und Koranschulen wurden durch Volks-, Mittel- und höhere Schulen ersetzt.[362] Nunmehr gab es auch eine allgemeine Schulpflicht.[363] Die kemalistische Regierung hatte sich ebenfalls zum Ziel gemacht, die patriarchalischen Gesellschaftsstrukturen des Osmanischen Reiches, deren Ursprung in der jahrhundertealten islamischen Tradition lag, aufzubrechen.[364] Da eine deutliche Benachteiligung der Frau gegenüber dem Mann herrschte, war es Kemal ein besonders wichtiges Anliegen, die rechtliche Gleichstellung der Frau mit dem Mann zu garantieren und die bisherigen Gesellschaftsstrukturen radikal zu verändern.[365] Hierzu wurde die Polygamie verboten und das Scheidungsrecht für beide Geschlechter eingeführt. Die Neuerungen eröffneten den Frauen ferner die Möglichkeit, das Sorgerecht für ihre Kinder wahrnehmen zu können. Es wurde ein gleiches Erbrecht eingeführt und die Wirksamkeit einer Trauung unter die Bedingungen der Anwesenheit der Braut sowie ihrer Zustimmung gesetzt. Schließlich durften Frauen und Männer erst in einem Alter von 17 Jahren heiraten und es galt die Gleichheit der Geschlechter bei Abgabe der eidesstattlichen Versicherung.[366] Die Einleitung des Frauenwahlrechts[367] und der allgemeinen und unentgeltlichen Schulpflicht[368] waren weitere Maßnahme zur Erreichung des Anschlusses an die westliche Zivilisation.

Allerdings schufen die beschleunigt durchgeführten kulturrevolutionären Reformen Kemals nur die formalen politischen Strukturen eines bürgerlichen Staates. Tatsächlich stellte die Türkei nicht mal ansatzweise eine bürgerliche Gesellschaft dar.[369] Da die sozioökonomische Ordnung nicht geändert wurde, waren die meisten Innovationen gar nicht dazu geeignet, die Lebensverhältnisse der breiten Masse zu verändern.[370] Vielmehr wurde auf eine islamisch-orientalische Kultur ein-

---

362 Ebd.

363 Zemlin, 3.

364 Steinbach 2007, 32.

365 Baumgartner-Karabak/Landesberger, 12.

366 Hierzu Küper-Basgöl,131.

367 Heinrich 1973, 44.

368 Steinbach 2007, 32.

369 Steinhaus, 116.

370 Kleff, 42.

fach ein römisch-germanisches Rechtssystem gepflanzt.[371] Grundlagen und Impulse zum Wandel fehlten vor allem im Landesinneren der Türkischen Republik. Wegen der mangelnden Durchsetzung der Neuerungen wirkten sich die Reformen Atatürks hier gar nicht auf die Organisation der Haushalte aus, die Familienideologie blieb bestehen und für die Frauen existierten ihre Rechte nur auf dem Papier. Gleiches galt für die Innovationen im Erziehungssystem.[372] Der Agrarsektor blieb ebenfalls in seiner alten Form belassen und unterlag damit weiterhin der Kontrolle alteingesessener Führungsgruppen.[373] Die Industrialisierung konzentrierte sich auf die westlichen Gebiete der Türkei und erfolgte zu Lasten der landwirtschaftlichen Entwicklung.[374]

Es waren in erster Linie die Bürger in den Städten, die die Veränderungen für sich nutzten, was zu einem politischen, sozialen und auch kulturellen Gefälle im Land führte.[375] Die egalitären Werte galten nur in der Theorie und die Reformen entfalteten sich zu einer Politik, die ausschließlich die Belange der städtischen Intellektuellen und nicht die Sehnsüchte der Bevölkerung auf dem Land, widerspiegelte.[376] Auch nach der kemalistischen Regierung kam es zu keiner politischen, gesellschaftlichen und wirtschaftlichen Integration der Peripherie. Das Ergebnis war die Aufteilung der Türkei in zwei Lebenswelten, die von sozialen Gegensätzen gekennzeichnet waren.[377] *„Es gibt tatsächlich zwei Türkeien: die eine mit alter städtischer Tradition, das heißt die Türkei der Regierung und die andere mit ländlicher, direkt aus den Ogusen- und Türkenstämmen hervorgegangener Tradition (...)"*.[378]

---

371 Weische-Alexa, 55.

372 Küper-Basgöl, 153.

373 Zemlin, 3.

374 Steinbach 2007, 32.

375 Steinbach 2007, 32 f.

376 Küper-Basgöl, 137.

377 Steinbach 2007, 88.

378 Cuisenier ER 1966, 224.

4.1.2 Die aktuellen Gegebenheiten

4.1.2.1 Geographie, Bevölkerungsverteilung und Wirtschaft

Das türkische Staatsgebiet umfasst eine Gesamtfläche von etwa 783.562,4 km^2. Die Volkszählung aus dem Jahre 2004 ergab eine Bevölkerungsanzahl von insgesamt 71.789.000 Personen.[379] Die Türkei erstreckt sich geographisch über zwei Kontinente. Anatolien bildet den asiatischen und zugleich den Hauptteil des Landes. Das europäische Gebiet (Türkisch-Thrakien) umfasst dagegen nur einen kleinen Teil der Staatsfläche.[380] Das zweigeteilte Erscheinungsbild der Türkei hat auch in den folgenden Jahren keine wesentlichen Veränderungen erfahren. So verfügt das Land nach wie vor über unterschiedlich entwickelte Regionen. Während der Westen der Türkei als industriell entwickeltes Gebiet gilt, werden die Schwarzmeerküste, das Mittelmeergebiet und ein Teil Mittelanatoliens weiterhin als mäßig entwickelte Gebiete angesehen. Der andere Teil Mittelanatoliens sowie Ost- und Südostanatolien werden sogar als strukturschwach eingestuft.[381] Dieses Gefälle macht sich in einer allgemeinen Verschlechterung der Lebensbedingungen von Westen nach Osten, der Verringerung der Zahl der großen Städte, einer unterentwickelten Industrie, dem Fehlen moderner landwirtschaftlicher Geräte sowie schlechteren Verkehrsanbindungen bemerkbar.[382]

Das Ost-West-Gefälle kann gleichermaßen auf die Unterschiede von Stadt und Land übertragen werden. Die zunehmende Ansiedlung von Industrieanlagen und ein großes Dienstleistungsangebot in den westlichen Küstenstädten erhöhen dort stetig den Entwicklungsstand und auch die Bereitschaft der Bevölkerung, sich für Neuerungen zu öffnen. Dieser wirtschaftliche und soziale Wandel der Rahmenbedingungen lassen auch die Wertsetzungen und Orientierungen der Menschen

---

379 Statistisches Bundesamt, www.destatis.de/jetspeed/portal/cms/Sites/destatis/Internet/DE/Content/Publikationen/Fachveroeffentlichungen/Laenderprofile/Content75/Tuerkei,property=file.pdf (Stand 2004),1, abgerufen am 03.11.2009.

380 Brockhaus Online, Stichwort Türkei, http://lexika.tanto.de/artikel.php?TANTO_SID=ec0ebaa0b44014fa43c46669fc38e4e7&TANTO_KID=digibib5&TANTO_AGR=133381&shortname=b24&artikel_id=22048808, abgerufen am 13.03.2009.

381 Zum Ganzen Akpinar 1976, 9.

382 Weische-Alexa, 44.

nicht unberührt. Daneben stehen alttürkische Sitten und islamische Traditionen, die im Landesinneren durch die anatolische Dorfbevölkerung weitergelebt werden.[383] Im Jahre 2007 haben etwa 75 % der türkischen Bevölkerung in Städten und nur 25 % in ländlichen Gebieten der Türkei gelebt.[384]

Für die türkische Wirtschaft ist die starke Kluft zwischen dem industrialisierten Westen und dem agrarisch strukturierten Osten bis heute charakteristisch geblieben. Die Gesamtwirtschaft der Türkei unterteilt sich in den Dienstleistungssektor, das produzierende Gewerbe, die Land- und Forstwirtschaft und die Fischerei. Mit 59,6 % nimmt der Dienstleistungssektor den größten Anteil der türkischen Wirtschaft ein. Dem folgt mit 29 % das produzierende Gewerbe und mit 11,5 % schließlich der land- und forstwirtschaftliche Bereich sowie die Fischerei.[385] Im Jahre 2007 waren 26,4 % der erwerbstätigen Personen im Agrarsektor beschäftigt, wobei sich der Anteil im Vergleich zu 1997 auf die Hälfte reduziert hat.[386]

4.1.2.2 Allgemeine Rahmenbedingungen in den ländlichen Dörfern

In der Türkei gibt es etwa 40.000 Dörfer, die in ihrer Siedlungsgeschichte, ihren kulturellen Einflüssen sowie ihrer geographischen und regionalen Lage differieren. Wegen dieser Unterschiede ist es eigentlich nicht möglich, die allgemeinen Rahmenbedingungen in *dem* türkischen Dorf zu erläutern. Gleichwohl können einige typische Eigenschaften der anatolischen Dörfer aufgezeigt werden, die auf eine gemeinsame Grundstruktur schließen lassen und es ermöglichen, den Idealtyp eines türkischen Dorfes zu beschreiben.[387]

---

383 ZfT 1994, 85.

384 Pelikan/Brockmeier/Kleinhanß/Tietz/Weingarten, 5.

385 Vgl. Statistisches Bundesamt, wie vor, 2.

386 Pelikan/Brockmeier/Kleinhanß/Tietz/Weingarten, 5.

387 Baumgartner-Karabak/Landesberger, 19. Unterschiede können sich einerseits aus dem Entwicklungsstand bezüglich der Verkehrsanbindung und Stromversorgung (vgl. ZfT 1994, 85) und andererseits aus der unterschiedlichen ethnischen Zusammensetzung der anatolischen Bevölkerung ergeben (vgl. Küper-Basgöl, 56).

Die anatolischen Dörfer befinden sich zumeist auf abgeschiedenen Gebieten.[388] Wegen der schlechten Infrastruktur leiden die Menschen hier oftmals an hoher Arbeitslosigkeit, Armut und Elend. Die Versorgung der ländlichen Gegend ist nach wie vor schlecht entwickelt. Im Jahre 2004 verfügten nur 57 % der Dörfer über eine zentrale Trinkwasserversorgung und 15 % über eine Abwasserentsorgung.[389] Es fehlt zudem an Universitäten, Einrichtungen des Gesundheitsdienstes, Sportanlagen und Vergnügungsstätten.[390]

Die Erscheinungsformen der Dorfhäuser haben sich im Laufe der letzten Jahrhunderte kaum geändert. Oftmals werden sie aus Naturstoffen wie Stein, Holz und Lehm gebaut. Größe und Ausstattung der Häuser sind Ausdruck für den Wohlstand ihrer Besitzer. So wohnen ärmere Bauern zumeist in einstöckigen Häusern mit lediglich zwei bis drei Zimmern. Die Häuser werden an einem öffentlichen Mittelpunkt im Dorf - etwa am Dorfbrunnen oder am Dorfplatz - mit Moschee, Teehaus und Schule angesiedelt.[391] Im Allgemeinen herrscht ein enges Zusammenleben auf ziemlich schmaler Existenzgrundlage.[392]

Die soziale Umwelt der Menschen Anatoliens ist auf ihr Dorf beschränkt, das die entscheidende Basis der sozialen Sicherheit und Geborgenheit der Bewohner bildet. Sie fühlen sich ihrem Dorf so stark verbunden wie keiner anderen größeren Gruppe. Die hier herrschenden Werte und Verhaltensweisen werden uneingeschränkt als eigene übernommen.[393]

Da sich die Gebiete im Landesinneren der Türkei auch heute noch fern von der Regierung und den staatlichen Zugriffsmöglichkeiten befinden, ist die Wirkungskraft der Rechtsordnung hier gar nicht oder erst unvollständig angekommen.[394] Deshalb werden Konflikte in den ländlichen Gebieten von den Menschen selbst und grundsätzlich unter Gewaltanwendung ausgetragen.[395] Zwar wird die gütliche Beilegung eines Streites nicht gänzlich ausgeschlossen, für Mordtaten und Ehr-

---

388 Küper-Basgöl, 57.

389 Pelikan/Brockmeier/Kleinhanß/Tietz/Weingarten, 22 f.

390 Sanri, 21.

391 ZfT 1994, 85 f.

392 Planck, 144.

393 Planck, 166.

394 Izol, 13.

395 Planck, 170.

verletzungen kommt sie aber nach verbreiteter Dorfmeinung unter keinen Umständen in Betracht.[396]

4.1.3 Zusammenfassung und Stellungnahme

Die Gründe für die regionale Einordnung des „Ehrenmordes" in die ländlichen Gebiete der Türkei sind zum Gutteil auf gewisse historische Ereignisse zurückzuführen, deren Auswirkungen sich auch noch in der Gegenwart bemerkbar machen. Bereits zu Osmanischer Zeit haben große Bevölkerungsteile eine massive staatliche Unterdrückung erfahren und mussten sich in die abgelegenen Bereiche des Landes zurückziehen, was die Zweiteilung des türkischen Volkes im Hinblick auf seine räumliche Verteilung und kulturelle Entwicklung veranlasst hat. Nach der Gründung der Türkischen Republik kam es zwar zur Einführung vieler wirtschaftlicher, gesellschaftlicher und rechtlicher Innovationen, wozu auch die Gleichstellung von Mann und Frau gehörte. Allerdings stellte sich ziemlich bald heraus, dass der Weg in eine zivilisierte Gesellschaft doch weiter war, als die Anhänger des Kemalismus ursprünglich angenommen hatten.[397] So konnte allein die Übernahme europäischer Gesetze nicht sofort die patriarchalischen Vorstellungen und traditionellen Strukturen der türkischen Gesellschaft verdrängen. Dabei blieb vor allem die ländliche Bevölkerung in vielen Lebensbereichen rückständig und ihrer Tradition verhaftet. Dies lag in erster Linie daran, dass die Modernisierungsmaßnahmen die abgelegenen Bereiche des Landes erst gar nicht erreichten. Hierdurch entstanden große gesellschaftliche Diskrepanzen zwischen dem Landesinneren und den Städten der Westtürkei, wo es nach und nach zur Modernisierung der Gesellschaft und zur Lockerung traditioneller Vorstellungen kam. Da die Lebensbedingungen im Hinterland bis zum heutigen Tage keine wesentlichen Veränderungen erfahren haben und die Menschen hier weiterhin abgeschieden und in Armut leben, haben die jahrhundertealten Traditionen, Sitten und Wertvorstellungen hier nach wie vor Gültigkeit. Teilweise leben die Anatolier auch heute noch so weit zurückgekehrt, dass ihre soziale Umwelt sich allein auf ihr Dorf beschränkt, welches die wesentliche Basis der sozialen Sicherheit und Geborgenheit darstellt. Insofern ist mit den Worten Kizilhans von einer *„Allgegenwart der Vergangenheit"* in diesen Gebieten der Türkei zu spre-

---

396 Planck, 144.

397 So überzeugend Steinbach 1992, i.

chen.[398] Dass Konfliktlösungen auf gerichtlichem Wege für die Dorfbevölkerung nicht infrage kommen, ist in erster Linie mit dem Fehlen eines staatlichen Gewaltmonopols im Landesinneren der Türkei zu erklären, was den Akt der Selbstjustiz auch in der heutigen Zeit noch erforderlich macht.

4.2 Die personenspezifische Einordnung des „Ehrenmordes": Die traditionell türkische Familie im ländlichen Kontext

Auch wenn sich die folgenden Ausführungen auf die ländlichen Gebiete der Türkei und hier besonders auf die Dorfgemeinschaften beschränken, ist es nicht möglich, *die* traditionell türkische Familie darzustellen. Dies gilt umso mehr, als dass auch traditionelle Strukturen einem gewissen Wandel unterliegen. In den abgelegenen Dörfern der Türkei sind sie aber nach wie vor in ihren Wesenszügen erhalten geblieben und haben einen bedeutsamen Einfluss auf das heutige Familienverständnis innerhalb der gesamten türkischen Bevölkerung.

4.2.1 Die traditionelle Familienform: Die Großfamilie

Traditionelle Gesellschaften verfügen über eine komplexe und verfestigte Struktur, die ihre Wurzeln in archaischer Zeit hat.[399] Die Grundstruktur der anatolischen Gesellschaft besteht im Allgemeinen aus untereinander konkurrierenden Stämmen *(„Asiret")*. Diese sind in mehrere, ebenfalls teilweise miteinander konkurrierende, Sippen *(„Qabile")* gegliedert. Die Sippen setzen sich wiederum aus mehreren Großfamilien zusammen, die unter Umständen in weitere Kleinfamilien unterteilt sein können. Die einzelnen Gruppen sind durch eine gemeinsame Genealogie miteinander verbunden. Hierunter ist die gemeinschaftliche Abstammung des Stammes, der Sippen, der Großfamilien und der Kleinfamilien von je einem Stammvater in absteigender Deszendenz zu verstehen. Dies macht die Familien zu Solidargruppen,[400] deren Hauptfunktionen in dem Schutz aller Angehörigen vor aggressiven Überfäl-

---

398 Kizilhan 2006, 15 ff.

399 Kaser, 396.

400 Zum Ganzen Kizilhan 2002, 2.

len anderer Dorfbewohner und in der Anhäufung von Vermögenswerten liegen.[401]

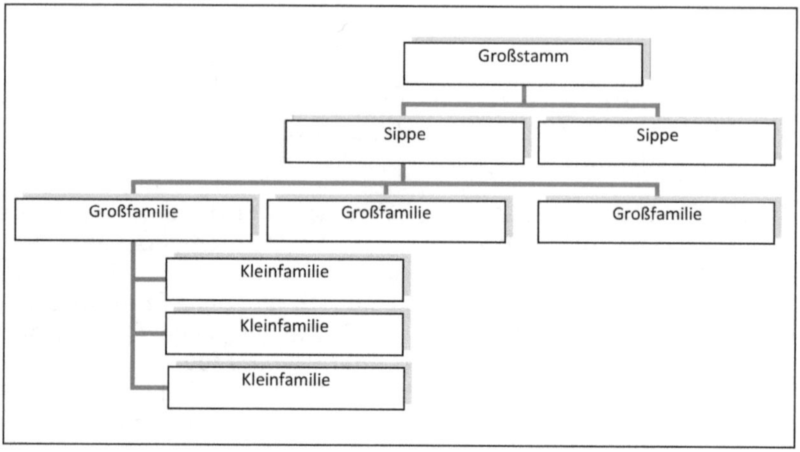

(Die Grundlage der Abbildung befindet sich bei Kizilhan 2006, 31.)

Die zentrale soziale Einheit der ländlichen Türkei bilden die patrilinearen[402] und patrilokalen[403] Großfamilien, die gemeinsam einen Haushalt bewohnen. Dieser ist zumeist aus mehreren Kleinfamilien oder Familienteilen zusammengesetzt. Im Idealfall leben in einem Haushalt sein Vorstand – das älteste männliche Mitglied der Familie –,

---

401 Planck, 130.

402 Laut Lexikon zur Soziologie bezeichnet der Begriff „patrilinear" die Abfolge von Gruppenzugehörigkeit, Erbrecht und Status zwischen den Generationen im Familiensystem, die sich an dem Vater orientiert (vgl. Fuchs-Heinritz/Lautmann/Rammstedt/Wienold, 485, 418).

403 Im Lexikon zur Soziologie wird der Ausdruck „patrilokal" als eine Regelung beschrieben, die besagt, dass ein neu verheiratetes Paar an dem Wohnort der Familie des Mannes leben soll (vgl. Fuchs-Heinritz/Lautmann/Rammstedt/Wienold, 485, 418). Nach Kehl stellen Abweichungen hiervon – etwa, dass der Ehemann nach der Heirat in die väterliche Haushaltung der Frau einzieht – eine Ausnahme dar und werden von der traditionell türkischen Gesellschaft stark missbilligt (vgl. Kehl, 14); diese Situation wird aber teilweise im Migrationsskontext vorgefunden und kann zu schwerwiegenden Konflikten führen, hierzu umfassend siehe im 4. Teil unter 4.2.3.2.

dessen Ehefrau, die verheirateten Söhne mit deren Frauen und Kindern sowie die noch ledigen Söhne und Töchter zusammen. Haben die Geschwister des Haushaltsvorstandes keinen eigenen Haushalt gegründet, so sind sie ebenfalls zur Großfamilie zu zählen. Dasselbe gilt für die geschiedenen Töchter, die in das Vaterhaus zurückkehren.[404] Solche, bis zu drei Generationen umfassenden Haushalte, werden mit dem Tod des Familienoberhauptes aufgelöst. Dann trennen sich die Brüder, um eine eigene Familie zu gründen.[405] Unter dem Vorstand eines verheirateten Sohnes können anschließend neue Haushaltszyklen beginnen.[406]

Wegen der großen Anzahl an Mitgliedern können die Haushalte eines patrilinearen Verwandtschaftssystems nicht immer gemeinsam unter einem Dach leben. In diesen Fällen gruppieren sie sich oftmals zu abgesetzten Vierteln innerhalb des Dorfes *(„mahalle")*.[407] Allerdings ist es in der heutigen Zeit schwierig, die traditionelle Familienform stets aufrechtzuerhalten. Die Gründe hierfür sind insbesondere im ökonomischen Bereich zu suchen. Denn die Großfamilien können gar nicht oder nicht ausschließlich von der Bewirtschaftung ihres Landes leben, was sie oftmals dazu zwingt, ihre Dörfer zu verlassen und außerhalb ihrer Heimat Arbeit zu suchen.[408] Die Entstehung von Kleinfamilien ist somit eher Folge eines ökonomischen Notstandes im Lande und weniger auf eine gesellschaftliche Modernisierung zurückzuführen.[409] Dies ist wahrscheinlich auch der Grund, warum die Mitglieder ihrer Familie ungeachtet der Aufspaltungen und etwaiger Entfernungen stark verbunden bleiben. So werden die engen sozialen Beziehungen zur Verwandtschaft weitergeführt und ihr hoher Stellenwert bleibt bestehen.[410] Zudem versucht die Bauerngesellschaft der Rückläufigkeit der Großfamilie entgegenzusteuern und die Folgen der Entstehung von Kleinfamilien zu relativieren, indem Nachbarschafts- und Verwandtschaftsverbände gebildet werden.[411]

---

404 Umfassend Planck, 126.

405 Zemlin, 16.

406 Kleff, 24.

407 Ebd.

408 Zemlin, 16.

409 Seiser, 73.

410 Timmermann, 17.

411 Küper-Basgöl, 189.

Voraussetzung für die traditionelle Familienform ist eine familiäre Produktion, die zumeist auf Grundbesitz und Viehzucht basiert.[412] In diesem Zusammenhang spricht man auch von der Funktion der Familie als „ökonomische Einheit", die sich auf zwei Ebenen kenntlich macht. Da Erwerb und Konsum der Unterhaltsmittel im Haushalt gemeinschaftlich erfolgen, vereinigen sich erstens alle im Besitz der Mitglieder befindlichen Produktionsmittel im Haushalt. Dies sind etwa Arbeitskraft, Grundeigentum, Nutzungsrechte, Vieh, Betriebsmittel und Kapital.[413] Die Mittel, die von den einzelnen Familienmitgliedern erwirtschaftet wurden, gelten zweitens als gemeinsamer Besitz des Haushalts und werden ebenfalls gemeinschaftlich von ihren Angehörigen genutzt. Ihre Verwaltung obliegt dem jeweiligen Haushaltsvorstand.[414] Nach seinem Tod werden Kontrolle und Verfügungsgewalt der Ressourcen auf die nunmehr getrennten Haushalte vererbt. Somit ist der Haushaltszyklus persönlicher und ökonomischer Natur.[415]

Die familiäre Produktion schafft eine Grundlage für das physische und soziale Überleben der Angehörigen eines Haushaltes. Darüber hinaus soll sie ihren Mitgliedern eine gewisse Geltung innerhalb des Dorfes verschaffen. Hierzu muss die Familie die Leistungsfähigkeit ihres Betriebes stets unter Beweis stellen, die durch eine große Anzahl von Haushaltsangehörigen und ihrem Zusammenhalt gefördert wird. Denn wirken viele Personen an einem Betrieb mit, impliziert dies eine starke Verbundenheit der Familie. Ferner können bei einer größeren Anzahl von Personen die Aufgaben gut verteilt und hierdurch optimal erfüllt werden.[416] Umgekehrt nehmen Veränderungen in der personellen Zusammensetzung des Haushalts unmerklich Einfluss auf die Leistungsfähigkeit des Betriebs.[417] Deshalb ist der Verlust eines (vor allem männlichen) Familienmitgliedes - wenn auch nur zeitweise - wirtschaftlich kaum zu verkraften.[418]

Wie sich bereits in Ansätzen erkennen lässt, leben die Dorfbewohner nicht als Individuen, sondern immer im sozialen Verband. Deshalb

---

412 Zemlin, 16.

413 Planck, 127.

414 Kehl, 13.

415 Planck, 127.

416 Zum Ganzen Planck, 128.

417 Planck, 127.

418 Hierzu bereits im 1. Teil unter 1.3.1.2.

genießt die Gruppe im türkischen Dorf den absoluten Vorrang, wobei der Einzelperson kaum Bedeutung zukommt. Da die Gruppenzugehörigkeit Voraussetzung für die Teilnahme am sozialen und wirtschaftlichen Leben ist, verlangt die Dorfmentalität, dass jeder im Dorf wenigstens zu einem Haushalt gehört. *„Das Individuum gewinnt erst als Angehöriger eines Haushaltes, einer Sippe, eines Viertels, eines Betriebs, einer Bruderschaft, einer Religionsgemeinschaft, einer Berufsgruppe, einer Gesprächsrunde usw. soziales Gewicht. Diese ´sozialen Moleküle´ sind die eigentlichen Strukturelemente der ländlichen Gesellschaft. Wer außerhalb davon lebt, ist unter Umständen nicht nur der sozialen Isolierung, sondern auch dem physischen Verderb preisgegeben"*.[419]

Somit ist nicht das Individuum, sondern die Gemeinschaft als Rechtssubjekt anerkannt. Nur als Mitglied einer Gruppe kann der Einzelne als Rechtsperson existieren; zusammen mit den anderen bildet er eine Rechtseinheit.[420] Dabei ist die Familie wohl als kleinste und wichtigste Einheit innerhalb der Dorfgemeinschaft anzusehen.[421]

4.2.2 Das soziale Umfeld der Familie

4.2.2.1 Die Bindungen zur Verwandtschaft

Wegen der schlechten Infrastruktur in vielen Bereichen der ländlichen Türkei, sind die meisten Dorfbewohner vollkommen von der Umwelt isoliert. Ihr soziales Beziehungsgefüge beschränkt sich daher ausschließlich auf ihr Dorf. Die wichtigsten sozialen Aktivitäten außerhalb des Hauses beruhen auf verwandtschaftlichen Beziehungen, wobei der eigenen Blutsverwandtschaft die Hauptbedeutung zukommt. Da die Verwandtschaft (*„akraba"*) von der räumlichen, sozialen und kulturellen Orientierung her viele Gemeinsamkeiten bietet, ist sie das wesentliche soziale Bezugsfeld einer Familie, der sie sich zugehörig fühlt. Die Verwandtschaftszuordnung erfolgt in der traditionell türkischen Ge-

---

419 Ebenso Planck, 125.

420 Schiffauer 1987, 87.

421 Küper-Basgöl, 58, die zudem anführt, dass die Tradition des Gruppenverbandes lange Zeit sogar eine sprachliche Verankerung in der Türkei fand. Demnach kannte die türkische Sprache bis zu ihrer Reform im Jahre 1982 keinen Ausdruck für „Individuum". Vielmehr wurde der Begriff *„Fert"* herangezogen, der immer die Zugehörigkeit zu einer Gruppe implizierte (vgl. Küper-Basgöl, 58 Fn. 72).

sellschaft im Wesentlichen patrilinear, also über die Abstammungsgruppe des Mannes. Die von Außen in diese Gruppe einheiratenden Frauen werden zunächst als Fremde betrachtet, die erst durch die Geburt eines Kindes eine engere verwandtschaftliche Verbindung zu den Angehörigen ihres Mannes aufbauen können.[422] *„Die Bande zwischen Vater und Sohn beziehungsweise zwischen den Brüdern bilden den Kern, während die Bande, die durch die Einheirat der Frauen entstehen, viel weniger wirksam sind"*.[423] Wesentliches Merkmal der Beziehung einer Familie zu ihrer Verwandtschaft ist das Zusammengehörigkeitsgefühl. Die Verhältnisse sind geprägt von gegenseitiger Verantwortung und Hilfeleistung, was sich auf den moralischen und materiellen Bereich bezieht.[424] *„Verwandte besuchen einander, verbringen ihre Mußestunden zusammen, arbeiten zusammen, helfen einander in kleinen Krisen, unterstützen einander in kleinen Krisen, unterstützen einander in größeren Nöten und nehmen teil an den Zeremonien von Geburt, Beschneidung, Hochzeit und Beerdigung"*.[425]

Die Verwandtschaft verspricht also die größte Verlässlichkeit und ist daher die wichtigste Solidargruppe einer Familie. Sie ist immer präsent, indem sie die Familie in schlechten Zeiten auffängt und in guten Zeiten die Freude mit ihr teilt. Da die Solidarität der Verwandten väterlicherseits am stärksten ist, ist sie auch bei einem Ehrkonflikt am ehesten gefragt.[426] Wegen des hohen Stellenwertes der Ehre, wird es als verpflichtend angesehen, der Verwandtschaft unabhängig von Recht und Unrecht Solidarität und Verbundenheit entgegenzubringen. So gilt es, in jedem Fall und bedingungslos hinter den eigenen Angehörigen zu stehen.[427]

Grundsätzlich sind die einzelnen Verwandtschaftsrollen inhaltlich undefiniert und auch nicht mit festgelegten Rechten oder Pflichten verknüpft. Im Vordergrund steht die allgemeine Erwartung, Not leidenden Verwandten unter die Arme zu greifen.[428] Dabei wird das Maß der gegenseitigen Erwartungen und Verpflichtungen von dem Verwandtschaftsgrad der Familien zueinander abhängig gemacht. Je ge-

---

422 Zum Ganzen Straube, 74 f.

423 Planck, 130.

424 Zemlin, 19.

425 Planck, 246.

426 Kehl, 14.

427 Schiffauer 1983, 43.

428 Planck, 246.

ringer der Verwandtschaftsgrad ist, desto geringer fallen die Anforderungen an die betroffenen Personen aus.[429] Kommt jemand seinen verwandtschaftlichen Verpflichtungen nicht nach, gibt es keine anzurufende Instanz.[430] Der Grund, warum das System gleichwohl funktioniert, liegt in dem Prinzip der Gegenseitigkeit.[431] So können Personen, die ihrer Familie gegenüber solidarisch sind, auch auf die Unterstützung ihrer Familie zählen. Dagegen müssen unsolidarische Personen darauf gefasst sein, dass ihnen in Zukunft ebenfalls die Hilfe durch die Verwandtschaft verweigert wird.[432] Da die Zugehörigkeit zu einer Gruppe aber eben die Grundlage für die wirtschaftliche Existenz und die soziale Anerkennung darstellt, ist das Handeln jedes Einzelnen oftmals von dem Wunsch bestimmt, dem Wohl der Gemeinschaft zu dienen.[433]

Durch die Verheiratung innerhalb verwandter Familien sollen verwandtschaftliche Beziehungen erhalten und gegebenenfalls stabilisiert werden. Dies kann dazu führen, dass die einzelnen Familien und Sippen eines Dorfes eng ineinander verflochten sind und weitere Beziehungen zu anderen Dörfern entstehen. *„Über die Heirat werden (...) zahlreiche Verbindungen zu anderen Sippen geknüpft und werden personale Beziehungen über die Dorfgrenzen hinaus hergestellt. Sie bilden lebendige Kanäle für alle Arten von Kommunikation und für die Arrangierung von neuen Ehen, die wiederum neue Verwandtschaftsbände knüpfen"*.[434] Kinder werden gleich nach der Geburt in das Verwandtschaftssystem integriert, indem sie von mehreren Bezugspersonen betreut beziehungsweise erzogen werden und gemeinsam mit anderen verwandten Kindern aufwachsen. Auf diese Weise bauen sie von klein auf ein intimes Verhältnis zu ihren Verwandten auf und können hierdurch frühzeitig ein gewisses Zusammengehörigkeitsgefühl entwickeln.[435]

---

429 Straube, 75.

430 Planck, 247.

431 Kehl, 15.

432 Straube, 185.

433 Ebd.

434 Zum Ganzen Planck, 130.

435 Straube, 75.

4.2.2.2 Die Bindungen zur Nachbarschaft

Nachbarschaftsgruppen bilden ein weiteres traditionelles Bezugssystem einer Familie. Hierbei handelt es sich um weitere wichtige Solidargruppen, auf die sich eine Familie verlassen kann.[436] Das türkische Sprichwort *„Suche dir keine Wohnung, suche dir Nachbarn"* bringt dabei die starke Gewichtung dieser Beziehungen zum Ausdruck. Vergleichbar mit den Verwandtschaftsbeziehungen zeichnet sich eine gute Nachbarschaftsbeziehung durch die Verpflichtung zur gegenseitigen Hilfe materieller und ideeller Art aus.[437]

Die nachbarschaftlichen Gruppenbeziehungen führen nach traditionell türkischem Verständnis aus dem familiären Innenbereich heraus nach „draußen". Da der Außenbereich per se als gefährlich und bedrohlich eingestuft wird, bedürfen die Kontaktmöglichkeiten zur Nachbarschaft einer genauen Eingrenzung und Kontrolle. Dies gilt in erster Linie für die weiblichen Angehörigen einer Familie, die nicht mit dem anderen Geschlecht in der Außenwelt in Berührung kommen sollen. Im Idealfall sollen sie bis zu ihrer Verheiratung nur innerhalb ihrer eigenen Familie Kontakt zum anderen Geschlecht haben. Daher sind es die Männer, die ihre Familie nach Außen vertreten und das Verhältnis zwischen der eigenen familiären Gruppe und der dörflichen Gemeinde beziehungsweise dem Besucher herstellen.[438]

Das allgemeine Gemeinschaftsgefühl, welches sich aus der gemeinsamen Vergangenheit, der alltäglichen Orientierung und der gemeinsamen Zukunft ergibt, ist oftmals so stark, dass es die Bewohner einer Nachbarschaftsgruppe zu Quasi-Verwandten macht.[439] Dies kommt vor allem durch die Verwendung von Verwandtschaftsbezeichnungen gegenüber Nichtverwandten zum Ausdruck. So werden ältere Männer mit *„amca"* (Bruder des Vaters), ältere Frauen mit *„yenge"* (Frau des Bruders) oder *„teyze"* (Schwester der Mutter) und gleichaltrige mit *„kardes"* (Bruder) oder *„baci"* (Schwester) angeredet.[440] Ein wichtiges Ziel der Integration von Nachbarn in das Verwandtschaftssystem ist es auch, eine Art von „Entsexualisierung" zu ermöglichen, sodass diese Personen keine Bedrohung mehr für die (Familien-)Ehre darstellen

---

436 Straube, 80.

437 Mertens, 42.

438 Hierzu ausführlich Straube, 44, 60, 74.

439 Straube, 81.

440 Mertens, 34 f.

können.[441] Vielmehr sind sie nun dazu angehalten, die betroffenen Frauen zu schützen und sie mit Achtung zu behandeln.[442]

4.2.3 Die Strukturen der Familie

4.2.3.1 Die patriarchalisch-hierarchische Familienstruktur

Großfamilien sind überwiegend patriarchalisch-hierarchisch organisiert.[443] So gaben im Rahmen einer Untersuchung zur Familienstruktur anatolischer Dörfer 46 % der Befragten ein stark patriarchalisches, 47 % ein schwach patriarchalisches und nur 7 % ein egalitäres Familiensystem an.[444] Mit dem Patriarchat (wörtlich „Vorherrschaft des Vaters") gehen die von allen anerkannte streng hierarchische Rangordnung, die sich aus dem Geschlecht, dem Alter und der verwandtschaftlichen Position innerhalb der Großfamilie ergibt, und das Zollen von Achtung und Respekt als weitere elementare Kennzeichen der traditionellen Familie einher.[445]

Grundsätzlich gelten die Überordnung des männlichen Geschlechts gegenüber dem weiblichen und die der Älteren gegenüber den Jüngeren (Senioritätsprinzip).[446] Innerhalb der Frauengruppe herrscht eine weitere eigenständige hierarchische Gliederung, woran sich die Wertigkeit der Frau im Einzelnen bemisst.[447]

An der Spitze der Hierarchie steht das Familienoberhaupt beziehungsweise der Führer der Familie. Diese Stellung hat in der Regel der Vater oder - wenn er in der Familie lebt - der Großvater inne.[448] Für die Familie ist der Vater somit die größte Respekts- und Autoritätsperson.

---

441 Straube, 81.

442 Straube, 65.

443 Kehl, 13.

444 Sahinkaya, 34.

445 Kizilhan 2002, 3.

446 Timmermann, 17.

447 Zemlin, 16.

448 Toprak 2004, 53; ähnlich Straube, 170, die auf die Manifestation der ausnahmslosen Männerherrschaft in der türkischen Sprache aufmerksam macht. Diese kommt nach Straube in dem Begriff „Familienvater" („*aile sahibi*") zum Ausdruck, der im türkischen zugleich die Bedeutung des „Familienbesitzers" hat.

Seine Entscheidungen sind verbindlich und ihm darf niemals widersprochen werden.[449] Alle Rangtieferen haben die Pflicht, ihn zu bedienen, zu achten, ihm zu gehorchen und ihm ergeben sein, wobei Frauen die Regeln generell noch stärker befolgen müssen als Männer.[450] Widersetzen sich die Angehörigen dem Willen des Vaters, riskieren sie damit einen totalen Bruch, der sich etwa in einem Kontaktabbruch oder einer Verstoßung ausdrücken kann.[451] Die Führungsrolle des Vaters wird niemals angezweifelt und bleibt ein Leben lang erhalten. Erst mit seinem Tod wird sie von dem ältesten Sohn abgelöst.[452]

In der weiteren Rangfolge befinden sich die Frau und die Kinder des Mannes. Innerhalb der Geschwisterreihe nehmen die Jungen eine den Mädchen und die Älteren eine den Jüngeren übergeordnete Position ein. Allerdings wird spätestens mit Erreichen der Pubertät die Geschlechtszugehörigkeit zum ausschlaggebenden Kriterium, sodass die jüngeren Söhne vor den älteren Töchtern rangieren. Bei einem erwachsenen Sohn kann dieses System unter Umständen sogar die Verdrängung der Position der Mutter bedeuten.[453] Daher ist es nicht ungewöhnlich, dass Mütter ihre heranwachsenden Söhne bei Tisch bedienen, wenn diese abends von der Arbeit kommen.[454] Der Grund für die höherrangige Stellung der Söhne liegt in ihrer Funktion als Stellvertreter des Familienoberhauptes. In diese Rolle werden sie von dem Vater eingeführt, der ihnen schon im Jugendalter familiäre Mitbestimmungsrechte überträgt. Von besonderer Bedeutung ist in diesem Zusammenhang die Übernahme einer Mitverantwortung für die Familienehre, indem der Vater seine Söhne zu Überwachern ihrer weiblichen Angehörigen bestimmt.[455] Dabei bekleidet der älteste Sohn den obersten Rang und wird von seinen jüngeren Brüdern durch die Anrede „großer Bruder“ *(agabey)* in seiner Stellung bestätigt.[456]

Das Leben in dieser Über- und Unterordnung zwischen Mann und Frau einerseits und Jung und Alt andererseits zieht gewisse Machtver-

---

449 Kehl/Pfluger, 23.

450 Straube, 170.

451 Straube, 57.

452 Renner, 119.

453 Zum Ganzen Mertens, 79.

454 Baumgartner-Karabak/Landesberger, 66.

455 Timmermann, 17.

456 Straube, 57.

hältnisse nach sich, die in allen Beziehungen innerhalb der Familie sichtbar werden. Denn Unterordnung bedeutet das Ertragen und Erdulden der Macht eines anderen. Umgekehrt heißt Überordnung die Ausübung von Macht über andere.[457] Am deutlichsten wird dies am Beispiel der Frauen einer Familie, die nicht nur unter der Befehlsgewalt der Älteren stehen, sondern auch von den Männern dominiert werden. Das heißt, die Stellung der Frau ist in diesem System gleich zweifach zweitrangig.

4.2.3.2 Die *„duofokale"* Familienstruktur

Die Struktur der traditionell türkischen Familie stellt sich graphisch als ein Y dar: Alle Kinder einer Familie bilden unabhängig von ihrem Geschlecht den gemeinsamen Stamm der Gruppe. Hiervon gehen dann ein jeweils weiblicher und ein männlicher Ast ab, auf die sich die Jugendlichen und Erwachsenen verteilen.[458] Die hierdurch entstehende Trennung von Mann und Frau wird in der Literatur teilweise als eine *„duofokale Familienstruktur"* bezeichnet.[459] Damit ist die Existenz von zwei sozialen Netzwerken - einem männlichen und einem weiblichen - gemeint, die nebeneinander bestehen und relativ unabhängig voneinander agieren. *„Männliches und weibliches Bezugssystem berühren sich zwar in einigen Punkten, im Grunde handelt es sich jedoch um zwei getrennte soziale Systeme. Das weibliche ist auf den häuslichen Kreis beschränkt. Das männliche ist weiter"*.[460]

Das Kulturmuster der Geschlechtertrennung tritt durchgängig in der traditionell türkischen Gesellschaft auf, sei es während der Arbeit, innerhalb des Hauses, in der Freizeit oder bei Festen und religiösen Bräuchen.[461] Das traditionell türkische Dorf unterteilt sich somit größtenteils in Bereiche, die entweder nur Männern oder nur Frauen vorbehalten sind. Dabei leben die Geschlechter so weit voneinander getrennt, dass oftmals von einer „Frauen-" und einer „Männerwelt" die Rede ist.[462]

---

457 Kizilhan 2006, 30.

458 Pierce, 83.

459 So insbesondere Olson, 34.

460 Zum Ganzen Planck, 136.

461 Rosen, 70.

462 Vgl. Baumgartner-Karabak/Landesberger, 45.

Die weitgehend getrennten Sphären von Mann und Frau finden sich in erster Linie in der strengen Arbeits- beziehungsweise Aufgabengliederung wieder. Während die Arbeitsbereiche der Frauen hauptsächlich in Kindererziehung und Haushaltsarbeiten - wie Versorgung des Haushalts und die Verarbeitung der landwirtschaftlichen Produkte zu haltbaren Nahrungsmitteln, die Verarbeitung der Schafwolle und das Anfertigen von Kleidungsstücken - liegen,[463] sind die Männer in erster Linie für die Außenkontakte und den Unterhalt der Familie verantwortlich, wobei sie letztere Verpflichtung durch körperlich schwere Feldarbeit oder das Ausüben eines Handwerks erfüllen.[464]

Mit diesen klar abgegrenzten Arbeits- und Zuständigkeitsbereichen geht eine räumliche Zuordnung der Geschlechter einher: Die Frauen bewegen sich im häuslichen Bereich, also mehr an der Peripherie und gehören deshalb auch nur diesem Raum an. Die Männer beherrschen demgegenüber die Exosphäre in zentralen Bereichen und sind daher der Außenwelt zuzuordnen.[465] Vor diesem Hintergrund wird der außerfamiliäre männliche Bereich als ein Ort der Versuchung und Gefährdung für die Frauen bewertet, die diese Sphäre in der Regel nur in Begleitung eines Mannes und so unauffällig wie möglich betreten dürfen.[466]

Es sind also ausschließlich die Männer, die das Bild in der Öffentlichkeit bestimmen. Ihre wichtigsten Treffpunkte sind die Teestuben und Dorfzimmer, die zumeist an zentralen Orten wie dem Dorfplatz liegen. Hier kommen die Männer immer wieder zusammen, um alltägliche Angelegenheiten und Neuigkeiten auszutauschen, zu diskutieren oder um sich über politische Themen zu unterhalten.[467] Dabei soll der Besuch dieser Einrichtungen dazu dienen, die Beziehungen der Männer zueinander zu erweitern und aufrechtzuerhalten und dadurch ihre Überlegenheit innerhalb der Dorfgesellschaft zu garantieren.[468] Den Frauen ist der Zutritt zu diesen öffentlichen Orten strengstens verboten. Ausnahmen werden - wenn überhaupt - nur bei alten Damen des

---

463 Ebd.

464 Zemlin, 10, 18; ähnlich Planck, 135, der jedoch hervorhebt, dass die Arbeitsteilung in den verschiedenen Regionen der Türkei variieren kann und die Ausführungen daher nur als beispielhaft gewertet werden sollten.

465 Straube, 56.

466 Zum islamischen Hintergrund siehe im 3. Teil unter 3.3.2.5.1.

467 ZfT 1994, 86.

468 Planck, 136.

Dorfes gemacht.[469] Somit herrscht eine geschlechtsspezifische Anteilnahme am öffentlichen Leben.

Die Einengung der Frau auf den inneren Bereich beschränkt ihre Erfahrungen und Kontaktmöglichkeiten auf die häuslich-familiäre Welt.[470] Denn Frauen verrichten hier nicht nur ihre Arbeit, sie verbringen auch ihre Freizeit weitestgehend in ihren Häusern. Trifft sich eine Frau mit anderen Frauen, geschieht dies zumeist im Rahmen des traditionellen Besuchstages, der reihum in einem Haus der Frauen aus der Nachbarschaftsgruppe stattfindet.[471] Da es sich bei dem häuslichen Bereich somit um eine Frauendomäne handelt, wird es als höchst seltsam angesehen, wenn ein Mann über das Essen und Schlafen hinaus noch weitere Zeit im Haus verbringt.[472]

Nun müssen sich aber auch Frauen mal in der Öffentlichkeit aufhalten, indem sie zum Waschhaus oder zur Bäckerei gehen.[473] An diesen Orten findet die außerhäusliche Kommunikation der Frauen statt, wobei sich die Gesprächsthemen im Allgemeinen aus den Zuständigkeitsbereichen der Frauen ergeben.[474] Da man die Gegenwart einer Frau in der Außenwelt als ein Vordringen in den männlichen Bereich ansieht, gehen Frauen entweder gemeinsam als Gruppe oder in Begleitung eines männlichen Familienangehörigen in die Öffentlichkeit. Um nicht besonders aufzufallen, tragen sie dabei in der Regel einen langen Mantel und ein zusätzliches Kopftuch.[475]

In Gesellschaften, in denen sich die Geschlechtersegregation auf diese Weise vollzieht, wird sie häufig auch im häuslichen Bereich der Familien angetroffen. Selbst hier versucht man den Kontakt zwischen Mann und Frau so gering wie möglich zu halten, indem etwa die Mahlzeiten getrennt - zuerst von den Männern dann von den Frauen - eingenommen werden.[476] Bei einer gemischten Besuchsgruppe müssen ebenfalls strenge Regeln beachtet werden. So fällt die Begrüßung zwischen

---

469 ZfT 1994, 86.

470 Straube, 45.

471 Straube, 47.

472 Planck, 135.

473 Zemlin, 19.

474 ZfT 1994, 86.

475 Straube, 47, 19; hierdurch zeigen sie, dass sie *„namuslu"* sind; siehe bereits ausführlich im 2. Teil unter 2.2.1.1.

476 Zemlin, 18.

Mann und Frau sehr formal aus, wobei körperliche Berührungen von beiden Seiten übervorsichtig vermieden werden. Zudem gilt es, bei der Sitzordnung eine räumliche Trennung einzuhalten und sich im Gespräch dem jeweils eigenen Geschlecht zuzuwenden.[477]

4.2.4 Stellung und Aufgaben von Mann und Frau in der Familie

Entsprechend der patriarchalischen Vorstellungen werden Frauen und Männern unterschiedliche Stellungen und Aufgaben innerhalb der Familie zugewiesen. Dabei kommt den Männern schon aufgrund ihres Geschlechts ein höherer Geltungsanspruch zu. Der Status der Frau ist dem des Mannes in jeder Dimension deutlich untergeordnet. Diese Faktoren geben der sozialen Stellung von Mann und Frau in der Familie und der Gesellschaft das entscheidende Gepräge.

Die Männer beziehen ihre übergeordnete Stellung in erster Linie aus der Vorstellung von der Schwachheit und Schutzbedürftigkeit der Frauen. Hieraus resultieren ihre traditionellen Aktivitäten, Aufgaben und Pflichten. So müssen Männer vor allem Stärke besitzen, um die Struktur ihrer familialen endosphärischen Welt zu kontrollieren und ihre Familie gleichzeitig vor den aus der Exosphäre drohenden Gefahren zu schützen.[478] Daneben leiten sie ihre übergeordnete Position aus ihrer Aufgabe, die Familienangehörigen zu ernähren und sie in der Öffentlichkeit zu repräsentieren, ab.[479] Demgegenüber müssen sich die Frauen der Autorität des Mannes und Haushaltsvorstandes bedingungslos unterwerfen.[480] Sie stehen unter seiner Befehls- und Verfügungsgewalt und müssen all seinen Ansprüchen genügen.[481] Zu ihren vorgeschriebenen Verhaltensweisen gehören etwa Gehorsamkeit, widerspruchslose Ausführung der Anordnungen des Mannes und die Vermeidung all dessen, was ihn erbosen könnte.[482]

Die Unterdrückung und Beherrschung der Frauen beginnt bereits im Jugendalter. Während die gleichaltrigen Brüder die Freiheiten eines Junggesellen genießen dürfen, ist für die Mädchen das unbeschwerte

---

477 Straube, 62 f.

478 Straube, 56.

479 Özkara 1988, 22.

480 Baumgartner-Karabak/Landesberger, 68.

481 Straube, 57.

482 Zemlin, 10; zum Gehorsamkeitsverständnis im Islam siehe im 3. Teil unter 3.3.2.5.2.2.

Leben sehr früh beendet. Fortan müssen sie hart arbeiten und der Familie dienen.[483] Da ein sozial anerkanntes Leben als allein stehende Frau gesellschaftlich nicht anerkannt ist, werden die Mädchen von vornherein zu einem Leben mit einem männlichen Partner erzogen. Hierin wird die Erfüllung des Lebens der Frau gesehen.[484] Sind sie verheiratet, erleben sie anfangs eine schwere Zeit in der Familie des Ehemannes. Denn die in jungen Jahren verheirateten Frauen müssen sich nun in die Familie des Mannes eingliedern, in die sie als Fremde von Außen hinzukommen.[485] Als Schwiegertochter nehmen die Frauen den niedrigsten Rang in der Familienhierarchie ein und stehen zugleich in der dörflichen Rangskala an unterster Stelle.[486] Dabei müssen sie ihre Unterwürfigkeit mit zum Teil demütigenden Verhaltensweisen, wie etwa durch das Waschen der Füße des Ehemannes, zum Ausdruck bringen.[487]

Jungverheiratete Frauen sind in den ersten Jahren namenlos und werden von allen *„gelin"* (komm) genannt.[488] Das heißt, alle männlichen und/oder älteren Haushaltsmitglieder dürfen sie rufen und ihnen Aufgaben befehlen.[489] Hierbei geht es für die junge Frau darum, unter Beweis zu stellen, dass sie alle Arbeiten leisten kann, ohne sich zu beschweren, auch wenn dies unter Umständen das Ertragen etwaiger Erniedrigungen bedeutet.[490] Auf diese Weise versucht sie, um die Anerkennung der Verwandtschaftsgruppe des Mannes zu kämpfen und insbesondere gute Beziehungen zu den anderen Frauen des Haushalts aufzubauen, da sie wegen der vorherrschenden duofokalen Familienstruktur vorrangig mit ihnen zusammen leben und arbeiten muss.[491]

Die soziale Position der *„gelin"* verbessert sich, sobald sie einem Sohn das Leben schenkt.[492] Dann rückt sie zur *„hanim"* (Dame) auf und nimmt einen höheren Platz auf der Rangskala ein. Dies ist der Grund,

---

483 Planck, 134.

484 Straube, 48.

485 Planck, 142.

486 Ebd.

487 Kaser, 390.

488 Baumgartner-Karabak/Landesberger, 62.

489 Planck, 141.

490 Ebd.

491 Ebd.

492 Toprak 2004, 54.

warum die Frauen die erniedrigende Periode als Schwiegertochter in der Regel in Kauf nehmen und aushalten. Dabei werden sie von der Hoffnung angetrieben, im Verlaufe ihrer Ehe einen Sohn zu gebären und hierdurch soziale Geltung zu erwerben.[493] Denn nur dann gelten sie als vollwertige Mitglieder in der Familie des Mannes.[494] Ab dem 40. Lebensjahr werden diese Frauen zur „älteren" Generation gezählt und als *„nine"* bezeichnet. Nun haben sie eine so hohe Position erreicht, dass sie sich der Ehrerbietung ihrer erwachsenen Söhne und der Dienstleistung aller jüngeren Frauen in ihrem Haushalt erfreuen können.[495] Hierdurch wird *„Die einst von den Älteren erlittene Unterdrückung (...) an die Schwiegertochter weitergegeben"*.[496]

Ganz egal wie der Aufstieg einer Frau in der Rangskala ausfällt, verweist sie ihre Identifikation mit dem häuslichen Bereich in die Schranken des traditionellen Hierarchiesystems. Ihre Benachteiligung gegenüber dem Mann bezieht sich etwa auf die ihr tatsächlich zugestandenen Rechte, das Auftreten in der Öffentlichkeit, das Bildungsniveau, die Berufsausbildung und Berufsausübung sowie die Verdienstmöglichkeiten.[497] Somit ist die Frau dem Mann in allen Belangen untergeordnet und von ihm abhängig.

Mit ihrer Vorzugsstellung beanspruchen die Männer, alle Entscheidungen im familiären und gesellschaftlichen Bereich allein zu fällen. So bestimmen sie in wichtigen Angelegenheiten, ohne Rücksprache zu halten beziehungsweise das Einverständnis der Frauen oder anderer Familienmitglieder einzuholen. Auch Vertragsabschlüsse dürfen nur durch den Mann erfolgen.[498] Dieser hohe Status wird mit dem Arbeitsbereich des Mannes in der Außenwelt begründet, der ihm durch die Kontakte zur größeren Gesellschaft einen weiteren Bewegungsspielraum verschafft.[499] Sollte eine Entscheidung des Mannes doch mal eine Diskussion auslösen, bleibt diese eine interne Angelegenheit der Familie, damit der Mann und Vater weiterhin als dominante und starke Persönlichkeit nach Außen präsentiert werden kann. Andernfalls wür-

---

493 Baumgartner-Karabak/Landesberger, 63.

494 Straube, 47.

495 Planck, 134 f.

496 Straube, 47.

497 Zum Ganzen Weische-Alexa, 45.

498 Toprak 2004, 53.

499 Straube, 57.

de er in der Gesellschaft als schwach bezeichnet werden, was einen Prestigeverlust für die gesamte Familie bedeuten würde. [500]

Die Männer der Familie legen fest, ob und wann die Frauen das Haus verlassen dürfen. Der Empfang von Besuch im eignen Haus ist ebenso wie sein Umfang ebenfalls von der Erlaubnis des Mannes abhängig.[501] Auch in der häuslichen Sphäre ist es die Aufgabe der Frau, für die Aufrechterhaltung der Regeln der Geschlechtertrennung einzustehen. Will sie etwa eine andere Frau besuchen, darf sie nicht eintreten, wenn deren Ehemann zuhause ist. Dagegen erfahren Frauen keinerlei Respektierung ihres Eigenbereichs durch die Männer, denen es durchaus gestattet ist, in die weibliche Sphäre einzudringen.[502]

Nach traditionell türkischer Auffassung stehen Eigentum und Besitz an Grund und Boden prinzipiell den Männern zu. Damit haben sie die Produktionsmittel der Familie in der Hand, die sie im Todesfall in erster Linie an ihre Söhne vererben. Oftmals werden Frauen bei der Erbfolge gar nicht berücksichtigt, sodass sich ihr einziger Besitz unter Umständen nur auf ihre Aussteuer beschränkt. Werden sie ausnahmsweise doch als Erben eingesetzt, hält die Verfügungsgewalt der Frauen nicht lange an, da sie mit ihrer Verheiratung entweder auf ihre Brüder oder auf ihren Ehemann übergeht.[503] Der Besitz von Geld stellt ebenfalls das Vorrecht des Hausvaters dar.[504]

Die Einteilung der Zuständigkeitsbereiche von Mann und Frau macht die familiäre Produktion unflexibel. Dies liegt vor allem daran, dass die anfallenden Arbeiten nicht von jedem erledigt werden können. Während es für die Jüngeren und die Frauen noch denkbar erscheint, die Aufgaben des Ranghöheren zu übernehmen, gilt die umgekehrte Richtung als höchst beschämend (*„ayip“*) und ist für den Mann mit starkem Prestigeverlust verbunden.[505] In der Praxis bedeutet dies die Unterstützung der Männer in ihrem Tätigkeitsbereich durch die Frauen, indem sie etwa bei der harten Feldarbeit mithelfen. Während die

---

500 Toprak 2004, 53; detailliert zum Verhältnis von innerfamiliärer *„Saygi“* und außerfamiliärem *„Seref“* siehe bereits im 2. Teil unter 2.3.

501 Zemlin, 11.

502 Straube, 46.

503 Umfassend Straube, 167; ausführlicher zu den Benachteiligungen der Frau im islamischen Erbrecht siehe im 3. Teil unter 3.3.2.5.2.2.

504 Planck, 237.

505 Küper-Basgöl, 63.

Arbeit der Männer mit der Feldarbeit getan ist, müssen sich die Frauen daneben allein um die Haushaltsarbeiten und die Versorgung der Familie kümmern. Die Folge ist eine asymmetrische Arbeitsbelastung des weiblichen Geschlechts.[506] Obwohl den Frauen tatsächlich eine sozial wie wirtschaftlich tragende Funktion zukommt, wird ihre Arbeit qualitativ nicht entsprechend bewertet. Der Mann wird nach wie vor als alleiniger Ernährer und Beschützer der Familie angesehen.[507] Und auch wenn die Frau einerseits als schwach gilt, herrscht die verbreitete Auffassung, sie sei im Allgemeinen „widerstandsfähiger" *(„daha dayanikli")* als ein Mann.[508] Insofern kann die Bewertung des niedrigen Stellenwertes der Arbeitsleistung der Frau nicht mit ihrer Stärke, Kraft oder Intelligenz begründet werden. Ausschlaggebend ist vielmehr, dass die Arbeit von einer Frau geleistet wurde, die in der Familie per se eine minderwertige Stellung einnimmt.[509] *„Um die Unterordnung der Frauen unter die Männer rational zu begründen, erfanden letztere die Ideologie von der Minderwertigkeit der Frauen. Und die Frauen wurden unter dem Druck der Gesellschaft dahin gebracht, an ihre Inferiorität selbst zu glauben"*.[510]

4.2.5 Die Gründung der Familie durch Ehe

4.2.5.1 Idealtypischer Ablauf der Anbahnung der traditionell türkischen Ehe

Der hohe Stellenwert der Familie ist in der türkischen Verfassung manifestiert. So spricht Art. 41 von der Familie als Grundlage der türkischen Gesellschaft, die es staatlich zu fördern und zu schützen gilt.[511] In den ländlichen Gebieten und innerhalb der Dorfgemeinschaften der Türkei kommt die Bedeutung der Eheschließung und Familiengründung besonders stark zum Ausdruck, wo die Heirat als eine Art Pflicht angesehen wird. Vor diesem Hintergrund ist freiwillige Ehelosigkeit nicht nur unbekannt, sondern auch unerwünscht.[512] Da es nach traditioneller Auffassung somit selbstverständlich ist, die Heirat anzustreben,

---

506 ZfT 1994, 86.

507 Straube, 49.

508 Ebd.

509 Baumgartner-Karabak/Landesberger, 42.

510 Planck, 137.

511 Vgl. Art. 41 der türkischen Verfassung.

512 Weische-Alexa, 91.

kommt eine ledige, von der Familie losgelöste, Lebensweise nicht in Betracht. Daher sind vor allem unverheiratete Mädchen und Frauen dazu gezwungen, in dem Haus der Eltern zu bleiben und sich bis zu ihrer Eheschließung dem Schutz und der Kontrolle ihrer männlichen Familienmitglieder zu unterwerfen.[513] Im Folgenden soll der idealtypische Ablauf der Anbahnung einer Eheschließung am Beispiel der arrangierten Ehe dargestellt werden.

Bei einer traditionell türkischen Ehe steht weniger die Zusammenkunft zweier Menschen aus Liebe, sondern mehr die untrennbare Verbindung zweier Familien im Vordergrund.[514] Daher wird die Eheschließung als ein Vertrag zwischen zwei Familien aufgefasst, der der Sicherung der Geschlechterfolge und der Festigung sozialer Beziehungen dienen soll.[515] Auf dem Land findet die Eheschließung regelmäßig nach einem familiären Arrangement statt. Vornehmlich sind es die Eltern, die die Partnerwahl treffen, wobei Männern im Vergleich zu Frauen eher ein gewisser Entscheidungsspielraum eingeräumt wird.[516]

Bis es zu einer Hochzeit kommt, muss das Brautpaar einen traditionellen Prozess durchlaufen.[517] Im ersten Schritt fragen die Eltern ihren heiratsfähigen Sohn, ob er sich bereits ein Mädchen ausgesucht hat, das er heiraten möchte. Gibt es eine Frau, die in die engere Auswahl kommt, steht sie zunächst im Fokus der elterlichen Heiratsbemühungen.[518] Hat sich der Sohn noch auf keine Frau konkretisiert, aktiviert die Familie ihre sozialen Netzwerke, um eine geeignete Braut für ihren Sohn zu finden.[519] So machen sich primär die weiblichen Angehörigen des jungen Mannes auf die Suche nach der „richtigen" Frau (so ge-

513 Ebd.

514 Toprak 2007, 77.

515 Planck, 251.

516 Weische-Alexa, 95. Dies ist vermutlich auch der Grund, warum die Statistiken in der Türkei eine sehr hohe Anzahl von verheirateten Frauen aufweisen. So waren nach Angaben des türkischen Statistik-Instituts im Jahre 1970 72, 63 % der insgesamt 11.568.033 weiblichen Bewohner verheiratet, zitiert nach Weische-Alexa, 92.

517 Es gibt unterschiedliche Varianten, um eine Ehe zu arrangieren. Deshalb sind die folgenden Ausführungen als wesentliche Grundregeln zu verstehen.

518 Toprak 2007, 117.

519 Terre des Femmes/Böhmeke 2007, 69.

nannte Brautschau).[520] Hat man eine bestimmte Frau im Auge, wird ein gemeinsames Treffen mit ihrer Familie vereinbart, in der das Interesse an der Tochter kundgetan wird.[521] Im Rahmen dieses ersten Besuches haben die Familien die Möglichkeit, sich gegenseitig kennen zu lernen und auszutauschen. Hierbei achten die Eltern des Brautwerbers vor allem auf das Verhalten der potentiellen Braut. Neben Erkundigungen zur Erziehung, zum Ruf und zur Jungfräulichkeit des Mädchens,[522] versuchen sie nun zu beurteilen, ob seine hausfraulichen Pflichten ausreichend sind und eine selbstständige Haushaltsführung erwartet werden kann.[523] Deshalb werden solche Mädchen favorisiert, die mit älteren Menschen respektvoll umgehen und einen fleißigen und zurückhaltenden Eindruck machen.[524]

Gefällt den Eltern (und dem Sohn) die Frau, so kommt es zur Brautwerbung. Hierzu ist traditionell das Eheversprechen durch den Vater des Jungen – als Familienoberhaupt – einzuholen. So hält er bei dem Vater des Mädchens um die Hand seiner Tochter an, indem er sagt: *„Auf Gottes Befehl und mit dem Worte des Propheten möchte ich deine Tochter für unseren Sohn"*.[525] Da die Kommunikation ausschließlich über die Eltern des potentiellen Ehepaares verläuft, ist dem Paar jegliche Kontaktaufnahme verboten. Auch darf es nicht aktiv an dem Gespräch teilnehmen.[526] Die Familie der Frau begegnet dem Heiratsantrag im Regelfall mit der Bitte um eine Beratungszeit, in der sie den Heiratswunsch bespricht und gegebenenfalls Erkundigungen über den Brautwerber einholt. Die Aufmerksamkeit richtet sich hierbei auf Aspekte wie den Grad des Ansehens der Familie, die Manieren des jungen Mannes sowie auf seine berufliche beziehungsweise finanzielle Lage.[527] Sind die Ergebnisse zufrieden stellend, so stimmen die Betroffene und ihre Familie der Brautwerbung zu. Im nächsten Schritt müs-

520 Kelek 2005, 47; Toprak 2007, 77; Weische-Alexa, 96.

521 Bentzin, 90; Weische-Alexa, 96.

522 Terre des Femmes/Böhmeke 2007, 69.

523 Toprak 2007, 77.

524 Toprak 2007, 77 f.; ebenso Planck, 252 f. mit der Anmerkung, dass Eigenschaften wie die Schönheit der Figur, die Anmut des Gesichtes oder die Bildung des Geistes des Mädchens beziehungsweise der Frau dagegen zweitrangig sind.

525 Toprak 2007, 79.

526 Toprak 2007, 118.

527 Toprak 2007, 119.

sen sich die Familien über den Brautpreis einig werden,[528] dessen Höhe hauptsächlich eine Prestigeangelegenheit darstellt.[529] Ist dies geschehen, kann die Eheschließung traditionell zelebriert werden.[530] Inwieweit das Einverständnis des künftigen Paares eingeholt wurde, entscheidet grundsätzlich über die Eigenschaft der Eheschließung als arrangiert oder erzwungen. Allerdings kann es auch zu einer traditionellen Eheschließung kommen, die keine der beiden Formen erfüllt, da sie ausschließlich auf der Initiative des zukünftigen Ehepaares beruht beziehungsweise von ihm gewünscht wird.[531]

4.2.5.2 Das Eheleben nach traditionell türkischem Verständnis

Obgleich die Hochzeit für Mann und Frau ein einschneidendes Erlebnis ist, kann ihre Bedeutung und Auswirkung sehr unterschiedlich für die beiden Geschlechter ausfallen.

Ein Mann erhält erst nach seiner Hochzeit den Status einer erwachsenen Person. Er genießt Akzeptanz und gesellschaftliche Anerkennung. Da er nun Verantwortung für sich und seine Familie tragen muss, wird Wert auf seine Meinung gelegt und diese in Entscheidungen einbezogen. Damit verleiht ihm die Familiengründung höheres gesellschaftliches Ansehen und es kommt zur Aufwertung seiner Position innerhalb der Community. Der Aufstieg des Mannes schließt mit der Geburt eines Kindes - idealerweise eines Sohnes - ab. Von jetzt an gilt der Mann, der vor seiner Hochzeit noch als „Kind" bezeichnet wurde, als das Oberhaupt seiner Familie.[532]

Die traditionelle Heirat ist für eine Frau in erster Linie nicht nur mit ihrer eigenen, sondern unter Umständen auch mit der finanziellen Absicherung ihrer gesamten Familie verbunden. Hierbei spielt neben der Zahlung des Brautpreises, auch die Hoffnung ihrer Familie auf regelmäßige finanzielle Zuschüsse durch die Schwiegerfamilie eine wichtige Rolle.[533] Obwohl bei einer ökonomischen Absicherung der Frau eben-

528 Zum genauen Ablauf siehe Kelek 2005, 67 f.; Toprak 2007, 103; Weische-Alexa, 96.

529 Planck, 249.

530 Ausführlich zur Hochzeitsfeier in traditionell türkischer Form siehe Kelek 2005, 13 ff.; Toprak 2007, 80, 84 ff.; Weische-Alexa, 97 ff.

531 Straßburger 2003, 206 f.

532 Zum Ganzen Toprak 2007, 88 ff.

533 Toprak 2007, 104.

falls von einer gesellschaftlichen Aufwertung gesprochen werden könnte, bewirkt die Heirat keine sofortige Besserstellung des weiblichen Geschlechts. Vielmehr muss sie einen langen und harten Weg gehen, bis sie als vollwertiges Mitglied in ihrer neuen Familie anerkannt wird.[534]

Die Funktion der Familie als Produktionseinheit lässt ökonomische und soziale Überlegungen in den Mittelpunkt einer Ehe rücken. Damit ist die Beziehung eines Ehepaares in erster Linie durch ihre wirtschaftliche Zusammenarbeit gekennzeichnet. Die individuelle und emotionale Zuneigung der Partner wird zu einem sekundären Faktor.[535] Dies ist auch der Grund, warum der Zweck einer Ehe gerade nicht darin gesehen wird, einer Liebe Ausdruck zu verleihen. Stattdessen gilt eine Liebesheirat in traditionellen Gesellschaften als äußerst ungewöhnlich.[536]

Da sich die traditionelle Ehe über den Zusammenschluss von Braut und Bräutigam hinaus auf zwei ganze Sippen des Dorfes bezieht, gibt es eine Vielzahl von Beteiligten, die an dem Erfolg der Ehe interessiert sind. Wenn Verwandte und Nachbarn beträchtliche Mühen, Geld und öffentliche Verpflichtungen für das Zustandekommen der Ehe investiert haben, beanspruchen sie für sich das Recht, über das Eheleben und vor allem die Fortsetzung der Ehe bestimmen zu können. Oftmals üben sie einen massiven Druck auf das Ehepaar aus, welches durch sein Zusammenbleiben den Erfolg dieser Verbindung demonstrieren soll.[537]

Dabei wird der Erfolg einer Ehe nicht an ihrer Harmonie oder gar an der Innigkeit des ehelichen Zusammenlebens gemessen. Einziger Maßstab ist die Hervorbringung gesunder Söhne.[538] In Anbetracht der Tatsache, dass das künftige Glück, der soziale Status sowie die soziale Sicherheit von Mann und Frau überwiegend von ihrer Nachkommenschaft abhängig sind, liegt die Zeugung von Kindern auch in ihrem eigenen Interesse. Durch diesen gemeinsamen Wunsch fühlen sie sich fest miteinander verbunden.[539] Allerdings dürfen Paare nicht öffentlich

---

534 Zur Stellung der Frau in der traditionell türkischen Familie siehe bereits im 3. Teil unter 3.2.4.

535 Mertens, 76.

536 Kleff, 29.

537 Hierzu ausführlich Planck, 256.

538 Planck, 239.

539 Planck, 256.

über ihren Kinderwunsch sprechen. Da Schwangerschaft und Geburt ausschließlich als Frauenangelegenheiten angesehen werden, muss die Thematik auch auf die Frauengruppe reduziert werden.[540]

Kommt es zu Konflikten zwischen den Ehepartnern, entscheiden sie sich in der Regel primär aus wirtschaftlichen Gesichtspunkten für den Fortbestand ihres Bündnisses. Denn die Trennung der Eheleute würde die Auflösung der Produktionseinheit bedeuten und hierdurch die Existenz von Mann und Frau gefährden.[541] Dabei haben Meinungsverschiedenheiten zwischen den Partnern keine große Bedeutung, da nach traditioneller Auffassung ohnehin immer der Mann das letzte Wort hat.[542] Entsprechend sind eine Scheidung der Ehe sowie ein dahingehender Entschluss nur durch den Mann möglich, der seine Frau nach den Regeln des Scheriats verstößt.[543] Er darf die Trennung aber nur dann vollziehen, wenn die Frau ihre Pflichten nicht mehr erfüllt. Sagt sich ein Mann dagegen ohne einen triftigen Grund von seiner Frau los, stellt dies in den Augen der Dorfbevölkerung eine Schande *(„ayip")* und zugleich eine Sünde *(„günah")* dar. Ehrverletzungen sind freilich ein seltener Scheidungsgrund, da der Mann in diesen Fällen nicht scheiden, sondern töten soll.[544] Dagegen stellt das Ausbleiben eines männlichen Nachwuchses nach traditioneller Auffassung ein anerkanntes Scheidungsmotiv dar, das mit dem „Nicht-Funktionieren" der Frau begründet wird. In diesen Fällen macht der Mann von seinem ihm traditionell eingeräumten „Rückgaberecht" Gebrauch, indem er die Frau wieder an ihre Familie übergibt.[545]

4.2.5.3 Sexualität in der Ehe

In der traditionell türkischen Gesellschaft unterliegt die Sexualität sehr strengen Regeln. Als erstes wird das Ausleben von Sexualität grundsätzlich auf die Ehe begrenzt. Das heißt, erst mit der Heirat wird grundsätzlich die Legitimation zur Sexualität gegeben. Allerdings wird

---

540 Straube, 96.

541 Mertens, 76.

542 Planck, 255.

543 Eingehend zu den Scheidungsvoraussetzungen nach islamischem Recht siehe im 3. Teil unter 3.3.2.5.2.2.

544 Zum Ganzen Planck, 257 f.

545 Schröter 2007, 59 ff., die meint, dies sei eine Folge der Logik des Frauentauschs.

hierbei zwischen den Geschlechtern unterschieden. Da die Frauen ihre Jungfräulichkeit und damit ihre Unschuld in der Hochzeitsnacht unter Beweis stellen müssen, ist die Einordnung sexueller Beziehungen in die Ehe auf ihrer Seite als eine obligatorische zu verstehen, die keinerlei Ausnahme zulässt. Die große Relevanz der Keuschheit der Frau bis zur und in der Ehe geht auf die traditionelle Auffassung zurück, dass vor- oder außereheliche Kinder den Bestand der Familie in hohem Maße gefährden. Warum hierbei ausschließlich auf die weibliche Sexualität abgestellt wird, erklärt sich aus dem traditionellen Rollenverständnis, welches die Familie über den Namen des Mannes definiert. Während uneheliche Nachkömmlinge eines Mannes bei der Kindesmutter verbleiben können und er keinerlei Verantwortung für sie trägt, ist beispielsweise der betrogene Mann für die Kinder, die aus der geschlechtlichen Untreue seiner Ehefrau entstanden sind, zuständig. Das heißt, seine väterlichen Verpflichtungen erstrecken sich auf fremde Nachkömmlinge, die sein Abstammungs- und Wirtschaftskonzept behindern können. Deshalb wird die Frau auch als das „Einfallstor" für die Beeinträchtigung des solidarischen Zusammenhaltes der Familie betrachtet.[546] Dagegen würde das uneingeschränkte Ausleben von Sexualität in der Ehe für die Männer die große Angst vor dem Versagen in der Hochzeitsnacht bedeuten, wodurch sie in den Augen der Frauen an Ansehen und Macht verlieren könnten. Deshalb werden für junge Männer oftmals Ausnahmen gemacht und sie werden kurz vor ihrer Eheschließung - meistens von dem Vater oder älteren Bruder - nach ihren sexuellen Erfahrungen befragt. Fällt die Antwort negativ aus, wird die Lücke nicht selten mit einem Bordellbesuch geschlossen.[547]

Eine weitere Regel ist in der absoluten Tabuisierung der Sexualität in der familiären Erziehung zu sehen. Hier gibt es keine oder eine nur mangelhafte verbale sexuelle Aufklärung, da die Eltern es für unsittlich halten, mit ihren Kindern über Fragen der Sexualität zu sprechen. Eine Aufklärung im Wege des Schulunterrichts wird traditionell ebenfalls abgelehnt.[548] Somit gehen die Kinder unter Umständen völlig un-

---

546 Zum Ganzen Rumpf 2000, 167. Derselbe Grundsatz wird wohl auch für solche Fälle gelten, in denen ein Mädchen vor einer Eheschließung schwanger wird. Hier wäre dann der Familienvater für das Kind verantwortlich.

547 Toprak 2007, 148.

548 Weische-Alexa, 86 f. Allerdings wurde bereits im Rahmen einer Befragung aus dem Jahre 1969 eine Tendenz zur Befürwortung sexueller Aufklärung festgestellt, die mit dem Bildungsstand der Probanden wuchs (vgl. Dirks, 118).

wissend in die Ehe und haben keinerlei Erfahrungen mit sexuellen Beziehungen zum jeweils anderen Geschlecht.

Tabuisierung bedeutet aber nicht nur, dass nicht über Sexualität gesprochen werden darf. Es ist ebenfalls nicht gestattet, öffentlich Zuneigung zum Partner zu zeigen. Dabei ist das Offenbaren von Zärtlichkeit nicht nur unerwünscht, es wird sogar strengstens abgelehnt. Die Zurückhaltung wird vor allem vom Mann erwartet, der andernfalls als unmännlich gilt.[549] Mann und Frau müssen diese Regeln insbesondere in der Anwesenheit von Familienmitgliedern, und hier vor allem in der des Vaters oder des Großvaters, befolgen. Da die meisten Paare aber – insbesondere zu Beginn ihrer Ehe – bei den Eltern des Mannes wohnen, sind sie oftmals in familiärer Gesellschaft und müssen ihre Intimität so lange verdrängen beziehungsweise verschieben, bis sie alleine sind.[550] Angesichts der Geschlechtertrennung während der meisten Zeit des Tages, ist eine Zweisamkeit für Paare häufig nur nachts möglich.

Kommt es nun zur Sexualität zwischen den Ehepartnern, spielen die Wünsche der Frau nach traditioneller Auffassung gar keine Rolle. Es handelt sich nicht um einen gleichberechtigten und leidenschaftlichen Akt zweier Menschen die sich lieben, sondern ausschließlich um einen Vorgang, der der Befriedigung des Mannes dient. Denn aus Männersicht zählt seine sexuelle Befriedigung neben dem Führen des Haushalts und der Kindererziehung zu den ehelichen Verpflichtungen einer Frau.[551] Will eine Frau nicht mit ihrem Mann sexuell verkehren, wird dies als eine Kränkung und Demütigung gedeutet, die die Männer nicht tolerieren wollen. Sie beenden den Widerstand ihrer Frau – notfalls mit Gewalt – und sind der Ansicht, trotzdem mit ihr schlafen zu dürfen. Was tatsächlich eine Vergewaltigung darstellt, ist in den Augen des traditionell türkischen Mannes sein selbstverständliches „Recht“, über seine Frau zu bestimmen.[552]

---

549 Planck, 239.

550 Toprak 2007, 150.

551 Zum islamischen Hintergrund siehe im 3. Teil unter 3.3.2.5.2.2.

552 Toprak 2007, 149 f.; dabei wird das Bestimmungsrecht des Mannes über die Frau von einigen Stimmen aus dem Islam abgeleitet, hierzu ausführlich im 3. Teil unter 3.3.2.5.2.2. Es ist aber nicht Gegenstand des türkischen Familienrechts.

4.2.6 Die Kinder in der Familie

4.2.6.1 Innerfamiliäre Erziehung

Herkömmliche Träger der Erziehung sind in der traditionell türkischen Gesellschaft die Haus- und Dorfgemeinschaft. Die Übermittlung von Werten und Normen an die Kinder vollzieht sich daher primär im familialen Sozialisationsprozess. Dabei kommen die traditionellen Einstellungen in den Erziehungsvorstellungen der Eltern zum Ausdruck.[553]

Es wurde bereits mehrfach angedeutet, dass in der traditionell türkischen Gesellschaft großer Wert auf Nachkommen gelegt wird, da diese sehr wichtig für die Existenzsicherung der Familie sind und als Garant für die soziale Sicherheit angesehen werden. Die Kinder sollen neben dem Erhalt der Gruppe auch für die Altersversorgung der Mitglieder der Gemeinschaft einstehen. Dabei werden männliche Kinder im Allgemeinen vorgezogen, was auf die Dominanz des Mannes in einer patriarchalischen Gesellschaft und auf den Grundsatz zurückzuführen ist, dass Töchter die Familie später im Wege der Heirat verlassen werden, während die Söhne die Familie weiterführen. Wegen der Höherbewertung männlicher Nachkommen werden oftmals so viele Kinder gezeugt, bis der Wunsch nach einem Sohn in Erfüllung geht. Dieser steht dann vor dem Anspruch, den Fortbestand der Familie zu gewährleisten, die Eltern im Alter zu versorgen, Haus und Hof zu übernehmen, das Erbe zu bewahren, die Ehre des Hauses zu schützen und die Schwestern zu verheiraten. Bleibt die Geburt eines Sohnes dagegen aus, stellt dies einen anerkannten Scheidungsgrund für den Mann dar.[554] Die Ursache von Kinderlosigkeit wird immer bei der Frau gesucht. Die Annahme ihrer mangelnden Fertilität versucht die Frau durch Gebete, Wallfahrten, Opfer und bestimmte fruchtbarkeitsmagische Praktiken zu widerlegen.[555]

Da die Erziehungsziele bestimmend für die Erziehungspraxis und -methoden traditionell türkischer Eltern sind, gilt es diese in einem ersten Schritt zu definieren. Dabei ist in der An- und Einpassung des Kindes in das familiäre Autoritätsgefüge das oberste Erziehungsprinzip zu

---

553 Eingehend hierzu siehe Holtbrügge, 10 ff.

554 Ausführlich Straube, 96.

555 Straube, 99.

sehen.[556] Hierzu gehören die Einführung der Kinder in die jeweilige Geschlechtsgruppe und die damit verbundene Übernahme der darin gültigen Werte. Für die Identitätsbildung der Kinder werden Idealtypen von Mann und Frau herangezogen. Folglich gilt für Mädchen das Vorbild einer sauberen Mutter, die gehorsam, arbeitsam und ehrenhaft ist und ihre Familie und Kinder liebevoll umsorgt. Jungen sollen sich demgegenüber in erster Linie zu starken Männern entwickeln, die ihre Familie ehren und schützen.[557] Bedeutsame Erziehungsziele auf Jungenseite sind ferner die Entwicklung von Leistungsbereitschaft und Verantwortungsbewusstsein, Nationalstolz sowie die Erfüllung von religiösen Pflichten. Bei den Mädchen steht das Erlernen einer respektvollen Haltung gegenüber dem Ehemann im Vordergrund, weshalb sie in größerem Maße zur Gehorsamkeit angeleitet werden.[558] Kinder sollen also in eine bestimmte und vorgegebene Rollenerwartung hineinwachsen. Hierbei werden sie von ihren Eltern begleitet, die sie nach den Regeln des Ehrkonzepts von klein auf zu einem respekt- und achtungsvollen Umgang mit dem Ranghöheren erziehen, was die Entwicklung von Selbstständigkeit und Eigenverantwortung behindern kann.[559] Oftmals sorgt die traditionelle Erziehungsform dafür, dass Kinder auf elterliche Befehle und Anweisungen bedingungslos reagieren, ohne diese zu hinterfragen.[560]

Nach traditionell türkischer Auffassung ist Erziehung die Aufgabe der Gesamtgruppe, in die die Kinder hineinwachsen. Das heißt, an der Erziehung der Kinder sind neben den Eltern selbst auch Verwandte und Nachbarn beteiligt. Da Großeltern und nicht verheiratete Angehörige oftmals in einem Haushalt zusammenleben, kann dies die Betreuung eines Kindes durch eine Vielzahl von Personen bedeuten.[561] Kinder werden nie allein gelassen. Man nimmt sie immer mit, wodurch sie ein enges Verhältnis zu den Erwachsenen aufbauen.[562] Aufgrund der Tatsache, dass die Bereiche von Kindern und Erwachsenen somit kaum getrennt sind, verbringen Jungen und Mädchen sehr viel Zeit in der Gegenwart ihrer Eltern. Zwar dürfen sie nicht an den Gesprächen der

---

556 Zemlin, 34 f.

557 Straube, 136.

558 Zemlin, 34 f.

559 Tuna, 49 f.

560 Kizilhan 2002, 3.

561 Straube, 130.

562 Zemlin, 20.

Erwachsenen teilnehmen, sie werden aber auch nicht dazu aufgefordert, den Raum zu verlassen. Somit fehlt es den Kindern an einem eigenen altersspezifischen Bereich, in dem sie sich nach Wunsch mit Spielsachen, Büchern oder anderen kindlichen Beschäftigungsmöglichkeiten ausleben können. Vielmehr erleben Kinder und Erwachsene ein Nebeneinander, ohne dass die Eltern ihren Nachkommen pädagogisch gegenübertreten.[563]

Die Sozialisation der Kinder basiert weniger auf einem Erziehungskonzept. Stattdessen findet sie durch das Hineinwachsen in die familiäre Gruppe statt und ist durch das Nachahmen und Einüben der Verhaltensweisen der Erwachsenen bestimmt.[564] Kindern werden die Kategorien von Innen und Außen, von Mann und Frau und den zugehörigen Arbeitstätigkeiten also nicht ausdrücklich anerzogen, sie erwerben sie eher implizit. Durch ähnliche Unterscheidungen in weiteren Lebensbereichen werden die Strukturen immer mehr intensiviert, erscheinen immer selbstverständlicher und stärker naturgegeben. So verinnerlichen die Kinder das vorgelebte Schema nach einer gewissen Zeit und erwerben ein Gefühl dafür, welches Verhalten in einer bestimmten Situation angemessen ist. Dabei macht das Fehlen argumentativer Begründungen bei der Übermittlung der sozialen Regeln ihren ritualistischen Charakter aus. Denn Erklärungen durch die Eltern könnten zu Widersprüchen und Veränderungen auf Seiten der Kinder führen. Werden Regeln aber sprachlos und stillschweigend weitergegeben, gibt es ihnen nichts entgegenzusetzen. Hierdurch nehmen die Kinder die Normen als selbstverständlich und notwendig an, ohne sie zu hinterfragen.[565]

Wie bereits angeklungen ist, vollzieht sich Erziehung grundsätzlich in den Solidargruppen. Gleichwohl sind es doch maßgeblich die Mutter, die für diese Aufgabe – zumindest anfangs – allein zuständig sind. Liebevoll kümmern sie sich um ihre Kleinkinder und geben ihnen frühzeitig emotionale Sicherheit und Stabilität.[566] Bis zum fünften Lebensjahr gibt es keine wesentlichen Differenzierungen in der Erziehung der Kinder. Hiernach beginnt ihre geschlechtsspezifische Sozialisation, die mit der Trennung der Geschwister eingeleitet wird.[567] Die

---

563 Zum Ganzen Schiffauer 1983, 99.

564 Straube, 130.

565 Zum Ganzen Schiffauer 1983, 101.

566 Zemlin, 20.

567 Ebd.

Eltern führen ihre Kinder dann - je nach ihrer Geschlechtszugehörigkeit - in die jeweilige Gruppe ein und grenzen sie von der anderen immer weiter aus.[568] Von nun an sind die Mütter für die Erziehung der Töchter und die Väter für die der Söhne zuständig. Während die Grenzen der Bereiche zunächst noch fließend sind, nehmen sie mit zunehmendem Alter der Kinder strengere Konturen an und ihr Überscheiten wird von den Eltern negativ sanktioniert.[569]

Für die Mädchen bedeutet diese Phase in der bäuerlichen Sprache ausgedrückt, dass sie „unter Aufsicht" genommen werden *(„gözaltina geliyorlar")*. Die Mutter erwartet schlagartig von ihren Töchtern, sich so zu verhalten, wie es sich für ein ordentliches Mädchen gehört. Das heißt, die Töchter müssen sich waschen und kämmen, sie dürfen nicht mit Schmutz spielen und auch nicht laut oder frech sein. Ferner haben sie die Verpflichtung, ihren Körper zu kontrollieren, ordentlich zu sein und mitzuarbeiten.[570] Da es für die Töchter traditioneller Familien nur einen möglichen Lebensentwurf gibt, zielt die familiale Sozialisation der Töchter auf die Vorbereitung ihrer späteren Rolle als Hausfrau und Mutter ab. Zu den täglichen Aufgaben der Mädchen gehören etwa das Helfen beim Putzen der Wohnung, Brotbacken, Kochen sowie die Betreuung der jüngeren Geschwister.[571] Schrittweise wird die Tochter auf den Innenbereich eingeschränkt und von der Außenwelt isoliert. Ihre innerfamiliäre Sozialisation ist somit auf den Haushaltsbereich reduziert.[572] Im Gegensatz zu den Jungen, wird der Eintritt der Mädchen in die Frauengemeinschaft nicht gefeiert. Sie werden unauffällig und still in die weiblichen Angelegenheiten in der Endosphäre eingewiesen.[573] Die ersten Lernprozesse der Töchter finden durch die Imitation der Mutter statt. So ist die Mutter wichtigstes und wesentliches Identifikationsobjekt eines Mädchens.[574] Entspricht das Mädchen den Erwartungen nicht, wendet sich die Mutter von ihr ab und verweigert ihm ihre

---

568 Straube, 44.

569 Ebd.

570 Schiffauer 1983, 95.

571 Weische-Alexa, 82.

572 Straube, 135.

573 Straube, 102.

574 Baumgartner-Karabak/Landesberger, 52.

Liebe. Es ist eine schwierige Zeit, in der die jungen Mädchen kaum Zärtlichkeit erfahren.[575]

Die Söhne erleben diesen Lebensabschnitt als weitaus weniger beschwerend. Denn während die Mädchen bis zu ihrem Schulalter in häusliche Arbeiten unterwiesen werden, verbringen die Jungen diese Zeit meistens außerhalb des Hauses spielend mit ihren Kameraden.[576] Nach verbreiteter Auffassung ist die Beschneidung der erste Schritt, der den Jungen zum Mann machen soll. Sie ist ein Fest, das sprichwörtlich mit „Pauken und Trompeten" gefeiert wird und den Übergang des Sohnes in die Männerwelt markiert. Zu der Zeremonie gehört es, den Jungen geschmückt auf einem Pferd oder einem Wagen durch das ganze Dorf zu führen, um die Erweiterung der familialen Gemeinschaft um einen zusätzlichen Mann kundzutun.[577] Die Beschneidung der Söhne dient damit der Demonstration männlicher Autorität. Durch die Zufügung von Schmerzen soll die physische und moralische Widerstandskraft der Jungen überprüft und gegebenenfalls gestärkt werden. Um ihre Tapferkeit zu belohnen, werden den Söhnen großzügige Präsente in Form von Gold- und Geldgeschenken gemacht.[578]

In zeitlicher Hinsicht fällt die Beschneidung des Sohnes häufig mit dem Eintritt in die Schule zusammen. Zu diesem Zeitpunkt erfolgt in der Regel auch die Übertragung der Erziehung der Söhne von der Mutter auf den Vater. Unterstand der Junge bis dahin also primär dem Einfluss der Mutter sowie weiterer weiblicher Bezugspersonen wie Nachbarinnen und Verwandten, wird er diesem Bereich nunmehr entzogen und allmählich in den des Vaters überführt.[579] Dieser und andere männliche Autoritätspersonen sollen die Jungen nun auf ihre spätere Rolle als Mann vorbereiten und sie in die männlichen Verhaltensregeln einführen.[580] Im Unterschied zu den Töchtern geschieht dies nicht durch die Beaufsichtigung der Söhne, sondern durch das „Geben einer Erziehung" *(„terbiye etmek")*.[581] Oberstes Ziel der Erziehung ist es, die Söhne auf die Leitung der Familie zu orientieren. Sie sollen die Aufga-

---

575 Schiffauer 1983, 95.

576 Zemlin, 20.

577 Straube, 103 f.

578 Ebd.

579 Mertens, 80.

580 Baumgartner-Karabak/Landesberger, 65.

581 Schiffauer 1983, 96.

be eines Beschützers, Ernährers und Gebieters von Frau und Kindern übernehmen können.[582] Der Übergang in die neue Welt gestaltet sich hier schrittweise und unmerklich, indem der Vater seine Söhne langsam und spielerisch mit den Aufgaben der Männerwelt vertraut macht.[583] So begleiten die Jungen ihre Väter anfangs nur gelegentlich in den Garten und müssen erst im fortgeschritteneren Alter - etwa mit acht oder neun Jahren - regelmäßig mitarbeiten und Kleinvieh hüten.[584] Dabei geschieht die Vermittlung der Arbeitstechniken auch hier nicht durch eine ausdrückliche Kommunikation, sondern sprachlos und vorwiegend im Wege der Nachahmung der väterlichen Arbeitsweise.[585]

Ferner führt der Vater seine Söhne in die männliche Außenwelt ein. Indem sie an öffentlichen Zusammenkünften im Hause des Dorfvorstehers oder in einer Gaststube teilnehmen, lernen sie die Gespräche unter Männern kennen und erfahren hierdurch, wie sie ihre Rolle in diesem Rahmen erwartungsgemäß ausfüllen müssen. Daneben nehmen sich die Jungen ihre Väter zum Vorbild, wenn es darum geht, Dorfprobleme nach Herkommen und Sitte zu lösen.[586]

Der Bezug zur Dorföffentlichkeit verschafft den Söhnen nicht nur mehr Bewegungsfreiheit als den Mädchen. Vielmehr eröffnet er ihnen auch die Möglichkeit, gleichwertige Beziehungen nach Außen zu knüpfen und sich in ihnen zu behaupten.[587] Somit stellt die Entfaltung von Durchsetzungsvermögen ein weiteres wichtiges Ziel der Jungenerziehung dar. Dabei kann die Förderung eines starken Willens für den Innenbereich bedeuten, dass die Söhne zu „Haustyrannen" werden, die Schwestern und Mutter herumdirigieren und auch mal nach ihnen schlagen dürfen, ohne sich hierfür rechtfertigen zu müssen. Auch im Außenbereich werden Schlägereien unter Jungen zugelassen, da sie als Übungen angesehen werden, um die eigene Position zu verteidigen und sich gegenüber dem Kontrahenten zu beweisen.[588] Verstoßen die Söhne gegen die Verhaltensnormen, reagiert man grundsätzlich mit

582 Weische-Alexa, 82.

583 Mertens, 80.

584 Schiffauer 1983, 97.

585 Mertens, 80.

586 Planck, 200.

587 Schiffauer 1983, 97.

588 Zum Ganzen Straube, 133.

Nachsicht. Als Hinweis auf die allgemeine Toleranz gegenüber den männlichen Angehörigen dieser Altersgruppe kann der türkische Begriff für einen Jugendlichen dienen *(„deli kanli")*, der wörtlich übersetzt „mit verrücktem Blut" bedeutet.[589]

Türkische Familien legen überdies großen Wert auf die religiöse Erziehung ihrer Kinder, die zumeist von der Mutter übernommen wird. Hierbei orientieren sich die Familien an dem Ziel der Umma, die Formung der globalen Gemeinschaft der Gläubigen zu erreichen. Zu diesem Zweck werden die Entwicklung von Fügsamkeit und einer auf Familie und Sippe bezogenen Gruppenidentität der Kinder gefördert, was auf Kosten der naturwüchsigen Individuierungstendenzen der Jungen und insbesondere der Mädchen geschieht.[590] Zu den allgemeinen religiösen Erziehungsaufgaben der Mutter gehören das Lehren des Betens *(„Namaz")*, der täglichen rituellen Waschungen und der im Gespräch angewandten religiösen Ausdrucksweisen *(„Bismillah", „Insallah", „Masallah")*, die von den Kindern im Alltag wahrgenommen und imitiert werden. Dies kann zu einer späteren mehr oder weniger ausgeprägten Identifikation der Kinder mit den dazugehörigen Normen und Denkweisen führen. Indem Eltern oder Ältere ihre strengen Erziehungsmaßnahmen oder Verbote auf religiöse Grundsätze stützen, werden sie als absolute Regeln wahrgenommen, sodass Diskussionen über die eigene, für die Mädchen unter Umständen zweifelhafte, Haltung umgangen werden. Deshalb nutzen die Familien die Religion oftmals als Druckmittel, wenn sie in ihrer Erziehung nicht weiterwissen oder bisherige Verbote und Drohungen ins Leere gelaufen sind.[591]

Wie bereits angeführt wurde, werden Kinder in den ländlichen Gebieten der Türkei früh als Arbeitskraft benötigt beziehungsweise eingesetzt und tragen in beträchtlichem Maße zum Lebenserhalt der Familie bei. Eine wie in Deutschland existierende Jugendphase, die das Stadium zwischen Kindheit und Erwachsensein markiert, kennen traditionell türkische Familien damit nicht. Da den Kindern kaum Zeit für ihre Freizeit bleibt, können sie keine verfestigten Beziehungen zu Gleichaltrigen aufbauen. Daraus lässt sich schließen, dass es in der Gleichaltrigengruppe zu keiner wesentlichen Sozialisierung der Kinder kommt. Für die Mädchen, die sich den ganzen Tag im Haus bezie-

---

589 Mertens, 80 f.

590 Schröter 2007, 56.

591 Zum Ganzen siehe Akkent/Franger, 24 f.

hungsweise im häuslichen Bereich aufhalten müssen, erscheint dies ohnehin sehr unwahrscheinlich.[592]

Da Mutter und Tochter ihre Erfahrungswelt miteinander teilen und hierdurch den gleichen Beschränkungen unterliegen, entwickelt sich ein enges Vertrauensverhältnis zwischen ihnen.[593] Ihre Beziehung ist gekennzeichnet durch eine *„(...) Intimität des Zusammenlebens, die größer ist als zwischen irgendeinem anderen Paar verschiedener Generationen (...)“*.[594] Allerdings tritt die Mutter während der geschlechtsspezifischen Erziehung ihren Töchtern gegenüber oftmals sehr streng auf. Das Verhältnis ist erst dann wieder entspannt, wenn das Mädchen das von ihm erwartete Verhalten zeigt und aus eigenem Antrieb eine angemessene Position in dem familiären Haushalt einnimmt.[595] Bis dahin müssen die Töchter um die äußere Anerkennung kämpfen, indem sie vor allem Zurückhaltung und Disziplin zeigen. Oftmals sind sie ganz ruhig und in sich gekehrt, stehen zu Hause an der Tür und warten auf die Anordnungen ihrer Mutter. Die starke Ähnlichkeit ihrer sozialen Stellung zu derjenigen als junge Ehefrau ist dabei nicht zu übersehen.[596]

Das Verhältnis von Vätern und Töchtern wird mit zunehmendem Alter immer distanzierter und ist von größtem Respekt geprägt. Dabei agiert die Mutter häufig als Vermittlerin zwischen den beiden Parteien und versucht unter Umständen die Strenge des Vaters zu mildern.[597] In allen Bereichen, die einen noch so fernen Bezug zur Körperlichkeit und Sexualität aufweisen, sind die Mütter die wichtigsten Ansprechpartner ihrer Töchter, die sich aus Schamgefühlen nicht trauen, direkt mit ihrem Vater darüber zu sprechen.[598] Obwohl die Mutter in erster Linie die Erziehung der Töchter übernimmt, entscheidet auch hier überwiegend der Vater über das Ge- und Verbieten und stellt gleichzeitig die strafende Instanz dar. Halten die Töchter die Befehle des Vaters nicht ein, greift dieser oftmals auf die Prügelstrafe zurück, um sie zu disziplinieren. Hierbei handelt es sich um ein verbreitetes Erziehungsmittel, das in dörflichen Gegenden vor allem bei den Mädchen zum Einsatz

592 Zemlin, 21, 33.

593 Straube, 135.

594 Planck, 241.

595 Straube, 96.

596 Schiffauer 1983, 98.

597 Zemlin, 136.

598 Schiffauer 1983, 78.

kommt. Ganz im Sinne des türkischen Sprichwortes *„kizini dövmeyen, dizini döver"* (wer seine Tochter nicht schlägt, schlägt später sein eigenes Knie) züchtigen die Väter lieber sofort ihre Töchter, bevor sie sich am Ende selber Schaden zufügen.[599] Wenngleich es insbesondere die Väter sind, für die die Geburt eines Mädchens - wegen ihres „geringen" ökonomischen Nutzens - äußerst unerwünscht ist, sind die meisten Väter ihren Töchtern emotional zugeneigt.[600] Sie wachen später über die Schicklichkeit im Verhalten der Töchter, verteidigen sie gegebenenfalls gegenüber dem Ehemann und nehmen sie im Krankheitsfall zu sich auf.[601] Da aber das sozial vorgeschriebene Feld der Interessen, Beziehungen und Tätigkeiten von Vater und Tochter weitgehend getrennt ist, bauen sie selten eine vertraute und intime Beziehung zueinander auf.[602]

Auch wenn sich ein Paar generell über Kinder freut, kommt dem männlichen Nachkommen eine höhere Bedeutung als einem Mädchen zu. Für eine türkische Frau bedeutet ein Sohn den Zuwachs gesellschaftlichen Prestiges und die volle Integration in die Familie ihres Mannes. Damit ist das Gebären eines Sohnes für eine Frau *„(...) der Schlüssel zu befriedigenden Beziehungen mit anderen Mitgliedern des Haushaltes und der Dorfgemeinschaft"*.[603] Umgekehrt bieten die heranwachsenden Söhne ihrer Mutter stets Schutz, da sie die Verantwortung für die Wahrung ihrer Rechte tragen.[604] Eine Frau mit vielen Söhnen braucht demnach keine Angst davor zu haben, zu hungern oder heimatlos zu sein. Wenn der Sohn sie eines Tages mit einer Schwiegertochter bereichert, kann sie sicher sein, dass sie auch noch im Alter von ihr versorgt wird.[605] Vor diesem Hintergrund gestaltet sich die Beziehung zwischen Mutter und Sohn sehr positiv und harmonisch. So sind die Frauen oftmals sehr nachgiebig und nachsichtig zu ihren Söhnen, wobei eine Züchtigung nur in den seltensten Fällen stattfindet.[606] Wenn eine Mutter etwas von ihrem Sohn fordert, spricht sie ihr Anliegen

---

599 Eingehend Zemlin, 136; genauer zur Gewalt gegen Kinder in traditionell türkischen Familien siehe im 3. Teil unter 3.2.7.2.

600 Planck, 240.

601 Ebd.

602 Ebd.

603 Zum Ganzen Planck, 241.

604 Straube, 96.

605 Planck, 240.

606 Ebd.

nicht in Form eines Befehls, sondern in Form einer schmeichelnden Bitte aus, wobei es dem Sohn durchaus gestattet ist, sich der Anforderung seiner Mutter zu entziehen.[607] Eine Mutter behandelt ihre Söhne stets liebevoll und ist um ihr Wohl besorgt. Deshalb ist sie auch für die Söhne der wichtigste Ansprechpartner bei Problemen, Schmerzen und Krankheit und darüber hinaus auch diejenige Person, die sie gegen die Strenge des Vaters verteidigt. Damit bleibt die Mutter ein sicherer Rückhalt im Leben ihrer Söhne.[608] Wenn nötig, darf ein erwachsener Sohn seiner Mutter Anweisungen erteilen. Allerdings muss er sie dabei immer mit größtem Respekt behandeln.[609]

Obwohl Vater und Sohn im Rahmen der geschlechtsspezifischen Erziehung viel Zeit miteinander verbringen, ist ihr Verhältnis durch Distanz geprägt. Stets werden die Autorität und die Verantwortung des Vaters betont, wodurch kein Platz für intime Gespräche zwischen ihnen bleibt.[610] Eine emotionale Zuwendung ist in der Beziehung zwischen Vater und Sohn ebenfalls ausgeschlossen, ihr Verhältnis wird vielmehr durch ökonomische Gesichtspunkte bestimmt. So muss der Sohn den Vater bei dem Unterhalt der Familie unterstützen und bekommt im Gegenzug von seinem Vater das familiäre Vermögen zugeteilt. Da dies aber erst nach dem Tod des Vaters geschieht, müssen beide bis zu dieser Zeit eng zusammenarbeiten und sind damit personell und wirtschaftlich voneinander abhängig.[611]

4.2.6.2 Die Einstellung zur Schule als außerfamiliäre Sozialisationsinstanz

Obwohl bereits im Jahre 1923 die allgemeine Schulpflicht in der Türkei eingeführt wurde, lehnen zahlreiche traditionell türkische Eltern eine schulische Erziehung ihrer Kinder nach wie vor ab. Da die Dorfbevölkerung davon ausgeht, dass Kinder eher über die Familie Lebenswichtiges lernen können als über die Schule, meinen sie, Erziehung sollte vor allem im Familienverband stattfinden.[612] Diese schulfeindliche und distanzierte Einstellung ist als ein Prozess zu verstehen, der sich über

---

607 Schiffauer 1983, 96.

608 Schiffauer 1983, 78.

609 Planck, 241.

610 Straube, 136.

611 Ausführlich zur Vater-Sohn-Beziehung siehe bei Planck, 239 f.

612 Straube, 148 f.

die Jahre hinweg entwickelt hat und im Wesentlichen auf vier Faktoren zurückgeht: Wegen der starken Einbeziehung der Kinder in die familiäre Arbeit hält der reguläre Schulbesuch erstens die Kinder von ihrer Mitarbeit im elterlichen Haushalt ab. Weltliche Inhalte des Schulunterrichtes werden von der Dorfgemeinschaft zweitens als „ungläubig" verurteilt und die lateinische Schrift seit seiner Einführung als „gottlos" bewertet. Zudem steht drittens die moderne Ausbildung im Widerspruch zu den traditionellen Erziehungsvorstellungen, was viertens zu immer wiederkehrenden Konkurrenzkämpfen zwischen den traditionellen Erzieherrollen - wie Eltern und religiöse Lehrer - und den moderneren Schullehrern führt.[613]

Dabei sind es vor allem die Mädchen, die die Schule nur selten besuchen dürfen, denn nach traditioneller Auffassung - so argumentieren die Familien - sei Bildung für sie unnötiger als für die Jungen. Ihrer Meinung nach sollten Töchter vornehmlich auf den häuslichen Bereich hin erzogen werden und müssten für ihr späteres Leben daher vor allem häusliche Arbeiten erlernen. Da es sich hierbei um Fähigkeiten und Fertigkeiten handele, die von der Mutter vermittelt würden, seien mit dem über die Schule beigebrachten Wissen keine nennenswerten Vorteile für die Töchter verbunden.[614] Als ein weiterer Punkt, der nach Ansicht traditionell türkischer Familien gegen den Schulbesuch ihrer Töchter spricht, wird angeführt, dass es den Mädchen gar nicht zugetraut werden kann, dem Unterricht geistig zu folgen.[615] Die Ergebnisse einer Studie zum Thema Gewalt gegen Frauen aus dem Jahre 2008 bestätigen diese Haltung, da bei der Befragung 41,9 % der auf dem Land wohnenden Frauen angaben, selbst Analphabeten zu sein, während nur 12,5 % ihrer Partner nicht lesen und schreiben konnten.[616]

Die Schule ist kein neutraler Raum. Vielmehr machen sich auch hier die traditionellen Orientierungssysteme bemerkbar. So findet die Geschlechtersegregation auch in den Klassenzimmern der Schulen statt, wo Mädchen und Jungen in getrennten Reihen sitzen müssen. Die Regeln der Hierarchie des Alters und der Geschlechter wirken ebenfalls fort. Zudem lernen die Kinder in der Schule, ein Teil der Solidargemeinschaft zu sein. Dabei wird die Kollektivität vor allem durch die einheitliche Schulkleidung und das geschlossene Auftreten in einer

---

613 Zum Ganzen Planck, 202.

614 Baumgartner-Karabak/Landesberger, 53.

615 Planck, 203.

616 Altinay/Arat, Tabelle 17, 73.

Gruppe hervorgehoben.[617] Was die Lerninhalte in der Schule angeht, stellen Lehrer kaum Bezüge zur Lebenswelt der Kinder her und reagieren selten auf ihre Äußerungen. Es wird ferner kein Wert darauf gelegt, ob die Kinder die Unterrichtsinhalte überhaupt verstehen. Tun sie es nicht, ist es ihnen auch nicht gestattet, Fragen zu stellen, denn das Fragerecht steht nach traditioneller Ansicht nur dem Lehrer zu.[618] Lehrer werden im Allgemeinen als Autoritätspersonen verstanden, die man fürchten sollte. Um ihre strenge Haltung zu demonstrieren, schrecken sie nicht davor zurück, den Schülern mit dem Lineal auf die Hände oder Köpfe zu schlagen, ihnen Tritte zu versetzen oder sie an ihren Ohren zu ziehen und mit dem Kopf an die Tafel oder Wand zu stoßen.[619] Wichtigste Lernmethode ist das schnellstmögliche Auswendiglernen durch die Schüler. Die Reproduktion der beigebrachten Materie durch die Kinder gegenüber dem Lehrer wird damit als großer Lernerfolg beurteilt. Da die Schüler aber letztlich die Erfahrung machen, das in der Schule Erlernte ohnehin nicht im dörflichen Leben verwerten zu können, halten sie den Schulbesuch mit der Zeit selbst nicht mehr für so wichtig.[620]

Auffällig ist außerdem der mangelnde Respekt der Dorfbevölkerung vor der Schule als eigenständiger Raum. Dies macht sich vor allem in dem Verhalten der *„Dorfagas"* (Großgrundbesitzer) und Dorfältesten bemerkbar, die Einfluss auf den Lehrer nehmen und hierdurch über die Dauer und den Gegenstand des Unterrichts mitbestimmen wollen. Dieses Recht steht ihnen nach traditioneller Auffassung zu, da der Lehrer ihnen als Jüngerer zur Ehrerbietung verpflichtet ist. Somit kommt die dörfliche Hierarchie nicht nur zwischen Lehrern und Schülern, sondern auch zwischen Eltern und Lehrern zum Tragen.[621]

4.2.7 Gewalt in der Familie

In der Türkei bildet die Anwendung familiärer Gewalt einen Teil der gesellschaftlich geltenden Normen.[622] Sie richtet sich überwiegend gegen Frauen und Kinder und wird zur „Disziplinierung" der Betroffe-

---

617 Ausführlich Straube, 151.

618 Ebd.

619 Ebd.

620 Ebd.

621 Straube, 150.

622 Ähnlich Kizilhan 2006, 50.

nen herangezogen. Vorfälle, in denen vor allem weibliche Familienangehörige zum Opfer von Gewalteingriffen ihres Ehemannes, Vaters oder Bruders werden, gehören zum Alltag.[623] Da die Männer es als eine Selbstverständlichkeit ansehen, Gewalt anzuwenden, wenn sich Frauen und Kinder ihrer Familie nicht rollenkonform verhalten, kann familiäre Gewalt in erster Linie als Folge der patriarchalischen Strukturen und Denkmuster verstanden werden.[624]

4.2.7.1 Gewalt gegen die (Ehe-)Frau

Obwohl es kaum offizielle Angaben zur Gewaltanwendung an Frauen in türkischen Familien gibt, liefern die wenigen Untersuchungen eindeutige Hinweise darauf, dass sie in der Türkei sehr verbreitetet ist. Dabei gibt es grundsätzlich keine nennenswerten Unterschiede zwischen den modernen westlichen und den unterentwickelten und rückständigen östlichen Gebieten (Nordost-, Mittel- und Südostanatolien) der Türkei.[625] Familiäre Gewalt an Frauen durchweg ist also kein spezifisch ländliches Problem und durchzieht sich durch alle gesellschaftlichen Schichten der türkischen Bevölkerung.[626] Die Gewalt kann in unterschiedlichen Formen in Erscheinung treten und reicht je nach Kontext von Ohrfeigen bis zu Faustschlägen oder aber von Beschimpfungen/Beleidigungen bis zur sexuellen Erniedrigung der Frauen.[627] Oftmals wird sie von den Frauen als „normal" empfunden und erst bei massiven und schwerwiegenden Folgen überhaupt als Gewalt definiert beziehungsweise erkannt. *„Wir haben mit Frauen gesprochen und sie gefragt: ‚Habt ihr Gewalt erlitten?' Sie antworteten: ‚Nein.' Dann haben wir gefragt: ‚Wurdet ihr geohrfeigt?' ‚Ja, natürlich.' ‚Wurdet ihr geschlagen?' ‚Ja, natürlich.' Sie scheinen Gewalt als etwas zu verstehen, das einen Krankenhausaufenthalt notwendig macht"*.[628]

Eine in der Türkei kürzlich veröffentlichte Studie[629] zeigt folgendes Bild: Mehr als ein Drittel (35 %) der türkischen Frauen erleben mindes-

---

623 Izol, 10.

624 Ilkkaracan/Gülcür, 25.

625 Altinay/Arat, 106.

626 Ilkkaracan/Gülcür, 23, 29.

627 Toprak 2007, 144.

628 Amnesty International, 8.

629 Die Darstellung bezieht sich auf eine Studie von Altinay/Arat, 73 ff. Die Ergebnisse beruhen auf einer im Jahre 2008 veröffentlichten empirischen

tens ein Mal in ihrem Leben körperliche Gewalt durch ihren Partner. Oftmals werden die Frauen von ihrem Mann nicht nur geschlagen, sondern auch psychisch unterdrückt. Frauen, die sich ihren Partner selbst aussuchen, haben am wenigsten (28 %) mit Übergriffen zu kämpfen. Stärker gefährdet sind dagegen Frauen im Rahmen arrangierter Ehen (37 %) und solche, die ihren Partner zwar selbst ausgesucht haben, dieser aber nicht von ihrer Familie akzeptiert wird (49 %). Einer der größten Risikofaktoren für die Gewaltanwendung durch den Partner ist laut Studie jedoch die eigene Gewalterfahrung und -beobachtung der Betroffenen im Kindes- und Jugendalter. Dieser Zusammenhang ergibt sich aus dem Umstand, dass Jungen und Mädchen, die Opfer beziehungsweise Zeugen elterlicher Gewalt wurden, eher zugeschlagen haben (47 %) beziehungsweise geschlagen wurden (52 %). Frauen mit geringem Bildungsstand sind häufiger (43 %) von der Gewalt betroffen, als solche mit einem Hochschulabschluss (12 %). Ein zwingender Zusammenhang zwischen Bildung und Gewalt konnte aber nicht eindeutig festgestellt werden. Der Einsatz der Gewalt kann durchaus durch ökonomische Faktoren bedingt sein. Zwar ist offen, ob das eigene Einkommen einer Frau risikoverringernd wirkt, fest steht aber, dass ihre Gefährdung bei einem gegenüber dem Mann höheren Einkommen - im Vergleich zum gleichwertigen Einkommen der Eheleute - massiv ansteigt (von 20 auf 63 %). Viele Frauen (67 %), die unter der physischen Gewalt ihres Mannes leiden, werden gleichzeitig zum Opfer von sexuellen Angriffen. Vereinzelt gibt es Frauen, die zu der Einstellung neigen, die physische Gewalt gegen sich zu rechtfertigen und die körperliche „Bestrafung" in bestimmten Fällen sogar als berechtigt beziehungsweise verdient ansehen. Der Großteil der Betroffenen (89 %) lehnt Gewalt aber eindeutig ab, was jedoch nichts daran ändert, dass sie von den meisten Frauen widerstandslos ertragen wird.

4.2.7.2 Gewalt gegen die Kinder

Wie bereits dargelegt wurde, zielt das Handeln traditionell türkischer Eltern auf die Erziehung zu Gehorsam, Verlässlichkeit, Loyalität, kritiklosem Respekt vor Autoritäten und auf die Rücksichtnahme Ande-

---

Studie zum Thema „Gewalt gegen Frauen in der Türkei". Bei der Untersuchungsgruppe handelte es sich um 1.800 verheiratete Frauen, die zu Gewalterlebnissen psychischer, physischer und sexueller Art im familiären Bereich interviewt wurden. Um repräsentative Ergebnisse zu erzielen, wurden Frauen aus allen Gebieten der Türkei ausgewählt.

ren gegenüber ab. Körperliche Züchtigungen stellen insbesondere bei traditionell geprägten Familien mit niedrigem sozioökonomischem Status eine äußerst verbreitete Erziehungsmaßnahme dar. Anstatt mit ihren Kindern über richtig und falsch zu diskutieren und sie mit Argumenten zu überzeugen, setzen die autoritären Eltern also körperliche Gewalt gegen ihre Kinder ein, um die Erziehungsziele zu realisieren. Dabei soll die Gewalt der Verhaltenskontrolle der Kinder sowie ihrer Korrektur dienen und wird zugleich als ein Akt zur Wiederherstellung ihrer Loyalität gegenüber den Eltern verstanden.[630]

Bei der Anwendung familiärer Gewalt gegen Kinder wird keine geschlechtsspezifische Unterscheidung vorgenommen. Hier nimmt grundsätzlich der Vater als Familienoberhaupt die führende Stellung der Strafinstanz ein und ist dazu legitimiert, sowohl Töchter als auch Söhne bei entsprechendem Anlass zu sanktionieren.[631] Zu seinen herkömmlichen Disziplinierungsmaßnahmen gehören neben körperlicher Gewalt in Form von Ohrfeigen, Faustschlägen, Tritten oder das Einsperren auch psychische Übergriffe wie das Beleidigen, Anschreien oder Beschimpfen der Kinder.[632] Hinzu kommt die sexualisierte Gewalt, die sich bei den Töchtern in Form von Beschimpfungen als Nutte *(„orospu")* und bei den Söhnen in solchen als Zuhälter *(„pezevenk")* oder Schwuler *(„ibne")* ausdrückt. Hierdurch soll die Ehre der Kinder gekränkt werden, was verhindern soll, dass sie sich wie Prostituierte oder Homosexuelle verhalten.[633]

Die Ohrfeige *(„tokat")* ist die zentrale Form der physischen Bestrafung der Kinder. Sie nimmt einen bedeutenden Platz in der Erziehung der Eltern ein und kommt sehr häufig zum Einsatz. Dabei wird die Ohrfeige nicht als Gewaltanwendung betrachtet, vielmehr herrscht die Ansicht, sie sei ein wesentlicher Bestandteil der Erziehung und schlichtweg angebracht, um die Kinder auf den richtigen Weg zu bringen. An die schädlichen Folgen einer Ohrfeige wird oftmals gar nicht gedacht oder sie werden unterschätzt, da Eltern in der Regel selbst Gewalt in ihrer Sozialisation erlebt haben und diese zumeist als „normal" empfinden.[634]

---

630 Zum Ganzen Kagitcibasi 1991, 51 f.

631 Weische-Alexa, 82.

632 Toprak 2007, 138, 143.

633 Toprak 2007, 139.

634 Toprak 2007, 137.

Besonders typisch für die traditionell türkische Erziehung ist die Androhung des Vollzuges einer Ohrfeige durch die Eltern. Hierbei handelt es sich um eine Art Vorphase, die die Eltern als Erziehungsmittel nutzen, um die Kinder bei abweichendem Verhalten zu verwarnen. Da die Drohung alltäglich und in vielen Situationen ausgesprochen werden kann, stellt sie eher eine Redensart dar. Zumeist hat sie einen unverbindlichen und inflationären Charakter, ohne Nachdruck und unmittelbare Konsequenzen, wenn die Verhaltenskorrektur ausbleibt. Hierdurch verliert die Gewaltanwendung ihre Eigenschaft als Bedrohung mit der Folge, dass die Kinder die Angst vor ihr verlieren und spielerisch mit der elterlichen Gewalt umgehen.[635]

4.2.8 Zusammenfassung und Stellungnahme

Die personenspezifische Einordnung des „Ehrenmordes" hat ergeben, dass die Ehre ihre Grundlage vor allem in solchen Gesellschaften findet, in denen die (Groß-)Familie die wichtigste Form sozialer Organisation darstellt.[636] Diese starke Stellung der Familie und die hohe Bedeutung von Geschlossenheit und Loyalität ergeben sich vor allem aus den Lebensumständen der Menschen. So ist die Familie die einzige Instanz, die für die soziale und ökonomische Absicherung sorgt und damit die verlässlichste Solidargruppe ihrer Angehörigen darstellt. Vor diesem Hintergrund würde die Ausgrenzung aus der Familie beziehungsweise aus dem ganzen sozialen Netz zugleich den Wegfall der Existenzgrundlage einer Person bedeuten.[637] Diese Faktoren bewirken eine so massive Abhängigkeit des Einzelnen von der Gruppe, dass sein Überleben ohne familiären Rückhalt undenkbar erscheint. Da sich die Menschen somit über ihre Zugehörigkeit zur Familie definieren, sind sie auf sie angewiesen und haben ein großes Interesse daran, den Fortbestand ihrer Gruppe unbedingt zu sichern. Dies führt zu Verbundenheit in der Familie und hat zur Folge, dass alle individuellen Vorstellungen der Angehörigen, die den Interessen der Gruppe nicht dienlich sind, hinter ihr zurücktreten müssen. Aus diesen Strukturen lassen sich die kollektive Betroffenheit und Verpflichtung aller (männlichen) Familienmitglieder im Rahmen eines „Ehrenmordes" erklären, die die Verletzung der Ehre als Schwächung der gesamten Gruppe auffassen.

635 Toprak 2007, 139.

636 So auch Sahin, 47; Seiser, 81.

637 Tuna, 53.

Menschen, die nach traditionellen Vorstellungen leben, haben zudem einen starken Bezug zu ihrem sozialen Umfeld. Die besondere Relevanz des sozialen Umfelds ergibt sich aus dem Umstand, dass die Bindungen einer Familie zur Verwandtschaft und zur Nachbarschaft unverzichtbar sind, da sie weitere wichtige Solidargruppen darstellen, von denen sie wirtschaftlich wie auch ideell abhängig ist. Deshalb muss der Ruf der Familie in diesen Bezugssystemen stets gewahrt werden. Die starke Präsenz des sozialen Umfeldes und der notwendige Bezug zu ihm werden zwar angestrebt, machen die Lebensführung der Familie aber sehr transparent, wodurch sie gezwungen wird, ihre Verhaltensweisen stets offen zu legen. Dies kann zu einem enormen Druck führen, da nach dem traditionellen Ehrkonzept bereits Vermutungen über geringste Normabweichungen ausreichen können, um das gesellschaftliche Ansehen einer Familie anzutasten. Wegen der ständigen Angst vor Gerüchten, Klatsch und Unwahrheiten, muss die Familie strengstens darauf achten, dass ihre Angehörigen die gesellschaftlich geforderten Regeln immer einhalten und dies auch nach Außen demonstrieren. Die gravierenden Folgen, die einer Familie bei einer öffentlichen Abweichung drohen würden, zeigen, warum es ihr ein so großes Anliegen ist, ihren Ruf in ihrem sozialen Umfeld zu wahren und sie lieber ein weibliches Familienmitglied tötet, als verachtet zu werden.

Die in dem „Ehrenmord" zum Ausdruck kommende Vorrangstellung des Mannes basiert auf den patriarchalisch-hierarchischen und duofokalen Gesellschafts- und Familienstrukturen, die für die Frau einerseits ihre absolute Unterordnung unter den Mann und andererseits die Beschränkung ihres Lebensraumes, sowie ihrer Rechte bedeuten, indem sie sie ausschließlich in den häuslichen Bereich verweisen. Dem Mann verleiht dieses Organisationssystem dagegen die höchste Rangordnung in einer Gruppe. So wird er als Oberhaupt der Familie angesehen, der als Ernährer der Gruppe die Außenbeziehungen übernimmt, alle wichtigen Entscheidungen trifft und Kontrolle über seine Angehörigen ausübt. Aus den Verhaltensanforderungen der Frau ergibt sich, dass sie dem Mann und seinen Anweisungen widerspruchslos zu gehorchen hat und er über sie bestimmen und verfügen kann wie er will. So wird den Frauen ein „Objektstatus" zugewiesen und ihre Hauptfunktion darin gesehen, den Interessen der Familie und denen des Mannes zu dienen. Sie gelten als Besitz des Mannes, den er ohne weiteres zurückgeben kann, wenn er nicht „intakt" ist, was vor allem für die vermutete Unfruchtbarkeit der Frau gilt. Die Strukturen wirken sich auch darauf aus, dass Frauen generell als schwach und ihre Tätigkeiten als minderwertig eingestuft werden, obwohl sie teilweise mehr leisten als ein Mann. Die einzige Möglichkeit einer gesellschaftlichen Aufwertung ihrer Position wird ihnen über das männliche Geschlecht eröffnet, da hierfür die Geburt eines oder mehrerer Söhne Voraussetzung ist. Die generelle Eigenschaft des Mannes als „Vormund" der Frau, macht die Männer einer Familie zu den eigentlich Verantwortlichen für das Verhalten ihrer weiblichen Angehörigen. Deshalb wirkt sich eine Ehrverletzung durch die Frau auch auf die Ehre des Mannes aus und die Gesellschaft ist der Meinung, er sei unfähig, seine Frau „im Zaun" zu halten.[638] Durch die Trennung von Mann und Frau sowohl im häuslichen als auch im öffentlichen Bereich, werden die Begegnungsmöglichkeiten der Geschlechter weitestgehend reduziert. Dabei scheint die duofokale Familien- und Gesellschaftsstruktur nicht nur zur Legitimierung der geschlechtsspezifischen Arbeitsteilung und der räumlichen Einordnung, sondern auch zur Wahrung der Ehre zu dienen, indem sie Sexualität nahezu unmöglich macht und damit auch der Gefahr ehrverletzender Handlungen vorbeugt. Für notwendige Begegnungen und Beziehungen zwischen den Geschlechtern sind starre Regeln vorhanden, die im Wesentlichen mit Distanz und Meidung des anderen beschrieben werden können.[639] Ihre Einhaltung wird bei fremden Personen, zwischen Ehepartnern und sogar innerhalb der Beziehungen zwischen Eltern und ihren Kindern unterschiedlichen Geschlechts gefordert. Dies zeigt, wie genau die Trennung der Lebenswelten und ihre strengen Regeln genommen werden und schon banalste Überschreitungen als ehrverletzend aufgefasst werden können.

Die Eheschließung erfolgt nach traditioneller Vorstellung unter dem Aspekt des Kollektivs und kann unter Umständen der Wahrung der Ehre dienen. Da familiäre und wirtschaftliche Faktoren im Mittelpunkt einer Heirat stehen, sind es oftmals nicht Gefühle, die zu dem Zusammenschluss der Partner führen. Der Erfolg einer Ehe bemisst sich nicht daran, wie gut die Partnerschaft funktioniert und wie wohl sich Mann und Frau hierbei fühlen, sondern allein an der Zeugung vieler Söhne, die die Ehre der Familie schützen und ihren Fortbestand sichern sollen. Obwohl es sich bei dem Kinderwunsch um einen zentralen Aspekt der Ehe handelt, verbietet die Tradition Mann und Frau, öffentlich Zärtlichkeit auszutauschen oder über Sexualität oder Schwangerschaft zu sprechen. Dies gilt als *„ayip"*, was als Gegenstück der Ehre verstanden

---

638 Zu dem Zusammenhang zwischen der Vormundschaft des Mannes und dem Islam siehe im 3. Teil unter 3.3.2.5.2.2.

639 Vgl. auch Lubig, 30.

werden kann, das dafür sorgt, dass Sexualität nur heimlich stattfindet und absolut tabuisiert wird. Eine Annullierung der Ehe kommt für beide Geschlechter grundsätzlich nicht in Betracht, weil der soziale Status, das Glück und die Absicherung des Paares vor allem bei einem Zusammenbleiben gewährleistet sind und von ihrer männlichen Nachkommenschaft abhängen. Das Scheidungsrecht steht nach traditioneller Auffassung nur dem Mann zu. Er darf hiervon unter gewissen Voraussetzungen Gebrauch machen, vor allem dann, wenn die Frau ihrer Geschlechterrolle nicht nachkommt. Die Sexualität der Frau wird durch die Ehrenregeln vor allem deshalb auf die Ehe beschränkt, um die Zeugung von vor- oder außerehelichen Kindern zu verhindern, die nach traditionellem Verständnis in den Zuständigkeitsbereich des Vaters beziehungsweise des Mannes der Frau fallen. Allerdings stellen fremde Nachkommen eine erhebliche Gefahr für den Bestand der Familie dar, da der Zusammenhalt hierdurch nicht mehr gewährleistet ist. Die Familie ist aber auf die Solidarität ihrer Mitglieder angewiesen, denn nur als geschlossene Einheit ist sie stark und in der Lage, ihren Besitz und ihre Angehörigen effektiv vor Angriffen von Außen zu schützen.[640] Vor diesem Hintergrund scheint die *„Namus"* auch dafür eingesetzt zu werden, um das Risiko des Zerfalls der Familie zu mindern. Die patriarchalisch-hierarchischen Strukturen kommen auch im Rahmen der ehelichen Sexualität zur Geltung, wo die Frau ebenfalls massiv unterdrückt wird, indem der Mann von ihr fordert, sich bedingungslos seinen Wünschen zu fügen. Die Berechtigung hierzu erhält er aus der traditionellen Auffassung, wonach die sexuelle Befriedigung des Mannes zu den ehelichen Verpflichtungen der Frau gehört und eine etwaige Beanstandung nicht mit der ihr zugewiesenen Rolle zu vereinbaren ist. „Ehrenmorde" sind also das Ergebnis eines bestimmten Verständnisses von Geschlechterrollen und werden immer dann begangen, wenn die Frauen den Verhaltenserwartungen nicht nachkommen und hierdurch eine Ehrverletzung begehen. Die Männer bringen mit der Tötung der Frau ihre eigene Rollenkonformität zum Ausdruck und wollen durch die Tat ihre angetastete Vormachtstellung brachial wiederherstellen.

Archaische Traditionen wie der „Ehrenmord" setzen sich auch in der heutigen Zeit noch fort, da die Nachkommen bereits in jungen Jahren mit den traditionellen Strukturen vertraut gemacht werden. Im Vordergrund steht die Einführung der Töchter in die Frauen- und die der

---

640 Kizilhan 2006, 84 f.

Söhne in die Männerwelt. Wie sich Mädchen und Jungen in ihrem Geschlechtsbereich zu verhalten haben und welche familiäre und gesellschaftliche Position ihnen hierbei zukommt, lernen die Kinder nicht im Wege eines kommunikativen Aktes, sondern durch die Imitation der elterlichen Handlungsweisen, was die Unterscheidung zwischen richtig und falsch wesentlich erschwert. Dadurch, dass Kinder zum absoluten Gehorsam gegenüber der älteren Generation erzogen werden, kann es ihnen an Autonomie fehlen. Auch weil jede Form der Rebellion als eine Verletzung der Ehre *(„Saygi")* angesehen wird, die elterliche Sanktionen provoziert, leisten die Kinder den Anweisungen der Familie im Regelfall Folge, ohne etwaige Zweifel zu äußern, auch wenn sie diese unter Umständen selbst in Frage stellen. Der allgemein schlechte Bildungsstand von Tätern und Opfern eines „Ehrenmordes" ist im Wesentlichen auf die Tatsache zurückzuführen, dass der Schule traditionell keine große Bedeutung beigemessen wird und man vielmehr in der Familie die zentrale und wichtigste Sozialisationsinstanz der Kinder sieht. Wegen dieser ablehnenden Haltung gibt es in traditionell türkischen Gesellschaften auch nach den neuesten Zählungen viele Analphabeten, was vor allem für die Frauen gilt, deren Bildung besonders vernachlässigt wird. Allerdings ist auch bei einem regelmäßigen Schulbesuch noch keine von der familiären Erziehung abweichende Entwicklung der Kinder zu erwarten. Denn auch in der Schule werden die aus der Familie und Gesellschaft bekannten Strukturen in Form von Geschlechtertrennung und stark ausgeprägten Autoritätsbeziehungen zwischen Schülern und Lehrern weitergelebt. Überdies werden Schule und Unterrichtsinhalte nach traditioneller Auffassung nicht als eigenständiger Raum akzeptiert. Gefallen den Eltern etwa die in der Schule angesprochenen Themenbereiche nicht, haben in dieser Organisationsform vor allem ältere Personen stets die Möglichkeit, auf den Lehrer einzuwirken, der wegen seiner Verpflichtung zum Respekt und Gehorsam ihre Anordnungen befolgen muss.

Die Gewaltanwendung gegen die Frau durch ihren Partner ist in der türkischen Gesellschaft sehr stark verbreitet und geschieht in physischer wie auch psychischer Form. Hierin kommt ebenfalls die patriarchalische Unterdrückungstradition zum Ausdruck. Dabei wird die Gewalt von den Frauen nicht als solche empfunden, solange sie keine schwerwiegenden Folgen nach sich zieht. Gewalt wird auch regelmäßig in der Beziehung zu den Kindern ausgeübt, was einen besonderen Störfaktor in der kindlichen Entwicklung darstellen kann. Denn die eigenen Gewalterfahrungen sowie das Beobachten von Gewalt in der Familie können im Allgemeinen das Risiko erhöhen, selbst zum Täter oder Opfer zu werden. Dies muss umso mehr gelten, wenn Gewalt in der Familie bereits bei kleinsten Problemen angedroht beziehungsweise angewandt wird und damit schon fast zum familiären Alltag gehört. Wenn Kinder also lernen, dass familiäre Konflikte primär unter Androhung und Anwendung von Gewalt zu lösen und Menschen (vor allem Frauen und Mädchen) nur auf diesem Wege zu disziplinieren sind, kann es durchaus passieren, dass bei sehr „gravierenden" Fehltritten - wie einer Ehrverletzung - nur noch die Tötung der Person als geeignetes Sanktionsmittel in Betracht gezogen wird.

4.3 Die religiöse Einordnung des „Ehrenmordes": Der Islam als religiöse Grundlage der traditionell türkischen Gesellschaft

4.3.1 Entstehung und Frühgeschichte des Islam

Die Entstehung und Frühgeschichte des Islam sowie die komplexen Ereignisse, die zur Begründung seiner Lehren und zu seiner Sicht der Welt geführt haben, sind wichtige Aspekte, um das Wesen dieser Religion zu verstehen. Deshalb müssen islamische Aussagen im historischen Kontext untersucht werden. Da aber gerade die Anfänge einer Religion oft nicht mehr bekannt und mangels vorhandener Quellen auch kaum rekonstruierbar sind, sind auch viele Bereiche des Islam verborgen geblieben.[641] Im Folgenden soll ein Einblick in die Anfänge und die Frühgeschichte des Islam - soweit es möglich ist - gegeben werden. Dabei werden solche Ereignisse in den Vordergrund gestellt, die die Entstehung sowie Entwicklung dieser Religion im Wesentlichen geprägt haben.

Die Wurzeln des Islam befinden sich im Nordwesten Arabiens. Heute erstreckt sich der muslimische Glaube von Marokko im Westen bis nach Indonesien im Osten und von Kasachstan im Norden bis zu den Komoren im Süden.[642] Der Islam entstand als jüngste Weltreligion zu Beginn des 7. Jahrhunderts nach christlicher Zeitrechnung, wobei er sich durch den von Gott gesandten Propheten Mohammed begründet ansieht.[643] Mohammed selbst und seine Gemeinde erfassten ihn als *„menschliches Werkzeug Gottes"*, dessen Aufgabe es war, die Botschaft

641 Vgl. Ohlig, 8.

642 Ortag, 12.

643 Endress, 33.

des Offenbarungsbuches Koran nachzusprechen und vorzutragen.[644] Nach muslimischer Überzeugung ist Mohammed das *„Siegel der Propheten"* (33:40) und wird damit als der letzte in einer Kette von verschiedenen Propheten verstanden.[645] Bei dem Islam handelt es sich um eine monotheistische Religion, dessen Gott in arabischer Sprache „Allah" genannt wird. Er beruht auf jüdischen, christlichen und weiteren vorderasiatischen religiösen Traditionen.[646]

Mohammed ist etwa um 570 als Angehöriger der *„Hashim"* - eine Sippe des Stammes *„Qurais"* - in Mekka geboren. Da sein Vater bereits vor seiner Geburt gestorben war und er seine Mutter mit sechs Jahren verlor, wuchs Mohammed als Waise zunächst bei seinem Großvater und anschließend bei seinem Onkel Abu Talib auf. Um sein 25. Lebensjahr herum ging Mohammed erste berufliche Schritte im Handel. Zunächst war er Angestellter der wohlhabenden Kaufmannswitwe Chadidscha und wurde später zu ihrem Ehemann.[647] Aus der monogamen Ehe mit Chadidscha gingen insgesamt sechs Kinder hervor, wobei nur eine seiner Töchter überlebte. Nach dem Tod Chadidschas heiratete Mohammed dreizehn weitere Frauen.[648]

Muslimischen Quellen zufolge erhielt Mohammed seine Mission als Prophet im Alter von vierzig Jahren (etwa um 610) durch den Erzengel Gabriel, den Gott sandte, um ihm die religiösen Inhalte mitzuteilen. Zu Beginn war Mohammed erschrocken über die Stimmen, die er hörte und zweifelte an sich selbst. Deshalb vertraute er sich seiner Frau Chadidscha an, die ihn beruhigte und tröstete. Nach einiger Überzeugungsarbeit von der Einmaligkeit dieses Ereignisses durch seine Frau und ihrem Beitritt zu der neuen Religion ihres Mannes, wurde Mohammed bewusst, dass er der Auserwählte war und dem arabischen Volk die Worte Gottes überbringen sollte. Im Verlauf seines weiteren Lebens erschien ihm Gabriel wiederholt und diktierte ihm zweiundzwanzig Jahre lang die Verse der göttlichen Offenbarung. Dabei hatte Mohammed weder Einfluss auf den Zeitpunkt, noch auf die Länge der

---

644 Ebd.

645 Krämer, 27.

646 Ortag, 12.

647 Zum Ganzen Hartmann, 8.

648 Ohlig, 9.

Verse. Die letzte Botschaft Gottes empfing der Prophet neun Tage vor seinem Tod, also am 8. Juni 632.[649]

Im Anschluss an die ersten Offenbarungen Allahs begann Mohammed diese öffentlich zu verkünden. In seiner Heimatstadt Mekka konnte er aber nur eine kleine Gruppe überzeugen.[650] Die Bewohner Mekkas lehnten die Vorstellung eines kompromisslosen Monotheismus' überwiegend ab, da sie ihrer bisher herrschenden polytheistischen Denk- und Lebensweise widersprach. So griff die Verkündung Mohammeds die eigenen Vorfahren und damit auch die eigenen Verwandten an, die ihn trotz seiner provozierenden Lehren beschützten.[651] Als dann aber kurz nacheinander Mohammeds Onkel Abu Talib und seine Frau Chadidscha starben, konnte der Clan ihn nicht mehr ausreichend schützen, sodass die Verkündungen des Propheten zunehmend auf Widerstand stießen. Deshalb entschied er sich im Jahre 622 dazu, Mekka zu verlassen und nach Medina überzusiedeln. Dieser Ortswechsel (so genannte *„Hidschra"*) ging als ein wichtiges Ereignis in die Geschichte ein und wurde zum Beginn der islamischen Zeitrechnung, die nach Mondjahren zählt, erklärt.[652]

Als Mohammed mit etwa 70 Anhängern in Medina eintraf, fand er dort ganz andere Rahmenbedingungen vor. So wurde er von einer Reihe von Männern und Frauen aufgenommen, die bereits zum Islam übergetreten waren.[653] Während Mohammed sich innerhalb seiner Gemeinde von Medina zunehmend zu einem Vorbild für die folgenden muslimischen Generationen entwickelte – welches es zu befolgen und nachzuahmen galt –, waren die Mekkaner auf der Suche nach ihm, um ihn wegen der Beleidigung ihrer Götter zu töten.[654] Als klar wurde, dass ein friedliches Nebeneinander von Medina und Mekka nicht denkbar war, stand die kleine Glaubensgemeinschaft Mohammeds vor der Aufgabe, sich im polytheistischen Arabien kriegerisch durchzusetzen.[655]

---

649 Hierzu Mernissi 1989, 39 f.

650 Ohlig, 9.

651 Krämer, 20.

652 Ohlig, 9.

653 Krämer, 21.

654 Mernissi 1989, 43, 41.

655 Mernissi 1989, 118 f.

Mit der Emigration nach Medina begann daher zugleich eine Zeit der Kriegsführung. Mohammeds Hauptgegner waren die Führer des Stammes der *„Qurais"* aus Mekka, aus dem der Prophet selbst stammte.[656] Als Mohammed im Jahre 624 versuchte, die große syrische Karawane der Mekkaner abzufangen und dabei die religiöse Pflicht des Friedens während der Wallfahrtszeit verletzte, kam es zwischen ihm und der Streitmacht der Mekkaner zu einem Kampf in der Nähe von Badr.[657] Obwohl Mohammed und seine Anhänger gegen eine zahlenmäßig weit überlegene Gruppe von Mekkanern kämpfen mussten, siegten die Muslime völlig unerwartet. Dieser Erfolg wurde als Wunder definiert, das man auf eine göttliche Unterstützung Mohammeds zurückführte und mit der Gnade Gottes begründete.[658]

13 Monate später kämpfte Mohammed erneut gegen die *„Qurais"* am Berge Uhud. Allerdings blieb das „Wunder" von Badr in dieser Schlacht aus und der Prophet und seine Armee wurden schwer geschlagen. Nach dieser militärischen Niederlage begann das kritischste Jahr für den Propheten. Die Muslime erlebten ein Jahr mit Stagnation und Stillstand.[659]

Anfang 627 kam es zur Belagerung der Stadt Mohammeds. Während das militärische Oberhaupt der Mekkaner von 10.000 Kämpfern unterstützt wurde, standen dem Propheten nur 3.000 Männern zur Verfügung. Da er erneut zahlenmäßig unterlegen war, suchte Mohammed nach neuen Ideen, um sich und seine Anhänger vor den Gegnern zu schützen. Er sah eine mögliche Lösung schließlich darin, einen Graben um die Stadt ausheben zu lassen, der seine Gegner davon abhalten sollte, in die Stadt einzudringen. Das taktische Vorgehen des Propheten zeigte Erfolg und die Mekkaner mussten wieder abziehen.[660]

Obwohl die Auseinandersetzung tatsächlich ohne einen klaren Sieger endete, kam sie in der Folge einem Erfolg Mohammeds gleich. Etwa ein Jahr später war der Prophet so weit aufgestiegen, dass er mit den Mekkanern bei dem Dorf Hudaibiyya den Vertrag einer zehnjährigen Waffenruhe schließen konnte und hierdurch erstmals die Anerken-

---

656 Endress, 35.

657 Ohlig, 10.

658 Hartmann, 22.

659 Mernissi 1989, 119 f.

660 Hartmann, 23.

nung der Gleichrangigkeit von Muslimen und Mekkanern erreichte.[661] Einem Streit zwischen den Verbündeten folgte die einseitige Erklärung der Beendigung des Waffenstillstandes durch die Muslime. Nachdem sie im Jahre 630 in Mekka einzogen, gelang es ihnen, die Stadt auf unblutige Weise zu besiegen und die führenden Familien der *„Qurais"* zur Konversion zum Islam zu veranlassen.[662]

Die Gemeinschaft der Muslime dehnte sich danach immer mehr aus. Beim seinem Tod im Jahre 632 hatte Mohammed die Kontrolle über einen nach Norden reichenden Korridor, der sich entlang der alten Handelswege von Mekka bis in das syrische Grenzland erstreckte. Ferner gelang es ihm, den Jemen, Hadramut, Oman und die Küste des Persischen Golfes unter seiner politischen und religiösen Führung zu vereinen.[663]

Vor dem Hintergrund, dass Mohammed weder ein Testament noch männliche Erben hinterließ, stellte sich nach seinem Tod die Frage eines Nachfolgers. Dabei stand nicht zur Diskussion, dass er in seiner Eigenschaft als Prophet ersetzt werden sollte. Es ging vielmehr darum, ihn in seinen politischen sowie gesetzgeberischen Funktionen zu vertreten. Hieraus entstand das politische System des Kalifats und es wurde eine Religionswissenschaft - die *„Fikh"* - erarbeitet, die einerseits die Auslegung des Koran überwachen und andererseits die Worte und Taten Mohammeds schriftlich fixieren sollte.[664]

Die ersten vier (rechtschaffenen) Kalifen gehörten noch zu den Anhängern Mohammeds, die ihre Herrschaft innerhalb weniger Jahrzehnte massiv ausdehnten.[665] Aufgrund der Tatsache, dass Mohammed die Botschaften Gottes mündlich empfangen und sie auch mündlich weitergegeben hatte, suchten die Kalife zudem nach Möglichkeiten, um diese zu verewigen. Da die Zuhörer Mohammeds seit Beginn seiner Verkündungen Aufzeichnungen angefertigt hatten, ließ der dritte Kalif Osman sie schließlich sammeln und zur heutigen Ganzschrift des Ko-

---

661 Krämer, 24 f.

662 Ebd.

663 Krämer, 29.

664 Mernissi 1989, 44; umfassend zu den einzelnen Erkenntnisquellen des Islam siehe im 3. Teil unter 3.3.2.2.

665 Endress, 45.

rans zusammenstellen. Gleichzeitig wurden alle sonstigen Koranversionen verboten.[666]

4.3.2 Die religiösen Grundlagen des Islam[667]

4.3.2.1 Das Selbstverständnis des Islam

Wesentliches Merkmal des Islam ist sein Totalitätsanspruch. So ist er *„(...) ein das ganze Leben des Menschen umfassendes Gefüge religiöser Traditionen, gesellschaftlicher Ordnung und politischer Bindungen"*.[668] Folglich ist der Islam nicht nur eine Religion, sondern auch Gesellschaftskonzept und Lebensweise.[669] Gläubige Muslime sehen in Gott (Allah) den obersten Gesetzgeber, der den Menschen mit dem Koran in arabischer Sprache göttliches, universal gültiges Recht herabgesandt hat.[670] Sie bekennen sich neben dem Glauben an Gott auch zu seinen Engeln, dem Tag des Jüngsten Gerichts, zu Gottes Gesandten Mohammed und zu den Botschaften, die dieser von Gott erhalten und anschließend den Menschen überbracht haben soll.[671]

Dem Islam-Lexikon zufolge bedeutet „Islam" wörtlich die „Hingabe an Gott, Unterwerfung unter seinen Willen".[672] Somit ist der Islam eine Religion, die vor allem Unterordnung und Gehorsamkeit von einem gläubigen Muslim verlangt und durch autoritäre Strukturen gekennzeichnet ist.[673] Dass die Menschen sich diesen Anforderungen bewusst sind und sie erfüllen, wird deutlich, wenn sie erklären: *„Wir Moslems leben nicht, damit wir machen, was uns gefällt oder einfällt, sondern wir leben*

---

666 Ohlig, 10.

667 Die folgende Beschreibung von Kultus und Ritus des Islam orientiert sich vor allem an der weltweit - auch in der Türkei - vorherrschenden Konfession der Sunniten. Hinweise auf Besonderheiten der anderen islamischen Glaubensrichtungen würden in einer juristisch-kriminologischen Arbeit zu weit führen.

668 Abdullah, 41.

669 Ortag, 15.

670 Schröter 2007, 16.

671 ZfT 1997, 15.

672 Khoury/Hagemann/Heine, Stichwort Islam, 386.

673 Schröter 2007, 27.

für das Jenseits. Wir gehorchen Allah, damit wir im Jenseits in den Himmel kommen".[674]

Da der Islam alle Bereiche des Lebens durchdringt, gibt es nach muslimischem Selbstverständnis keine säkulare, von der Religion abgetrennte, Welt. Aus dieser Allgegenwärtigkeit Gottes und seiner Gebote ergibt sich die besondere religiöse Wertigkeit jeder Handlung des Gläubigen. Alle menschlichen Taten werden nach verschiedenen Kategorien definiert, wobei die Muslime einige davon als Pflicht, andere als verdienstvoll, als erlaubt oder als abzulehnend einordnen. Diese Bewertungsskala endet schließlich mit der Gruppe der Handlungen, die im Islam verboten sind.[675] Auf diese Weise beurteilen Muslime alles Verhalten aus dem Blickwinkel der Religion.[676]

Nach muslimischer Auffassung bilden die Gläubigen eine eigene religiöse und politische Gemeinde des Propheten, die Umma Mohammedia. Unabhängig von Rassen, Nationalitäten und Geschlechtern handelt es sich hierbei um die Gemeinschaft der Menschen, die ihr Leben nach dem im Koran offenbarten Gesetz ausrichten.[677] Muslime empfinden sich als eine Gemeinschaft der Herausgehobenen, Überlegenen und Erwählten, wobei das Selbstbewusstsein des arabischen Volkes besonders ausgeprägt ist. Dies ist darauf zurückzuführen, dass der Prophet aus ihrer Mitte stammte und Arabisch die Sprache der Uroffenbarung des Korans darstellt.[678] Der hohe Stellenwert des Gemeinschaftsgedankens der Muslime ergibt sich aus der allgemein anerkannten Vorbildfunktion der muslimischen Gemeinde zu Lebzeiten Mohammeds, die es nachzuahmen gilt.[679] Um das Fortbestehen der Umma auch in der Gegenwart zu garantieren, wird von jedem Einzelnen erwartet, sich dienlich in die Umma einzufügen und sich ihr, wenn nötig, unterordnen.[680]

---

674 Kuhlmann/Meyer (Devrim), 132 f.; umfassend zu den wesentlichen religiösen Pflichten der Muslime siehe im 3. Teil unter 3.3.2.3.

675 Heine/Heine, 35.

676 Schirrmacher/Spuler-Stegemann, 21.

677 Ortag, 15.

678 Ebd.

679 ZfT 1997, 15 f.

680 Ebd.

4.3.2.2 Die Erkenntnisquellen des Islam

Nach muslimischer Mehrheitsauffassung beruht der Islam auf vier maßgeblichen Rechtsquellen: Dem Koran[681], der Sunna[682], dem Idjma und der Qiyas. Gemeinsam bilden diese vier Quellen die Grundlage des islamischen Rechts, die Scharia. Die Muslime bezeichnen sie als Gesetz Allahs, das sich von der von Menschen entwickelten Rechtswissenschaft unterscheidet und die gesamte islamische Ordnung steuert.[683] Dabei beruhen die Vorgaben und Regelungen der Scharia auf der grundlegenden Vorstellung, dass das ganze Leben eines Muslims in all seinen Taten und in jedem einzelnen Moment von der Unterwerfung vor Allah und seinem Willen geprägt ist.[684] Zu den wichtigsten Teilen der Scharia gehören das Ehe- und Familienrecht, das Strafrecht und das Steuerrecht. Die Hinweise, die zum Strafverfahrensrecht enthalten sind, beschränken sich auf das Beweisrecht.[685] Die Scharia gilt als eine *„vollkommene Ordnung göttlicher Autorität"*, die für den Frieden jeder Gesellschaft sorgt. Da sie nach muslimischer Auffassung von Gott

---

681 Um die Worte des Koran wissenschaftlich anerkannt zu übertragen, wird im Folgenden die Übersetzung von Rudi Paret verwendet. Der Autor hat nach eigenen Angaben in die Übersetzung gewisse Hilfen für eine sachliche Rekonstruktion des Zusammenhangs eingebaut. Hierbei handelt es sich um gedankliche Übergänge und Ergänzungen, die durch Klammern als Zugabe des Übersetzers kenntlich gemacht wurden. Allerdings betont Paret selbst, dass es sich bei seinen eigenen Beiworten um fehlerhafte Interpretationen handeln könnte oder auch um Annahmen, die von anderen Verfassern abweichend gedeutet werden könnten. Die von ihm in den Zitaten verwendete Abkürzung „w." steht für eine wörtliche Übersetzung (vgl. Paret, 19 f., aus dem Vorwort zur Taschenbuchausgabe).

682 Die Sunna gibt die Handlungen und Aussprüche Mohammeds wieder. Die geschriebene Form der Sunna wird Hadith genannt, hierzu ausführlich im 3. Teil unter 3.3.2.2.2. Zu den wichtigsten Hadithsammlungen gehören unter anderem die Bücher von Sahih Al-Bukhari, Sahih Muslim, und Sunan Abu Dawud, www.alrahman.de/hadith-und-sunna/definition-hadith, abgerufen am 25.11.2010. Wie im Folgenden noch zu sehen sein wird, beziehen sich viele Wissenschaftler bei der Wiedergabe und der Auslegung der Worte und Taten Mohammeds auf diese, auf Arabisch verfassten, zentralen Sammelwerke. Da es bisher keine umfassende Übersetzung der Hadithliteratur ins Deutsche gibt, wurden vorliegend an einigen Stellen Sekundärzitate verwendet, die entsprechend kenntlich gemacht wurden.

683 Schröter 2007, 18.

684 Russo, 141.

685 Schröter 2007, 18.

selbst geschaffen wurde, ist sie nicht veränderbar und unkritisierbar, denn dies würde bedeuten, menschliche Erwägungen über Gottes Gesetz zu stellen.[686]

Die Scharia bildet die Richtschnur für alle Lebensbereiche des Menschen. Alle seine täglichen Handlungen werden nach ihren Regeln bewertet.[687] Allerdings ist die Scharia kein einheitlich in Rechtstexte gegossener allgemeinverbindlicher Korpus. Obwohl ihre fehlende Kodifikation zu einer gewissen Bandbreite der Auslegung der Aussagen der Scharia führen kann, darf hieraus nicht zwangsläufig geschlussfolgert werden, dass sie bloß eine verschwommene Grundform rechtlicher Regelungen ist, in die man alles hineininterpretieren beziehungsweise aus der man alles herauslesen kann.[688] So gibt es durchaus viele Stellen im Koran und der Hadithliteratur, die vergleichsweise eindeutig formulierte Anweisungen enthalten und hierdurch etwaige Auslegungsmöglichkeiten beschränken.[689] Gleichwohl darf nicht vergessen werden, dass ein Großteil des klassischen islamischen Rechts auf Deutungen und Schlussfolgerungen der Gelehrten beruht. Ohne ihre Auslegungen wären die zum Teil sehr knappen Bestimmungen gar nicht anwendbar. Die vielen mehrdeutigen Stellen im Koran und der Hadithe bieten Spielraum für unterschiedliche Interpretationen. Hierdurch entstehen verschiedene Auslegungsvarianten der Scharia, die für religiöse Kontroversen sorgen.

4.3.2.2.1 Der Koran

Der Koran ist die wichtigste Quelle des Islam. Muslime sehen in ihm das ewige und unveränderliche Wort Allahs, das den Menschen in arabischer Sprache mitgeteilt wurde.[690] Der Koran spricht selbst von seiner Eigenschaft als umfassende Offenbarung. So ist in Sure 16 Vers 89 zu lesen, dass er eine *„Erklärung aller Dinge"* sei.[691] Der Koran ist in Reimprosa verfasst und fast so umfangreich wie das Neue Testament. Er beinhaltet insgesamt 114 Suren, die in weitere Verse unterteilt sind.

---

686 Schirrmacher 2005, 8.

687 Heine/Heine, 35.

688 Schirrmacher/Spuler-Stegemann, 32.

689 Schirrmacher 2005, 11.

690 Schröter 2007, 20.

691 Schirrmacher/Spuler-Stegemann, 21.

Der Text des Korans wurde überwiegend aus Offenbarungen Gottes an den Propheten Mohammed zusammengestellt. Einzige Ausnahme ist die erste Sure, die den Koran mit einem Gebet eröffnet. Den Suren fehlt es im Allgemeinen an einer zeitlichen oder inhaltlichen Gliederung. Sie sind in der Regel nach dem „Prinzip der abnehmenden Länge" geordnet, sodass die Sure 2 die längste darstellt und die nachfolgenden Suren immer kürzer werden.[692]

4.3.2.2.2 Die Sunna

Die zweite Grundlage des Islam ist die Sunna. Diese umfasst nicht das Wort Gottes, sondern die mündliche Überlieferung des Lebens, der Worte und Entscheidungen Mohammeds. Die Niederschrift der Sunna - bestehend aus Textsammlungen in Form von Berichten und Erzählungen - wird Hadith genannt.[693] Die Muslime stellten die Hadithe zusammen, um sich später auf den Propheten zu berufen und hierdurch das Gerechte vom Ungerechten zu trennen.[694] Im Vergleich zum Koran ist die Sunna ein weitaus umfangreicherer Text. Sie ist in allen rechtlichen Aussagen für Muslime verbindlich und muss ebenfalls befolgt werden.[695] Das Verhältnis von Koran und Sunna kann als ein interpretatorisches bezeichnet werden, da in der Sunna viele Stellen des Koran, die mehrdeutig, allgemein und widersprüchlich formuliert sind, durch die fallbezogenen Interpretationen Mohammeds erläutert werden.[696] Allerdings sind auch Fälle bekannt, in denen beide Texttraditionen Themen unterschiedlich behandeln. In diesen Fällen können die Aussagen der Sunna entscheidend sein, was im Allgemeinen mit dem exegetischen Prinzip, wonach die spätere Anweisung die jüngere aufhebt, begründet wird.[697] Da Muslime der Auffassung sind, Gott habe den Propheten gesandt, um die Menschen durch seine Imitation zu einer gottgefälligen Lebensführung zu bewegen, bemühen sich die Gläubigen ihn in allem nachzuahmen. Somit ergibt sich der hohe Stellenwert

---

692 Zum Ganzen Ohlig, 29 f.

693 Schröter 2007, 26.

694 Mernissi 1989, 48.

695 Schirrmacher/Spuler-Stegemann, 21.

696 Schröter 2007, 26.

697 Schirrmacher/Spuler-Stegemann, 23; die Frage, welcher Text vorrangig Anwendung findet, wirkt sich insbesondere auf die Strafandrohung für den Ehebruch aus, siehe hierzu umfassend im 3. Teil unter 3.3.3.2.

der Sunna auch aus der Vorbildfunktion Mohammeds für die muslimische Gemeinschaft.[698]

4.3.2.2.3 Der Idjma

Als weitere Quelle des Islam ist der Idjma zu nennen. Hierbei handelt es sich um die übereinstimmende Auslegung des Korans durch die ausgebildete Gemeinde der muslimischen Welt, die sich auf einen Gegenstand des Glaubens oder auf die religiöse Übung bezieht.[699] Um der Auslegung nicht Tür und Tor zu öffnen, gelten in erster Linie die Abhandlungen maßgeblicher Theologen und Juristen frühislamischer Zeit als wegweisend bis in die Moderne.[700]

4.3.2.2.4 Die Qiyas

Die Qiyas - die letzte Grundlage des Islam - ist eine Methode, die die Rechtsprechung ursprünglich durch Analogieschlüsse zu Koran, Sunna und Idjma nutzte. Im Laufe der Zeit verselbstständigte und entwickelte sie sich zu einem kodifizierten Gewohnheitsrecht.[701] Ebenso wie der Idjma, wird die Qiyas nur in solchen Fällen hinzugezogen, in denen der Koran und die Sunna zur Lösung eines rechtlichen oder ethischen Problems nicht ausreichen.[702]

4.3.2.3 Die „Fünf Säulen" des Islam

Nach allgemeiner Auffassung gibt es im Islam „fünf Grundpfeiler", die die wesentlichen Pflichten des Muslims darstellen. Hierzu zählen das Glaubensbekenntnis („*sahada*"), der pflichtmäßige Gottesdienst („*salat*"), die Almosensteuer („*zakat*"), das Fasten im Monat Ramadan („*saum*") und die Pilgerfahrt („*hagg*").[703]

---

698 Schröter 2007, 27.

699 Straube, 198.

700 Schirrmacher 2005, 10.

701 Weische-Alexa, 56.

702 Heine/Heine, 35.

703 Hartmann, 80.

4.3.2.3.1 Das Glaubensbekenntnis

Die erste Pflicht jedes Muslims ist das Glaubensbekenntnis. Mit der arabischen Aussprache des Satzes: *„Ich bezeuge, dass es keinen Gott gibt, außer Gott. Ich bezeuge, dass Mohammed sein Prophet ist“* tritt eine Person in die Religion des Islam ein.[704] Formal so leicht, ist die Bekennung zum Islam nach muslimischer Ansicht der einzige Weg zu Gott, den ein Mensch in seinem Leben gehen kann. Für alle anderen Fälle erinnert der Koran immer wieder an das Endgericht und dessen Strafen, die es an die Ungläubigen verhängen wird.[705]

4.3.2.3.2 Der Gottesdienst

Ein volljähriger Muslim ist fünfmal am Tag zur Verrichtung des Gebets verpflichtet. Dabei sind die Zeiten für das Gebet genau festgelegt: Bei Tagesanbruch, am Mittag, am Nachmittag, bei Sonnenuntergang und in der Nacht.[706] Wegen des Erfordernisses der fünfmaligen Wiederholung zieht sich die Pflicht zum Gebet durch das gesamte Leben jedes Gläubigen und sorgt dafür, dass sich dieser gedanklich nie zu weit von seiner Beziehung zu Gott entfernt.[707] Die Ausübung des Gebets folgt strengen Regeln und ist bis in alle Einzelheiten vorgeschrieben. So müssen sich Muslime im Vorfeld waschen, ihre Blöße mit sauberer Kleidung bedecken, den Boden sauber halten, sich über die Gebetszeit vergewissern und Richtung Mekka beten.[708] Besondere Bedeutung hat das gemeinsame Freitagsgebet in der Moschee, zu dessen Teilnahme nur die Männer verpflichtet sind. Nachdem der Vorbeter dazu öffentlich aufruft, stellen sich die Muslime hinter ihm auf und folgen seinen Gebetshandlungen.[709] Sind ausnahmsweise auch Frauen anwesend, beten sie entweder hinter den Männern oder in einem separaten Raum der Moschee, damit die Männer nicht von ihrem Anblick abgelenkt werden.[710]

---

704 ZfT 1997, 33.

705 Ortag, 18.

706 ZfT 1997, 34.

707 Russo, 67.

708 Hartmann, 82.

709 ZfT 1997, 34.

710 Ebd.

4.3.2.3.3 Die Almosensteuer

Als dritte Pflicht hat der Muslim jährlich 2,5 % seines Vermögens aus Handel, Handwerk und Industrie beziehungsweise 10 % seines Gewinns aus Ernte und Viehbesitz abzugeben. Es handelt sich dabei um eine allgemeine Pflicht zur Wohltätigkeit aller Gläubigen - ausgenommen der Armen -, die ausdrücklich im Koran erwähnt wird und bei Befolgung den Weg ins Paradies erleichtern soll.[711] Die Unterstützung soll vor allem den Armen, den Bedürftigen, den Sklaven, den Schuldnern, dem Glaubenskrieg und den Reisenden zugutekommen.[712]

4.3.2.3.4 Das Fasten im Monat Ramadan

Die vierte Pflicht eines Muslims besteht in dem Fasten während des Monats Ramadan. In dem Fastenmonat Ramadan darf von Sonnenaufgang bis Sonnenuntergang nicht gegessen und getrunken werden. Ebenfalls müssen die Gläubigen auf andere menschliche Bedürfnisse verzichten.[713] Entsprechend wird der Ramadan als eine Zeit der Geduld, dessen Lohn das Paradies ist, verstanden.[714] Während jeder (geistig) gesunde Volljährige zum Fasten verpflichtet ist, sind alte Leute, Kranke, schwangere, menstruierende oder stillende Frauen, Reisende und Schwerarbeiter entschuldigt. Diese müssen das Fasten nachholen oder eine Sühne leisten.[715]

4.3.2.3.5 Die Pilgerfahrt

Nach Möglichkeit hat jeder Muslim als fünfte Pflicht einmal im seinem Leben nach Mekka zu pilgern, wo sich das zentrale Heiligtum seiner Religion - die Kaaba - befindet.[716] Hierbei handelt es sich um einen würfelartigen Bau, in dessen Ecke ein in Gold gefasster schwarzer Stein steckt, den Abraham von dem Erzengel Gabriel bekommen haben soll, als er den Auftrag erhielt, dieses „Haus der Anbetung" zu bauen.[717] Diese letzte Pflicht wird von vielen Muslimen sehr ernst ge-

---

711 ZfT 1997, 35.

712 Hartmann, 85 f.

713 Ortag, 21.

714 ZfT 1997, 35.

715 Hartmann, 87.

716 Ortag, 21.

717 ZfT 1997, 36.

nommen, die oftmals erst im fortgeschrittenen Alter die Gelegenheit dazu haben, die Kaaba zu umrunden. In dem Pilgermonat strömen sie aus aller Welt nach Mekka; zum Teil sind es Massen von 50.000 bis 100.000 Personen täglich.[718]

4.3.2.4 Der Islam im Alltag traditionell türkischer Familien

Bis zum Ende des Osmanischen Reichs galt die islamische Gesetzgebung (Scharia) in der Türkei. Obwohl im Jahre 1917 der Laizismus als Grundprinzip des Staates in der Verfassung festgeschrieben wurde, lebt die religiöse Tradition im Bewusstsein breiter Teile des Volkes fort.[719] Die starke Präsenz des Islam trifft vor allem auf die türkische Landbevölkerung zu, die als streng religiös charakterisiert wird.[720] Nach wie vor spielt der Glaube hier eine besonders wichtige Rolle im Leben und beeinflusst Denk- und Verhaltensweisen der Menschen.[721] Zu den von dem Islam geforderten alltäglichen Verhaltensregeln gehören etwa die Einhaltung verschiedener Bekleidungsvorschriften, die Beschneidung von Männern, der Verzicht auf Alkohol, Geld- und Wertzinsen sowie das Verbot, Schweinefleisch zu essen.[722]

Wie bereits angeführt wurde, kennt der Islam keine Trennung des religiösen Bereichs von dem des weltlichen. Somit herrscht eine starke Verflechtung von Religion und Alltag in der Türkei, wodurch das gesamte Leben eines gläubigen Muslims zu einem Gottesdienst wird.[723] Dies kommt vor allem im Rahmen der fünf wesentlichsten Pflichten eines Muslims zum Ausdruck, deren Erfüllung nicht nur seinen Tagesablauf, sondern das gesamte Leben einer strengen Disziplin unterwirft.[724] Für die Befolgung der gesetzlichen Bestimmungen des Korans im Alltag sorgen die Dorfangehörigen, die das Verhalten der Bewohner überwachen und demjenigen hohes Ansehen entgegenbringen, der sich durch die Einhaltung der Verhaltensregeln als gläubiger Muslim erweist.[725]

---

718 Ortag, 21.

719 Abdullah, 41.

720 Planck, 156.

721 ZfT 1997, 37.

722 Ebd.

723 Ortag, 26.

724 Mernissi 1989, 37.

725 Zemlin, 10.

Im Islam wird der „Orthopraxie" ein hoher Stellenwert beigemessen, die eine möglichst öffentliche und gemeinschaftliche Praktizierung der Religion vorsieht. Muslime leben ihren Glauben daher kollektiv und stärken hierdurch den Zusammenhalt innerhalb der religiösen Solidargruppe. Sie treffen sich regelmäßig in der Moschee zum gemeinsamen Gebet oder sie kommen im Fastenmonat Ramadan zusammen, um nach Sonnenuntergang miteinander zu speisen. In dieser Zeit gehen nachts Männergruppen mit Pauken durch das Dorf, um die Menschen zum Essen zu wecken und pochen so lange an der Tür, bis sie eine Reaktion erhalten. Neben dem Alltag werden auch lebensgeschichtliche Ereignisse wie Geburt, Beschneidung, Hochzeit und Tod von religiösen Handlungen der Glaubensgemeinschaft begleitet. Das Teilen von Freude, Entbehrungen und Leid schweißt die Gruppe zusammen und sorgt für eine Intensivierung der Bindungen. Weil die Solidargruppe der Gläubigen häufig identisch mit ihrer Verwandtschafts- und Nachbarschaftsgruppe ist, ist die öffentliche Kontrolle auch über die Einhaltung der islamischen Normen besonders stark. Umso schwieriger ist es für den Einzelnen, sich dem gemeinsamen Ritual zu entziehen. Dies wird unter keinen Umständen von der Glaubensgemeinschaft geduldet.[726]

Die in arabischer Sprache verfassten Originalschriften des Islam sind in ihren Inhalten als solche für den Laien kaum zugänglich. Daher sind die Gläubigen in erster Linie auf den arabischkundigen geschulten Theologen angewiesen, der ihnen die Auffassung der Religion zu unterschiedlichen Sachfragen übermitteln soll.[727] Aufgrund der Tatsache, dass sich die ausgebildeten Geistlichen oftmals nicht in der Reichweite der Familien in den ländlichen Gebieten der Türkei befinden, ist das religiöse Wissen vieler Muslime überwiegend auf das Aufsagen der arabischen Suren beschränkt, ohne ihren konkreten Inhalt zu verstehen.[728] Häufig werden die Hauptquellen des Islam vernachlässigt und die Menschen messen lokalen religiösen Traditionen oder den Interpretationen eines örtlich verehrten Geistlichen mehr Bedeutung bei. Eine mögliche Folge ist hierbei die unreflektierte Zurückführung alles

---

726 Zum Ganzen Straube, 200 ff.

727 Schirrmacher 2005, 11. Türkische Übersetzungen sind in der Regel auch nicht hilfreich, da sie sich an dem Wortlaut des Originaltextes orientieren, zum Teil unterschiedlich ausgelegt werden und missverständlich sein können.

728 Straube, 199 f.

Wirkens und Handelns auf die Originalschriften des Islam, wobei manche Praktiken sogar gegen den Schriftislam verstoßen können.[729]

4.3.2.5 Frauen im Islam

In vielen muslimischen Ländern werden Frauen unterdrückt und ihnen sind viele Rechte verwehrt.[730] Im folgenden Abschnitt gilt es herauszuarbeiten, wie der Islam das Wesen und die Rolle der Frau sieht und welche Auswirkungen diese Sichtweise auf ihre (Rechts-)Stellung hat. Dabei wird auf die Hauptquellen des Islam, also Koran und Überlieferung, zurückgegriffen. Es ist darauf hinzuweisen, dass eine eigene Analyse der einschlägigen Textstellen mangels sprachlicher Kenntnisse nicht möglich ist. Daher werden sich die Ausführungen im Wesentlichen darauf beschränken einige - zum Teil divergierende - Auffassungen auslegender Wissenschaftler zu den Themen, die für die vorliegende Arbeit von besonderer Relevanz sind, darzustellen.

4.3.2.5.1 Zum Bild der Frau im Islam

Bei der Auseinandersetzung mit dem Bild und Wesen der Frau im Islam, stößt man immer wieder auf die „Verteufelung" des weiblichen Geschlechts. Gewisse Passagen im Koran und viele Aussprüche Mohammeds und seiner Gefährten sollen einen wesentlichen Anteil an diesem verächtlichen Bild der Frau haben.[731] Der Grund für seine Entstehung wird mit einem besonderen historischen Ereignis in Verbindung gebracht. So berichtet Al-Afghani[732], Abu Bekr[733] habe sich plötzlich in dem Moment als Aisha[734] die „Kamelschlacht" gegen Ali verlor - die die Zweiteilung der muslimischen Welt in eine sunnitische und schiitische Richtung einleitete - an den Ausspruch Mohammeds erinnert: *„Niemals wird das Volk zu Wohlstand gelangen, das seine Geschäfte einer Frau anvertraut"*. Am Beispiel der Niederlage Aishas soll die Ertei-

---

729 ZfT 1997, 23 f.

730 Zu Stellung und Aufgaben der Frau nach traditionell türkischem Verständnis siehe bereits im 3. Teil unter 3.2.3 f.

731 Heller/Mosbahi, 83.

732 Al-Afghani gilt als einer der bedeutendsten muslimischen Historiker, www.eslam.de/begriffe/a/afghani.htm, abgerufen am 25.11.2010.

733 Abu Bekr war der erste Kalif nach dem Tod Mohammeds, www.eslam.de/begriffe/a/abu_ bakr.htm, abgerufen am 25.11.2010.

734 Aisha ist bekannt als Lieblingsfrau Mohammeds, vgl. Heine/Heine, 32.

lung einer unvergesslichen Lehre Allahs im Hinblick auf die Fähigkeiten einer Frau deutlich geworden sein *„Man sollte glauben, dass Allah die Frauen zur Fortpflanzung des Geschlechts, zur Erziehung der Generationen und zur Führung der Haushalte schuf"*. Indem von dem Fall Aishas auf alle anderen Frauen geschlossen wurde, sollen Millionen Bürgerinnen in die Häuser gedrängt worden sein und ihre politischen Rechte hierdurch verloren haben.[735]

Hinzu kamen Ausführungen der islamischen, von Imam Al-Ghazali[736] beeinflussten, Theorie zur Sexualität der Frau. Diese wurde als die Verführerin des Mannes verstanden, die stets beharrlich danach bestrebt ist, den Mann auf Abwege zu führen und ihn von seinen eigentlichen Pflichten abzulenken.[737] Somit verband der Islam mit der Frau ein verschmutzendes Wesen, das eine störende Wirkung auf die männliche Beziehung zu Gott hatte.[738] Der ansonsten als rational orientiert und intellektuell überlegen betrachtete Mann galt den Verführungen der Frau ausgeliefert und durch den Verlust seiner Selbstkontrolle nicht mehr in der Lage, ihrer Macht zu widerstehen.[739] Aus dem Zusammenspiel dieser Faktoren entwickelte sich die Auffassung von der „gefährlichen weiblichen Anziehungskraft" verbunden mit dem *Fitne*[740]-stiftenden Wesen der Frau.[741] Die Männer bekamen Angst vor einer aktiven weiblichen Sexualität[742] und legten es in den Verantwortungsbereich der Frauen, sich in der Gesellschaft korrekt zu benehmen, ohne dem Mann – das passive Opfer – einen Anlass für ein Fehlverhalten zu bieten. Hierzu sollten Frauen sich vorwiegend im Haus aufhalten und sich durch entsprechende Vorkehrungen „unsichtbar" machen, wenn sie diesen Bereich in dringenden Fällen doch verlassen mussten.[743] Da aber der Fähigkeit der Frau zur Selbstdisziplin nicht vertraut und ihr

---

735 Zum Ganzen Said Al-Afghani, zitiert nach Mernissi 1989, 14, 78.

736 Al-Ghazali war ein bedeutender islamischer Mystiker und vertrat eine sehr tiefreligiöse Theorie der Liebe, www.eslam.de/begriffe/g/ghazzali_ahmad.htm, abgerufen am 25.11.2010.

737 Heller/Mosbahi, 69.

738 Mernissi 1975, 1 ff.

739 Schirrmacher/Spuler-Stegemann, 163.

740 Dieser Begriff stammt aus der arabischen Sprache und meint etwa gesellschaftliche Unordnung oder Chaos.

741 Küper-Basgöl, 51.

742 Mernissi 1975, 11 ff.

743 Schirrmacher/Spuler-Stegemann, 69.

dahingehender Wille sowie ihr Urteilsvermögen als unzureichend erklärt wurden, entstand daneben die Idee des Erfordernisses, das weibliche Verhalten kontrollieren zu müssen und in klar vorgezeichnete Bahnen zu lenken.[744] Somit wurde es zur Aufgabe der Männer, das weibliche Geschlecht unter ihren Schutz und ihre Kontrolle zu nehmen, was sie von seinem Wesen her als listig, untreu veranlagt und als rebellisch ansahen.[745]

Diese anerkannte Vorstellung von der größeren sexuellen Gier und Macht der Frau im Vergleich zum Mann wird durch die islamische Darstellung der Frau als ein Wesen, das hohen – in seiner Natur begründeten – emotionalen Schwankungen unterworfen ist, ergänzt.[746] Dabei geht man davon aus, Frauen seien vor allem während ihrer Menstruation, der Zeit der Schwangerschaft, nach einer Geburt im Wochenbett oder auch nach einem Trauerfall in sehr starkem emotionalem Aufruhr. Sie seien dann gefühlsmäßig so sehr außer Kontrolle, dass sie keine sachlich verlässlichen Angaben machen könnten.[747] Darüber hinaus wird der Frau Minderwertigkeit vor Gott, mangelhafte Intelligenz und Religionsausübung zugeschrieben, was vor allem aus dem bekannten Ausspruch Mohammeds abgeleitet wird[748]:

> „O ihr Frauen! Gebt Almosen, denn ich habe erkannt, dass die Mehrzahl der Höllenbewohner ihr (Frauen) seid." Die Frauen fragten: ‚Warum ist das der Fall, O Gesandter Gottes?' Er antwortete: ‚Ihr sprecht häufig Verwünschungen aus, und ihr seid undankbar gegen eure Ehemänner. Ich kenne niemand, der von seiner Intelligenz her und seiner Religionsausübung noch unzulänglicher wäre als ihr. Eine Frau kann einen bedächtigen, empfindsamen Mann leicht auf Abwege führen.' Die Frauen fragten: ‚O Gesandter Gottes! Warum ist unsere Intelligenz und Religionsausübung so unzulänglich?' Er antwortete: ‚Liegt nicht der Beweis darin, dass das Zeugnis zweier Frauen das eines Mannes aufwiegt?' Sie bejahten. Er sprach: ‚Darin wird euer Mangel an Intelligenz deutlich. Und stimmt es etwa nicht: Eine

---

744 Schirrmacher/Spuler-Stegemann, 164.

745 Ebd.

746 Schirrmacher/Spuler-Stegemann, 162 unter Berufung auf die Ausführung des iranischen Theologen Murtada Mutahhari.

747 Ebd.

748 Schirrmacher/Spuler-Stegemann, 67.

Frau kann während ihrer Menstruation weder beten noch fasten?' Die Frauen bejahten. Er fuhr fort: ,Daraus wird eure unzulängliche Religionsausübung sichtbar'".[749]

Neben diesen, die Frauen radikal abwertenden, Aussagen sind aber auch einige positive Überlieferungen und Koranstellen über das weibliche Geschlecht bekannt.[750] So soll Mohammed zum Beispiel gesagt haben:

> „Die ganze Welt ist eine erfreuliche Einrichtung, das erfreulichste in ihr aber ist eine rechtschaffene Frau".[751]

Diese positive Haltung des Islam den Frauen gegenüber soll im Wesentlichen auf persönlichen Erlebnissen des Propheten mit seiner Mutter Amina, seiner Amme Halima und seiner favorisierten Ehefrau Aisha beruhen.[752] So zitieren Heller/Mosbahi aus der Traditionssammlung Al-Bukharis etwa folgende Aussage Mohammeds:

> „Wer an Gott und den Tag des Jüngsten Gerichts glaubt, fügt seinem Nächsten keinen Schaden zu und behandelt die Frauen fürsorglich und liebevoll".[753]

Ähnlich heißt es bei Al-Ghazali:

> „Drei Dinge von eurer Welt wurden mir liebenswert gemacht: die Frauen, die Wohlgerüche und das Gebet".[754]

Es gibt also unterschiedlich lautende und teils widersprüchliche Texte zur Frau im Islam. Dies wird besonders am Beispiel Aishas deutlich,

---

749 Sahih Al-Bukhari, zitiert nach Schirrmacher/Spuler-Stegemann, 67.

750 Heine/Heine, 27.

751 So Heine/Heine, 27, aber ohne Berufung auf eine bestimmte Hadithquelle.

752 Heller/Mosbahi, 83.

753 Sahih Al-Bukhari, zitiert nach Heller/Mosbahi, 83.

754 Al-Ghazali, zitiert nach Heller/Mosbahi, 83.

die im Leben des Propheten eine bevorzugte Position einnahm, aber seit ihrer militärischen Niederlage bei Uhud gleichzeitig das „Schlechte“ in der Frau verkörpern soll. Nach Heller/Mosbahi ist dieses *„doppelte Bild der Frau“* einerseits aus der doppelten Rolle Mohammeds als Gesetzgeber und als Privatmann und andererseits aus der ganz unterschiedlichen Stellung, die der Islam der Frau als Geschlechtswesen, als Glaubensgenossin oder als Mitglied der Gesellschaft zugesteht, zu erklären.[755] Da sich aber die meisten schriftlichen Überlieferungen mit der Stellung der Frau als Geschlechtswesen befassen, rückte das negative Bild der Frau immer mehr in den Vordergrund.[756] Deshalb erscheint es auch wenig verwunderlich, wenn Frauen in muslimischen Gesellschaften in erster Linie mit Eigenschaften wie Minderwertigkeit, Gefährlichkeit sowie einer gewissen Unreinheit verbunden und in den häuslichen Bereich zurückgedrängt werden.

4.3.2.5.2 (Rechts-)Stellung der Frau im Islam

4.3.2.5.2.1 Die Gleichheit der Geschlechter vor Gott

Ungeachtet der negativen Äußerungen zum Wesen der Frau, befürwortet der Koran jedenfalls die Gleichstellung der Geschlechter in Bezug auf den Glauben und der Belohnung mit dem Paradies.[757] Zur Begründung dient Sure 33 Vers 35-36, die besagt:

> „Was muslimische Männer und Frauen sind, Männer und Frauen, die gläubig, die (Gott) demütig ergeben, die wahrhaftig, die geduldig, die bescheiden sind, die Almosen geben, die fasten, die darauf achten, daß ihre Scham bedeckt ist, (oder: die sich des (unerlaubten) Geschlechtsverkehrs enthalten(?), w. die ihre Scham bewahren) und die Gottes ohne Unterlaß (w. viel) gedenken, - für sie (alle) hat Gott Vergebung und gewaltigen Lohn bereit. Und weder ein gläubiger Mann noch eine gläubige Frau dürfen, wenn Gott und sein Gesandter eine Angelegenheit (die sie betrifft) entschieden haben, in (dieser) ihrer Angelegenheit (frei) wählen. Wer gegen Gott und seinen Gesandten wi-

755 Heller/Mosbahi, 86.

756 Heine/Heine, 32.

757 Weise-Alexa, 52.

> derspenstig ist, ist (damit vom rechten Weg) offensichtlich abgeirrt".[758]

Aus dieser Passage wird ersichtlich, dass Männer und Frauen dieselben religiösen Pflichten zu erfüllen haben. Bei einer gottgefälligen Lebensführung steht ihnen die Tür zum Paradies gleichermaßen offen und Gott wird ihnen für ihre guten Taten Gutes verheißen. Mann wie Frau müssen sich dem göttlichen Willen unterwerfen. Andernfalls gilt für beide, dass sie sich auf dem falschen Weg befinden.[759]

Einen weiteren Anhaltspunkt für die Gleichrangigkeit der Geschlechter vor Allah bietet der Schöpfungsbericht, der von einer gleichwertigen Erschaffung von Mann und Frau spricht.[760] In Sure 4 Vers 1 heißt es hierzu:

> „Ihr Menschen! Fürchtet euren Herrn, der euch aus einem einzigen Wesen (d.h. aus dem ersten Menschen, nämlich Adam) geschaffen hat, und aus ihm das ihm entsprechende andere Wesen, und der aus ihnen beiden viele Männer und Frauen hat (hervorgehen und) sich (über die Erde) ausbreiten lassen! (...)".[761]

4.3.2.5.2.2 Das Ehe- und Familienrecht

Allerdings begründen Koran und islamische Überlieferung an anderen Stellen eine eindeutige Überordnung des Mannes über die Frau und eine rechtliche Benachteiligung des weiblichen Geschlechts. Wie sich die Unterschiede zwischen den Geschlechtern im Islam gestalten, wird am ehesten an den Bestimmungen der Scharia zum Ehe- und Familienrecht deutlich. Bevor diese näher untersucht werden, soll jedoch nicht unerwähnt bleiben, dass es auch Fachleute gibt, die in dem Islam eine entscheidende Besserstellung der Frau im Vergleich zur vorislamischen Zeit sehen. Der Islam-Experte Abdullah definiert den Islam sogar als ein großes Reformwerk, welches dazu geeignet gewesen sei, die

---

758 Nach Paret, 33:35-36, 745.

759 Vgl. Schirrmacher/Spuler-Stegemann, 65 unter Berufung auf die Auslegung der muslimischen Apologetik.

760 Ebd.

761 Nach Paret, 1:4, 208.

Frau vollständig von der Bevormundung des Mannes zu befreien. Dieses von Mohammed begonnene Werk sei jedoch nicht von seinen Nachfolgern vollendet worden.[762] Da die nähere Behandlung dieser Frage über den Rahmen des Themas der vorliegenden Arbeit hinausgeht, sollen nur einige Beispiele wiedergegeben werden, die in diesem Zusammenhang angeführt werden. So wird dargelegt, der Islam habe etwa für die Abschaffung des Mädchenmordes gesorgt. Ebenso habe der Brauch der so genannten Leviratsehe - Frauen wurden beim Tod ihres Ehemannes als Teil der Erbmasse angesehen und an seine Verwandten weiter vererbt[763] - mit der Einführung des Islam sein Ende gefunden. Ferner habe der Islam den Missbrauch von Frauen verboten und es abgelehnt, sie als Unterhaltungsobjekt der Männer auszunutzen. Schließlich habe der Islam Frauen erstmals das Recht auf Eigentum und Erbe zugestanden.[764]

Bei der Frage, woraus sich die allgemeine Unterordnung der Frau im Koran ergibt, wird folgender Vers zitiert:

> „Die Männer stehen über den Frauen, weil Gott sie (von Natur vor diesen) ausgezeichnet hat und wegen der Ausgaben, die sie von ihrem Vermögen gemacht haben".[765]

Die Überlegenheit des Mannes wird häufig traditionell gedeutet. So heißt es in einer Auslegung: *„Männer und Frauen haben nicht denselben Wert"*[766] oder der Vers wird mit den Worten *„Männer sind Frauen überlegen, und ein Mann ist besser als eine Frau"*[767] erläutert.

Sure 4 Vers 34 bestimmt zudem die Pflicht der Frau, dem Mann *„demütig ergeben"* oder *„gehorsam"* zu sein.[768] Hierbei werden zwei Schwerpunkte des männlichen Gehorsamsrechts unterschieden. Zum einen wird daraus abgeleitet, der Mann sei dazu berechtigt, seiner Frau all-

---

762 Abdullah, 38, 32.

763 Schröter 2007, 87.

764 Rassoul, 27.

765 Nach Paret, 4:34, 217.

766 Schirrmacher 2005, 14 unter Berufung auf die Aussagen der muslimischen Theologen P. Newton/M. Rafiqul Haqq.

767 Ebd., die Autorin bezieht sich hierbei auf die Darstellungen des berühmten Koranauslegers Ibn Kathir.

768 Nach Paret, 4:34, 217.

gemeine Anweisungen zu erteilen und deren Befolgung zu erwarten. Dies soll insbesondere bei Entscheidungen gelten, die den außerhäuslichen Bereich betreffen. Zum anderen wird der Gehorsam der Frau auf den Bereich der Sexualität bezogen, da der Mann mit Abschluss des Ehevertrages das „Recht" auf die Nutzung des Körpers seiner Frau erlange und dieses ausüben könne, wann immer er wolle.[769] Denn mit der Heirat und der Zahlung des Brautpreises soll der Mann das Recht auf Zugang zum „Schatz" erworben haben, da er den Geschlechtsbereich der Frau kaufe, während die Frau von nun an nur noch als Wächterin des „Schatzes" der Familie fungiere.[770]

Welche Aufgabe die Frau im Rahmen der Sexualität zu erfüllen hat, soll vor allem in Sure 2 Vers 223 zur Sprache kommen, die als Grundlage für die sexuelle Beziehung der Geschlechter herangezogen wird. Hier heißt es:

> „Eure Frauen sind euch ein Saatfeld. Geht zu (diesem) eurem Saatfeld, wo immer ihr wollt!"[771]

Die Frau als „Saatfeld" habe dem Ehemann vergleichbar mit einem Landwirt oder Landbesitzer immer sexuell zur Verfügung zu stehen. Hiervon ausgenommen seien die Phasen ihrer rituellen Unreinheit,[772] also während der Menstruation und dem Wochenbett, einiger Riten der Pilgerfahrt und bis zum Sonnenuntergang im Fastenmonat Ramadan.[773] Eine Weigerung der Frau stellt nach muslimischer Ansicht eine Verletzung ihrer ehelichen Pflichten dar. Für diesen Fall sind Strafen im Diesseits und Jenseits anerkannt.[774] Ihre Argumentation stützt Schröter auf die Aussage Mohammeds:

---

769 So Schirrmacher/Spuler-Stegemann, 104.

770 Vgl. Schröter 2007, 58.

771 Nach Paret, 2:223, 150.

772 Schröter 2007, 61.

773 Schirrmacher/Spuler-Stegemann, 104.

774 Schröter 2007, 61.

„Wenn ein Mann seine Frau auffordert, zu ihm ins Bett zu kommen, sie sich aber weigert, so werden die Engel sie bis zum Morgengrauen verfluchen".[775]

Andere Gelehrte übersetzen Sure 2 Vers 223 anstatt mit „wo" mit *„wie immer ihr wollt"* und sehen hierin „lediglich" das Recht des Mannes, über die Stellung beim Geschlechtsverkehr zu bestimmen.[776] Einigkeit besteht aber insoweit, als dass sich die Grenzen der Gehorsamspflicht der Frau dort finden, wo die Forderungen des Mannes im Widerspruch zu den Worten Allahs stehen, die Frau von der Erfüllung ihrer religiösen Pflichten abhalten oder sie zur Unmoral hinreißen lassen.[777] So soll Mohammed offenbart haben:

„Gehorsam ist nur im guten Sinne".[778]

Diese grundlegende Über- und Unterordnung in dem Verhältnis zwischen Mann und Frau zieht sich durch die gesamten Regelungen des islamischen Ehe-, Scheidungs- und Kindschaftssorgerechts.[779] Daher sollen nachfolgend einige Stellen aus Koran und Sunna aufgegriffen werden, worin sich die Vorrangstellung des Mannes manifestiert.

Obwohl der Koran die Heirat für beide Geschlechter gleichermaßen vorsieht, indem er normiert: *„Und verheiratet diejenigen von euch, die (noch) ledig sind (...)"*[780], kommt die Unterordnung der Frau bereits bei der Eheschließung zum Tragen und drückt sich in Form ihrer Pflicht zur Passivität aus.[781] Hintergrund dieser Logik ist das im Islam herrschende Verständnis von der Ehe als ein zivilrechtlicher Vertrag, der zwischen dem Ehemann und dem Vormund der Frau abgeschlossen wird. Denn während ein muslimischer Junge nach der Scharia spätestens im Alter von 18 Jahren volljährig und damit geschäftsfähig wird, sieht das islamische System für die Frau eine lebenslange Vormund-

---

775 Sahih Al-Bukhari, zitiert nach Schröter 2007, 61.

776 So etwa Rassoul, 121.

777 Vgl. Schirrmacher/Spuler-Stegemann, 106.

778 Sahih Al-Bukhari, zitiert nach Rassoul, 120.

779 Schirrmacher 2005, 15.

780 Nach Paret, 24:32, 632.

781 Schröter 2007, 65.

schaft vor.[782] Passivität der Frau bedeutet in diesen Fällen nicht nur das Fehlen eines Mitspracherechtes im Hinblick auf die Wahl des Ehegatten. Oftmals ist sie überdies nicht einmal bei den Vertragsverhandlungen anwesend und kann daher auch nicht an der Höhe der von dem Bräutigam zu zahlenden Brautgabe mitwirken.[783] Diese Aufgabe übernehmen vielmehr der Vater, Bruder oder andere männliche Familienmitglieder der Frau.[784] Zwar empfiehlt das islamische Recht, die an dem Heiratskontrakt unbeteiligte Braut zu befragen, ob sie mit der Eheschließung einverstanden ist, allerdings wird auch das Schweigen der Frau als eine Zustimmung interpretiert.[785]

Ferner gibt es im Islam Anhaltspunkte, die es dem muslimischen Mann erlauben, mehr als nur eine Frau zu heiraten, wohingegen dies für die Frau nicht zulässig ist. In vielen muslimischen Ländern - bis auf Tunesien und die Türkei - ist die Polygamie daher legal und wird nach wie vor praktiziert.[786] Die Mehrehe fußt auf dem Koran in Sure 4 Vers 3, hier heißt es:

> „Und wenn ihr fürchtet, in Sachen der (eurer Obhut anvertrauten weiblichen) Waisen nicht recht zu tun, dann heiratet, was euch an Frauen gut ansteht (?) (oder: beliebt?), (ein jeder) zwei, drei oder vier. Wenn ihr aber fürchtet, (so viele) nicht gerecht zu (be)handeln, dann (nur) eine, oder was ihr (an Sklavinnen) besitzt! So könnt ihr am ehesten vermeiden, unrecht zu tun".[787]

Danach darf ein muslimischer Mann also bis zu vier Frauen und eine unbegrenzte Anzahl an Sklavinnen heiraten. Da sich der Wortlaut am Beginn des Verses auf die Waisen bezieht, kam die Argumentation auf, diese Regelung beziehe sich nur darauf, Frauen zu heiraten, deren Männer gestorben seien. Dies wurde vor allem darauf gestützt, dass der Hintergrund dieser Offenbarung die historische Schlacht von Uhud gewesen sei, die den Tod vieler muslimischer Männer nach sich gezogen hatte. Der hierdurch entstandene Frauenüberschuss habe die

---

782 Ebd.

783 Schirrmacher 2005, 17.

784 Heine/Heine, 38.

785 Ebd.

786 Schröter 2007, 67.

787 Nach Paret, 4:3, 208 f.

Versorgung mehrerer Frauen durch einen Mann und damit die Polygamie notwendig gemacht.[788] Von anderer Seite wird betont, der Koran habe mit der Einführung der Polygamie vor allem die Fälle der unfruchtbaren Ehefrauen berücksichtigen wollen. In diesen Fällen sei die Mehrehe eine günstige und barmherzige Lösung für alle Beteiligten. Denn während die zweite Ehe dem Mann eine Chance gebe, Kinder zu bekommen, könne die erste Frau ihren Mann und all ihre Rechte behalten. Vorteilhaft sei die Mehrehe auch für solche Paare, in denen eine Frau das sexuelle Verlangen ihres Mannes wegen Krankheit oder der regelmäßigen Zeiten der Unreinheit nicht erwidern könne. Eine gesetzesmäßige Heirat mit einer weiteren Frau könne nicht nur die Wahrung der Rechte der Erstfrau gewährleisten, sondern den Mann zugleich von der mit harten Strafen bedrohten Unzucht abhalten.[789]

Die Polygamie ist ein Brauch heidnischer Stämme in Arabien und wurde bereits in vorislamischer Zeit praktiziert. Indem der Koran die Polygamie unter die Bedingung der Gerechtigkeit stellte, wurde die Ausübung der Mehrehe erstmals Regeln unterworfen und begrenzt. Da das Allah-Gesetz das Gebot der Gleichbehandlung der Frauen aber nicht definiert, bleibt offen, ob damit eine ökonomische, emotionale oder sexuelle Gleichberechtigung gemeint ist und welche Rechtsmittel den Frauen bei ihrem Ausbleiben zur Verfügung stehen.[790]

Eine Gegenstimme behauptet, der Islam lehne die Mehrehe vollständig ab, was mit der Unmöglichkeit einer Gleichbehandlung - zumindest aus emotionaler Sicht - begründet wird. Dieses Problem benenne der Koran selbst und spreche sich hierdurch indirekt für die Monogamie aus.[791] Diese Argumentation wird von Ortag auf Sure 4 Vers 129 gestützt, wo es heißt:

---

788 Vgl. Heine/Heine, 41; darauf eingehend auch Küper-Basgöl ,47, die diese These jedoch für unglaubwürdig hält und sich zur Begründung auf den geringen Anteil der Witwen unter den insgesamt 12 Frauen Mohammeds bezieht und auch darauf hinweist, dass sein Adoptivsohn Zaid seine Frau verstoßen habe, um sie dem Propheten selbst zu überlassen und seine Favoritin Aisha erst neun Jahre alt gewesen sei, als Mohammed sie zur Frau genommen habe.

789 So etwa Al-Qaradawi, 165.

790 Zum Ganzen Schröter 2007, 66.

791 Vgl. hierzu Ortag, 27.

> „Und ihr werdet die Frauen (die ihr zu gleicher Zeit als Ehefrauen habt) nicht (wirklich) gerecht behandeln können, ihr mögt noch so sehr darauf aus sein".[792]

Unter den Ungleichheiten des Eherechts ist auch der so genannte „Züchtigungsvers" zu nennen:

> „Und wenn ihr fürchtet, daß (irgendwelche) Frauen sich auflehnen, dann vermahnt sie, meidet sie im Ehebett und schlagt sie! Wenn sie euch (daraufhin wieder) gehorchen, dann unternehmt (weiter) nichts gegen sie! Gott ist erhaben und groß".[793]

Diese Passage verdeutlicht, dass das Recht des Mannes auf Gehorsam seiner Ehefrau nicht bloß als „letztes Wort" in einem Familienkonflikt verstanden werden kann. Vielmehr handelt es sich hierbei um ein Erziehungsrecht des Mannes, worauf er zurückgreifen darf, wenn seine Frau seine Anweisungen nicht befolgt.[794] Von diesem Koranvers ausgehend, wird eine dreistufige Maßregelung der Frau durch ihren Ehemann festgelegt, die (bereits) bei einer Vorausahnung ihrer „Auflehnung" greife und erst nach der erfolglosen Ermahnung und sexuellen Vernachlässigung der Frau ihre Züchtigung vorsehe.[795] Dass der Versuch, den Vers alternativ auszulegen und das Recht auf Schlagen der Ehefrau in den Hintergrund zu drängen, sich nicht durchsetzen konnte, wird vor allem mit der Verwendung des arabischen Begriffs *„daraba"* im Koran begründet, welches kaum eine andere Bedeutung als das Schlagen hergebe.[796] Allerdings belegen zahlreiche Stellen in der Überlieferung auch die Ablehnung der Gewalt an Frauen durch Mohammed.[797] So heißt es:

> „Der Prophet beharrte auf seiner Meinung, dass man die Frauen nicht schlagen dürfe. Die Männer kamen jedoch zu ihm, um

[792] Nach Paret, 4:129, 239.

[793] Nach Paret, 4:34, 217.

[794] Schirrmacher/Spuler-Stegemann, 107.

[795] Schirrmacher/Spuler-Stegemann, 108.

[796] Ebd.

[797] Mernissi 1989, 211.

> sich über die Frauen zu beklagen. Da gestattete er es ihnen, indem er aber zugleich sagte: ‚Ich ertrage es nicht, einen Mann zu sehen, der außer sich vor Wut seine Frau schlägt'".[798]

Diese Haltung Mohammeds war wahrscheinlich auch der Grund für den Versuch, das Maß der Gewalt zu beschränken. Die Vertreter dieser Richtung betonen, eine Frau dürfe niemals heftig oder ins Gesicht geschlagen werden. Ferner habe die Züchtigung ohne Entwürdigungen und Verletzungen zu erfolgen. Hinterließe sie dennoch Spuren am Körper der Frau, würde der Mann nach den meisten Rechtsschulen dafür haftbar gemacht werden.[799]

Koran und Überlieferung gestehen dem Mann auch bei einer Scheidung größere Rechte zu.[800] So ist die Vollziehung der Scheidung für einen Mann erheblich einfacher als für eine Frau. Will ein Mann seine Ehe auflösen, kann er dies in Form der Verstoßung *(„talaq")* tun, wozu er weder einen Richter, irgendeine Begründung oder Rechtfertigung noch die Anwesenheit der Frau braucht.[801] Der Mann kann grundsätzlich zwischen der widerruflichen und der unwiderruflichen Scheidung wählen. Für die widerrufliche Auflösung der Ehe muss er die Scheidungsformel *„Ich verstoße dich"* ein- oder zweimal aussprechen. Hierdurch versetzt er seine Frau in eine Art Schwebezustand, der – je nachdem, wofür sich der Mann entscheidet – mit der endgültigen Scheidung oder mit der Fortsetzung der Ehe enden kann. Daher gilt die widerrufliche Scheidung als eine erzieherische Warnung oder eine Art „Drohung", die der Frau die Bereitschaft des Mannes zu ihrer Verstoßung signalisieren soll. Die endgültige Eheauflösung erreicht der Mann durch das dreimalige Wiederholen der Scheidungsformel.[802] Die einzige Regel, die er dabei beachten muss, ist es die Formel jeweils in einem Abstand von 4 Wochen und in einer Zeit auszusprechen, in der die Frau nicht menstruiert.[803] Bis zur Verbindlichkeit der Scheidung muss die Frau in dem Hause des Mannes bleiben. In dieser Zeit soll er sich darüber bewusst werden, ob er seine Frau zurückholen will, wobei

---

798 Nach Mernissi 1989, 211, ohne eine bestimmte Hadithquelle zu benennen.

799 Rassoul, 302; ähnlich auch Al-Qaradawi, 174.

800 Dies findet im türkischen Familienrecht jedoch keine Grundlage.

801 Walther, 215.

802 Zum Ganzen Schirrmacher/Spuler-Stegemann, 126, 128 f.

803 Walther, 215.

die Gegenwart der Frau ihm die Entscheidung erleichtern soll.[804] Fällt diese zugunsten der Ehe aus, kann der Mann seine Frau auch gegen ihren Willen wieder zurücknehmen, was in Sure 2 Vers 228 geregelt ist. Andernfalls muss sie sein Haus verlassen und in ihre Herkunftsfamilie zurückkehren.[805] Dagegen haben Frauen, die eine Scheidung aus eigener Initiative herbeiführen wollen, größere Hürden zu überwinden. Denn ihnen steht es nicht zu, eine Scheidung selbst auszusprechen oder sie rechtskräftig zu machen. Vielmehr muss die Frau einen Gerichtsprozess *(„tafriq")* anstrengen, stichhaltige Gründe für ihr Begehren vorbringen sowie das Fehlverhalten des Mannes durch Beweise belegen.[806] Generell hat die Frau nur das Recht, vom Richter Scheidung zu verlangen, wenn sie nachweisen kann, dass ihr Mann zum Unterhalt nicht in der Lage, längere Zeit abwesend, inhaftiert, geistesgestört oder impotent ist, sie vernachlässigt oder misshandelt oder sein Aufenthaltsort unbekannt ist.[807] Daneben steht der Frau das Recht zur Erwirkung der Scheidung im Wege des „Selbstloskaufs" zu. Hierbei handelt es sich um eine Übereinkunft beider Ehepartner, in der sie die Verstoßung der Frau durch den Mann gegen die Zahlung eines Entgeltes vereinbaren. Doch auch in diesem Fall ist die Frau auf die Kooperation des Ehemannes angewiesen, der über die Höhe der Geldsumme bestimmt und damit die entscheidenden Bedingungen für ihre Freiheit setzt.[808] Ist die Scheidung vollzogen, erhält der Vater nach den Bestimmungen der Scharia das alleinige Sorgerecht für die Kinder. Sind die Kinder noch klein, kann die Personensorge der Söhne bis zum 7. Lebensjahr und die der Töchter bis zur Pubertät auf die Mutter übertragen werden.[809] Nach Abschluss dieser Phase gehen die Kinder automatisch in die Mannesfamilie über. Wenn die Frau wieder heiratet, findet die Übergabe der Kinder unmittelbar im Anschluss an ihre Eheschließung statt.[810] Beide Geschlechter sollen die Scheidung jedoch als letztes Mittel in Erwägung ziehen. Erst dann, wenn die Schwierigkeiten nicht anders als durch eine Trennung der Gatten gelöst werden können – worunter eine unvermeidliche Zwangslage verstanden wird –, soll die

---

804 Al-Qaradawi, 183.

805 Walther, 215.

806 Hierzu ausführlich Schirrmacher/Spuler-Stegemann, 136 ff.

807 Ebd.

808 Schirrmacher/Spuler-Stegemann, 152 f.

809 Walther, 215.

810 Ebd.

Ehe nach den Regelungen der Scharia beendet werden.[811] Dies führt Al-Qaradawi auf eine Offenbarung Mohammeds zurück, die lautet:

> „Unter den erlaubten Dingen ist die Scheidung Allah am meisten verhaßt".[812]

Ferner hat die Frau Benachteiligungen im Erbrecht hinzunehmen, was sich etwa aus Sure 4 Vers 11 ergibt, die besagt:

> „Auf eines männlichen Geschlechts kommt (bei der Erbteilung) gleichviel wie auf zwei weiblichen Geschlechts".[813]

Diese und auch weitere andere Verse bestimmen in ihrer Summe, dass eine Frau stets die Hälfte von dem, was ein männliches Familienmitglied an ihrer Stelle erben würde, erhält. Sie werden zum einen mit dem Argument ihres revolutionären Charakters verteidigt, da in der beduinischen Gesellschaft der Arabischen Halbinsel Frauen vom Erbe komplett ausgeschlossen gewesen seien.[814] Zum anderen wird angeführt, die Bestimmung entspreche gesellschaftlichen Erfordernissen, wonach ein Mann stets für andere Familienmitglieder finanziell aufkommen müsse, wohingegen die Frau sowohl als ledige als auch als verheiratete Person unterhaltsberechtigt sei.[815]

4.3.2.5.3 Verhüllungsvorschriften im Islam

Die Verhüllung der Frau ist ein besonders auffälliges Symbol der muslimischen Gesellschaft. Die zentrale Stelle zur Begründung der Verhüllung der Frau im Koran lautet:

> „Prophet! Sag deinen Gattinnen und Töchtern und den Frauen der Gläubigen, sie sollen (wenn sie austreten) sich etwas von ihrem Gewand (über den Kopf) herunterziehen. So ist es am

811 Al-Qaradawi, 177.

812 Sunan Abu Dawud, zitiert nach Al-Qaradawi, 177.

813 Nach Paret, 4:11, 210.

814 Heine/Heine, 43.

815 Schirrmacher/Spuler-Stegemann, 158.

> ehesten gewährleistet, daß sie (als ehrbare Frauen) erkannt und daraufhin nicht belästigt werden. Gott aber ist barmherzig und bereit zu vergeben".[816]

Allerdings ist diese Bekleidungsvorschrift sehr unscharf formuliert und daher höchst umstritten. Im Mittelpunkt der Debatte stehen einzelne Begriffe, deren Bedeutung nicht exakt festgelegt werden kann. Dies gilt insbesondere für den Sinn des arabischen Wortes *„Hijab"*. Zum einen gibt es Stimmen, die den Begriff mit „Vorhang" übersetzen und die Entstehung der Sure aus dem historischen Kontext heraus erklären wollen. So habe sich etwa nach Mernissi die *„Hijab-Sure"* an die Ereignisse der Hochzeit Mohammeds mit Zainab angeschlossen und sei eine Reaktion auf drei Gäste gewesen, die bis zum Morgen geblieben seien und dadurch den Wunsch der Brautleute auf Intimität missachtet hätten. Durch das Herabkommen des Vorhangs habe der Prophet schließlich mit seiner neuen Frau allein sein können.[817] Schröter knüpft dagegen an die Bedeutung des Ausdrucks *„aleihina"* an und leitet daraus zwei mögliche Ansatzpunkte ab. Demnach könne der Vers entweder so verstanden werden, dass die Frauen etwas „auf sich" ziehen sollten. Ebenso könne aber ein „über sich" ziehen gemeint sein. Somit könne der Begriff je nach Leseart nur für ein Kopftuch beziehungsweise eine Kapuze oder aber für eine Kopfbedeckung mit Gesichtsschleier oder gar die Burka stehen.[818] Auch wenn man die Übersetzung des Begriffs *„Hijab"* als Vorhang ablehnt, ist dem Koran nicht mehr als das Gebot zu entnehmen, dass Frauen etwas von ihrem Gewand auf sich oder über ziehen sollen. Vor diesem Hintergrund ist es nicht verwunderlich, wenn sich die Theologen nicht einig werden, was die Art und Weise der Verhüllung angeht und welche Körperteile der Frau davon betroffen sind. Im Koran wird hierzu weiter ausgeführt:

> „Sag den gläubigen Männern, sie sollen (statt jemanden anzustarren, lieber) ihre Augen niederschlagen, und sie sollen darauf achten, daß ihre Scham bedeckt ist (w. sie sollen ihre Scham bewahren). So halten sie sich am ehesten sittlich (und

---

816 Nach Paret 33:59, 750.

817 Mernissi 1989, 114 ff.

818 Schröter 2007, 141.

rein) (w. das ist lauterer für sie). Gott ist wohl darüber unterrichtet, was sie tun".[819]

„Und sag den gläubigen Frauen, sie sollen (statt jemanden anzustarren, lieber) ihre Augen niederschlagen, und sie sollen darauf achten, daß ihre Scham bedeckt ist (w. sie sollen ihre Scham bewahren), den Schmuck, den sie (am Körper) tragen, nicht offen zeigen, soweit er nicht (normalerweise) sichtbar ist, ihren Schal sich über den (vom Halsausschnitt nach vorne heruntergehenden) Schlitz (des Kleides) ziehen und den Schmuck, den sie (am Körper) tragen, niemand (w. nicht) offen zeigen, außer ihrem Mann, ihrem Vater, ihrem Schwiegervater, ihren Söhnen, ihren Stiefsöhnen, ihren Brüdern, den Söhnen ihrer Brüder und ihrer Schwestern, ihren Frauen (d.h. den Frauen, mit denen sie Umgang pflegen?), ihren Sklavinnen (w. dem, was sie (an Sklavinnen) besitzen), den männlichen Bediensteten (w. Gefolgsleuten), die keinen (Geschlechts)trieb (mehr) haben, und den Kindern, die noch nichts von weiblichen Geschlechtsteilen wissen. Und sie sollen nicht mit ihren Beinen (aneinander)schlagen und damit auf den Schmuck aufmerksam machen, den sie (durch die Kleidung) verborgen (an ihnen) tragen (w. damit man merkt, was sie von ihrem Schmuck geheimhalten). Und wendet euch allesamt (reumütig) wieder Gott zu, ihr Gläubigen!".[820]

Aus Sure 24 ist ein deutliches Keuschheitsgebot für Männer und Frauen zu entnehmen, wobei in Vers 31 eine detaillierte Beschreibung für die Keuschheit der Frauen zu lesen ist. Allerdings herrscht Streit darüber, was mit der Ausnahme, die sich auf die Sichtbarkeit des Schmuckes im ersten Teil des Verses erstreckt, gemeint sein könnte. Rassoul geht davon aus, die Ausnahmeformulierung im Koran beziehe sich auf die Hände und das Gesicht der Frau.[821] Al-Qaradawi stimmt dem zu und verweist zur Begründung auf die Aussage Mohammeds, die er mit den Worten: *„Asma, wenn eine Frau ihre erste Periode hatte, soll man nichts von ihr sehen, außer diesem und diesem"*[822] zitiert und unterstreicht,

---

819 Nach Paret, 24:30, 631.

820 Nach Paret, 24:31, 631 f.

821 Rassoul, 101.

822 Sunan Abu Dawud, zitiert nach Al-Qaradawi, 135

dass der Prophet dabei gleichzeitig auf sein Gesicht und seine Hände gezeigt habe.[823]

Für die Rechtfertigung der Bekleidungsvorschrift wird angeführt, sie sei zum Schutz der Frau erforderlich. Dabei wird im Wesentlichen vorgetragen, der Grund für die Anordnung liege darin, die freien Musliminnen gegenüber den Sklavinnen nach Außen hin deutlich zu unterscheiden.[824] Schröter versteht die Bekleidungsvorschrift dagegen als ein Phänomen von Sehen und Sichtbarkeit und argumentiert damit, dass es sich bei der Bekleidungsvorschrift um eine Maßnahme handele, die den Blick des Mannes am Erfassen seines Begierdeobjektes hindern solle, indem sie die Attraktivität der Frau unsichtbar mache.[825] Da ein schönes weibliches Gesicht und schöne Haare die Sinnlichkeit und das Begehren des Mannes anregen würden, müsse die positive Ausstrahlung der Frau - vor allem draußen - verborgen und für ihren Ehegatten reserviert werden.[826] Teilweise wird daneben auf die Funktion des Schleiers beziehungsweise des Kopftuches als Schutz vor Sonne, Sand und Regen hingewiesen.[827] Zuletzt wird die Verhüllung der Frau mit dem Argument des Schutzes vor dem „bösen Blick" verteidigt, der besonders in mediterranen Gesellschaften gefürchtet ist und vor allem mit Neid in Verbindung gebracht wird.[828] Da das Tragen eines Schleiers oder sonst einer Bedeckung die Ursachen für Neid (in Betracht kommen Schönheit, Jugend oder Schwangerschaft) verberge und hierdurch die Anonymität der Frau gewahrt werde, müsse das Kleidungsstück als Mittel zur Abwehr gegen die Gefahr des „bösen Blickes" eingesetzt werden.[829]

---

823 Al-Qaradawi, 135.

824 So etwa Heine/Heine, 45; nach Mernissi geht dies auf eine Zeit zurück, in der viel Unruhe und Feindseligkeit auf den Straßen herrschte. Da die Männer die Frauen zunehmend belästigt hätten, indem sie sie zur Unzucht aufgefordert und an ihnen das Verbrechen der Zina begangen hätten, habe Mohammed die freien Frauen mit dem Schleier kenntlich machen und sie hierdurch schützen wollen. Die Gewaltanwendung habe sich dann nur noch auf die Sklavinnen bezogen (vgl. Mernissi 1989, 239 ff.); ähnlich auch Al-Qaradawi, 140.

825 Schröter 2002, 251.

826 Ebd.

827 ZfT 1997, 29.

828 Heine/Heine, 46.

829 Ebd.

4.3.3 „Ehrenmorde" aus islamischer Sicht

Die Frage nach dem Verhältnis von „Ehrenmorden" und dem Islam ist eine seit jeher sehr kontrovers diskutierte. Ausgelöst wurde die Debatte vor dem Hintergrund eines weltweit überwiegenden Vorkommens des Phänomens innerhalb muslimischer Gesellschaften. Grundsätzlich lassen sich an dieser Stelle zwei konträre Meinungsrichtungen unterscheiden. Während eine Gruppe den „Ehrenmord" mit dem Islam begründen will[830], verneint die andere einen spezifischen Zusammenhang des Phänomens mit der muslimischen Religion und charakterisiert ihn als eine vorislamische Tradition, die nichts mit dem Islam zu tun habe.[831]

4.3.3.1 Ehre im Islam

Ehre, wie wir sie im Rahmen des „Ehrenmordes" kennen, ist ein Wert, der in erster Linie aus der Tradition herrührt. Daher gilt es im Folgenden zu untersuchen, ob dieses Verständnis von Ehre einen islamischen Ursprung hat. Die Ehre wird als ein kollektiver Wert verstanden, der im Wesentlichen an das Sexualverhalten einer Frau anknüpft. Bei einem Regelverstoß ist traditioneller Ansicht zufolge nicht nur die Frau selbst, sondern ihre ganze Familie von dem Ehrverlust betroffen.[832] Um zu erfassen, ob es einen Zusammenhang zwischen dieser Auffassung von Ehre und dem Islam gibt, soll zunächst nach einem begrifflichen Bezug gesucht werden. Die irakische Soziologin Sana Al-Khayyat differenziert zwischen zwei Ausdrücken für Ehre in der arabischen Sprache, die völlig unterschiedliche Dinge thematisieren. *„Der eine, sharaf, meint Ehre im weiteren Sinn; der andere, ird, bezieht sich nur auf sexuelles*

---

830 Hierzu etwa Ates 2009, 58; ähnliche Äußerungen finden sich auch im Hamburger Abendblatt, www.abendblatt.de/hamburg/article537692/Ehrenmoerder-duerfen-sich-nicht-hinter-dem-Islam-verstecken.html, abgerufen am 16.05.2010.

831 So etwa Antes, 19 ff.; Heine, P., 41, Institut für Islamfragen, wie vor; Kehl/Pfluger, 22; ebenso der Vorsitzende des Islamrates für die Bundesrepublik Deutschland Kizilkaya, in: focus Migration, www.migration-info.de/mub_artikel.php?Id=050303, abgerufen am 18.05.2010; Schirrmacher 2009, 20; Tellenbach 2003a, 5.

832 Umfassend zur Ehre in der traditionell türkischen Kultur siehe bereits im 2. Teil.

Verhalten. (...) Unwiederbringlich verloren ist die Ehre, wenn sexuelles Fehlverhalten einer Frau sich herumspricht (...)".[833]

Da im Hinblick auf den „Ehrenmord" der arabische Begriff *„ird"* die wichtigste Rolle spielt, soll dieser Ausdruck im weiteren Verlauf fokussiert werden. Laut Antes gibt es im Rahmen des Vokabulars des Korans aber keine einzige Stelle, an der das Wort *„ird"* erwähnt wird. Hieraus folgert er, es seien nicht der Koran und - etwas ausgeweitet - auch nicht die islamische Religionslehre, die den Gläubigen die Einhaltung der Familienehre im Sinne von *„ird"* einschärfte. Allerdings sieht er einen inhaltlichen Bezug zur Ehrvorstellung durch die Behandlung des Ehebruchs im Islam, für den der Koran die Auspeitschung und die Sunna die Ahndung durch Tötung vorsieht.[834] Vor diesem Hintergrund könnte man meinen, dass der Islam den Begriff der Ehre zwar begrifflich nicht explizit benennt, er seiner Bedeutung nach jedoch an dieser Stelle zum Ausdruck kommt. Da es aber an weiteren Anhaltspunkten an anderen Stellen fehlt, wären das Ehrverständnis und seine Verletzung dann lediglich auf die sexuelle Betätigung außerhalb der Ehe beschränkt. Der Ehrbegriff, der hinter dem traditionellen „Ehrenmord" steht, ist aber viel komplexer und geht - wie wir bereits gesehen haben - weit darüber hinaus.

Daher hält Schröter die Herangehensweise über das Vokabular des Korans hier für wenig sinnvoll. Es sei kein Wunder, dass im Koran nicht die Rede von einem „Ehrenmord" sei, da die arabische Sprache diesen Begriff gar nicht kenne. Denn die Ehre und ihre Wiederherstellung würden im arabischen Raum nicht als ein Akt der Tötung, sondern als ein solcher der Reinigung von Beschmutzung verstanden würden.[835]

Doch auch wenn man die begriffliche Ebene verlässt und sich die wesentlichen Merkmale des Ehrbegriffs noch einmal vergegenwärtigt, fällt eines ganz besonders auf: Nach Sure 17 Vers 15 kennt der Koran, und damit der Islam, keine kollektive Betroffenheit einer Familie, die durch das Fehlverhalten eines seiner Mitglieder ausgelöst wird. Vielmehr betont der Islam die Verantwortlichkeit jeder Person für ihre eigenen Handlungen, was für Mann und Frau gleichermaßen und unabhängig davon gilt, ob es sich um dienliche oder schädigende Verhal-

---

833 Al-Khayyat, 22.

834 Antes, 19.

835 Schröter 2007, 175.

tensweisen handelt. Inwieweit jemand als ehrenvoll gilt oder nicht, kann damit nicht an die „richtige" Handlung der Familienangehörigen gebunden werden. Der Status richtet sich vielmehr danach, wie sich eine Person selbst verhält und welche eigenen charakterlichen Eigenschaften sie hat. Entsprechend muss nach dem Islam auch niemand für das Fehlverhalten eines (weiblichen) Familienmitgliedes einstehen. So heißt es im Koran:

> „Wenn sich einer rechtleiten läßt, tut er das zu seinem eigenen Vorteil, und wenn einer irregeht, zu seinem eigenen Nachteil. Und keiner wird die Last eines anderen tragen".[836]

Zusammenfassend stellt Halm somit zutreffend fest:

> „(...) der archaische Ehrenkodex, nachdem sich der Mann - Vater oder Bruder - verpflichtet fühlt, die verletzte Familienehre blutig zu rächen, behauptet sich zäh, obwohl (er) keinerlei religiöse Grundlage hat".[837]

4.3.3.2 Das Töten im Islam

Nachdem nun konstatiert werden darf, dass der Islam den für den „Ehrenmord" charakteristischen Ehrbegriff nicht kennt, soll noch geklärt werden, welche Haltung der Islam zur Tötung von Menschen einnimmt. Hierzu soll ein Blick in das islamische Strafrecht geworfen werden.

Die Scharia gilt als allgemeine Grundlage für die Beurteilung von Handlungen als gut oder schlecht. Die Bewertung menschlichen Verhaltens erfolgt durch seine Einordnung in die Kategorien Pflicht *(„fard")*, Verbotenes *(„haram")*, Empfehlenswertes *(„mandub")* oder Verwerfliches *(„makruh")*.[838] Je nachdem, in welchem Bereich sich ein Muslim bewegt, sieht die Scharia bei Begehung beziehungsweise Unterlassung einer Handlung hierfür eine Belohnung oder eine Bestrafung vor. Die verbotenen Handlungen werden durch die im islami-

---

836 Nach Paret, 17:15, 519.

837 Halm, 83.

838 Russo, 142.

schen Strafrecht vorgesehenen Strafen geahndet. Hier herrscht wiederum eine Dreiteilung der Straftaten in *„Hadd-Delikte"* (Grenzvergehen), *„Qisas-Delikte"* (Vergehen mit Wiedervergeltung) und *„Tazir-Delikte"* (Ermessensvergehen), die hinsichtlich des Strafmaßes und der Feststellung der Schuld stark voneinander abweichen.[839]

An der Spitze aller Straftaten stehen die *„Hadd-Delikte"*. Hierbei handelt es sich um schwere Straftaten, die nicht gegen menschliches Recht, sondern gegen das Recht Gottes verstoßen. Vor diesem Hintergrund hat der Gesetzgeber ihre Verwirklichung einer absoluten Strafbemessung unterworfen und eine feste bestimmte Strafe benannt, wovon nicht abgewichen werden darf. Die Berücksichtigung strafmildernder Umstände ist daher ebenso wenig möglich, wie die Begnadigung des Täters. Um diese Strenge etwas zu kompensieren, fordert das Gesetz im Rahmen der *„Hadd-Delikte"* schwer zu erbringende Beweise und die Befolgung starrer Beweisregeln. Dagegen sind unter *„Qisas-Delikten"* solche Taten zu verstehen, die eine Wiedervergeltung rechtfertigen, was auf den vorsätzlichen Totschlag und die Körperverletzung zutrifft. Dabei soll der Ausgleich nach dem Talionsprinzip mit Gleichem oder ersatzweise mit der Zahlung eines Blutgeldes erreicht werden.[840] Da es hier um einen Übergriff auf das Leben und die körperliche Integrität eines Menschen geht, sieht man in der Verwirklichung eines *„Qisas-Deliktes"* ein Menschenrecht verletzt. Die *„Tazir-Delikte"* werden sowohl Gottes- als auch Menschenrechten zugeordnet. Allerdings fehlt es hier in Koran und Überlieferung – im Unterschied zu den *„Hadd"*- und *„Qisas-Delikten"* – an Anhaltspunkten zum Strafmaß dieser Vergehensgruppe. Das heißt, die Ahndung der *„Tazir-Straftaten"* liegt im Ermessen des Staatsoberhauptes oder des von ihm ernannten Richters.[841]

Der Islam geht grundsätzlich von der Unantastbarkeit des Lebens aus und will seinen Fortbestand schützen. Daher ist es den islamischen Lehren zufolge eine der größten Sünden, wenn Menschen gegen das Leben anderer Menschen vorgehen.[842] Gleichwohl gibt es Taten, für die ein Mensch nach islamischem Strafrecht getötet werden darf. Welche dies sind, ist im Islam ganz genau festgelegt und auf drei Ausnahme-

---

839 Zum Ganzen Schröter 2007, 118 ff.

840 Insofern könnte man hier von einer islamischen Legitimation der Blutrache sprechen, hierzu ausführlich Baumeister, 63 ff.

841 Zum Ganzen El Baradie, 93 ff.

842 Al-Qaradawi, 273.

fälle beschränkt. So soll die Tötung eines Menschen bei Mord, Abfall vom Glauben und bei Ehebruch als „berechtigt" gelten.[843]

Allerdings bestehen Widersprüche zwischen Sunna und Koran, was die Strafe für den Ehebruch angeht. Während beide Quellen sie zu den „*Hadd-Delikten*" – und damit zu den schwerwiegendsten Vergehen – zählen, sieht die Überlieferung die Tötung von verheirateten Personen durch Steinigung vor.[844] Dagegen ordnet der Koran „lediglich" 100 Peitschenhiebe für die Begehung des Ehebruchs an, wo es heißt:

> „Wenn eine Frau und ein Mann Unzucht begehen, dann verabreicht jedem von ihnen hundert (Peitschen)hiebe! Und laßt euch im Hinblick darauf, daß es (bei dieser Strafverordnung) um die Religion Gottes geht, nicht von Mitleid mit ihnen erfassen, wenn (anders) ihr an Gott und den jüngsten Tag glaubt! Und bei ihrer Bestrafung soll eine Gruppe der Gläubigen (als Zeugen) anwesend sein".[845]

Wie diese Diskrepanz zwischen Sunna und Koran zustande gekommen ist, wird unterschiedlich begründet. Schröter gibt in diesem Kontext zwei unterschiedliche Standpunkte wieder, die von der Auffassung, Mohammed habe mit dieser Aussage ganz klar gegen den Koran verstoßen, bis zu der Ansicht reichen, dass die Verse, die die Steinigung ursprünglich auch im Koran regelten, im Laufe der Zeit verloren gegangen seien.[846] Eine abschließende Klärung der Frage steht bis heute aus und ist nach Schröter wohl auch nicht zu erwarten.[847]

Die Verurteilung wegen Ehebruch und Unzucht ist aber gleichermaßen von der Bestätigung der Tat durch vier männliche, freie, muslimische und unbescholtene Augenzeugen, die detailliert und übereinstimmend

---

843 Sahih Muslim, zitiert nach Khoury, 549 f.

844 Ebd. Muslim berichtet hier von einen Vorfall, in dem der Prophet selbst die Steinigung einer ehebrecherischen Frau angeordnet und sie in seiner Anwesenheit durchführen lassen haben soll.

845 Nach Paret, 24:2, 626.

846 Hierzu Schröter 2007, 120 unter Berufung auf Michael Steiner, der als Befürworter der ersten Auflassung den Mohammed-Biographen Ibn Hisham zitiert. Für die zweite Meinung bezieht sich Schröter auf den tunesischen Rechtswissenschaftler Mohamed Charfi, ein Anhänger des Reformislam.

847 Schröter 2007, 121.

über die Personen, die Zeit, den Ort und den Ablauf des Geschlechtsverkehrs vor dem urteilenden Richter mündlich aussagen, abhängig.[848] Schließlich soll das Vergehen auch dann als bewiesen gelten, wenn die betroffene Person freiwillig ein mündliches Geständnis vor dem Richter ablegt.[849]

Der Islam verbietet also ausdrücklich Unzucht und Ehebruch, wobei „nur" die Sunna eine Todesstrafe für Ehebruch vorsieht. Allerdings richtet sich die Todesstrafe - im Gegensatz zum „Ehrenmord" - nicht ausschließlich gegen die Frau. Sie ist aber auf ein konkretes Vergehen beschränkt. Ohne eine geschlechtsspezifische Differenzierung vorzunehmen, droht der Islam somit Mann wie Frau im Falle von Unzucht und Ehebruch dieselbe Strafe an. Gerade bei den hier einschlägigen *„Hadd-Delikten"* fordert das islamische Strafrecht überdies die Vollstreckung der Strafe durch ein Gericht und nicht die Ausführung der Tötungshandlung durch die Familie selbst, wie es im Rahmen eines „Ehrenmordes" der Fall ist. Der Strafanspruch steht nach islamischem Recht also dem Staat und eben nicht dem Vater, Bruder oder Onkel einer Frau zu (anders bei den *„Qisas-Delikten"*, wo das Opfer selbst oder seiner Erben zur Wiedervergeltung berechtigt sind). Im islamischen Strafrecht müssen im Rahmen der *„Hadd-Delikte"* strenge Beweisregeln eingehalten werden, was sich aus der strikten und drastischen Ahndung der *„Hadd-Delikte"* ergibt. Hierzu gehört etwa die Bezeugung der vorgeworfenen Tat durch vier Personen. Realistisch betrachtet, macht dieses Erfordernis aber die tödliche Bestrafung wegen Ehebruch oder Unzucht nahezu unmöglich, da es kaum vorstellbar ist, dass der Sexualakt von vier Personen beobachtet wird. Durch das Beweiserfordernis werden zudem der falschen Anschuldigung und auch der (willkürlichen) Machtposition des Mannes über die Frau strenge Grenzen gesetzt. Für den „Ehrenmord" genügen demgegenüber oftmals nur Gerüchte über ein vermeintliches Fehlverhalten der betroffenen Person. So kann allein die Behauptung, ein Mädchen sei mit einem Jungen gesehen worden, den „Ehrenmord" auslösen. Diese Argumente sollten als Beleg dafür ausreichen, dass die Tötung eines Menschen, so wie sie im Rahmen eines traditionellen „Ehrenmordes" geschieht, nicht von dem Islam legitimiert wird. Diese Praxis steht offenbar im eklatanten Widerspruch zur islamischen Rechtsordnung und ist daher auch nicht mit ihr zu vereinbaren.

---

848 El Baradie, 105.

849 Ebd.

4.3.4 Zusammenfassung und Stellungnahme

Die Darstellungen zur Entstehung und Frühgeschichte des Islam haben gezeigt, dass gewalttätige Auseinandersetzungen ein wesentlicher Bestandteil bei der Ausbreitung des Islam waren. Denn erst nach zahlreichen Kriegen und Kämpfen gelang es Mohammed und seinen Nachfolgern, den Geltungsbereich des Islam zunehmend auszudehnen. Damit spielte die Anwendung von Gewalt zur Lösung von Konflikten bereits in den Anfängen eine wichtige Rolle für den Islam und ist ihm somit immanent. Hieraus könnte sich die allgemeine Gewaltbereitschaft der traditionell türkischen Bevölkerung ableiten lassen, die ihre ehrbedingten Probleme überwiegend kämpferisch bewältigt. Hinzukommt der Aspekt, dass der Islam eine Religion ist, die keine Trennung zwischen Religiösem und Profanen kennt, weshalb das religiöse Gesetz alle Lebensbereiche der Menschen verbindlich regelt. Im Allgemeinen lässt sich der Islam als eine Herrschafts- und Gehorsamsreligion beschreiben, die von den Menschen die bedingungslose Unterwerfung unter den Willen Allahs verlangt. *„Durch diese Gehorsamsanforderung wird der Islam zu einer wesentlichen Stütze der gesellschaftlichen Machtstrukturen“*.[850] Die Unterwerfung betrifft neben dem inneren Glauben vor allem die religiöse Praxis, die in der Lebensweise der Menschen zum Ausdruck kommt. Wegen seines Totalitätsanspruchs ist der Islam im Leben der Muslime stets präsent und unterwirft ihren Tagesablauf einer strengen Disziplin. Somit werden die Menschen in ihrem Alltag kontinuierlich an ihre Religion und ihren Glauben erinnert. Die Muslime verstehen sich selbst als eine rassen-, staaten- und geschlechterübergreifende, eigene religiöse und politische Gemeinschaft, die sich von anderen Gruppen durch ihre Herausgehobenheit unterscheidet. Als Mitglied dieser „Umma Mohammedia“ ist jeder Einzelne nach dem Vorbild Mohammeds und seiner Gemeinde dazu verpflichtet dem Fortbestand der Gemeinschaft zu dienen, auch wenn dies seine Unterordnung zur Folge hat. Dieser Gedanke des Kollektivs wird durch die Orthopraxie, die öffentliche und gemeinsame Ausübung der religiösen Pflichten, unterstützt. Indem die Einhaltung der Anordnungen in die Öffentlichkeit getragen wird, ist sie keine Privatangelegenheit mehr, die in das Belieben des Einzelnen gestellt ist. Vielmehr ist wegen der starken Kontrolle, die von dem sozialen Umfeld ausgeht, jeder Einzelne dazu gezwungen, sein Verhalten an die islamischen Vorgaben anzupassen und hierdurch seine Frömmigkeit

---

[850] Baumgartner-Karabak/Landesberger, 19.

zu demonstrieren. Dabei wird der Verhaltensdruck durch den Umstand erhöht, dass die islamische Lebensweise als alleiniger Maßstab für die Beurteilung von Religiosität dient. Aus diesem Grund wird die Nichteinhaltung der islamischen Regeln äußerst ungern gesehen und eine Person, die ihr Verhalten offiziell nicht nach den Geboten Allahs ausrichtet, schnell für ungläubig erklärt. Nicht die innere Einstellung, sondern die äußeren Taten einer Person sind somit der Maßstab für den Glauben. Die Parallelen zu den Werten und Normen, die auf dem traditionell türkischen Ehrkonzept basieren, fallen deutlich ins Auge. Hier wie dort steht der Gedanke von Kollektivität und Gemeinschaft im Vordergrund, wobei das gesellschaftliche Urteil maßgeblich für die Bewertung einer Handlung ist. Deshalb wird in beiden Fällen eine strenge Kontrolle ausgeübt und hierdurch dafür gesorgt, dass die geforderten Regeln eingehalten werden. Da die Nichtbefolgung islamischer Vorgaben mit Ungläubigkeit gleichgesetzt wird und dies dem Erhalt der Gemeinschaft im Wege steht, werden unreligiöse Personen vermutlich genauso aus der Gemeinschaft ausgeschlossen, wie unehrenhafte Menschen. Da die Gemeinschaft der Muslime häufig aus der Verwandtschaft und Nachbarschaft besteht, sind die Folgen damit in beiden Fällen identisch.

Obwohl der Großteil der Menschen die Gebote des Islam nicht in allen Einzelheiten kennt, sind die Gläubigen in der Regel von der Richtigkeit und Unantastbarkeit ihrer Religion überzeugt. Oftmals lassen sie sich von etwaigen Aussagen einer Respektsperson wie dem Vater, einem Dorfvorsteher oder dem Gelehrten ihres Vertrauens leiten und begründen ihre Handlungen mit dem Islam, ohne auch nur das kleinste Bedürfnis zu verspüren, den Bezug zur Religion auf seine Korrektheit hin zu überprüfen. Hierdurch werden viele der praktizierten Traditionen dem Glauben zugeschrieben, obwohl sie teilweise gar keinen islamischen Ursprung haben können. Allerdings ist eine Reflektion im Rahmen des Islam generell sehr schwer, da seine Erkenntnisquellen – und damit die Grundlage der Scharia – häufig nicht eindeutig formuliert sind. Denn zahlreiche Stellen in Koran und Hadithen bieten viel Raum für Interpretationen, mit der Folge, dass Auslegungen bezüglich einzelner Suren schon höchst unterschiedlich ausfallen können. Es ist also nicht auszuschließen, dass einige Theologen eine bestimmte Handlung als durch den Islam legitimierend betrachten, während andere aus derselben Sure ein hierzu völlig konträres Handlungsgebot ableiten. Wenn Gelehrte sich schon nicht über die Richtigkeit der Auslegung einer Sure einigen können, kann dies noch weniger von einem Laien erwartet werden, der aufgrund der lokalen Auffassungen irrtümlicherweise davon ausgeht, der Islam ermächtige zur Begehung eines „Ehrenmordes".

Wenngleich die Scharia als Gesetzesgrundlage in der Türkei schon im Jahre 1926 abgeschafft und durch das Ehe- und Familienrecht nach schweizerischem Vorbild ersetzt wurde, sind vor allem im ländlichen Bereich gewisse Parallelstrukturen bestehen geblieben. So stellen die islamischen Normen nach wie vor einen wichtigen Orientierungsfaktor für die Menschen in den Dörfern dar, die jedoch im Widerspruch zur heutigen türkischen Rechtsordnung stehen. Dies gilt vor allem für die (Rechts-)Stellung der Frau, da der Islam trotz aller Verbesserungen, die er für die Frau mitbrachte, und der Betonung der Gleichwertigkeit der Geschlechter vor Gott, die Frau dem Mann zivilrechtlich unterordnet, was sich etwa bei der Verheiratung, im Gehorsams-, Züchtigungs- und Scheidungsrecht, bei der Kindschaftssorge, durch die Polygamie, der Sexualität, dem Status der Frau als Besitz sowie im Erbrecht und in den Verhüllungsvorschriften widerspiegelt. Somit bildet der Islam die wesentliche Grundlage für die Familien- und Gesellschaftsstrukturen und die Geschlechterrollen in der traditionell türkischen Gesellschaft. Allerdings wird auch darauf aufmerksam gemacht, dass sich die Benachteiligung der Frau oftmals nicht so sehr auf die Korangesetze selbst, sondern auf die von Rechtsschulen eingeführte, durch rein außerislamische Sitten und Gebräuche erhärtete, Rechtsprechung stütze. *„So z.B. das berüchtigte Recht des jabr, das dem Vater oder dem Vormund bei der Verheiratung einer Tochter alle Vollmachten überträgt, ja ihm sogar gestattet, sie gegen ihren Willen zu verheiraten. Das jabr ist im fiqh (koranische Rechtswissenschaft) ursprünglich nicht enthalten. Eine moderne Gesetzgebung könnte ohne weiteres den Frauen das Recht der freien Wahl gewährleisten (...)".*[851]

Im Hinblick auf das Gehorsamsrecht des Mannes sind ebenfalls Relativierungen in der modernen Literatur zu finden. So wirft Heine etwa die Frage auf, ob die Regelung des Gehorsamsrechts nicht auch als Beleg für die Autorität von Vätern gegenüber Töchtern oder Brüdern gegenüber Schwestern verwendet werden könne.[852] Wenn die Gehorsamspflicht der Frau – wie angeführt – aber auch den sexuellen Bereich umfassen soll, kann sie nicht als ein allgemeines Autoritätsverhältnis zwischen Vater und Tochter beziehungsweise Bruder und Schwester verstanden werden. Insofern erscheint diese Argumentation zu kurz

851 Abdullah, 38.

852 Heine, P., 41.

gegriffen und kann deshalb nicht überzeugen.[853] In dem Recht des Mannes auf Züchtigung der Frau könnte bei einer wohlwollenden Auslegung eine Ausnahmeregelung gesehen werden, die ausschließlich in Fällen weiblichen Ungehorsams greifen soll. Weil der Mann aber letztlich selbst darüber entscheidet, welches Verhalten der Frau im Einzelfall als Ungehorsamkeit zu definieren ist, kann auch der mögliche Ausnahmecharakter dieser Norm nicht zu ihren Gunsten berücksichtigt werden. Zudem reicht für die Züchtigung der Frau nach dieser Vorschrift bereits der Verdacht eines „Fehlverhaltens" aus, womit eine besondere Parallele zum traditionell türkischen Ehrverständnis ersichtlich wird, welches ebenfalls Gerüchte und Vermutungen für eine Ehrverletzung genügen lässt. Was aber eindeutig für die Bestimmung spricht, ist, die Tatsache, dass „nur" von der Anwendung körperlicher Gewalt (*„schlagt sie"*) die Rede ist. Aus dieser Beschränkung lässt sich ableiten, dass jedenfalls etwaige Tötungshandlungen an Frauen aus dem Regelungsbereich dieser Vorschrift auszuschließen sind.[854] Betrachtet man die im Islam geregelte Zulässigkeit der Polygamie im historischen Kontext, können ihre Gründe durchaus nachvollzogen werden. Aus heutiger Sicht lassen diese Ansätze jedoch die natürliche Veranlagung eines Menschen unberücksichtigt, seinen Partner für sich allein haben zu wollen. Wenn eine Frau ihren Mann mit einer anderen Frau teilen muss, ist hierin somit zweifellos eine Ungleichbehandlung und Unterdrückung zu sehen, die in der heutigen Zeit keinen Platz hat.[855] Solange nicht eindeutig feststeht, was unter dem Gleichbehandlungsgebot der Frauen zu verstehen ist, der moderne Muslime behaupten lässt, der Islam lehne die Mehrehe wegen seiner Unerfüllbarkeit eigentlich ab, kann diese Argumentation zu keiner anderen Bewertung führen.

Die Verstoßung der Frau als häufigste Scheidungsform des islamischen Rechts ist ein weiterer klarer Ausdruck für die rechtliche Bevorzugung des Mannes. Dies ergibt sich nicht nur aus der Tatsache, dass dieser sich unter viel leichteren Voraussetzungen von seiner Frau trennen kann, sondern auch daraus, dass die Frau im Rahmen des *„talaq"* der alleinigen Entscheidungsgewalt ihres Mannes unterliegt, ohne selbst irgendeinen Einfluss auf das Geschehen nehmen zu können. Dagegen sind die Rechte, die der Frau in diesem Rahmen zugebilligt werden,

---

853 So auch Heine P. selbst, 41.

854 Ebd.

855 Rassoul, 187.

schwer bis gar nicht realisierbar. Zudem setzt das ihr zugestandene Recht auf „Selbstloskauf" die Kooperation des Ehemannes voraus, wodurch ihm ein nicht zu unterschätzendes Mitbestimmungsrecht eingeräumt wird. Was der traditionellen Auffassung von Ehre allerdings widerspricht ist, dass der Islam der Frau durchaus ein Scheidungsrecht zubilligt, wenn sie von ihrem Mann misshandelt wird. Nach der Scharia gehören die gemeinsamen Kinder eines Paares nach der Scheidung stets dem Mann. Wenngleich für die Frau ein Erziehungsrecht der Kinder vorgesehen ist, ist dies nur vorübergehender Natur. Ab einem gewissen Alter muss sie die Kinder daher an ihren Vater abgeben, der allein für sie zuständig ist. Hierin ist eine deutliche Benachteiligung der Frau als Mutter zu sehen.

Die auf der Scharia fußenden Bekleidungsvorschriften sollten im engen Zusammenhang mit dem vorherrschenden Bild der Frau im Islam betrachtet werden. Aus islamischer Sicht liegt die Macht der Frau in der Verführung des Mannes, wodurch die Ordnung der Gesellschaft gefährdet wird. Hieraus wird abgeleitet, die Sexualität einer Frau müsse kontrolliert und ihre Körperreize bedeckt werden. Obwohl darüber gestritten wird, wie diese Verhüllung letztlich auszusehen und in welchem Maße sie stattzufinden hat, besteht weitgehende Einigkeit darüber, dass die Attraktivität der Frau wegen ihrer Bedrohung der inneren Ordnung in jedem Fall verborgen bleiben muss. Diese islamische Auffassung von der Weiblichkeit ist vermutlich auch der Grund, warum die Frau aus Gründen der Ehre in den häuslichen Bereich verwiesen wird, sie unter der Kontrolle des Mannes steht und immer für die Ehrverletzung - unabhängig davon, ob sie sie selbst begangen hat oder zum Opfer einer Gewalttat geworden ist - verantwortlich gemacht wird. Allerdings wäre es zu kurz gegriffen, wenn diese frauenfeindliche Sicht als ein Spezifikum des Islam als Religion angesehen werden würde. Denn es ist nicht zu vergessen, dass das Christentum mit seiner Hexenverfolgung die Verteufelung der Frauen weitaus gegenständlicher betrieben hat.[856] Der wesentliche Unterschied liegt aber in dem Umstand begründet, dass die Hexenverfolgung im Christentum bereits vor mehreren Hundert Jahren ihr Ende gefunden hat und der gesetzliche Tatbestand abgeschafft wurde.

Wie die vorangegangene Untersuchung einzelner Koranverse verdeutlicht hat, ist die Begehung eines „Ehrenmordes" nicht ausdrücklich im Islam erwähnt. So fehlt es im Islam bereits an dem Verständnis von

---

856 Küper-Basgöl, 53.

Ehre, das dem „Ehrenmord“ in der geschilderten Ausprägung zugrunde gelegt wird. Folglich kann der Islam nicht als Hauptquelle für die normative Ausfüllung des Ehrbegriffs herangezogen werden. Obwohl der Islam sich teilweise durch Kriegführung und Gewaltanwendung ausgebreitet hat, herrscht zudem ein grundsätzliches Verbot der Tötung eines Menschen. Daher wäre es falsch zu behaupten, der Islam fordere per se die Begehung eines „Ehrenmordes“. Ein gewisser Zusammenhang ist jedoch nicht von der Hand zu weisen, der sich in erster Linie aus der Regelung der Bestrafung für Ehebruch ergibt. Obwohl diese laut Sure 24 Vers 2 für Mann und Frau gleichermaßen gilt, gibt es andere Stellen im Koran, die diese These wieder relativieren, da sie nur der von Frauen begangenen Unzucht gewidmet sind. So heißt es in Sure 4 Vers 15, Frauen seien bei Ehebruch im Haus einzusperren, *„(...) bis der Tod sie abberuft oder Gott ihnen eine Möglichkeit schafft (ins normale Leben zurückzukehren)“.*[857] Dieses Verfahren wird in vielen islamischen Ländern praktiziert und ist gesellschaftlich anerkannt. Dabei reicht oftmals schon der leiseste Verdacht einer moralischen Verfehlung der Frau aus, um sie hinter Schloss und Riegel zu bringen.[858] Die Praxis, die Frau zur Abwendung von Unmoral zu bestrafen, lässt gewiss einige Parallelen zum „Ehrenmord“ erkennen. Gleichwohl kann dies nicht mit der Tötung eines Menschen aus Gründen der Ehre gleichgesetzt werden. Abgesehen davon, konnte nicht abschließend geklärt werden, welche Strafe der Islam für den Ehebruch letzten Endes vorsieht. Während der Koran selbst von Peitschenhieben spricht, lässt sich ein Tötungsgebot in Form der Steinigung „lediglich“ aus der Überlieferung entnehmen. Die Ansicht, die Stelle, die im Koran die Steinigung für Ehebruch ursprünglich geregelt habe, sei verloren gegangen, ist wenig einleuchtend, da sie im Widerspruch zum Wortlaut des Korans steht, der sich in Sure 24 Vers 3 mit der Heiratsfrage unzüchtiger Menschen befasst.[859] Hier heißt es:

> „Und ein Mann, der Unzucht begangen hat, kann nur eine ebensolche oder eine heidnische Frau heiraten. Und eine Frau, die Unzucht begangen hat, kann (ihrerseits) nur von einem

---

857 Nach Paret, 4:15, 212.

858 Schirrmacher/Spuler-Stegemann, 38.

859 Schröter 2007, 120.

ebensolchen oder einem heidnischen Mann geheiratet werden".[860]

Wenn also verheiratete Menschen - und hier insbesondere die Frau - nach dem Willen Allahs hätten durch Steinigung den Tod finden sollen, wäre die Klärung der Heiratsfrage doch völlig überflüssig gewesen. Indem der Koran aber festschreibt, unzüchtige Frauen dürften nur von unzüchtigen oder atheistischen Männern geheiratet werden und umgekehrt, schließt er damit eindeutig die Tötung als Sanktion aus.[861] Zwar ist anerkannt, dass die Sunna den Koran bei Unstimmigkeiten nach dem exegetischen Prinzip aufheben kann. Dies sollte aber nicht als Regelfall angesehen werden und erscheint in solchen Fällen, in denen die Frage, ob Mohammed durch seine Anordnungen unter Umständen gegen den Koran verstoßen haben könnte, offen geblieben ist, eher zweifelhaft. Wer meint, der Islam fordere die Steinigung bei Ehebruch, muss auch konsequent im Hinblick auf die in der Scharia vorgesehenen strengen Beweisvorschriften bleiben. Demnach ist die Tötung einer Person bei Ehebruch nur dann möglich, wenn der Geschlechtsakt von vier Personen vor Gericht bezeugt werden kann. Unter normalen Umständen wird aber gerade die Erfüllung dieser Voraussetzung das größte Hindernis sein, das es bei der Tötung einer Frau wegen Ehebruchs zu überwinden gilt.

„Ehrenmorde" werden vor allem, aber nicht nur, in muslimischen Staaten begangen. So zählt die Studie des UN-Weltbevölkerungsberichtes auch Länder wie Brasilien, Ecuador und Italien zu den betroffenen Gebieten.[862] Dies ist ein weiterer Grund dafür, ihr Vorkommen weniger mit der islamischen Welt, als mit dem aus der Tradition herrührenden Konzept von Ehre in Verbindung zu bringen. Letztendlich ist die Thematik als eine besondere Ausprägung des Mittelmeerraumes zu bewerten, die ihren Brennpunkt in den Ländern des Nahen Ostens hat.[863] Allerdings kann nach dem bisher gesagten nicht abgestritten werden, dass sich aus einigen Stellen des Islam patriarchalische Strukturen ableiten lassen, die einen gewissen Nährboden dafür bieten, die Kontrolle, die Anwendung von Gewalt und damit in gewisser Weise

---

860 Nach Paret, 24:3, 626.

861 Schröter 2007, 120 f.

862 UNFPA, 39.

863 Heine, P., 37.

auch die Tötung einer Frau mit dem Islam zu begründen. Hinzu kommt, dass Lebensgestaltung und Verhaltensweisen traditionell türkischer Familien häufig spezifische Ausprägungen islamischer Wertvorstellungen darstellen. Gerade weil die Menschen oftmals nicht einen orthodoxen Schriftislam, sondern eher einen kulturellen Islam leben, sind die Bereiche Kultur und Religion so eng miteinander verflochten, dass ihre strikte Trennung schwerlich zu vollziehen ist. Auch wenn der Islam nicht als religiöse Grundlage eines „Ehrenmordes" anzusehen ist, lässt er sich durchaus mit der islamischen Religion in Einklang bringen, die ein günstiges Klima für die Begehung der Tat schafft. So ist mit den Worten Stegemanns festzuhalten: *„(...) der Islam hat seinen Anteil daran"*.[864]

4.4 Fazit

Ehrbedingte Tötungshandlungen haben also einen komplexen Hintergrund und sollten immer vor diesem gesehen werden. Dabei sind die aufgeführten Bereiche als Anhaltspunkte zu verstehen, die dazu dienen, zu erklären, wie sich das Vorstellungsbild eines „Ehrenmörders" gestalten kann. Es wäre verfehlt, an dieser Stelle von Ursachen zu sprechen, die einen kausalen Zusammenhang herstellen im Sinne von: wenn diese Bedingungen vorliegen, kommt es unweigerlich zu einem „Ehrenmord". Diese Sichtweise wäre bei so vielfältigen Phänomenen wie dem „Ehrenmord" nicht angebracht, da verschiedene Faktoren eine Rolle spielen und diese zudem untereinander wirken. Deshalb sollten die geschilderten Hintergründe als Bedingungen verstanden werden, die das Zustandekommen eines „Ehrenmordes" unterstützen. So ist es umso wahrscheinlicher, dass ein Mann, der unter den geschilderten Verhältnissen sozialisiert wurde, eher eine Tötungshandlung im Namen der Ehre begeht, als jemand, der nicht von traditionellen Vorstellungen geprägt ist. Es ist also im Einzelfall zu prüfen, inwieweit sich diese Hintergründe in der Tat widerspiegeln. Nur dann ist festzustellen, ob der Täter das Delikt tatsächlich aus Gründen der Ehre begangen hat, oder ob es sich um ein anderes ähnliches Tatmotiv handelt. So stellt Schiffauer in Bezug auf einen von ihm analysierten Fall ebenfalls fest:

---

864 Stegemann, Anmerkung 50, 241; zum selben Ergebnis kommen auch Cakir-Ceylan, 166 ff.; Cöster, 36 ff.; Erbil, 225 ff. sowie Pohlreich, 41 ff.

„Dies bedeutet, dass der bloße Verweis auf ‚Ehre' nichts erklärt. Man muss in jedem Fall neu klären, worauf der Wert sich bezieht und wie er verwendet wird".[865]

865 Schiffauer 2002, 46.

5 Erklärungsansätze für das (Fort-)Bestehen von „Ehrenmorden" in Deutschland

Die vorangegangenen Ausführungen haben deutlich gemacht, auf welchen Faktoren die Begehung eines „Ehrenmordes" fußt. Wichtigstes Merkmal des Phänomens ist das traditionell türkische Verständnis von Familienehre, dem ein hoher gesellschaftlicher Stellenwert beigemessen wird. So treten „Ehrenmorde" vor allem in solchen Gesellschaften auf, die ihr Verhalten ausschließlich nach dem Ehrenkodex ausrichten, der nahezu alle Lebensbereiche beeinflusst. Zu den wichtigsten Bereichen gehören etwa das Verständnis von Familie, die Einbindung des Einzelnen in diese sowie die große Bedeutung des sozialen Umfeldes für eine Familie. Von besonderer Relevanz sind auch die patriarchalisch-hierarchischen Familienstrukturen, die unterschiedliche Rollen für Mann und Frau vorsehen und die Privilegierung der Position des Mannes sowie die Unterordnung der Frau legitimieren. Daneben ist auf die islamische Religion hinzuweisen, die - obwohl sie weder das traditionell türkische Verständnis von Ehre noch den „Ehrenmord" selbst explizit zur Sprache bringt - wegen ihrer patriarchalischen und autoritären Züge einen gewissen Nährboden für die Unterdrückung - unter Umständen sogar Tötung - der Frau bietet, weshalb viele Muslime glauben, dass es sich bei dem „Ehrenmord" um einen immanenten Bestandteil ihrer Religion handelt.

Diese traditionell-religiösen (Hinter-)Gründe des „Ehrenmordes" sollen im nachfolgenden Teil der Arbeit unter dem Blickwinkel der Migrationssituation türkischer Familien in Deutschland betrachtet werden. Hierbei ist der Frage nachzugehen, ob es sich bei „Ehrenmorden" ausschließlich um ein nach Deutschland importiertes Phänomen handelt, sodass die hinter der Gewalttat stehenden religiösen und traditionellen Vorstellungen in der Migration aufrechterhalten und an die nachfolgenden Generationen weitergegeben werden, oder ob sie durch neue migrationsspezifische Bedingungen im Zuwanderungsland verändert werden oder sogar neu entstehen. Um in diesem Kontext näheres über die türkischen Migrantenfamilien in Deutschland zu erfahren, ist es von besonderer Bedeutung darauf einzugehen, welche Auswirkungen die Migration auf traditionell strukturierte und eingestellte türkische Familien im Allgemeinen hat. Für eine umfassende Darstellung werden zunächst Ausführungen zur Migrationsgeschichte türkischer Einwanderer gemacht und ein Einblick in die Lebensform und kulturellen Muster türkischer Familien in Deutschland gegeben. Zudem wird analysiert, in welchen, für die vorliegende Arbeit relevanten, Lebensbereichen nach wie vor heimatliche Strukturen und Anschauungen herrschen und ob, und wenn ja welche, traditionell türkischen Elemente einem (migrationsbedingten) Wandel unterliegen. Von Interesse ist ferner, wo die Gründe für ein mögliches Festhalten an heimatlichen Werten gefunden werden können und wie die Familien mit etwaigen Veränderungsprozessen umgehen. Die Angaben zur Wohnsituation, zu sozialen Kontakten und Beziehungen sowie zur Religiösität türkischer Migranten werden nicht nur zur Darstellung ihrer Lebenssituation dienen, sondern auch Anhaltspunkte für den Stand ihrer Integration liefern. Da statistisch gesehen vermehrt jüngere Personen an „Ehrenmorden" in Deutschland beteiligt sind, gilt es anschließend zu klären, wie sich die Paradigmen der jungen Generation darstellen und zu untersuchen, worin die Gründe für eine Abkehr beziehungsweise für eine Zuwendung zu traditionell-religiösen Vorstellungen liegen können.

5.1 Historischer Überblick über den Einwanderungsprozess türkischer Migranten in die Bundesrepublik Deutschland

5.1.1 Erste Phase: Die Anwerbung der türkischen Arbeitskräfte

Die erste Phase des Einwanderungsprozesses umfasst den Zeitraum vom Abschluss des Anwerbeabkommens 1961 bis zum Anwerbestopp im Jahre 1973.[866] Ab Mitte der fünfziger Jahre herrschte ein großer Bedarf an Arbeitskräften auf dem Arbeitsmarkt der Bundesrepublik Deutschland. Dieser ergab sich insbesondere aus den Folgen des ersten Weltkrieges, der verlängerten Ausbildungszeit, dem Berliner Mauerbau, der Änderung der Berentungszeiten sowie aus der Auswanderung von Teilen der deutschen Bevölkerung.[867] Als die einheimischen Arbeitskräfte nicht mehr ausreichten um den Bedarf an Personal zu decken, unterzeichnete die BRD Anwerbeverträge mit verschiedenen Staaten.[868] Am 31. Oktober 1961 wurde das *„Abkommen zur Anwerbung türkischer Arbeitskräfte für den deutschen Arbeitsmarkt zwischen der Türkei*

---

866 Klauder, 696.

867 Ebd.

868 Ebd.

und der Bundesrepublik Deutschland" abgeschlossen.[869] Diese Vereinbarung löste eine Wanderungsbewegung großen Umfangs aus, wobei die angeworbenen Türken ungeachtet der damaligen Bezeichnung als „Gastarbeiter" nicht als Gäste, sondern als billige und deshalb umworbene Arbeitskräfte kamen.[870]

Der Entschluss, in die BRD zu migrieren, erfolgte bei der türkischen Bevölkerung überwiegend aus wirtschaftlichen Gründen, da zu dieser Zeit eine schlechte sozioökonomische Lage in der Türkei herrschte. Dies galt vor allem für ländliche Gebiete und Dörfer, wo die Menschen am meisten unter dem allgemeinen Elend litten.[871] So gaben türkische Gastarbeiter bei Befragungen an, sie seien wegen besseren Verdienstmöglichkeiten (39 %) nach Deutschland ausgereist, 28 % führten die Zukunftssicherung der Familie als Motiv der Arbeitsmigration und jeweils 12 % Arbeitslosigkeit und Armut an.[872]

Wegen der perspektivlosen wirtschaftlichen Situation auf dem Land waren viele Menschen vor ihrer Auswanderung nach Deutschland in die Zentren der Türkei geflüchtet, um dort Arbeit und Unterkunft zu finden.[873] Da ihr Ausbildungs- und Qualifikationsniveau jedoch in der Regel sehr niedrig war, blieb der Wunsch nach Arbeit und einem besseren Leben für die Mehrheit der Binnenmigranten nur ein Traum.[874] Gleichwohl nahm der Andrang nicht ab, was zur Überfüllung der Zentren und damit zur Bildung der so genannten „*Gecekonduviertel*" an den Rändern der Städte führte, wo sich das Leben in Elend und Perspektivlosigkeit fortsetzte. Diese Umstände machten die Arbeitsplätze in der Bundesrepublik Deutschland für einen großen Teil der türkischen Bevölkerung sehr attraktiv.[875] Bei vielen der nach Deutschland vermittelten Arbeitskräfte waren Großstädte wie Istanbul, Ankara und Izmir als Herkunftsort angegeben. Allerdings ist dieser Umstand als ein Zeichen der Binnenwanderung innerhalb der Türkei zu werten und von einer überwiegend ländlich/dörflichen Sozialisation der türkischen Arbeits-

---

869 Goldberg/Halm/Sen, 4.

870 Ebd.

871 Cepni, 54.

872 Mehrländer, Tabelle 22, 39.

873 Goldberg/Halm/Sen, 7.

874 Ebd.

875 Goldberg/Halm/Sen, 7 f.

kräfte auszugehen.[876] Folglich handelte es sich bei der Mehrheit der nach Deutschland ausgereisten Menschen um Personen, die ursprünglich aus einer traditionellen Lebenswelt entstammen, was in den Angaben zum Familiennachzug Bestätigung findet, denen entnommen werden kann, dass viele Nachgereiste Angehörige von Landfamilien waren.[877]

Von der Anwerbung der deutschen Wirtschaft waren aber nicht alle Altersstufen gleichermaßen betroffen. Oftmals wurden junge Erwachsene und hier besonders junge Männer gesucht.[878] Es sind jedoch auch einige Fälle bekannt, in denen zunächst die Frauen einer Familie nach Deutschland migrierten. Dies lag vor allem in dem Umstand begründet, dass die Nachfrage nach weiblichen Arbeitskräften in der deutschen Industrie fortwährend stieg. Da die Chancen der Frauen auf einen schnellen Arbeitsvertrag somit größer als für die Männer und die Lebensbedingungen im Dorf extrem schlecht waren, wurden die Frauen zwar widerwillig, aber gezwungenermaßen von ihren Ehemännern nach Deutschland vorausgeschickt.[879]

Im Jahre 1961 wurde in Istanbul eine deutsche Verbindungsstelle eingerichtet. In dieser Außenstelle des deutschen Arbeitsamtes konnten sich die Anwärter für eine Arbeit in Deutschland registrieren lassen.[880] Die Menge an Interessenten übertraf die Zahl der angebotenen Arbeitsplätze bei weitem. Hierdurch hatten die deutschen Arbeitgeber die Möglichkeit, sich nur die „besten" Bewerber auszusuchen.[881] Neben beruflichen Qualifikationen wurden bestimmte Selektionskriterien wie gesundheitliche Anforderungen und Altersgrenzen aufgestellt. So durften kompetente Arbeiter nicht das 40. (für Männer) bzw. das 45. (für Frauen) Lebensjahr überschritten haben. Für Bergarbeiter und unqualifizierte Arbeiter lag die Altersgrenze bei 30 Jahren.[882] Ferner wurden die Kandidaten einer ärztlichen Gesundheitsprüfung unterzogen, bei der zunächst ihr Blutdruck gemessen sowie Blut- und Urinproben untersucht wurden. Anschließend mussten sie einige einfache körper-

---

876 Kleff, 8.

877 ZfT 1994, 153.

878 Kagitcibasi 1991a, 34.

879 Zum Ganzen Eryilmaz, 134 ff.

880 DOMIT, ohne Seite.

881 Ebd.

882 Ebd.

liche Übungen vollführen, was in Gruppen von 10-15 Personen geschah. Um sehen zu können, ob die Anwerber etwaige körperliche Behinderungen oder Operationsnarben aufwiesen, mussten sie sich in den Gruppen bis auf die Unterhose entkleiden. Die Ärzte untersuchten Augen und Ohren sowie die Geschlechtsorgane und die Leistengegend der Menschen.[883] Bei der Diagnose leichterer Beschwerden, vereinbarten sie einen Termin für eine erneute Vorstellung mit den Betroffenen. Menschen mit ernsteren Beschwerden wurden sofort für ungeeignet erklärt und abgelehnt. Für die Zurückweisung konnte eine Operationsnarbe ebenso ausreichen, wie ein kleiner Schatten auf einer Röntgenaufnahme einer Person.[884] Da die Feststellungen schriftlich vermerkt wurden und es keinerlei Widerspruchsrecht gab, verloren die Menschen hierdurch jede Möglichkeit, um auf rechtmäßigem Weg in die Bundesrepublik Deutschland einzureisen.[885] Trotz dieser äußerst wählerischen Vorgehensweise fiel der Anteil der Ablehnungen relativ gering aus. So lag die Quote zu Beginn des Anwerbungsprozesses bei etwa 10,1 % und erreichte im Jahre 1971 mit 19,9 % ihren Höhepunkt.[886]

Personen, die den Anforderungen der Unternehmen entsprachen, erhielten schließlich eine auf zwei Jahre beschränkte Aufenthalts- und Arbeitserlaubnis (Rotationsprinzip). Wegen der andauernden Beschäftigungslücke wurde diese zeitliche Begrenzung jedoch auf Drängen der deutschen Wirtschaft in Abstimmung mit der türkischen Regierung zunächst nur faktisch und im Jahre 1964 auch formell gestrichen.[887] Im Allgemeinen mussten die Anwerber - unabhängig davon, ob sie über eine berufliche Qualifikation verfügten - als ungelernte Arbeiter beginnen. Nur die Kleinhersteller und die selbstständigen Handwerker in der Industrie sowie ein Teil der Industriearbeiter hatten gute Chancen, um einen qualifizierten Arbeitsplatz in der Bundesrepublik Deutschland zu besetzen.[888] Nach einer Studie von Borris wurde von mehr als der Hälfte der Arbeitsmigranten angegeben, dass sie die schwierigsten und unattraktivsten Arbeitsplätze zugewiesen bekamen.[889] Hierdurch entstanden ein beruflicher Aufstieg der deut-

---

883 Zum Ganzen siehe bei DOMIT, ohne Seite.

884 Ebd.

885 Ebd.

886 Ebd.

887 Schäffler, 10 f.

888 Cepni, 13.

889 Borris, 102 am Beispiel von ausländischen Gastarbeitern in Frankfurt.

schen Bevölkerung und gleichzeitig eine Unterschichtenbildung der türkischen Gastarbeiter.[890]

Borris kommt in ihrer Untersuchung auch zu dem Ergebnis, dass staatliche Stellen die Gastarbeiter vor ihrer Ausreise kaum über die Bundesrepublik Deutschland informiert haben. Ihrzufolge wussten viele gar nicht, welche Art von Arbeit sie in Deutschland erwartete und wie hoch ihr Lohn ausfallen würde.[891] Ebenso wenig waren ihnen das Land selbst, die Wohnverhältnisse und Mietpreise bekannt. Daher nutzten viele den Kontakt zu Verwandten und Freunden, die bereits in der BRD lebten, als Hauptinformationsquelle.[892] Staatliche deutsche Stellen begründeten die mangelhafte Vorbereitung der türkischen Arbeitskräfte auf die Lebens- und Arbeitsbedingungen in Deutschland damit *„ (...), dass man für größere Aktionen dieser Art einfach keine Mittel habe"*.[893]

5.1.2 Zweite Phase: Anwerbestopp und Familienzusammenführung

Im Jahre 1973 lag die Anzahl der von der türkischen Arbeitsvermittlung bisher gesandten Arbeitskräfte bei etwa 780.000 Personen. Davon waren 80 % nach Deutschland migriert.[894] Im gleichen Jahr brach die internationale Ölkrise herein, deren wirtschaftliche Nachwirkungen auch in Deutschland zu spüren waren. Daraufhin verfügte die Bundesregierung einen Anwerbestopp für Arbeitsmigranten aus Nicht-EG-Staaten, gewährte jedoch zumeist jenen, die bereits in Deutschland lebten und arbeiteten, eine dauerhafte Aufenthaltserlaubnis und das Recht auf Familienzusammenführung.[895] Während den türkischen Gastarbeitern vor der Verhängung des Anwerbestopps die Möglichkeit offen stand, bei einer Rückkehr in ihre Heimat doch wieder in die BRD zurückkommen zu können, mussten sie sich jetzt entscheiden, ob sie für immer in die Türkei zurückkehren oder auf längere Sicht in

---

890 Firat, 35; der sich hierbei auf eine Befragung der Bundesanstalt für Arbeit aus dem Jahre 1972 bezieht, wonach 41 % der Männer und nur 24 % der Frauen eine abgeschlossene Ausbildung aus der Heimat mitbrachten.

891 Borris, 68.

892 Ebd.

893 Türkische Anstalt für Arbeits- und Arbeitervermittlung, zitiert nach Akpinar 1974, 156.

894 Hecker, 3.

895 Ebd.

Deutschland bleiben wollten.[896] Die Tatsache, dass ein erneuter Zugang zum deutschen Arbeitsmarkt nun nicht mehr möglich war, löste bei vielen den Wunsch aus, ihren Auslandsaufenthalt zu verlängern und ihre Familien nachzuholen.[897] Hiermit begann die zweite Phase des Einwanderungsprozesses.

Dabei hatte laut Befragungen ursprünglich fast die Hälfte (47,7 %) aller nach Deutschland eingereisten Türken geplant, nur bis zu fünf Jahren in der Bundesrepublik Deutschland zu bleiben. Lediglich 16,5 % hatten vor, zwischen sechs und zehn Jahren in der BRD zu arbeiten. Nur ein geringer Anteil (3,4 %) an türkischen Arbeitskräften beabsichtigte für immer in Deutschland zu bleiben. Für 28,8 % der türkischen Gastarbeiter war es unklar, wie lange ihr Aufenthalt in Deutschland dauern würde.[898] Auch von deutscher Seite war der Daueraufenthalt der türkischen Arbeitskräfte zunächst nicht vorgesehen. Vielmehr ging man davon aus, dass die Ausländer nach einem begrenzten Aufenthalt wieder in ihr Heimatland zurückkehren würden.[899] Allerdings zeichnete sich bald ab, dass dieses so genannte „Rotationsmodell" nicht rentabel war. Alsbald stieß es auf Widerstand bei der deutschen Wirtschaft, die die gerade angelernten Arbeitskräfte nicht ständig durch neue ungelernte ausländische Arbeitnehmer ersetzen wollte.[900]

Die Gruppe der türkischen Einwanderer bestand bis zur Verhängung des Anwerbestopps hauptsächlich aus männlichen Arbeitnehmern.[901] Den Angaben der Bundesanstalt für Arbeit zufolge war der Großteil zu dieser Zeit verheiratet. Mehr als die Hälfte von ihnen hatte die Ehefrau in der Heimat zurückgelassen.[902] Deshalb wurde die Möglichkeit der Familienzusammenführung in Deutschland vor allem von der türkischen Wohnbevölkerung wahrgenommen. Das Ausländergesetz gestattete es dem Arbeitsmigranten, seine engsten Familienangehörigen wie Ehepartner/-in und die dazugehörigen Kinder vor dem 18. Lebensjahr zu sich nachziehen zu lassen. Hierfür musste er aber einige

---

896 Goldberg/Halm/Sen, 14.

897 Ebd.

898 Cepni, 57.

899 focus Migration: Länderprofil Deutschland, www.focus-migraton.de/uploads/tx_wilpubdb/LP01_Deutschland_v2.pdf, abgerufen am 12.05.2012.

900 Ebd.

901 Goldberg/Halm/Sen, 15.

902 Bundesanstalt für Arbeit, 20.

Voraussetzungen erfüllen. Dazu zählte neben dem Nachweis eines sicheren Arbeitsverhältnisses auch ein ausreichend großer Wohnraum für die Angehörigen. Darüber hinaus musste der Gastarbeiter belegen, so viel zu verdienen, dass bei einer Familienzusammenführung keine Sozialleistungen wie Wohngeld oder Sozialhilfe benötigt werden würden.[903]

Ziel des Anwerbestopps war es, die Zahl der Ausländer in Deutschland langfristig zu reduzieren. Zu dieser Zeit lebten ca. 910.500 Türken in der BRD.[904] Diese Verringerung gelang der deutschen Politik in den Folgejahren zwar im Hinblick auf die Gesamtzahl der in der Bundesrepublik lebenden Ausländer. Der Anteil der türkischen Bevölkerung stieg dagegen trotz des Anwerbestopps weiterhin kontinuierlich an, wobei nun keine Arbeitskräfte mehr, aber dafür vermehrt Frauen und Kinder kamen.[905] Deshalb wurden weitere gesetzliche Maßnahmen eingeleitet, die eine restriktive Wende in der Ausländerbeschäftigungspolitik ankündigten. Hierzu zählten etwa die Einführung der „Stichtagregelung" im November 1974, wonach nur diejenigen Jugendlichen eine Arbeitserlaubnis erteilt wurde, die zu einem bestimmten Stichtag in die BRD eingereist waren, die verstärkte Heranziehung des § 19 AFG[906], der die Genehmigung einer Arbeitserlaubnis erschwerte sowie die Kindergeldregelung im Januar 1975, nach der die Kindergeldsätze für ausländische Kinder, die im Heimatland geblieben waren, gestrichen wurden und die drei Monate später verkündete Zuzugsperre für bestimmte Wohngebiete, in denen der Ausländeranteil über 12 % lag.[907] Letzte Regelung wurde jedoch wegen verfassungsrechtlicher Bedenken im Jahre 1976 wieder aufgehoben.[908] Durch diese Maßnahmen sollten ausländische Arbeitnehmer aus Beschäftigungsverhältnissen verdrängt und durch Deutsche ersetzt werden. Allerdings scheiterte dieser Ansatz auch deshalb, weil die von den Gastarbeitern besetzten Arbeitsplätze und -bedingungen für die deutschen Arbeitskräfte höchst unattraktiv waren.[909]

---

903 Zum Ganzen Firat, 40 f.

904 Goldberg/Halm/Sen, 14.

905 Ebd.

906 Arbeitsförderungsgesetz.

907 Zum Ganzen Falk, 150.

908 Eryilmaz/Jamin, 398.

909 Dohse, 662.

5.1.3 Dritte Phase: Niederlassung trotz Rückkehrförderung

Die dritte Phase des Einwanderungsprozesses war der Beginn der Niederlassung der türkischen Familien in der Bundesrepublik, die ihre Rückkehrabsichten immer wieder wegen neu eintretenden Umständen aufschoben. So warteten sie etwa darauf, dass die Kinder ihre Ausbildung beendeten, sie genügend Geld sparten und sich der ökonomische Zustand im Heimatland verbesserte.[910] Um die Rückkehrabsichten der ausländischen Bevölkerung finanziell zu unterstützen, verabschiedete die deutsche Bundesregierung im November 1983 das „Gesetz zur Förderung der Rückkehrbereitschaft von Ausländern". Hierin wurde geregelt, dass ausländische Personen, die in einem gewissen Zeitraum nach Deutschland eingewandert waren, unter bestimmten Umständen eine finanzielle Rückkehrhilfe erhalten sollten. Diese belief sich auf 10.500 DM pro Erwachsenen und weiteren 1.500 DM für jedes Kind.[911] Darüber hinaus wurden eingezahlte Rentenversicherungsbeiträge ohne Wartezeit, aber abzüglich des Arbeitgeberanteils, ausgezahlt. Einen Anspruch auf die Zahlung einer späteren Rente gab es nicht. Die Bedingungen für die Zahlungen waren, dass die Menschen im Familienverband in ihre Heimat zurückkehrten und darauf verzichteten, erneut in die Bundesrepublik zu ziehen.[912] Das Rückkehrförderungsgesetz wurde von einigen ausländischen Familien in Anspruch genommen. So kehrten zwischen 1983 und 1984 etwa 250.000 Ausländer - die meisten davon waren Türken - in ihr Heimatland zurück.[913] Nach den Ergebnissen einer Studie zu den Auswirkungen des Rückkehrförderungsgesetzes aus dem Jahre 1987 führten die Maßnahmen allerdings bei weitem nicht zu der von der Bundesregierung erhofften Rückwanderung der türkischen Arbeitsmigranten und ihren Familien.[914]

5.1.4 Zur gegenwärtigen Situation

Auf politischer Ebene wurde lange Zeit nicht anerkannt, dass Deutschland de facto ein Einwanderungsland ist und es wurden erst ab den 1990er Jahren verstärkt Integrationsmaßnahmen diskutiert. Mit dem Regierungswechsel im Jahre 1998 erfolgten schließlich neue Entwick-

---

910 Goldberg/Halm/Sen, 19.

911 Ebd.

912 Goldberg/Halm/Sen, 19 f.

913 Ebd.

914 Ausführlich hierzu siehe Hönekopp, 187 ff.

lungen in der Zuwanderungs- und Integrationspolitik. Die neue Bundesregierung begann der Einwanderungsproblematik durch neue Bestimmungen zu begegnen und verabschiedete das neue Zuwanderungs- bzw. Aufenthaltsgesetz für Deutschland. Dieses trat im Jahre 2005 in Kraft und wurde 2 Jahre später teilweise reformiert. Neben veränderten Bestimmungen zur Arbeitsmigration und Familienzusammenführung, gehört die Verfolgung einer gezielten Integrationspolitik zu den wesentlichen Inhalten des neuen Regelwerkes, welches unter anderem Integrationskurse für Migranten vorschreibt, um ihre Eingliederung in das wirtschaftliche, kulturelle und gesellschaftliche Leben in der Bundesrepublik Deutschland zu fördern (vgl. § 43 I AufenthG).[915]

Obwohl die Anzahl der türkischen Ausländer grundsätzlich rückläufig ist, werden nach wie vor Zuwanderungen aus der Türkei verzeichnet.[916] So wurden im Jahre 2009 laut Pressemitteilung des Statistischen Bundesamtes rund 30.000 zuziehende Türken in der amtlichen Statistik aufgenommen.[917] Insgesamt ist eine Tendenz zu einem längerfristigen Verbleib der türkischen Migranten in Deutschland erkennbar. So gaben bei einer Befragung des Zentrums für Türkeistudien im Jahre 2006 60 % der türkischen Migranten an, keine (Re-)Migration in die Türkei zu planen, während „nur" 33 % der Probanden die Frage nach Rückkehrabsichten bejahten.[918]

---

915 Zum Ganzen siehe focus Migration, wie vor.

916 Der Rückgang kann aber auch auf den Umstand zurückgeführt werden, dass viele in Deutschland lebende Türken inzwischen eingebürgert sind und deshalb gar nicht mehr in der Ausländerstatistik in Erscheinung treten.

917 Statistisches Bundesamt, Pressemitteilung Nr. 158 vom 26.05.2010, www.destatis.de/jetspeed/portal/cms/Sites/destatis/Internet/DE/Presse/pm/2010/05/PD10__185__12711,templateId=renderPrint.psml, abgerufen am 06.08.2010.

918 ZfT 2007, 96.

5.2 Türkisches Leben in Deutschland

5.2.1 Auswirkungen der Migration auf die Norm- und Wertvorstellungen traditionell türkischer Familien

Die Migration in ein fremdes Land bedeutet grundsätzlich eine Veränderung der Lebenssituation.[919] Veränderung kann heißen, dass traditionelle Werthaltungen, Normensysteme und Verhaltenswiesen, die die türkischen Familien aus ihrer Heimat kennen, zugunsten in Deutschland geltender Normen aufgegeben oder aber, dass sie im Ausland sogar verstärkt werden.[920] Allerdings wäre es an dieser Stelle verfehlt, von einem zwanghaften Prinzip eines „entweder - oder" auszugehen. Vielmehr kann es durchaus auch zu einem Nebeneinander beider Kulturen kommen, in dem sowohl eine Identifikation mit der Herkunftskultur als auch eine mit der Aufnahmegesellschaft stattfindet. In diesen Fällen wird je nach Lebenssituation zwischen den einzelnen Kultursystemen gewechselt.[921]

Das (Fort-)Bestehen von „Ehrenmorden" im Zuwanderungsland Deutschland ist jedoch ein wichtiger Anhaltspunkt dafür, dass die Migration für einen Teil der Familien türkischer Herkunft einen allgemeinen wertestabilisierenden Effekt hat. So wird in der Literatur häufig darauf hingewiesen, dass viele türkische Migrantenfamilien ihre traditionellen Werte auch - oder vielleicht erst recht - in der Migration aufrechterhalten und ihre gewohnte Lebensform fortsetzen wollen. Die Gründe für diese Orientierung sind vor allem in dem Aufeinanderprallen der deutschen und der traditionell türkischen Kultur zu suchen, da die überwiegend ländlich-bäuerlich sozialisierten Familien in Deutschland auf eine Industriegesellschaft treffen, in der völlig andere Werte und Normen vorherrschen.[922] Hinzukommt die mangelnde Vorbereitung der Menschen auf die Konfrontation mit der fremden Umwelt, sodass sie oftmals innerhalb weniger Stunden von einer in die andere Welt versetzt werden, worauf in der Regel ein „Kulturschock" folgt.[923] Die Veränderungen der Lebenssituation bewirken zudem eine hohe Unsicherheit. Um diese zu kompensieren, neigen viele Migranten da-

---

919 Eisenrieder 2002, 38.

920 Baumgartner-Karabak/Landesberger, 104.

921 ZfT 2007, 94 ff.

922 Holtbrügge, 37.

923 König/Straube, 46.

zu, an altbekannten Strukturen und Werten festzuhalten.[924] Dies gilt vor allem für das traditionell türkische Verständnis von Ehre, das in der türkischen Kultur eine so hohe Bedeutung hat, dass zahlreiche Familien auch angesichts noch so zerstörter (Klein-)Familienstrukturen versuchen, das traditionelle System und seine Regeln in Deutschland hochzuhalten.[925] Dabei kann die fremde Umwelt sogar verstärkend auf die Wahrung der Tradition wirken, was nicht nur zur Konservierung traditioneller Norm- und Wertvorstellungen, sondern auch zu ihrer Überbetonung führen kann.[926] In der Regel kapseln sich die Familien dann auch von den Veränderungen in ihrer Herkunftsgesellschaft ab und beziehen sich auf beziehungsweise orientieren sich an dem Stand der gesellschaftlichen Entwicklung, den sie kannten und verlassen haben.[927] In diesen Fällen lässt sich die Situation vieler türkischer Migrantenfamilien in Deutschland als eine doppelte Isolation beschreiben, die sich einerseits gegenüber den veränderten Bedingungen im Heimatland und andererseits gegenüber der Aufnahmegesellschaft bemerkbar macht.[928]

5.2.2 Funktion und Bedeutung des islamischen Glaubens in der Migration

Laut Angaben des Bundesamtes für Migration und Flüchtlinge leben in Deutschland aktuell etwa 3,8 bis 4,3 Millionen Muslime, wobei die Bevölkerung mit türkischer Abstammung den größten Anteil daran ausmacht.[929] Die türkische Gesellschaft definiert sich selbst im Allgemeinen als religiös, was aus einer repräsentativen Untersuchung des Zentrums für Türkeistudien aus dem Jahre 2006 hervorgeht. Demnach sehen sich 28 % der Befragten als streng und 55 % als eher religiös an.[930] Allerdings ist nur jeder dritte Türke auch praktizierender Moslem. Zu den gläubigen Moslems gehören in erster Linie die Angehörigen der ersten Generation von Türken.[931] Eine frühere Untersuchung

---

924 Eisenrieder 2002, 38.

925 Kleff, 204.

926 Auernheimer, 130.

927 Düzgün, 58.

928 Kondzialka, 37.

929 Bundesamt für Migration und Flüchtlinge, 70, 78.

930 Sen/Sauer, 14, 20.

931 Sen/Goldberg, 86.

belegt ferner, dass die bereits im Heimatland erworbene Einstellung Aufschluss über die Ausprägung der Religiösität im Zuwanderungsland gibt. So haben in der Regel diejenigen Migranten, die in der Türkei eher eine distanzierte Haltung zum islamischen Glauben hatten, sich in Deutschland noch weiter von der Religion entfernt, was auch in dem deutlichen Rückgang der religiösen Praxis zum Ausdruck kommt. Dagegen haben häufig diejenigen Zuwanderer, die seit jeher eine enge Bindung zum Islam hatten, diese in der Migrationssituation intensiviert.[932]

Es gibt aber auch Migranten, die, obwohl sie in der Türkei weniger religiös waren, in Deutschland eine stärkere Verbundenheit zu ihrer Religion entwickeln,[933] was oftmals eine Reaktion auf die verunsichernde Situation in der „Fremde" darstellt.[934] Dabei können die starke Hinwendung oder eine Rückkehr zum Islam einen bedeutsamen Identitätsfaktor in der neuen Lebensumwelt ausmachen. So nutzen viele Menschen türkischer Herkunft das Bekenntnis zur „islamischen Identität" als Abgrenzungsversuch und gleichzeitig als Schutzschild gegen die empfundenen Zumutungen in der „Fremde".[935] Häufig wird die Religion als „letzte Zufluchtsstelle" angesehen, die den Menschen in der Migration die Verbindung zu den Sitten und Gebräuchen ihrer Heimat aufrechterhält.[936] Deshalb übernimmt sie für viele Muslime die Funktion, ihrer Bemühung, die kulturelle und soziale Identität zu bewahren, Ausdruck zu verleihen.[937] Daneben dient die religiöse Verbundenheit nicht selten auch als Ausgleich zu beziehungsweise als Antwort auf soziale Probleme wie Arbeitslosigkeit oder Wohnungsnot, weshalb sie auch zu einem festen Bestandteil des gesellschaftlichen Lebens werden kann.[938]

Da der Islam eine Annäherung an die deutsche - aus islamischer Sicht ungläubige - Gesellschaft ausschließt, kann eine religiöse Lebensweise in der Migration auch die Überbetonung islamischer Moralregeln und

---

932 Vgl. Seiser, 104 unter Berufung auf die Pilotstudie *„Islam und Integration"* von Hanns Thomä-Venske aus dem Jahre 1981.

933 Sen/Goldberg, 91.

934 ZfT 1997, 65.

935 ZfT 1994, 126 f.

936 So jedenfalls Beckert, Hansguenther, zitiert nach Holtbrügge, 86.

937 Polat, 40 f.

938 Goldberg/Halm/Sen, 72.

eine völlige Ablehnung der westlichen Wertvorstellungen zur Folge haben.[939]

Die Rückbesinnung türkischer Migranten auf den Islam geht häufig auch mit der Angst einher, dass ihre Nationalität in der Migration in Frage gestellt werden kann, sobald sie ein Verhalten an den Tag legen, das nicht unbedingt die Befolgung islamischer Regeln beweist. Diese Befürchtung liegt darin begründet, dass nach türkischem Verständnis Religion und Nation eine Einheit bilden, was gerade in der Migration an Bedeutung gewinnt. Wird eine Person als „Westler" - also als jemand der sich vom Islam abgewendet hat und ein modernes Leben führt - abgestempelt, so bedeutet dies für viele zugleich, dass sie kein „echter" Türke mehr ist. Um dies zu vermeiden, gibt es zahlreiche Migranten, die sogar mehr Wert auf die öffentliche Ausübung der religiösen Pflichten legen, als sie es im Heimatland getan haben.[940]

Laut Studienergebnissen von Sen/Sauer nehmen zahlreiche türkische Migranten Informationsangebote in den Moscheen wahr. Die Häufigkeit des Moscheebesuchs soll sich in den letzten Jahren sogar erhöht haben. So gaben im Rahmen der deutschlandweiten Befragung des Zentrums für Türkeistudien 42 % der Probanden an, mindestens einmal in der Woche in die Moschee zu gehen. Die Mehrheit nutzt die Angebote der Moschee dagegen regelmäßig mindestens einmal im Monat. Während 12 % mehrmals im Jahr die Moschee besuchen, halten sich 7 % nur zu den Feiertagen dort auf. Schließlich teilte nur ein Fünftel der Befragten mit, die Moschee gar nicht oder so gut wie nie zu besuchen.[941] Allerdings herrscht auch in Deutschland im Allgemeinen eine unzureichende und eher oberflächliche Übermittlung religiöser Inhalte, die in den Moscheen durch die Imame erfolgt. Obwohl sich die Moscheegemeinden darum bemühen, Personen einzustellen, die tiefe religiöse Kenntnisse haben, kann dies nicht immer umgesetzt werden. Da die Inhalte und Abschlüsse einer Ausbildung in der Türkei nicht einheitlich festgelegt sind, kann es ferner dazu kommen, dass Gelehrte unterschiedliches predigen, weshalb der Kenntnis- und Wissensstand der Menschen voneinander abweichen kann.[942] Die Imame werden im Rahmen eines „Rotationsverfahrens" nach Deutschland gesandt und

---

939 König, 243.

940 Zum Ganzen Sezer, 204.

941 Sen/Sauer, 28.

942 www.migration-boell.de/web/integration/47_1115.asp, abgerufen am 18.06.2012.

kehren nach drei bis vier Jahren wieder in die Türkei zurück. Deshalb sind sie überwiegend am Herkunftsland orientiert und nehmen gesellschaftliche und politische Diskussionen in Deutschland kaum wahr.[943] Obwohl sie als Vertrauensperson angesehen werden, die bei Eheproblemen, Schulden oder Erziehungsfragen beraten sollen, können sie ihre Brückenfunktion oftmals nicht ausschöpfen und den zusätzlichen Bedürfnissen der muslimischen Migranten nicht gerecht werden.[944]

Selbst wenn man davon ausgeht, dass nur ein geringer Teil der türkischen Bevölkerungsgruppe über tiefreligiöse Kenntnisse verfügt und diese zum Maßstab seines Denkens, Fühlens und Handelns macht, so befürwortet die Mehrheit der türkischen Migranten die religiös begründeten Sitten und Traditionen.[945] Deshalb ist es durchaus möglich, dass die Begehung eines „Ehrenmordes" auch in Deutschland mit islamischen Werten legitimiert beziehungsweise gerechtfertigt wird, die ein begünstigendes Klima für die Kontrolle der Frau, für die Anwendung von Gewalt und damit auch in gewisser Weise für die Tötung schaffen können.

5.2.3 Soziale und räumliche Segregation zur Aufnahmegesellschaft als Stütze der Identität türkischer Migrantenfamilien

Ein entscheidender Faktor, der die Aufrechterhaltung des traditionell-religiösen Normen- und Wertesystems in Deutschland begünstigt hat, war sicherlich die Entstehung der so genannten „Türkenviertel" in vielen Städten Deutschlands. Die Ursachen für die Entwicklung dieser Ballungsgebiete gehen auf die Anfänge der Arbeitsmigration zurück und liegen hauptsächlich in den Schwierigkeiten bei der Versorgung der türkischen Arbeitskräfte mit entsprechendem Wohnraum begründet. Als die türkischen Gastarbeiter nach Deutschland kamen, wurden sie meist in werkseigenen (Sammel-)Wohnunterkünften untergebracht. Befragungen zufolge waren diese jedoch absolut familienunfreundlich, da sie sehr klein ausfielen, zum Teil überbelegt waren und Frauen und Männer separiert untergebracht wurden.[946] Die Arbeitsmigranten beklagten sich massiv über die Kasernierung in den Heimen sowie über

943 www.taz.de/1/leben/buch/artikel/1/extremisten-gibt-es-nur-wenige/, abgerufen am 18.06.2010.

944 Ebd.

945 ZfT 1994, 126.

946 Ausführlich siehe Borris, 130 ff.

die häufig auftretenden Konflikte bei Besuchen. Als sich dann auch ihr Wunsch zur Familienzusammenführung verstärkte, machten sich viele auf die Suche nach einer eigenen Wohnung.[947] Und hier begannen die Probleme. Zum einen war der Wohnungsmarkt in den Städten durch hohe Mietpreise gekennzeichnet, denn preisgünstige Wohnungen waren bereits an einheimische Mieter vergeben. Zum anderen waren die deutschen Vermieter oftmals einfach nicht gewillt, Wohnungen an Ausländer zu vermieten. Demgegenüber waren die ausländischen Arbeitnehmer ihrerseits nicht dazu bereit, größere Teile ihres Einkommens in die Miete zu investieren, da sie ursprünglich keine langfristigen Aufenthaltsperspektiven hatten.[948]

Die Folge dieser Faktoren war, dass die Gebiete mit billigen Mieten zum Hauptanziehungspunkt türkischer Gastarbeiter wurden, wobei die Einheimischen diese Zonen zunehmend verließen.[949] Diese Entwicklung wird von einer türkischen Hausfrau folgendermaßen beschrieben:

> „Hier wohnen nur Ausländer. (...) Haben Sie hier auf der Straße Deutsche gesehen? Ganz, ganz wenige. Hier wohnen nur Ausländer. (...) Hier sind nur schlechte Häuser, kein Balkon, kein Garten, sehr viele Kinder in kleinen Wohnungen. Wenn die Leute sich die Miete leisten, dann gehen sie (...) (fort). Das sind natürlich Deutsche. Die Armen kommen (...) (hier hin), weil sie sich die Miete nicht leisten können. Das sind natürlich die Ausländer".[950]

Die Bildung dieser Zonen mit einer größeren Anzahl von türkischen Familien wurde auch dadurch unterstützt, dass das Interesse, in der Nähe von Verwandten und Bekannten zu wohnen, bei den Türken bereits in ihrem Heimatland existierte und damit ein Charakteristikum ihrer Kultur darstellt. In der Migration hat dieser Umstand es ihnen zudem erleichtert, Kontakte mit Angehörigen aufrechtzuerhalten beziehungsweise neue Beziehungen zu anderen Ausländern ihrer Nationalität aufzubauen, die unter Umständen alte Bindungen ersetzen

---

947 Baumgartner-Karabak/Landesberger, 74.

948 Zum Ganzen Boos-Nünning, 345.

949 Baumgartner-Karabak/Landesberger, 74.

950 Siehe bei Toprak 2004, 38.

konnten. Durch das Zusammenleben mit anderen türkischen Familien sind Strukturen und Bezugsysteme entstanden, die ähnlich denen sind, die die Migranten aus ihren ländlichen Herkunftsorten kennen.[951]

Mit der zunehmenden Konzentration türkischer Migranten in bestimmten Wohnvierteln hat sich zudem eine stets wachsende spezifisch türkische Infrastruktur herausgebildet, die einen weiteren Anreiz dafür geboten hat, in dem „Türkenviertel" wohnen zu bleiben.[952] Die Folge war und ist, dass viele türkische Familien zwar in deutschen Großstädten wohnen, aber in türkischen Supermärkten einkaufen, in türkischen Kultur- und Jugendzentren ihre Freizeit mit Landsleuten verbringen und am Abend eine türkische Disco aufsuchen können, in der fast ausschließlich türkische Musik gespielt wird.[953] Da viele türkische Migrantenfamilien nach wie vor mit anderen türkischen Mitbürgern in diesen Zonen zusammen wohnen, verlaufen ihre sozialen Beziehungen vor allem innerhalb der eigenen Ethnie. Sie haben generell kaum Kontakt zur deutschen Bevölkerung, sodass keine Annäherung an die fremde Gesellschaft stattfindet. Da sie auf die Kontakte zur deutschen Gesellschaft in ihrer türkischen Lebenswelt auch nicht unbedingt angewiesen sind, entfällt damit auch die Notwendigkeit, die deutsche Sprache zu erlernen.[954] Dabei kommen die in Deutschland lebenden türkischen Hausfrauen am aller wenigsten mit der deutschen Gesellschaft in Berührung. Häufig ist ihr Leben auf den Kreis von Familie und die türkische Bekanntschaft beschränkt.[955] Viele dieser Frauen kleiden sich wie zu Hause im Dorf mit Kopftuch und Pluderhose. Ihre wenigen Außenkontakte zur deutschen Bevölkerung bestehen aus ihrem Gang zu Behörden - und dies auch nur wenn ihre Anwesenheit unbedingt erforderlich ist - und aus Arztbesuchen mit ihren Männern.[956]

Wegen der Rückkehrabsichten, haben sich viele Menschen erst gar nicht auf Deutschland eingelassen. Sie sehen die Bundesrepublik nach wie vor nicht als „ihr Land" an, sondern als einen „entsymbolisierten" Raum in dem lediglich gearbeitet wird, wobei das eigentliche Leben in

---

951 ZfT 1994, 103 f.

952 Toprak 2004, 49.

953 Ebd.

954 Zum Ganzen König/Straube/Taylan, 14.

955 Baumgartner-Karabak/Landesberger, 96.

956 Ebd.

der Türkei stattfindet.[957] In den Ballungsgebieten gelingt es den türkischen Migranten am ehesten, ihre Sehnsucht nach der Heimat zu kompensieren.[958] Denn der Umstand, dass in ihrer isolierten Lebenswelt die Berührungspunkte zur deutschen Kultur und Lebensweise nahezu ausgeschlossen sind, erleichtert es den türkischen Familien, sich an bekannten türkischen Vorstellungen zu orientieren und die Sitten zu wahren.[959] Das Leben spielt sich hier so ab, als gebe es die Deutschen ringsum nicht, ebenso wie sich das Leben der Deutschen größtenteils so abspielt, als gebe es keine Türken in ihrer Gesellschaft.[960]

Dieses Rückzugverhalten der türkischen Migranten ist aber auch stets im Zusammenhang mit der Art ihrer Beziehung zur deutschen Gesellschaft zu sehen. So haben verschiedene repräsentative Untersuchungen ergeben, dass es eine gewisse Abwehrhaltung der deutschen Bevölkerung gegenüber der türkischen Minderheit gibt.[961] Dies liegt in erster Linie an der Unterschiedlichkeit der deutschen und türkischen Kultur. Denn grundsätzlich gilt: *„Je größer die Ähnlichkeit zwischen den Charakteristika der dominanten Kultur und Gesellschaft und der Kultur der Migranten ist, desto geringer die Spannung und die Entfremdung"*.[962] Das Leben im Ballungsgebiet gewährt den Menschen eine gewisse Sicherheit und bis zu einem gewissen Grad auch Ausgleichsmöglichkeiten für ihre Anpassungsschwierigkeiten und die Intoleranz der Umwelt. Wegen der diskriminierenden Bedingungen im außerfamiliären Bereich wird zudem die Verbundenheit in Familie verstärkt, die als „Schutzraum" betrachtet werden.[963]

Das Zusammenleben mit anderen türkischen Migranten ermöglicht es den Familien auch, ihre Außenbeziehungen zur türkischen Gemeinschaft weiterzuführen beziehungsweise sie wieder neu aufzubauen.[964] Da die Familie nicht allein ist, kann sie sich neben dem Zusammenhalt ihrer einzelnen Angehörigen untereinander auch auf die Solidarität anderer Mitglieder ihrer Gemeinde verlassen. Dabei werden die ihr

---

957 Schiffauer 2002, 17.

958 König/Straube, 102.

959 Eisenrieder 2002, 36.

960 Bausinger, 150.

961 Siehe bei Düzgün, 61.

962 Kagitcibasi 1991a, 40.

963 Baumgartner-Karabak/Landesberger, 76, 93.

964 ZfT 1994, 104.

aus ihrer Heimat bekannten Prinzipien der gegenseitigen Hilfeleistungen der Familienmitglieder untereinander sowie zwischen den Mitgliedern von Gruppen nicht nur beibehalten, sondern auf die Migrationssituation übertragen und herangezogen, um eine Vielzahl von ganz praktischen Fragen in dem fremden Umfeld - wie Wohnungssuche, Regelung behördlicher Angelegenheiten etc. - zu lösen.[965] Vor dem Hintergrund eines allgemeinen Übergewichts an Deutschen, wird die aus der Heimat bekannte verwandtschaftliche Solidarität in der Regel auch auf andere Gruppen ausgeweitet.[966] Deshalb ist in der Migration ein mit der Familie vergleichbar starker Zusammenhalt nicht nur bei Nachbarn, sondern auch bei Freunden und Bekannten anzutreffen, die sich in allen Lebenslagen gegenseitig unterstützen.[967] Um die Verbundenheit zu fördern, versuchen die türkischen Migranten ihre Gemeinsamkeiten zu häufen und für alle Mitglieder der Gemeinde gültige Inhalte und Themen zu schaffen.[968] Da der alltägliche Zusammenhalt durch die äußeren Bedingungen - wie etwa durch verschiedene Arbeitszeiten - eingeschränkt ist, agieren sie in der fremden Umwelt häufig gemeinsam, tauschen sich über die Erfahrungen des einzelnen mit dem „Draußen" in der Gesamtgruppe aus und festigen ihre sozialen Beziehungen durch viele Binderiten wie Feste und gegenseitige Besuche.[969] Die engen Familien-, Verwandtschafts- und Gemeindeverflechtungen scheinen für die türkische Minderheit in Deutschland neben ihrer traditionellen Bedeutung auch funktionelle Mechanismen der Anpassung und des Schutzes vor Entfremdung zu sein.[970] Durch das Gefühl von Verbundenheit und der Zugehörigkeit zu einer Gruppe sowie durch das Vertrauen auf die Familie, Verwandtschaft und Gemeinde, erhalten die entwurzelten Menschen eine starke Unterstützung, die gegen die Ohnmachtgefühle wirkt. Hierdurch gewinnt das türkische Umfeld ein überlebenswichtiges Gewicht, womit die Einbindung in die türkische Community unverzichtbar wird.[971]

Durch die engen Beziehungen zu anderen türkischen Familien, die vor allem durch das Leben in Ballungsgebieten entstehen, bildet sich eine

---

965 Ebd.

966 Straube, 190.

967 Özcan, 523.

968 Straube, 189.

969 Ebd.

970 Kagitcibasi 1991a, 42.

971 Ebd.

starke Präsenz der türkischen Community heraus. Da die räumliche Nähe der Familien jede Bewegung des Einzelnen außerhalb des häuslichen Bereiches öffentlich und damit der allgemeinen Bewertung zugänglich macht, können schnell Gerüchte über ein vermeintliches Fehlverhalten entstehen. Deshalb achten die Familien in der Regel peinlichst genau darauf, dass ihre - vor allem weiblichen - Mitglieder die Ehrenregeln befolgen.[972] Dabei kann der soziale Druck in der Migration - wegen der Ausweitung der Verbundsgruppe - nicht nur von der Familie, sondern von näheren und ferneren Verwandten, Bekannten und Nachbarn, ja sogar von fremden türkischen Männern des Wohnblocks ausgehen.[973] Da der Zusammenhalt wegen der Dominanz der fremden Umwelt besonders wichtig ist, kann die Kontrolle über die Einhaltung der Normen sogar noch stärker sein, als dies zu Hause in der Türkei der Fall wäre.[974]

Infolge dieser unübersehbaren Parallelen zwischen den in den heimatlichen Dörfern herrschenden Strukturen und denen in der Migration, wurden im Laufe der Zeit bestimmte Stadtgebiete in Deutschland - wenn auch nur scherzhaft - für die größten türkischen Städte erklärt. Dies ist vermutlich auch der Grund dafür, warum es in einem türkischen Lied heißt: *„Die Dörfer der Türkei sind hier neu eingerichtet worden"*.[975] Das Leben in sozialer und räumlicher Segregation zur Aufnahmegesellschaft erfüllt für die türkischen Familien somit zwei Funktionen: Auf der einen Seite bietet sie den Menschen in der Migration Rückhalt und Schutz in einer fremden, sie teilweise diskriminierenden, Umgebung. Auf der anderen Seite sehen die Migranten hierin eine Stütze für die Wahrung ihrer eigenen Identität. Die Wechselwirkung beider Faktoren ist als ein ausschlaggebender Grund für das Überleben heimatlicher Anschauungen in der Migration zu werten.[976]

Gleichwohl darf nicht außer Acht gelassen werden, dass die Ballungsgebiete nicht alle türkischen Migranten erfassen. Sie stellen weder ho-

---

972 Zum Ganzen ZfT 1994, 157.

973 Cileli 2002, 33 f.

974 Straube, 189.

975 Straube, 240.

976 Das geballte Zusammenleben mit vielen anderen türkischen Familien könnte auch der Grund dafür sein, warum laut Materialsammlung der Kriseneinrichtung Papatya bisher fast ¼ der vollendeten Tötungsdelikte im Namen der Ehre in Berlin stattgefunden haben, siehe hierzu im 1. Teil unter 1.4.1.1.1.2.

mogene noch konfliktfreie Räume dar.[977] Im Gegenteil, oftmals liegen „Türkenviertel“ in solchen Stadtteilen oder kleinräumigen Zonen in Stadtvierteln, die infrastrukturell benachteiligt sind. Es gibt eine räumliche Konzentration von Armut und einen hohen Anteil an Arbeitslosen und Sozialhilfeempfängern, womit auch eine (zusätzliche) Diskriminierung durch die Mehrheitsgesellschaft verbunden ist,[978] die die Isolation der türkischen Migranten verstärkt.[979] Diese soziale Lage könnte eine weitere Erklärung dafür sein, warum sich die traditionell türkischen Vorstellungen in Deutschland erhalten beziehungsweise verstärkt werden und die Familien immer mehr zusammenrücken und sich verbinden. Auf ähnliche Risikofaktoren verweist auch das „Ressource Book“ des EU-weiten Projekts „Honour Related Violence“ (HRV) im Rahmen der Darlegung der Gründe für das (Fort-)Bestehen ehrbedingter Gewalt in europäischen Ländern. Danach werden unter anderem Armut, soziale Ausgegrenztheit, schlechte Bildung oder zerrüttete Familienverhältnisse als maßgeblich erachtet. [980]

5.2.4 Die Rollen- und Autoritätsstruktur der Geschlechter in der Familie

Wie bereits deutlich gemacht wurde, ist die türkische Familie nicht homogener Natur und unterscheidet sich bereits im Herkunftsland nach Stadt und Land, West und Ost, religiöser Einstellung sowie Bildung. Ebenso wenig wie den Familien in der Türkei eine typische Größe, Struktur und Lebensweise zugeordnet werden konnte, wäre es zulässig, nun von *„der“* türkischen Migrantenfamilie in Deutschland zu sprechen. Vielmehr ist auch hier die Vielschichtigkeit und Pluralität der Familien zu betonen. Gleichwohl ist allen Familien zumindest die Erfahrung der Migration – also die Schwierigkeit, sich in einer fremden Umwelt zurechtzufinden und mit fremden Menschen umgehen zu müssen – gemein. Wie die Familien die neue Lebenssituation bewältigen, ist in großem Maße davon abhängig, wie sie vor der Migration im Herkunftsland lebten. Entscheidend ist dabei, ob die Familie aus einer ländlich geprägten Region, in der vor allem patriarchalisch-autoritäre Beziehungen zwischen den Geschlechtern und den Generationen herr-

---

977 Eisenrieder, 38.

978 Boos-Nünning, 352.

979 Baumgartner-Karabak/Landesberger, 79.

980 Vgl. Kvinnoforum 2003, 19 ff.

schen, oder aus städtischen Verhältnissen stammt.[981] Laut einer Untersuchung von Atabay stellen Familien mit einer religiös-traditionellen Orientierung einen von insgesamt drei verschiedenen Familientypen türkischer Migranten in Deutschland dar. Als weitere Formen nennt er die „Familien zwischen Tradition und Moderne" und „Moderne Familien/Paare", [982] wobei die „moderne" türkische Familie in Deutschland die Ausnahme darstellen soll.[983]

Die Bestimmungen des Ausländerrechts zum Familiennachzug haben den Nachzug von Eltern, Geschwistern, Onkeln oder Tanten der türkischen Arbeitsmigranten in die Bundesrepublik nicht erlaubt. Deshalb stellt die streng patriarchalisch-hierarchisch strukturierte Großfamilie auch in Deutschland eher die Ausnahme dar.[984] Ungeachtet dessen, beschreibt Atabay für religiös-traditionell orientierte türkische Migrantenfamilien eine ausgeprägte Tendenz zu patriarchalischen Verhaltensweisen mit traditioneller Rollenaufteilung - wo Frauen eine untergeordnete Stellung zugewiesen wird - und begründet diese mit vielfältigen Unsicherheiten im Leben der türkischen Migranten. Das „Modell" der Herkunftsfamilie werde in der eigenen Lebensweise in Deutschland kopiert.[985] Trotz des Festhaltens an mitgebrachter Orientierung und Religion, können sich vielfältige Veränderungen in das Leben der türkischen Migrantenfamilien „einschleichen", die sich vor allem in dem Wandel der Rollen- und Autoritätsstruktur der Geschlechter widerspiegeln.[986] Ob die türkischen Migranten an einer starren traditionellen geschlechtsrollenspezifischen Aufteilung der Aufgaben und Entscheidungskompetenzen festhalten, ist in erster Linie davon abhängig, in welchem Ausmaß sie über Anpassungskapazitäten verfügen. Dabei entscheiden vor allem kulturelle Faktoren darüber, wie sie auf die veränderten Lebensbedingungen in der Aufnahmegesellschaft reagieren.[987]

Wie die Rolle der Geschlechter in der Familie ausgestaltet ist, ist neben der Situation vor der Migration jedoch auch davon abhängig, ob zuerst

---

981 Goldberg/Halm/Sen, 51.

982 Atabay, 35 ff.

983 Toprak 2004, 32.

984 Falk, 153.

985 Atabay, 57 f.

986 BMFSFJ 2000, 91.

987 Ebd.

der Mann als Arbeitsmigrant nach Deutschland geht und seine Frau anschließend nachholt, oder ob es die Frau ist, die als „Pionierin" in das fremde Land einreist beziehungsweise schon dort ist und ihr Mann erst später kommt.[988] Dieser Zusammenhang ergibt sich vor allem vor dem Hintergrund, dass der rechtliche Status des Nachkommenden stets von dem Status des Partners abhängig und der gewünschte Erwerb einer Tätigkeit einigen gesetzlichen Beschränkungen ausgesetzt ist.[989] So haben Nachmigrierte aktuell nur einen sofortigen Anspruch auf eine Arbeitserlaubnis, wenn der Ausländer, zu dem der Nachzug erfolgt, seinerseits zur Ausübung einer Erwerbstätigkeit berechtigt ist oder erst dann, wenn die Ehe seit mindestens zwei Jahren in Deutschland Bestand hat (vgl. § 29 Abs. 5 AufenthG). Bei einer Scheidung in diesem Zeitraum wird die Aufenthaltserlaubnis der nachgereisten Person nach bisheriger Rechtslage nur verlängert, wenn der weitere Aufenthalt zur Vermeidung einer besonderen Härte für den Ehegatten erforderlich ist (§ 31 AufenthG).[990] In allen anderen Fällen wird die nachgezogene Person wegen des Wegfalls des „Aufenthaltszweckes" abgeschoben.

5.2.4.1 Männliche Ersteinwanderung

Geht zuerst der Mann nach Deutschland, bleiben die traditionellen Strukturen oftmals auch in der Migration erhalten. Denn es herrscht eine klassische Rollen- und Aufgabenverteilung, die dadurch gekennzeichnet ist, dass der Mann in der Außenwelt einer Erwerbstätigkeit nachgeht, während die Frau auf den häuslichen Bereich fixiert ist und sich mit der Kindererziehung beschäftigt.[991] Da der Mann der Träger der Außenkontakte bleibt, hat er somit auch in der Migrationssituation den Anspruch, seiner Frau und seinen Kindern die Welt draußen zu interpretieren.[992] Dabei ist er nicht nur der „Ernährer" der Familie, sondern mehr oder weniger auch ihr „Lehrer" und „Begleiter".[993] Dieses traditionelle Rollen- und Aufgabenverhalten bedeutet für die Frau-

988 Goldberg/Halm/Sen, 59.

989 Düzgün, 44.

990 Vgl. auch Yerlikaya/Cakir-Ceylan ZIS online 2011, 205; für eine ausführlichere Darstellung der Gesetzeslage siehe im 6. Teil unter 6.4 Fn. 1413.

991 Hierzu umfassend siehe Holtbrügge, 90 ff.

992 Straube, 192.

993 Düzgün, 44.

en eine noch stärkere Isolation in Deutschland. Da sie hier keinerlei Erwerbstätigkeit nachgehen beziehungsweise nicht nachgehen können/dürfen, bleiben sie ausschließlich auf den Innenbereich verwiesen. Wegen der Anbindung an die häusliche Umgebung, haben sie auch keine Gelegenheit, die deutsche Sprache zu erlernen.[994] Sie befinden sich in einem besonderen Abhängigkeitsverhältnis zu ihren Ehemännern, sodass ihnen gar keine andere Wahl bleibt, als sich der Autorität und der Macht des Mannes unterzuordnen.[995]

5.2.4.2 Weibliche Ersteinwanderung/Frau ist bereits in Deutschland

Die größten Rollenveränderungen finden in den Fällen statt, in denen die Frau als erste nach Deutschland wandert, um eine Arbeit aufzunehmen.[996] Dabei bedeutet bereits ihr Weggang oftmals einen „Ehrverlust“ für den zurückgebliebenen Mann beziehungsweise für die Familie, da es sich hierbei um einen unfreiwilligen und schwerwiegenden Bruch in der herkömmlichen Rolle der Geschlechter handelt.[997] Die Ersteinwanderung durch die Frau geht in die Anfänge der Arbeitsmigration der türkischen Bevölkerung zurück. So waren es die ökonomischen Zwänge in der Türkei, die die seit langen Jahren auf eine Vermittlung wartenden Männer dazu brachten, ihre Frauen nach Deutschland zu schicken.[998] Die Männer, die ihre Frauen in der Türkei in die Häuser verwiesen hatten, für die es unvorstellbar war, dass die Frau ohne männlichen Schutz das Dorf verließ, mussten nun mit ansehen, wie ihre Frauen allein nach Deutschland gingen.[999] Wie schwer, ihnen dies tatsächlich fiel, wird in dem Umstand deutlich, dass die Frauen in Deutschland einem enormen Druck ausgesetzt waren. Da stark an der Ehrenhaftigkeit der Absichten der Frauen im Heimatland gezweifelt wurde,[1000] rückten sie immer mehr in den Blickpunkt des allgemeinen Interesses. Um das Verhalten der Frauen gewissen Grenzen zu unterwerfen, wurden etwa verschiedene Regelungen aufgestellt und als An-

---

994 ZfT 1994, 154.

995 Ebd.

996 Straube, 313.

997 Ebd.

998 Baumgartner-Karabak/Landesberger, 72.

999 Baumgartner-Karabak/Landesberger, 83; Straube, 276.

1000 Schiffauer 2002, 16.

lage zum Arbeitsvertrag herausgegeben sowie strenge disziplinarische Auflagen in den Hausordnungen der Wohnheime bekannt gemacht. Hierdurch sollten die Frauen vor allem hinsichtlich ihres Verhaltens gegenüber fremden Männern ermahnt werden. Sie standen stets unter der Beobachtung der türkischen und deutschen Öffentlichkeit. Landsleute und Verwandte, die sich als Hüter der Ehre verstanden, bedrohten die Frauen ständig und schreckten auch nicht davor zurück, gewalttätig gegen sie vorzugehen. Dies ging so weit, dass sich eine Bande namens TANK 1 (Schutz der Ehre und Moral der Türken) bildete, die aus etwa fünf bis zehn Personen bestand und Frauen grausam angriff, sie verletzte oder sogar tötete.[1001]

Mit der Ersteinwanderung der Frau sind weitere Folgeerscheinungen verbunden, die sich zusätzlich auf die traditionelle Rollenverteilung zwischen Mann und Frau auswirken. So müssen „Pionierinnen" bis zum Nachzug des Mannes allein in Deutschland leben. Ohne eine Anbindung an Familie und Mann stehen sie in dieser Zeit vor der Aufgabe, ihr Leben autonom einzurichten, auf eigenen Füßen zu stehen und Probleme allein zu bewältigen.[1002] Bei der Ankunft des Mannes verfügen die Frauen häufig bereits über soziale Kontakte - etwa am Arbeitsplatz -, haben Kenntnisse über das Leben in der veränderten Lebensumwelt - zum Beispiel über den Umgang mit deutschen Behörden - und beherrschen teilweise die deutsche Sprache.[1003] Zudem geht die Frau in diesen Fällen einer eigenen Erwerbstätigkeit nach, wodurch sie nicht nur finanzielle Unabhängigkeit erhält, sondern zunehmend den traditionell bedingten Vorsprung männlicher Erfahrung in der Außenwelt aufholt, eigenes Selbstvertrauen und Selbstwertgefühl gewinnt beziehungsweise erhöht und eigene Ansprüche stellt.[1004] Hier ist der uneingeschränkten Autorität des Mannes als Familienoberhaupt und seiner alleinigen Berechtigung zur Repräsentanz der Familie in der Öffentlichkeit absolut der Boden entzogen.[1005]

Eine ähnliche Situation finden auch junge Männer vor, die nach Deutschland in eine türkische Migrantenfamilie einheiraten. Dabei ergibt sich der erste Regelverstoß aus ihrem Zuzug in die Familie der

---

1001 Eryilmaz, 136 f.

1002 ZfT 1994, 154.

1003 Ebd.

1004 Düzgün, 44.

1005 ZfT 1994, 154.

Braut. In einer fremden Umwelt sind sie abhängig von der Familie ihrer Frau und müssen um die Anerkennung ihrer Schwiegereltern kämpfen; eine Position, die in der Türkei wegen des patrilokalen Prinzips traditionell nur für die Frau vorgesehen ist.[1006] Obwohl weitgehend bekannt ist, wie undankbar dieser Weg ist, beschreiten ihn viele Männer, da die Einheirat nahezu die einzige Möglichkeit darstellt, um legal nach Deutschland zu kommen.[1007] In diesen Fällen müssen Frauen oftmals auch in Anwesenheit des Mannes männliche Funktionen im Außenbereich übernehmen, wobei nun die Männer auf die Vermittlung ihrer Frauen angewiesen sind.[1008] Unter diesen Umständen fehlt es ebenfalls an der Legitimation für die traditionelle Position des Mannes.

5.2.4.3 Eintritt der Frau in ein Arbeitsverhältnis

Auch der allgemeine Fall, dass die Frau selbst einem Beruf nachgeht und hierdurch zum Familienunterhalt beiträgt, bewirkt Veränderungen in der Rollen- und Autoritätsstruktur der Familien.[1009] Dabei geschieht das Heraustreten der Frau aus der Begrenzung des häuslichen Bereichs in der Regel mit dem Einverständnis des Mannes, dem es ein wichtiges Anliegen ist, von finanziellen und materiellen Existenzsorgen befreit zu sein, da dies häufig die Hauptmotivation für die Migration nach Deutschland ist. Um das Ziel, möglichst viel Geld zu verdienen zu verwirklichen, wird es ausnahmsweise als legitim angesehen, die Frau und andere Familienmitglieder für die Erwerbstätigkeit heranzuziehen.[1010] Allerdings wird es von den Männern in der Regel mit Misstrauen und Besorgnis verfolgt, wenn Frauen ohne ihren „Schutz" in die Außenwelt gehen, was einen schweren Bruch mit der Tradition bedeutet. Um Normenverstöße auf ein Mindestmaß zu reduzieren und sich jedem Verdacht eines Ehrverlustes zu entziehen, gehen die berufstätigen Frauen häufig im Kollektiv zur Arbeit und treten dort nur als Gruppe auf.[1011] Die Erwerbstätigkeit bedeutet für die Frau aber nicht nur den Schritt in eine größere Freiheit. Sie fördert auch ihre wirtschaftliche Unabhängigkeit von ihrem Mann, was in der Regel zu ei-

---

1006 Straube, 306.

1007 Ebd.

1008 Ebd.

1009 Baumgartner-Karabak/Landesberger, 99.

1010 Toprak 2004, 57.

1011 Straube, 312.

nem stärkeren Selbstbewusstsein führt. Diese Aufwertung ihrer Position kann dazu beitragen, dass die Frau etwa ein Mitspracherecht und/oder größere Einflussmöglichkeiten auf familiäre Entscheidungen fordert.[1012] Bei einer längeren Arbeitslosigkeit des Mannes kann die Erwerbstätigkeit der Frau sogar zu einem Übergewicht an weiblicher Macht und Einfluss führen.[1013] Die Frau, die traditionell für den engeren Bereich von Haus, Familie und Feldarbeit zuständig ist, kann in der Migration damit auch in dieser Konstellation zur alleinigen Trägerin von Außenbeziehungen werden.[1014]

5.2.4.4 Reaktionen auf die Veränderungen

Allerdings laufen die Rollenveränderungsprozesse in der Regel nicht problem- und spannungsfrei ab. Vielmehr sind die Auflösungserscheinungen gerade die Ursache für schwerwiegende Konflikte in den türkischen Migrantenfamilien.[1015] Dies liegt vor allem in dem Umstand begründet, dass die Veränderungen für einen objektiven Betrachter zwar äußerst wünschenswert erscheinen, aber aus Sicht der türkischen Migranten durch äußere Bedingungen eintreten, was zu ihrer Ablehnung führen kann. Denn für viele türkische Migranten handelt es sich bei den Veränderungen um unfreiwillige und kaum vorhersehbare Auswirkungen der Migration, die sie in eine Situation bringen, mit der sie gezwungenermaßen umgehen müssen, ohne auf erlernte und erfahrene Verhaltensmuster zurückgreifen zu können.[1016] Vor allem Männer, denen patriarchal strukturierte Rollenbilder innewohnen, sehen in den veränderten Rollen eine Bedrohung der internalisierten traditionellen Werte und Normen, da hierdurch ihre traditionelle Position geschwächt wird. In einer Situation, in der die höherrangige Position des Mannes nicht mehr gefragt ist, fällt es ihnen oft schwer, ihre Autorität und Dominanz in der Familie durchzusetzen und zu begründen. Nicht selten tendieren sie umso stärker dazu, sich als Wahrer der traditionellen Normen zu behaupten und auf die Befolgung der Sitten zu drängen. Um den durch ihre „Funktionslosigkeit" entstandenen Prestigeverlust auszugleichen, verlangen sie von der in ihrer Position gestärk-

---

1012 Zum Ganzen Schiffauer 1991, 229 f.

1013 Straube, 312.

1014 Kleff, 202.

1015 Timmermann, 18.

1016 Özkara 1991, 95.

ten Frau nicht selten unterwürfiges Verhalten. So fordern sie, dass die Frauen in ihrer Anwesenheit ihren Anweisungen bedingungslos nachkommen und sie in seiner traditionellen Rolle bestätigen.[1017] Nicht selten kommt es dabei zu einem im Vergleich zum familiären Zusammenleben in der Türkei rigideren patriarchalischen Rollenverhalten der Männer.[1018]

Viele Männer werden zudem durch die in der fremdethnischen Gesellschaft erfahrene größere Freizügigkeit der Geschlechter verunsichert. Dies gilt umso mehr vor dem Hintergrund, dass die Situationen, in denen sich die Frau nach Außen begibt, in der Migration nicht mehr kontrollierbar sind. In dieser Hilflosigkeit suchen sich die Männer häufig Zuflucht in den heimatlichen Wertmaßstäben. Je machtloser sie sich fühlen, desto größer wird die Wut und die Wahrscheinlichkeit, dass der Mann, Vater oder Bruder einer Frau ihr gegenüber Gewalt androhen oder diese ausüben.[1019] Die große Gewaltbereitschaft und Brutalität der türkischen Männer findet in der ersten repräsentativen Studie zu Gewalt gegen Frauen in Deutschland Bestätigung. Denn diese ergab, dass Frauen türkischer Herkunft im Vergleich zu den deutschen Befragten nicht nur überdurchschnittlich stark, sondern auch, dass sie massiveren Formen und Ausprägungen von körperlicher Gewalt innerhalb der Familie beziehungsweise in Paarbeziehungen ausgesetzt sind. So war der Anteil der türkischen Migrantinnen, die verprügelt, gewürgt, mit einer Waffe oder der Tötung bedroht wurden, doppelt so hoch wie der der restlichen Befragten.[1020]

5.2.5 Zur Situation von Kindern und Jugendlichen in traditionellen Migrantenfamilien

5.2.5.1 Traditionelle Erziehungsvorstellungen der Eltern

Die intensive Identifikation eines Großteils türkischer Eltern erster Generation mit ihrer eigenen Ethnie lässt vermuten, dass türkische Kinder in ihren Familien in diesem Sinne erzogen werden und deshalb in tra-

---

1017 Zum Ganzen Straube, 192 f., 276, 307.

1018 ZfT 1994, 154.

1019 Straube, 305 unter Berufung auf Anette Metzger.

1020 BMFSFJ 2005, 124; in der Studie wurden insgesamt 397 türkische Frauen nach eigenen Gewalterfahrungen befragt. Anschließend wurden diese Angaben mit den Antworten der deutschen Probandinnengruppe verglichen.

ditionellen Strukturen aufwachsen.[1021] Es ist jedoch kaum möglich, ein einheitliches Bild der Erziehungsorientierungen türkischer Migrantenfamilien in Deutschland zu zeichnen. Vielmehr steht die Ausgestaltung der Sozialisation der Kinder in der Familie, neben den mitgebrachten Vorstellungen und Orientierungen der Eltern, im Wesentlichen auch in Abhängigkeit zu den Erfahrungen, die die Familien beziehungsweise Eltern im Migrationsprozess durchlaufen haben.[1022] So gibt es vielfältige Erziehungsmethoden türkischer Familien in Deutschland, die von einer traditionell orientierten Erziehung über religiös-moralische Werte bis hin zu einem eher westlich aufgeschlossenen Modell reichen, wo gleichwohl an einigen zentralen traditionellen Werten festgehalten wird.[1023] Eine jüngere Untersuchung Topraks kommt jedoch zu dem Ergebnis, dass türkische Eltern in Deutschland den traditionellen Erziehungszielen wie Respekt vor Autoritäten, Ehrenhaftigkeit sowie Zusammengehörigkeit im Allgemeinen einen sehr hohen Stellenwert beimessen und diese ihren Kindern von Geburt an mit Nachdruck weitervermitteln. Obwohl kein homogener Erziehungsstil für türkische Migrantenfamilien in Deutschland beschrieben werden kann, weist die Studie auf eine größere Nachfrage nach autoritären Erziehungsstilen türkischer Eltern unabhängig von ihrem Bildungsniveau hin. Ihrzufolge sind permissive beziehungsweise nachsichtige Richtungen im Allgemeinen eher unbeliebt, wobei türkische Eltern zur Durchsetzung dieser Erziehungsziele häufig auf körperliche Bestrafungen zurückgreifen. Oftmals ist ihnen die Gewaltanwendung aber gar nicht bewusst.[1024] Dabei sollen die Sozialisation und Integration nach den traditionellen Normen der Gewährleistung von Kontinuität sowie der Stärkung und Sicherung ihrer nationalen, religiösen und ethnischen Identität dienen.[1025] Ob rigide an den traditionellen religiös-moralischen Werten und Normen orientiert oder in wenigen zentralen Bereichen „gelockert“, ist die gesamte Erziehung türkischer Kinder auf die Ausbildung einer starken familialen Orientierung gerichtet. Hierdurch wird der Erhalt des Familienverbandes garantiert und bewirkt gerade unter der schwierigen Migrationssituation nach Außen hin einen ge-

---

1021 Timmermann, 19.

1022 ZfT 1994, 155.

1023 Goldberg/Halm/Sen, 52.

1024 Zum Ganzen siehe Toprak 2004, 73 ff., 112 f.

1025 Straube, 303.

wissen Schutz.[1026] Dabei kann die Migration den Familienkollektivismus sogar verstärken.[1027]

So gibt es innerhalb der Familie einen sehr starken Zusammenhalt zwischen den Mitgliedern.[1028] Trotz einer räumlichen Trennung der Familienangehörigen, wie etwa durch die eigene Haushaltsgründung von erwachsenen Söhnen und Töchtern, bleibt ein intensives familiäres Hilfs- und Verpflichtungsgefüge erhalten.[1029] Die Angelegenheiten des einzelnen Familienmitgliedes werden stets auch als Angelegenheit der gesamten Gruppe betrachtet. Allerdings kommt dem Urteil der Eltern und insbesondere dem des Vaters die maßgebliche Bedeutung zu. Das heißt, er allein entscheidet in der Regel über wesentliche Fragen wie die berufliche Zukunft, die Verheiratung der Kinder oder über eine Rückkehr in die Türkei.[1030]

Nicht selten erfahren türkische Migrantenkinder in Deutschland eine strengere und rigidere Erziehung, als dies in der Türkei der Fall gewesen wäre, da die Eltern hier oftmals von der Angst geleitet werden, ihre Kinder könnten sich in der hiesigen Gesellschaft von der Familie und der Heimat entfremden.[1031] Zudem empfinden viele Eltern die deutsche Umgebung als eine Gefahr für ihre Kinder, wobei die Befürchtung um die Nachkommen umso größer ist, je stärker die Familie in den traditionellen Werten verwurzelt ist und je weniger sie die Kinder kontrollieren kann.[1032] Oftmals haben türkische Familien einen negativen Eindruck von der deutschen Gesellschaft, den sie aber weniger durch persönliche Kontakte, als durch Medien und Beobachtungen gewinnen. Hierdurch entstehen Vorurteile und die Eltern meinen, ihre Kinder vor den „schlechten Einflüssen" der deutschen Umgebung schützen zu müssen.[1033] Dabei stoßen die liberale Erziehung deutscher Kinder, die fremde Religion und vor allem die sexuelle Freizügigkeit, die sie auf den deutschen Straßen wahrnehmen, insbesondere auf

---

1026 ZfT 1994, 156.

1027 Seiser, 103.

1028 Baumgartner-Karabak/Landesberger, 93.

1029 ZfT 1994, 114.

1030 ZfT 1994, 157.

1031 Goldberg/Halm/Sen, 51.

1032 Kleff, 209.

1033 Eisenrieder 2002, 39.

Missfallen der Familien.[1034] Durch strengere Erziehungsmaßnahmen und Verbote sowie durch eine harte Sanktionierung der Zuwiderhandlungen, wollen die Eltern ihre Kinder vor den negativen Einflüssen der deutschen Gesellschaft warnen und schützen.[1035]

Dies gilt vor allem für die Töchter der Familie, deren Erziehung weiterhin die Vorbereitung auf die traditionelle Rolle der Frau und die Ehre des Mädchens fokussiert.[1036] Da die Mädchen als besonders anfällig für die Einflüsse der Umwelt angesehen werden, sind die Eltern häufig bedacht, sie zu unterweisen und möglichst von den Deutschen zu separieren.[1037] Dabei wird türkischen Mädchen zur Wahrung der Ehre nicht nur verboten, sich mit gleichaltrigen Jungen zu treffen oder auch nur mit ihnen zu reden, oftmals sind die Eltern auch gegen einen Kontakt ihrer Töchter zu deutschen Mädchen. Dies liegt vor allem darin begründet, dass traditionell türkische Eltern im Allgemeinen ein schlechtes Bild von deutschen Frauen haben und ihr in ihren Augen „unkeusches“ Verhalten schnell als „nuttenhaft“ bewerten.[1038] Viele türkische Eltern gehen deshalb davon aus, deutsche Mädchen und Frauen *„(...) seien mannstoll, verantwortungslos und zur Treue unfähig“*.[1039] Wenn einem türkischen Mädchen, das in Kontakt zu Deutschen steht, nachgesagt wird, sie sei verdeutscht, bedeutet dies demnach, sie sei unmoralisch geworden.[1040] Um diese Zuschreibung zu vermeiden, kann es vorkommen, dass Töchter – den Schulbesuch ausgenommen – die elterliche Wohnung allenfalls in Begleitung der Familie verlassen dürfen und nach Beendigung der Schulpflicht bis zu ihrer Verheiratung im Haus bleiben müssen.[1041]

Oftmals entscheiden sich die Eltern für eine möglichst frühe Heirat ihrer Kinder mit einem Partner aus dem Herkunftsland, der das traditionelle System repräsentiert. Hierdurch erhoffen sich die Familien einerseits, die fremden Einflüsse weitgehend auszuschalten beziehungsweise abzumildern und die in Deutschland aufgewachsenen

---

1034 Toprak 2002, 98.

1035 Timmermann, 20.

1036 Toprak 2002, 98 f.

1037 Straube, 212.

1038 Kuhlmann/Meyer (Ayse), 40.

1039 Schiffauer 1983, 125.

1040 Straube, 197.

1041 ZfT 1994, 156.

Kinder wieder gefügig zu machen. So soll ein Mann aus der Türkei den großstädtischen, fremdethnischen und emanzipatorischen Vorstellungen junger Frauen entgegenwirken und eine heimatliche Braut als Regulativ für aufmüpfige Söhne dienen.[1042] Andererseits sind Heiratsbeziehungen, die Kinder mit Personen aus dem Herkunftsland eingehen, ein Mittel, um die Bindungen zur eigenen Familie oder zur Herkunftsregion aufrechtzuerhalten und zu erweitern.[1043] Denn zahlreiche türkische Familien sehen ihre Zukunftsperspektive heute noch in einer Rückkehr in die Heimat. Deshalb wollen sie keinen Bruch mit der in der Türkei lebenden Verwandtschaft riskieren. Diese Orientierung an Herkunftsland und -ethnie ist ein weiterer Grund dafür, warum sie besonders viel Wert auf eine traditionelle Erziehung ihrer Kinder legen.[1044] Denn ein Traditionsverstoß würde nicht nur den Verlust des Ansehens einer Familie innerhalb des türkischen Bezugsystems in Deutschland bedeuten. Vielmehr hätte die Familie dann auch keinen Rückhalt mehr bei ihrer Verwandtschaft und ihrem sozialen Umfeld in der Türkei, wodurch die Möglichkeit auf eine Rückkehr in die Heimat ebenfalls wegfallen würde.[1045]

Da die Männer der Familie als Bewacher der Ehre verstanden werden, ist es den türkischen Eltern in Deutschland auch ein wichtiges Anliegen, ihre Söhne dahingehend zu erziehen. Hierzu achten sie stark darauf, ihnen möglichst früh zu vermitteln, auf etwaige Grenzüberschreitungen im Innenbereich sensibel zu reagieren, ihre vor allem weiblichen Geschwister zu verteidigen und ein geschlossenes Bild nach Außen abzugeben. Ganz im Sinne der traditionell männlichen Rolle werden Fähigkeiten wie Stärke, Virilität und Willenskraft der Söhne vom Vater gefördert.[1046] Um die Aufmerksamkeit der Söhne zu erhöhen, erfolgt in der Männerwelt zudem ein Austausch über Geschichten von türkischen Mädchen, die vom Auftreten her tugendhaft erscheinen, Kopftuch tragen und den Korankurs besuchen, sich bei näherem Hingucken aber herausstellen kann, dass dies alles Fassade ist und sie

---

1042 Zum Ganzen Straube, 326.

1043 Eisenrieder 2002, 36; zu den migrationsspezifischen Formen der Zwangsheirat siehe bereits im 1. Teil unter 1.3.2.2.

1044 Toprak 2002, 99.

1045 ZfT 1994, 157 f.

1046 Toprak 2004, 76, 85 f.

in Wirklichkeit gegen die Ehrenregel verstoßen, indem sie etwa in der Öffentlichkeit rauchen oder sich mit fremden Männern treffen.[1047]

Türkische Eltern betrachten es auch in Deutschland als immens wichtig, sich nach Außen als intakte Familie zu präsentieren. Da sie großen Wert darauf legen, wie das Umfeld, die Verwandtschaft und die türkische Minderheit ihre Familie sieht und bewertet, müssen alle Mitglieder dazu beitragen, den guten Ruf ihrer Familie durch normkonformes Handeln zu wahren.[1048] Auch wenn die Eltern beziehungsweise der Vater ein gewisses Verständnis für neue Normen und Wertvorstellungen innerhalb der eigenen Familie entgegenbringen sollten, scheitert ihre praktische Umsetzung häufig an dem Anpassungsdruck der Familien, der sich aus der Angst vor diskriminierenden Sanktionen - wie etwa dem Ausschluss aus der türkischen Minoritätsgruppe - ergibt.[1049] So lautet ein typisches Erklärungsmuster der Eltern für ihre Verbote:

> „Das ist unsere Mentalität, das ist unsere Religion, das ist unsere Tradition. (...) Wir sind ja nicht so streng, aber die Nachbarn reden schon über uns".[1050]

Doch auch im Falle von tatsächlichen Zubilligungen, wird in zentralen Bereichen an dem traditionellen Wertgefüge festgehalten. So werden Verhaltensweisen, die dem Gebot von Gehorsam und Achtung gegenüber den Eltern widersprechen, unter keinen Umständen toleriert. Dasselbe gilt für die sexuelle Reinheit der Frauen einer Familie, wobei die Frage, welche Verhaltensweisen einen Ehrverlust bewirken, von den Familien unterschiedlich beantwortet werden kann.[1051]

Obwohl viele türkische Eltern schon früh die Notwendigkeit einer soliden Ausbildung für einen gesellschaftlichen Aufstieg ihrer Kinder in Deutschland erkannt haben,[1052] sehen sie die Schule als eine besonders

---

[1047] Straube, 306.

[1048] Toprak 2004, 131.

[1049] Düzgün, 61; zu dem gesellschaftlichen Druck, der die Familien auch in ihrer Heimat zur Rollenkonformität zwingt siehe im 1. Teil unter 1.2.2.

[1050] König, 273.

[1051] ZfT 1994, 156.

[1052] Dies belegen bereits die Ergebnisse der Untersuchung von Holtbrügge aus dem Jahre 1975, 110. Im Allgemeinen ist man der Meinung, dieser, im Vergleich zur Herkunftssituation durchaus positive, Wandel in der Haltung der

große Bedrohung für ihre Wertvorstellungen an, da hier Werte vertreten werden, die von den im Elternhaus vermittelten Normen massiv abweichen.[1053] So äußern türkische Eltern vor allem Vorbehalte gegen den in den deutschen Schulen herrschenden liberalen, offenen Erziehungsstil, der sich durch einen partnerschaftlichen Umgang von Lehrer und Schüler kennzeichnet.[1054] Da sie selbst ausschließlich Erfahrungen mit autoritären Ausbildungsmethoden in der Schule gemacht haben, sind sie der Meinung, den Kindern würden in den deutschen Schulen sehr spät oder überhaupt keine Grenzen gesetzt. Hierin sehen sie eine Gefahr für ihre traditionellen Vorstellungen und meinen:

> „Egal, wie viele Generationen wir in Deutschland leben werden, gewisse Wertvorstellungen dürfen wir einfach nicht über Bord werfen. (...) Das Ganze klappt aus meiner Sicht in der Familie ganz gut. Was mir Kopfschmerzen macht, ist die Situation in der Schule".[1055]

Letzten repräsentativen Befragungen des Zentrums für Türkeistudien zufolge fordern türkische Eltern zwar keine getrennt-geschlechtliche Erziehung in Kindergarten und Schule, lehnen aber einzelne Bereiche des schulischen Unterrichts nach wie vor ab. Dies bezieht sich vor allem auf den gemeinsamen Sport- und Schwimmunterricht von Mädchen und Jungen sowie auf die in deutschen Schulen üblichen Klassenfahrten. Die Befürchtungen der Eltern ergeben sich dabei nicht nur aus der Tatsache, dass etwa Klassenfahrten mit Übernachtungen in der Türkei kaum stattfinden und ihnen daher nicht bekannt sind, sondern insbesondere aus der möglichen Entstehung unkontrollierter Situationen, wenn Jungen und Mädchen unter einem Dach wohnen.[1056] Somit

---

türkischen Eltern zur schulischen Bildung ihrer Kinder sei mit migrationsspezifischen Bedingungen zu begründen. So meinen einige Stimmen, die Eltern würden sich in der Migrationssituation eine bessere soziale Lage für ihre Kinder wünschen, als ihre eigene. Zudem würde die (erfolgreiche) Bildung der Kinder für die Eltern dazu dienen, hieraus eigene Kompetenzen, Fähigkeiten und ihren Stolz abzuleiten beziehungsweise hierdurch ihren eigenen Misserfolg und ihre Enttäuschungen wahrzunehmen oder auch zu verdrängen (vgl. Düzgün, 51).

1053 Schiffauer 2002, 18.

1054 ZfT 1994, 137.

1055 Zum Ganzen Toprak 2004, 125 f.

1056 ZfT 1994, 136.

haben sie auch große Angst vor deutschen Einflüssen, die sich subinstitutional in den Peer-Gruppen herausbilden können. Hierzu gehört neben der Befürchtung einer sexuellen Annäherung zwischen Jungen und Mädchen auch die Sorge, dass die Kinder unter dem Einfluss der deutschen Schüler Alkohol und Drogen konsumieren könnten.[1057]

Allerdings muss eine traditionelle Erziehung nicht nur ein Ausdruck des Festhaltens an heimatlichen Normen und Orientierungen sein, die vorwiegend in konservativen und religiösen Familien stattfindet. Häufig wollen Eltern, die in der Migration größtenteils selbst die traditionellen Regeln verletzen beziehungsweise nicht mehr nach ihnen leben können, umso hartnäckiger für ihre Kinder daran festhalten. Denn *„Wo die soziale Lage prekär ist (...) soll Verfügungsgewalt über die Kinder die Identität der Eltern (...) schützen"*.[1058] Gerade Mütter können in dieser Situation versuchen, ihre eigene „relative" Freiheit draußen mit der traditionellen Erziehung ihrer Kinder zu kompensieren. Auf diese Weise wollen sie dem Mann demonstrieren, weiterhin eine gute Mutter und trotz der veränderten Lebensweise eine echte Türkin zu sein.[1059] Eine traditionelle Erziehung der Kinder kann schließlich dazu beitragen, zusätzlichen Konfliktstoff mit dem Partner zu vermeiden.[1060]

5.2.5.2 Einflüsse der westlichen Kultur

Der überwiegende Teil türkischer Kinder und Jugendlicher ist in Deutschland geboren und wächst hier auf.[1061] Ihre Eltern können, ganz egal, wie sehr sie versuchen, ihre Kinder von der deutschen Gesellschaft abzuschirmen, ihre Beeinflussung durch die westliche Kultur von Außen nicht vermeiden.[1062] Während die ältere Generation eindeutig an der Türkei orientiert war und ist, sind Kinder und Jugendliche türkischer Herkunft folglich sowohl durch den Einfluss der türkischen Kultur - repräsentiert durch das Elternhaus und das türkische Umfeld - wie auch durch den der deutschen Kultur - vertreten durch Erfahrungen in Schule und Freundschaften, Nachbarschaft und Beruf - ge-

---

1057 Schiffauer 2002, 18.

1058 Ter-Nedden 2007, 350.

1059 Straube, 312.

1060 Ebd.

1061 Goldberg/Halm/Sen, 53.

1062 Eisenrieder 2002, 43.

prägt.[1063] Wegen der gravierenden Unterschiede zwischen beiden Kulturen, erleben die Kinder traditionell türkischer Migrantenfamilien nicht selten zwei verschiedene Welten, deren Diskrepanzen sich insbesondere auf den Bereich der Geschlechterrollen und des geschlechtsspezifischen Verhaltens, der Disziplin, der Moralvorstellungen, des Gehorsams, der Selbstsicherheit und der Unabhängigkeit beziehen.[1064] Für viele Kinder ist Deutschland aber längst zum Lebensmittelpunkt geworden, sie kennen die Türkei nur aus dem Urlaub und aus Erzählungen der Eltern und sprechen häufig besser Deutsch als die türkische Sprache.[1065]

Laut Studie von Sauer/Halm hat in der jüngeren Generation eine Eingliederung in die deutsche Gesellschaft stattgefunden. So pflegt ein Großteil türkischer Jugendlicher täglichen Kontakt mit deutschen Gleichaltrigen in vielen Lebensbereichen.[1066] Junge Türkinnen mögen in der Regel dieselbe Musik und studieren dieselben Zeitschriften wie deutsche Mädchen.[1067] Diese Vertrautheit mit der deutschen Gesellschaft kann dazu beitragen, dass Kinder die in der Aufnahmegesellschaft relevanten Werte stärker verinnerlichen.[1068] In diesen Fällen erleben sie die strengen traditionellen Verhaltensnormen oftmals als unverständlich und kompliziert.[1069]

Die Auseinandersetzung mit und eine gegebenenfalls stattfindende Loslösung von den traditionellen Werten erfolgen in der Regel nicht konfliktfrei. Je stärker Kinder und Jugendliche Elemente der deutschen Umwelt aufnehmen, desto mehr ist mit Kollisionen mit den traditionellen Vorstellungen der Eltern zu rechnen.[1070] Dabei kämpfen die Kinder häufig um die Verwirklichung eigener Interessen wie die Gestaltung ihrer Freizeit, um eine Schul- und Berufsausbildung sowie um die eigenständige Bestimmung einer Heirat, insbesondere was die Auswahl des Partners und das Alter angeht.[1071] Die Schwierigkeiten ergeben sich

---

1063 Straube, 322.

1064 Kagitcibasi 1991a, 37.

1065 Goldberg/Halm/Sen, 54; Polat, 98 f.

1066 Sauer/Halm, 83 ff.

1067 Straube, 318.

1068 Baumgartner-Karabak/Landesberger, 106.

1069 Atabay, 26 f.

1070 Straube, 322.

1071 Ebd.

jedoch nicht zwangsläufig und notwendig aus der Unterschiedlichkeit des deutschen und türkischen Wertsystems. Vielmehr kann das Leben in zwei Kulturen auch einen Bereicherung darstellen.[1072] *„Bedrohlich ist die Situation (erst) dort, wo die bäuerliche, familialistische Kultur der Herkunftsfamilie, die eine individuelle Lebensplanung nicht kennt, dem Bemühen um einen eigenen Lebensentwurf im Weg ist"*.[1073] Probleme treten insbesondere zwischen Töchtern und Eltern auf, da nach traditioneller Vorstellung eine individuelle Verselbstständigung vor allem nicht für die Mädchen vorgesehen ist und sie sich ausschließlich durch die Heirat und den Wechsel in die Schwiegerfamilie von der eigenen Familie lösen dürfen. Folglich haben die Konflikte der Mädchen häufig weitere Dimensionen als allgemeine Pubertätskonflikte, die in eine lange Geschichte von Misshandlung und Sprachlosigkeit eingebettet sein können.[1074]

Bei der Verarbeitung der divergierenden Werte und Normen der Herkunftsgesellschaft und den Erwartungen der Aufnahmegesellschaft stehen die Kinder auch immer unter dem Druck, die familialen Bande, die in der Migration ein großes Gewicht haben, nicht zu gefährden. Deshalb bemühen sie sich einerseits, den Anordnungen der Eltern nachzukommen.[1075] Andererseits nehmen sie auch die Möglichkeiten in der deutschen Gesellschaft wahr und möchten an der Freizügigkeit der Deutschen teilhaben.[1076] Der Wunsch, Konflikte mit den Eltern möglichst zu vermeiden, zwingt Kinder türkischer Herkunft oftmals dazu, ihre Identität zwischen drinnen - der binnentürkischen Welt - und draußen - der deutschen Umwelt - zu wechseln.[1077] Da die verschiedenen Rollen extreme Widersprüche und unterschiedliche Erwartungen in sich bergen, die kaum miteinander vereinbart werden können, leben die Kinder in einem ständigen kulturellen Zwiespalt, was zu großen Krisen in ihrem Identitätsentwicklungsprozess führen kann.[1078] Nicht

---

1072 Polat, 25.

1073 So Auernheimer, Georg, zitiert nach Timmermann, S. 16.

1074 Ter-Nedden 2007, 356.

1075 ZfT 1994, 159.

1076 König, 289; Straube, 318.

1077 Straube, 333.

1078 Ebd.; ähnlich auch Hoppmann bezüglich des „Ehrenmordes" an Gülsüm Semin Kriminalistik 2011, 97; zu dem Fall siehe im 5. Teil unter 5.2.2.4.2.

selten fühlen sie sich hin und her gerissen zwischen zwei Welten, ohne eindeutig zu wissen, wohin sie eigentlich gehören.[1079]

5.2.5.3 Geschlechterspezifische Paradigmen der jüngeren Generation

Es gibt Stimmen, die meinen, dass „Ehrenmorde" in Deutschland innerhalb der jüngeren Generation häufiger auftreten, als zu Zeiten des Beginns der Zuwanderung türkischer Arbeitnehmer. So fragt Schirrmacher:

> „Ist es Zufall oder Zwangsläufigkeit, dass gerade in der dritten Generation muslimischer Migranten in westlichen Ländern die Problematik des Ehrenmordes besonders aufbricht?".[1080]

Die Frage, ob die jüngere Generation nach wie vor die traditionellen Denkmuster der Familie vertritt oder inzwischen ein Wandel eingetreten ist, kann nicht einheitlich beantwortet werden. Sie hängt neben familiären Strukturen und der Erziehung auch davon ab, welche Vorstellungen die Jugendlichen selbst für sich übernehmen.[1081] Deshalb ist von einem komplexen Webmuster der jungen Generation auszugehen, welches sowohl durch Jugendliche, die sich in ihrem Lebensstil und ihren Lebensentwürfen in nichts mehr von der Aufnahmegesellschaft unterscheiden, als auch durch junge Ausländer, die die Differenzen zum Einwanderungsland weiterhin stark betonen beziehungsweise dazu tendieren, sich im Vergleich zur früheren Generation vermehrt von der Mehrheitsgesellschaft abzugrenzen, gekennzeichnet ist.[1082]

Besonders auffällig ist, dass sich Mädchen und Frauen mit traditionell-türkischer Herkunft eher an die deutsche Gesellschaft mit ihrem Wertesystem anpassen können und wollen als Jungen und Männer, die eher in dem Rahmen der in der Herkunftskultur geltenden Normen und Werte verhaftet bleiben.[1083] Wenn man davon ausgeht, dass Bildung als wichtige Einflussgröße für die Herausbildung von Orientie-

---

1079 Cileli 2002, 34.

1080 Schirrmacher 2007, 22.

1081 Schiffauer 2002, 8.

1082 Ebd.

1083 Polat, 128.

rungen, Einstellungen und Meinungen gilt,[1084] könnten die Differenzen zwischen den Geschlechtern darauf zurückzuführen sein, dass das Bildungsniveau der Frauen in der jüngsten Altersgruppe türkischer Migranten laut Studien deutlich höher ausfällt, als das der entsprechenden Männer. So verfügen viel mehr Frauen über das Abitur und sehr viel weniger über einen Hauptschulabschluss. Gleichwohl besteht nach wie vor ein erhebliches Defizit zu den Deutschen.[1085] Hinzukommt die Tatsache, dass die Herkunftskultur dem Mann eine dominante Stellung in den Geschlechtsbeziehungen und im Machtgefüge der Gesellschaft einräumt, wohingegen die Annäherung an die deutsche Kultur für sie eine Aufgabe dieser Position – zumindest in Teilen – bedeuten würde.[1086] So sind es oftmals gerade die männlichen Jugendlichen, die traditionelle Einstellung ihrer Eltern übernehmen. Teilweise sind sie sogar strenger als ihre Väter, wenn es um Angelegenheiten der Familienehre geht und wenden rigide Maßnahmen an, um die Tradition zu sichern.[1087] Als Stellvertreter des Familienoberhauptes verbieten sie ihren Schwestern Aktivitäten wie ins Kino, ins Jugendzentrum oder in die Disco zu gehen. Während sie die Außenwelt für sich selbst als selbstverständlich in Anspruch nehmen, wollen sie ihre Schwestern unter Kontrolle wissen.[1088] Die traditionelle Einstellung zur *„Namus"* bleibt oftmals auch dann erhalten, wenn sich die jungen männlichen Türken in den Bereichen Beruf oder Haushalt von den überkommenen Rollenbildern distanzieren. So ist der Großteil der Auffassung, die Frau müsse bis zur Ehe unbedingt Jungfrau bleiben.[1089] Junge männliche Türken klassifizieren Frauen in der Regel nach der traditionellen Einstellung und unterscheiden zwischen reinen – also ehrenhaften – Mädchen und „dreckigen" (unehrenhaften) Dirnen. Die dazwischen liegende Grenze empfinden sie als so dünn, dass ein einmaliges Fehlverhalten dazu ausreichen kann, um ein Mädchen oder eine Frau als ehrlos zu bewerten.[1090] Dabei verstehen sie Mädchen, die zwar in

---

1084 So Filsinger, Dieter, zitiert nach Sauer/Halm, 38.

1085 Sauer/Halm, 39 f.; diese allgemeine Situation findet in der Analyse Cösters Bestätigung, die feststellt, dass die Mehrheit der von ihr untersuchten „Ehrenmörder" gar keinen oder einen nur niedrigen Schulabschluss nachweisen konnte (vgl. Cöster, 178 f.).

1086 Heßler, 120.

1087 Straube, 194.

1088 Ebd.

1089 Heßler, 122.

1090 Straube, 195.

Deutschland aufgewachsen sind, aber aus einer traditionellen Familie stammen, als besonders ehrenwerte Personen. Noch mehr Ehrenhaftigkeit versprechen sie sich jedoch von Mädchen, die sie aus der Türkei „importieren", da sie bis zu dem Zeitpunkt keinerlei westliche Einflüsse erfahren.[1091] Zudem übernehmen türkische Söhne häufig die Haltung ihrer Familien zu deutschen Frauen und Mädchen, weshalb sie ihnen gegenüber keinen bis wenig Respekt zollen und meinen, sie könnten sich bei ihnen alles erlauben. Aus dieser negativen Einschätzung der deutschen Lebenswelt begründen sie die Strenge ihren Schwestern gegenüber. Indem sie ihnen möglichst wenig „Freiheiten" zugestehen, wollen sie sie vor den schlechten deutschen Einflüssen schützen und sie an einem Fehlverhalten hindern.[1092] Dieses Verhalten sollte aber nicht zwangsläufig als eine mangelnde Integration der jungen Männer in die deutsche Gesellschaft interpretiert werden. Vielmehr ist es auch bei an sich voll eingegliederten Jungen anzutreffen, die sich durch die Aufrechterhaltung traditioneller Werte bewusst von der Peer-Gruppe der Aufnahmegesellschaft abgrenzen und ihre Eigenschaft als Ausländer und damit ihre Unterschiedlichkeit betonen wollen.[1093] Dieser allgemeine Rückzug in die traditionellen Orientierungen wird in der Literatur vor allem auf Abwehrprozesse von sowie auf Diskriminierungswahrnehmungen der türkischen Jugendlichen durch die Aufnahmegesellschaft zurückgeführt.[1094] So gibt die jüngere Generation türkischer Herkunft bei Befragungen häufig an, auf der Straße, in der Schule, an der Universität, bei der Arbeit sowie bei deutschen Ämtern Diskriminierungen zu erfahren. Insgesamt fühlen sich 88,7 % immer, oft, gelegentlich oder selten durch die Ausländerfeindlichkeit in Deutschland unwohl.[1095] Insbesondere die Erfahrungen mit der Polizei sind bei den türkischen Jugendlichen und jungen Erwachsenen mit negativen Erinnerungen verbunden, was aus der Äußerung eines Arbeiters deutlich hervorgeht, der das misstrauische Verhalten der Polizei gegenüber dunkelhäutigen und türkischen Personen beschreibt:

> „Oh ja. Du weißt ja, wir wohnen in der Landwehrstraße, der Bahnhof ist direkt um die Ecke. Wenn ich am Bahnhof die Zei-

---

1091 Ebd.

1092 Timmermann, 21.

1093 Schiffauer 2002, 47 ff.

1094 Gemende, 261, 264.

1095 Polat, 11.

tung kaufe, dann sehe ich immer die Polizei. Die kontrollieren immer die Ausländer. Sie kontrollieren immer die Türken und die Schwarzen (...) Ich werde auch kontrolliert. Ich habe immer meinen Ausweis dabei. Die fragen oft, ob ich illegal bin oder nicht, die Deutschen werden nie kontrolliert".[1096]

Obwohl in den Untersuchungen keine ausdrücklichen Differenzierungen zwischen den Geschlechtern gemacht werden, ist auffällig, dass die Ergebnisse häufig auf Aussagen männlicher Probanden beruhen. Somit liegt die Vermutung nahe, dass das „ethnic revival" am stärksten bei den Migrantensöhnen ausgeprägt ist. Diese Annahme findet Bestätigung im sechsten Familienbericht, in dem festgestellt wurde, dass es vor allem die männlichen Jugendlichen sind, die auf traditionelle Männlichkeitsbilder zurückgreifen, deren Grundlage das türkische Ehrverständnis ist.[1097]

Dagegen entwickeln viele Mädchen, die in Deutschland aufwachsen, Vorstellungen von mehr Freiheit und Eigenständigkeit für ihre Zukunft und wollen sich nicht mehr - beziehungsweise nicht mehr so stark - an der Tradition orientieren. Dieser Wandel manifestiert sich vor allem in ihrem Wunsch, selbst über ihr Leben entscheiden zu können, auch wenn dies im Widerspruch zu der Einstellung der Eltern steht. So beanspruchen junge Türkinnen für sich etwa das Recht auf eine Schul- und Ausbildung, die Freiheit, alleine oder gemeinsam mit anderen Frauen bummeln zu gehen, ihren männlichen Angehörigen nicht über jede Geldausgabe Rechenschaft ablegen zu müssen und über einen Teil des erarbeiteten Einkommens allein verfügen zu können.[1098] Hierbei sind sie sich aber auch darüber bewusst, wie schwer es ist, diesen Weg gegenüber der Familie zu behaupten und die eigenen Interessen zu realisieren, da die Eltern hierauf oftmals mit Druck und Gewalt reagieren.[1099] Viele türkische Mädchen empfinden den Weg der Selbstbestimmung daher als eine Sackgasse, was vor allem auf die Zeit des Erwachsenwerdens zutrifft, in der Jugendliche im Normalfall eine eigenständige Identität entwickeln und festigen sollten.[1100]

1096 Siehe bei Toprak 2004, 49.

1097 BMFSFJ 2000, 110.

1098 Heßler, 110 f.

1099 Timmermann, 29.

1100 Cileli 2002, 33.

Auch wenn sich türkische Mädchen und Frauen noch so gesittet benehmen, gibt es für traditionelle Augen gerade in der „Fremde“ immer noch genug verfängliche Situationen. Wegen des übergroßen und permanenten Misstrauens gegenüber der deutschen Umwelt werden sie stets daraufhin abgetastet, ob sie sich von den türkischen Sitten und Normen entfernt haben. Dabei kann auch nur die kleinste „Verfehlung“ zu dem Urteil führen, das Mädchen sei deutsch geworden,[1101] was automatisch mit Unehrenhaftigkeit gleichgesetzt wird. Obwohl sich Mädchen, die schon lange in Deutschland leben und studieren, in der Regel an den Ehrenregeln orientieren, können sie die Tradition nicht mehr in allem gutheißen. In einem Interview mit einer jungen Türkin heißt es hierzu:

> „Einerseits finde ich es gut, wenn man nachsieht, ob eine Frau Jungfrau ist oder nicht, andererseits finde ich es nicht gut. Frauen, die keine Jungfrau sind, werden bei uns wieder zurückgeschickt, und der Vater bringt sie dann vielleicht um. Ich habe hier in der Schule Sexualkunde, in der Türkei ist so etwas verboten. Ich finde es nicht gut, wenn hier eine Frau die Braut vor der Hochzeitsnacht auszieht, sie schmückt, die Haare kämmt und den Schmuck auszieht. Das ist Wahnsinn, plötzlich steht sie nackt vor dem Mann. Meine Schwägerin hat sich fürchterlich geschämt und fühlte sich ganz hilflos, so nackt. Schrecklich“.[1102]

Ähnlich verhält es sich mit der Einstellung junger Türkinnen zur Konformität ihrer Eltern gegenüber dem ethnischen Netzwerk, was sie zwar kritisieren, aber gleichzeitig mit einer positiven Deutung rechtfertigen. Die ambivalenten Haltungen zu den traditionellen Strukturen ergeben sich größtenteils aus ihrem Dilemma zwischen dem Wunsch nach Selbstbestimmtheit einerseits und dem Wunsch nach Loyalität gegenüber ihren Eltern andererseits. Dieser Zwiespalt ist auch der Grund, warum sie die elterlichen Restriktionen nicht allein als Einschränkung ihrer Handlungsspielräume, sondern auch als eine gewisse Form von „Schutz“ interpretieren.[1103]

1101 Timmermann, 29 unter Berufung auf Lale Gözlü.

1102 Straube, 318.

1103 Zum Ganzen Kondzialka, 36.

Was ihre Freiheitsideale angeht, nehmen sich die jungen Türkinnen in der Regel die deutschen Mädchen zum Vorbild.[1104] Wollen sie mal ihre eigenen Interessen verwirklichen, müssen sie dies aber vor ihrer Familie verheimlichen, da sie durch ihr deutsches Verhalten die Tradition radikal in Frage stellen würden. Somit geht mit dem Genuss der Freiheit in der Regel die Angst einher, entdeckt zu werden.[1105] Die Mädchen versuchen oftmals Mittel und Wege zu finden, um eine ständige Konfrontation mit den Eltern oder Brüdern zu vermeiden. Jedes Mädchen geht dabei anders mit dieser Situation um. In den letzten Jahren haben sich aber drei typische Verhaltensweisen türkischer Mädchen herauskristallisiert, die im Folgenden vorgestellt werden sollen.[1106]

Junge Türkinnen sehen in der Trennung ihrer Lebenswelt von der Familie eine Möglichkeit, Konflikte mit den Familien zu umgehen. Das heißt, die Mädchen verhalten sich im innerfamiliären Bereich als gehorsame, türkische Töchter, während sie in der Außenwelt wie deutsche Gleichaltrige leben. Dabei kämpfen die Mädchen durch die Trennung der Lebenswelten nicht nur gegen die Tradition, Kultur und die eigenen Eltern an. Ihr Ziel ist es auch, sich selbst zu beweisen, den eigenen Weg finden zu können. In der scheinbaren Anpassung an die traditionellen Werte und Normen haben die Mädchen eine andere Variante der Konfliktvermeidung gefunden. In diesen Fällen unterdrücken sie eigene Wünsche und Vorstellungen und verinnerlichen im Gegenzug die der Eltern. Sie kommen den traditionellen Rollenerwartungen nach, sind religiös und zeigen identische Abwehrmechanismen gegenüber der deutschen Gesellschaft wie ihre Eltern. Eine Konfliktlösung durch einen völligen Bruch mit der Familie betrachten die Mädchen in der Regel als letzten Ausweg, den sie suchen, wenn keine Möglichkeit einer Verständigung mehr besteht. Hierzu kommt es oft nach jahrelangen Auseinandersetzungen und weil die Mädchen den Druck der Familie nicht mehr aushalten können.

Die beiden ersten Verhaltensformen der Mädchen bedeuten die Unterdrückung eigener Vorstellungen und Ziele, worunter sie vermutlich sehr stark leiden. Bei einer ständigen Verdrängung eigener Bedürfnisse, wie dies im Falle der scheinbaren Anpassung geschieht, liegen erhebliche psychische Störungen sehr nahe. Da sich die Mädchen bei der

---

1104 Cileli 2002, 33.

1105 Straube, 334.

1106 Die anschließenden Ausführungen beruhen auf der Zusammenstellung Timmermanns, 30 f.

Trennung ihrer Lebenswelt von der Familie zumindest ein Stück weit selbst verwirklichen können, sind in diesem Bereich „nur" partielle Belastungen anzunehmen. Eine andere Frage ist aber, was mit den jungen Frauen passiert, wenn ihre Täuschungsmanöver und Notlügen einmal doch auffliegen und sie bei einem ehrlosem Verhalten von der Familie beobachtet werden oder diese von anderen Mitgliedern des türkischen Bezugssystems darüber informiert wird. Auch bei dem Bruch mit der Familie bezahlen die Mädchen oftmals einen hohen Preis. Zwar sind sie einerseits erleichtert, entwickeln aber andererseits starke Schuldgefühle und ein schlechtes Gewissen, da ihr Verhalten in den Augen der Familie ehrenrührig ist und nun „Schande" über das gesamte Kollektiv bringt. Hinzukommt die Gefahr, dass die Familie besonders aggressiv auf ihre Flucht reagieren kann und sie nun erst recht ihren Tod im Namen der Ehre befürchten muss.[1107] Im Ergebnis tragen alle drei Verhaltensweisen also nicht zu einer Konfliktlösung bei. Da die Kinder nicht die Option haben, sich mit den Eltern über die Probleme auseinanderzusetzen, werden diese oftmals verdrängt. Dies ist ein typisches Verhaltensmuster innerhalb türkischer Familien, was daran liegt, dass die Eltern den Töchtern die Notwendigkeit einer Aussprache zur Konfliktbewältigung nicht vermitteln, weil auch sie dies nicht erlernt haben.[1108]

Die vorangegangenen Ausführungen haben einen Einblick darüber gegeben, welche Formen es für den Umgang mit traditionellen Vorstellungen in der jungen Generation gibt. Somit können sich die Denkmuster und Handlungsweisen der jungen Türken in der Migration weiterhin verstärken oder wieder neu an traditionellen Vorstellungen orientieren, was besonders auf junge männliche Ausländer zutrifft. Möglich ist aber auch eine genau gegensätzliche Entwicklung, indem es zu einem Wandel in der Einstellung junger Menschen kommt. Obwohl dies eher für junge Mädchen und Frauen plausibel klingt, sollten Jungen und Männer türkischer Herkunft nicht per se von dieser Entwicklung ausgeschlossen werden. Es ist auch nochmals zu betonen, dass es sich bei dieser Darstellung nicht um eine Generalisierung handelt und sie sich nur auf einen Teil der hier lebenden Türken bezieht. Auch sind die Erläuterungen nicht dahingehend zu verstehen, dass jeder traditionell erzogene junge türkische Mann bei einem vermeintlichen Fehlverhal-

---

1107 Eine intensive Auseinandersetzung mit der Opferperspektive findet im 6. Teil der Arbeit statt.

1108 Timmermann, 30.

ten seiner Schwester oder Frau eine Tötung aus Gründen der Ehre vollzieht beziehungsweise alle türkischen Mädchen und Frauen, die aus einem traditionellen Elternhaus stammen, potentielle „Ehrenmordopfer" sind. Dies gilt besonders vor dem Hintergrund einer weitaus größeren Heterogenität der jüngeren Generation im Unterschied zu ihren Eltern. Um aber auf die Ausgangsfrage beziehungsweise eingangs zitierte These Schirrmachers zurückzukommen: „Ehrenmorde" geschehen heute wie vor etwa 50 Jahren. Ein wichtiges Indiz hierfür ist die erste BGH Entscheidung zum Einfluss kultureller Wertvorstellungen aus dem Jahre 1966.[1109]

5.3 Zusammenfassung und Stellungnahme

Wie bereits mehrfach dargelegt wurde, trifft die Orientierung an traditionellen Vorstellungen von Ehre nur auf einen Teil der türkischen Migrantenfamilien zu. Auch wenn es sich hierbei um eine kleine Gruppe handeln sollte, belegt das (Fort-)Bestehen von „Ehrenmorden" in Deutschland, dass sie existiert und ernst genommen werden muss.

Der Großteil der nach Deutschland zugewanderten Migranten türkischer Herkunft stammt aus Gebieten, die durch Armut, mangelnde Bildung und staatliche Vernachlässigung gekennzeichnet sind. Die Menschen haben oftmals in abgelegenen Gegenden gelebt und sind aus einer Art Parallelgesellschaft nach Deutschland gekommen. In gewissen Punkten lässt sich die Situation türkischer Migrantenfamilien in Deutschland durchaus mit ihrer sozialen Lage in ihrem Heimatland vergleichen. Eine auffällige Parallele besteht in dem abgeschotteten Leben in sozial benachteiligten Bereichen der deutschen Städte. Die räumlich-soziale Isolation der türkischen Familien ist jedoch nicht unbedingt als eine bewusste Entwicklung zu verstehen. Sie ist vielmehr das Resultat verschiedener Faktoren, die bis in die Anfänge der Arbeitsmigration zurückgehen. Verantwortlich waren einerseits die Verhältnisse auf dem deutschen Wohnungsmarkt, die die Migranten in unbeliebte und daher günstige Randgebiete drängten. Andererseits wird das geballte Wohnen mit anderen Landsleuten von den Familien als etwas Positives aufgefasst, die diese Lebensform bereits aus ihrem Heimatland kennen. In der Migrationssituation finden sie hierin zudem eine wesentliche Stütze für die Bewältigung von einer Vielzahl von Alltagsproblemen. Schließlich dienen Familie und türkische

1109 Zu dem Urteil BGH GA 1967, 244 siehe im 5. Teil unter 5.2.2.2.1.

Community auch als „Schutzschild“ vor dem Anpassungsdruck und der Ablehnung durch die deutsche Gesellschaft, weshalb die An- und Einbindung zu ihnen immer unverzichtbarer wird. So bleibt die starke Solidarität in Familie und Gesellschaft auch noch lange Jahre nach der Migration erhalten. Aus dieser Lebenssituation der türkischen Migrantenfamilien wird mitunter geschlussfolgert, dass vor allem soziale Probleme zur Intensivierung eigener Wertvorstellungen führen könnten und es gerade in der „Fremde“ als ein überaus wichtiges Ziel angesehen wird, die Familienehre zu wahren.[1110]

Die Ballung in sozial schwachen Stadtteilen ist ein wichtiger Faktor, der die Integration der Familien in die deutsche Gesellschaft hemmt. Denn das Wohnen in räumlich abgegrenzten Stadtgebieten hat die Errichtung einer spezifisch türkischen Infrastruktur ausgelöst, in der die türkischen Migranten „unter sich“ bleiben und die sozialen Kontakte überwiegend auf die eigene Ethnie beschränkt sind. In den der Heimat ähnlichen Sozialsystemen fühlen sich die Menschen wie „Zuhause“ und klammern sich an ihre althergebrachten Bräuche und Sitten, die sie benötigen um in einer für sie fremden Gesellschaft überleben zu können. Da sie ohne ihre traditionellen Werte in völlige Orientierungslosigkeit geraten würden, wird ihnen in Deutschland ein besonders hoher Stellenwert beigemessen. Die Angst der Familien, die eigene Kultur könnte in dem zugewanderten Land in Gefahr sein, kann zudem die Überhöhung der traditionellen Vorstellungen bewirken. Hinzukommt der Aspekt, dass viele Arbeitsmigranten türkischer Herkunft ihren Aufenthalt in Deutschland als nur vorübergehend betrachten. Weil zahlreiche Zuwanderer zurück in ihre Heimat wollen, sehen sie auch keinen Anlass, um mit der Kultur und den Normen des Aufnahmelandes vertraut zu werden. Die Angst bei einer Rückkehr in die Türkei als „Almanci“ abgewertet zu werden – ein Ausdruck, der für Personen üblich ist, die ihre türkische Identität aufgegeben haben und versuchen, sich wie Deutsche zu benehmen, wodurch sie überall in der Türkei auffallen und sich unbeliebt machen – ist ein weiterer Grund, warum sie ihre Handlungen auch Jahre nach der Migration an den heimatlichen Maßstäben orientieren.[1111]

Die Orientierung am islamischen Glauben übernimmt in der Migration eine ähnliche Funktion wie der Erhalt der traditionellen Werte. Sie hilft nicht nur dabei die eigene Identität zu wahren, sondern auch dabei,

---

1110 So etwa Jashan, 11; Ter-Nedden, 2005, 19 f.

1111 Jamin, 219.

sich von der deutschen Gesellschaft abzugrenzen, was der Islam wegen der „Ungläubigkeit" der deutschen Gesellschaft sogar fordert. Auch in Deutschland haben viele Muslime nur oberflächliche Kenntnisse über religiöse Inhalte. Oftmals sehen sie gar keinen Anlass, um die von den Imamen gepredigten Inhalte zu hinterfragen oder sie verlassen sich einfach auf die Aussagen von Autoritätspersonen. Bei näherem Nachfragen begegnet man daher nicht selten Reaktionen wie *„Ja, wo steht das im Koran? Das weiß ich nicht, ich habe den Koran nicht gelesen. Das hat halt mein Vater gesagt. (...) Ich glaube, im Koran steht, (...)"*.[1112] Obwohl die Mehrheit der türkischen Migranten wenig bis gar keine religiösen Praktiken ausführt, sind gewisse Regeln des Islams für sie unabdingbar und handlungsleitend. Somit haben die islamischen Inhalte – beziehungsweise das, was die Menschen meinen, zu wissen – auch in der Migration einen wesentlichen Einfluss auf die Denk- und Verhaltensweisen der türkischen Bevölkerung. Deshalb können patriarchalisch-hierarchische Strukturen, das muslimische Bild der Frau und archaische Sanktionsformen auch – oder erst recht – in der Migrationssituation mit ihm begründet werden. Da Eltern zumindest die Bedeutung und die Funktion des islamischen Glaubens immer wieder an die nachfolgende Generation weitergeben, haben sie auch aktuell nicht an Gültigkeit verloren.

Die türkischen Migranten werden durch die Bedingungen Deutschlands größtenteils zu erheblichen Veränderungen gezwungen, die ihrer traditionellen Sozialisation widersprechen. Diese begannen bereits mit der Anwerbung weiblicher Arbeitskräfte seitens der Bundesrepublik, wodurch es zu einem Bruch der traditionellen Zuordnung von Mann und Frau in die Bereiche „Innen" und „Außen" kam, die geschlechtsspezifische Aufgabenverteilung umgestaltet werden musste und die Geschlechtersegregation aufgehoben wurde. Dabei hat die Frage, ob der Mann oder die Frau als erstes einwandert beziehungsweise wer als erstes in Deutschland ist, einen bedeutenden Einfluss auf etwaige Veränderungen in der Rollen- und Autoritätsstruktur der Geschlechter. Während die Migration bei vielen türkischen Männern die Schwächung ihrer Stellung in der Familie bewirkt, führt sie für viele Frauen zu einer Aufwertung ihrer Position. Hierzu zählt insbesondere die finanzielle Unabhängigkeit der Frau, die sie durch ihre eigene Erwerbstätigkeit erhält. Obwohl die Frauen in der Regel mit der Zustimmung der Männer beziehungsweise ihrer Familie das Haus verlassen und

1112 Zitiert nach Toprak 2007, 145.

arbeiten gehen, sind sie mit den zahlreichen Möglichkeiten, die die Frauen in der deutschen Welt für sich entdecken, nicht einverstanden. In Fällen des männlichen Nachzuges nach Deutschland oder aber einer Arbeitslosigkeit des Mannes, kann es sogar zur kompletten Umkehrung der Rollen von Mann und Frau kommen. Da diese Veränderungen für die Männer und die traditionell eingestellte Familie in der Regel unfreiwillig und unvorbereitet eintreten, ist es durchaus möglich, dass Männer versuchen, einen Ausgleich für ihren Prestigeverlust zu schaffen, indem sie ihre Frau/Tochter oder Schwester gewalttätig unterdrücken und sich dabei auf ihre höherrangige Stellung berufen, um hierdurch ihre Machtstellung wiederherzustellen.[1113] Insbesondere in Fällen, wo das Verhalten der Frau in traditionellen Augen einen schwerwiegenden Bruch darstellt, können massive Maßnahmen - wie die Tötung der Frau - herangezogen werden. Dies gilt vor allem für die Trennung/Scheidung durch eine Frau, der dieses „Recht" nach traditionell-religiöser Auffassung nicht ohne weiteres und nur aus bestimmten Gründen zugestanden wird.[1114] Die Entscheidung zum und der Schritt in ein selbst- und eigenständiges Leben der Frau verstößt zum einen gegen die ihr traditionell zugewiesene Rolle, die im Verhältnis zum Mann durch Unterordnung und Abhängigkeit gekennzeichnet ist. Der Mann wird in diesen Fällen als schwach angesehen, da die von der Frau veranlasste Trennung/Scheidung als ein Beweis für seine mangelnde Kontrolle gilt. Zum anderen bedeutet die Lossagung der Frau eine Schmälerung seiner Kontroll- und Überwachungsmöglichkeiten, wobei ihre „Freiheit" in der Regel mit der Gefahr verbotener sexueller Aktivitäten in Zusammenhang gebracht und eine bereits dahingehende Gefahr vor allem in der als besonders freizügig angesehenen deutschen Gesellschaft als ehrverletzend empfunden wird. Dies gilt insbesondere für solche Fälle, in denen die Frau nach der Trennung nicht - wie traditionell vorgesehen - in ihr Eltern-

---

1113 So auch bei Terre des Femmes/Böhmeke 2005, 29, wo es heißt, dass das starke Festhalten der Männer an den Ehrvorstellungen in der Migration *„(...) mit einem Gefühl des Verlustes ihres traditionellen Rollenbildes als Familienoberhaupt zusammenhängen"* kann. Wie im 3. Teil unter 3.2.7.1 bereits ersichtlich wurde, kommt es auch in der Türkei eher zur Gewaltanwendung durch den Mann, wenn die Frau ein höheres Einkommen hat als er.

1114 Hierzu bereits ausführlich im 3. Teil unter 3.2.5.2 und 3.3.2.5.2.2. Dies ist vermutlich auch der Grund dafür, warum die Trennung/Scheidung einer Frau in Deutschland mit einer der Hauptauslöser des „Ehrenmordes" ist. Zu den häufigsten Motiven eines „Ehrenmordes" in Deutschland siehe im 1. Teil unter 1.4.1.1.1.1.11 und 1.4.1.1.2.1.10.

haus zurückgeht und sich stattdessen eine eigene Wohnung nimmt aber auch in Konstellationen, wo sie für das Sorgerecht ihrer Kinder kämpft.[1115] Männer und Familien, die mit diesem mehrfachen „Besitzverlust" nicht umgehen können, können der Meinung sein, die Frau/Tochter/Schwester führe wegen ihrer Eigenständigkeit ein zu „westliches" (sprich dirnenhaftes) Leben und sei von dem richtigen, also ehrenhaften, Weg abgekommen. Je hilfloser sie werden, desto wahrscheinlicher ist es, dass sie der Frau ihren Weg in die Unabhängigkeit durch einen tödlichen Übergriff abschneiden.

Allerdings kann das veränderte Rollenverhalten auch zu völlig gegenläufigen Entwicklungen bei den Frauen führen. So gibt es auch Frauen und Mütter, die die Veränderungen in der Migrationssituation nicht als Chance für Emanzipation wahrnehmen und gerade weil sie selbst nicht mehr nach traditionellen Regeln leben können, dazu neigen, besonders empfindlich auf einen Verstoß ihrer Kinder gegen die Ehrenregeln zu reagieren. Hierdurch wollen sie ihrem Mann gegenüber beweisen, trotz veränderter Bedingungen nach wie vor eine türkische und somit eine gute Frau und Mutter zu sein. Dies könnte ein möglicher (migrationsspezifischer) Grund dafür sein, warum vereinzelt auch Frauen in Deutschland - neben den allgemeinen Motiven - an einer Tötung aus Gründen der Ehre beteiligt sind beziehungsweise die Tat in irgendeiner Form fördern.[1116]

Auf der anderen Seite kann die Migration für manche Frauen eine im Vergleich zur Heimat noch stärkere Isolation und Unterdrückung durch den Mann nach sich ziehen. So gibt es bis heute Frauen türkischer Herkunft, die zwar in Deutschland leben, aber wegen ihrer traditionellen Rollenzuweisung den häuslichen Bereich nicht verlassen dürfen. Oftmals haben sie keinerlei Deutschkenntnisse und leben völlig abgekapselt von der Aufnahmegesellschaft. Wie im türkischen Dorf müssen sie sich der Befehlsgewalt des Mannes und seiner Familie un-

---

1115 Zu der traditionellen Auffassung, dass geschiedene Frauen zurück in den Haushalt ihrer Familie gehen müssen und ledige Frauen nicht allein leben dürfen, siehe bereits im 3. Teil unter 3.2.1 und 3.2.5.1. Das Sorgerecht für die Kinder gebührt nach islamischem Gesetz dem Mann und kann nur vorübergehend auf die Frau übertragen werden, siehe im 3. Teil unter 3.3.2.5.2.2. Dies kann auch erklären, warum die Begehung eines „Ehrenmordes" in Deutschland nach statistischen Angaben teilweise durch Sorgerechtsstreitigkeiten bestärkt wurde, siehe im 1. Teil unter 1.4.1.1.1.2.

1116 Zur vereinzelten Beteiligung von Frauen an einem „Ehrenmordgeschehen" in Deutschland siehe im 1. Teil unter 1.4.1.1.1.1.7 und 1.4.1.1.2.1.6.

terordnen und ihren Anordnungen bedingungslos nachkommen. Fehlt dann auch noch eine Anbindung zu ihrer eigenen, in der Türkei verbliebenen Familie, wissen die Frauen sich oftmals nicht zu helfen und sind bei Streitigkeiten mit dem Mann wehrlos seiner Macht und seiner Gewalt ausgesetzt.

Will man die Situation von Kindern und Jugendlichen in traditionell türkischen Familien beschreiben, ist zunächst festzuhalten, dass es sich bei Vielen um Nachkommen von Einwanderern wider Willen handelt und sie das Leben und insbesondere das Aufwachsen in den türkischen Ballungsgebieten nachhaltig geprägt hat.[1117] Trotz einiger struktureller Veränderungen, ist die Bedeutung des familiären Zusammenhaltes auch in der Migration erhalten geblieben beziehungsweise neu begründet worden. So herrscht eine enge Solidarität in der Familie, auch wenn die Mitglieder räumlich getrennt voneinander leben. Die Eltern versuchen, ihre Kinder nach diesen Prinzipien zu erziehen und sie an die traditionell türkischen Normen wie auch an die islamischen Regeln zu binden. Teilweise erfolgt dies sogar in einem noch stärkeren Maß als in der Türkei, da sie den Verlust ihrer Identität und die Entfremdung ihrer Kinder befürchten. Um eine traditionelle Sozialisation der Kinder zu erreichen, werden streng autoritäre Regeln herangezogen und die traditionellen Erziehungsziele wie Gehorsamkeit, familiärer Zusammenhalt und Ehrenhaftigkeit beibehalten. Hierdurch entsteht ein Rahmen, der die Befolgung der traditionellen Bräuche im innerfamiliären Bereich ermöglicht.

Während Eltern ihre Kinder in der Familie noch erfolgreich nach traditionellen Vorstellungen erziehen können, kommen die Jungen und Mädchen zu einem gewissen Zeitpunkt - etwa durch den Besuch von Kindergarten und/oder Schule - unweigerlich mit der deutschen Kultur in Berührung. Hier lernen sie der eigenen Kultur völlig fremde Werte und Normen kennen, die im starken Widerspruch zu den familiären Vorstellungen stehen. Dabei kann der tägliche Umgang mit deutschen Gleichaltrigen und ihren Gewohnheiten dazu führen, dass die Kinder und die Jugendlichen zwei miteinander unvereinbare Welten erleben, was zu schweren Problemen bei der Identitätsentwicklung und zu ihrer Orientierungslosigkeit führen kann. Der Wunsch, nach westlichen Maßstäben zu leben, ist insbesondere bei jungen türkischen Mädchen und Frauen ausgeprägt. Während sie nach traditioneller Auffassung den Jungen und Männern untergeordnet werden, erkennen sie

---

[1117] Schiffauer 2002, 19.

durch die westlichen Einflüsse, dass ihnen die deutsche Kultur mehr Rechte und Freiräume einräumt, die sie für sich in Anspruch nehmen wollen. Zudem haben sie erhebliche Bildungsvorsprünge vor ihren männlichen Verwandten, die ebenfalls die Herausbildung ihrer auf Emanzipation ausgerichteten Vorstellungen bewirken können.[1118] Dagegen kann der traditionelle Ehrenkodex den männlichen Kindern und Jugendlichen in Deutschland sogar mehr Vorteile als in der Türkei bringen. So können sie sich Zuhause von ihren Schwestern bedienen lassen und gleichzeitig an den Freiheiten der deutschen Gesellschaft partizipieren.[1119] Vor diesem Hintergrund erscheint es nicht verwunderlich, wenn junge türkische Männer erst gar nicht auf ihre Vorrangstellung verzichten wollen. Häufig übernehmen die jungen Türken die traditionelle Orientierung ihrer Väter und Familie und wenden teilweise sogar noch rigidere Maßnahmen gegenüber ihren Schwestern an, was sie mit ihrer Vertrautheit mit den „schlechten" Einflüssen der deutschen Umwelt begründen.

Da sich die Familien über die „Anfälligkeit" der Frauen und Töchter in der deutschen Umwelt bewusst sind, werden vor allem die weiblichen Angehörigen ständig daraufhin abgetastet, ob sie sich der deutschen Gesellschaft angenähert haben. Oftmals wird ihnen der Kontakt zu deutschen Mädchen und Frauen verboten, da man die pauschale Ansicht vertritt, diese seien wegen der in der deutschen Gesellschaft herrschenden sexuellen Freizügigkeit durchweg ehrlos und hätten einen schlechten Einfluss auf die jungen türkischen Frauen. In einer Umwelt in der die Geschlechtertrennung nicht in gleichem Maße praktiziert werden kann wie innerhalb der traditionellen Strukturen des türkischen Dorfes, wollen die Familien ihre weiblichen Angehörigen aber insbesondere vor fremden Männern schützen. Aus Angst vor außer- oder vorehelichen Beziehungen wird von den Töchtern erwartet, jegliche Form des Kontaktes zu Jungen zu unterlassen, wie aus dem Kommentar einer jungen Türkin hervorgeht:

1118 Wenn es sich bei den in der Materialsammlung Papatyas ausgewiesenen deutschen Opfern tatsächlich um Deutsche handelt, die wegen einer außer- oder vorehelichen Beziehung neben der Frau getötet wurden (siehe im 1. Teil unter 1.4.1.1.1.1.3), kann die vermehrte Involvierung deutscher Personen in ein „Ehrenmordgeschehen" als ein Zeichen für den steigenden Kontakt zwischen vor allem der weiblichen jüngeren türkischstämmigen Generation und der deutschen Gesellschaft betrachtet werden.

1119 Kleff, 212.

> „Wir durften nicht mal mit Männern reden, mit Jungs reden, wirklich nicht mal reden. Und ich hab auch Angst gehabt, dabei erwischt zu werden, wenn ich einen Jungen angeguckt hab´. Da fängt´s doch schon an, Nutte zu werden“.[1120]

Angesichts der Tatsache, dass die Familien in der „Fremde“ besonders auf den Rückhalt der türkischen Bezugsgruppe angewiesen sind, ist ihre Bedeutung in der Migration enorm groß. Vor diesem Hintergrund haben sie ein besonderes Interesse daran, ihre Beziehungen zu ihr nicht zu verlieren. Da die Gesellschaft über den Ruf einer Familie - und damit auch über ihre Ehrenhaftigkeit - entscheidet, legen die Familien viel Wert darauf, dass nicht schlecht über sie geredet wird. Dabei geraten sie vielfach unter starken Konformitätsdruck und versuchen mit allen Mitteln zu vermeiden, nicht von dem sozialen Umfeld ausgegliedert zu werden. Hierzu werden die weiblichen Angehörigen auch in Deutschland überwiegend auf den häuslichen Bereich verwiesen und im Falle ihres Ausgangs einer starken familiären und sozialen Kontrolle unterworfen, wodurch ihr Bewegungsspielraum massiv eingeschränkt wird. Die gesellschaftliche Kontrolle wird nicht nur durch das Zusammenleben in Ballungsgebieten mit einem hohen Anteil von türkischen Mitbürgern überhaupt erst ermöglicht beziehungsweise gewährleistet, sondern auch generell ausgeweitet, da sie nun neben der Familie auch von der sonstigen Verwandtschaft, Bekanntschaft und Nachbarschaft ausgehen kann. Was von manchen als selbstverständlich akzeptiert wird, wird vor allem von den jungen türkischen Frauen als eine extreme Einengung empfunden.[1121] Kommt es gleichwohl zu einer öffentlichen Ehrverletzung, können sich die Familien dazu gezwungen fühlen, auf archaische Maßnahmen zurückgreifen, was auch dann gelten kann, wenn sie selbst gar nicht mehr oder nicht mehr so stark hinter den traditionellen Normen stehen. Hierdurch können sie zugleich zu Täter und Opfer des eigenen Systems werden.

Auch viele Jahre nach der Familienzusammenführung tragen zahlreiche türkische Jugendliche - deren durch die deutsche Gesellschaft beeinflussten Vorstellungen im starken Widerspruch zu der elterlichen Einstellung stehen können - bei der Verwirklichung ihrer Lebensziele

---

1120 Siehe bei Timmermann, 71.

1121 ZfT 1994, 157.

Konflikte mit der Familie aus. Dies gilt vor allem für türkische Mädchen, was darauf zurückzuführen ist, dass die Jungen eher wie Deutsche leben können, ohne dass ihre Traditionalität in Frage gestellt wird. Da ihnen die Familie große soziale Sicherheit bietet, schränken viele junge Türkinnen aber oftmals ihren Freiheitsdrang ein und versuchen, den Erwartungen der Familie gerecht zu werden. Dies fällt ihnen meistens sehr schwer, sind sie doch in der deutschen Gesellschaft stets der „Versuchung" ausgesetzt, „Normbrüche" zu begehen. Um Konflikte mit den Eltern zu vermeiden, versuchen sie oftmals nach Außen hin die Form zu wahren und genießen etwaige Freiheiten nicht selten in aller Heimlichkeit, indem sie ihre Lebenswelt von der der Eltern trennen. Fliegen sie dabei auf oder streben die Mädchen die Durchsetzung ihrer Freiräume demonstrativ gegenüber der Familie an, werden sie mit Gewaltbereitschaft und einem starken Druck konfrontiert. Nicht selten entscheiden sie sich dann für den Bruch mit der Familie, da sie die Pressionen nicht mehr aushalten können. In diesen Fällen kann die Familie sowohl die Verhaltensweisen vor dem Zeitpunkt der Abwendung von der Familie, also auch den Bruch selbst als ehrenrührig bewerten und sich in der Pflicht sehen, die Betroffene zur Rettung der Ehre zu töten. Oder aber die Mädchen und jungen Frauen resignieren vor den Ansprüchen der Familie, akzeptieren die traditionellen Anforderungen der Eltern für sich und übernehmen die für sie vorgeschriebene untergeordnete Rolle einer traditionellen Frau. Allerdings kann auch das ständige Verdrängen der eigenen Bedürfnisse ein tödliches Ende haben. Da die Familie und/oder der Ehemann hier wegen der Rollenkonformität der Frau in der Regel nichts an dem Verhalten ihrer Tochter/Schwester/Frau auszusetzen haben werden, beruht ihr Tod in diesen Fällen gewöhnlich auf ihrem eigenen Entschluss. Allerdings können auch tatsächlich ehrenhafte Frauen nicht immer perfekt sein. Auch wenn sie sich noch so gesittet benehmen, kann eine einzige Grenzüberschreitung als so schwerwiegend betrachtet werden, dass sie in den Augen der Familie ihre Tötung notwendig macht, bevor sie sich selbst dazu entschließen, ihrem Leben ein Ende zu setzen. Oder die Frauen werden von der Familie dazu gezwungen, ihre eigene Tötung zu vollziehen, was vor nicht allzu langer Zeit zur öffentlichen Diskussion stand, als die Polizei eine junge türkische Frau am Kleiderschrank aufgehängt vorfand.[1122]

1122 Siehe Fall Nr. 72 bei Papatya, ohne Seite.

Ein möglicher Grund, warum sich „Ehrenmorde" auch in der jüngeren, teilweise völlig integrierten, Generation fortsetzen, ist insbesondere in ihrem Rückzug in traditionelle Strukturen und in einer bewussten Abgrenzung gegenüber den Peer-Gruppen der Aufnahmegesellschaft zu sehen, deren Gründe in zahlreichen Ausgrenzungs- und Zuschreibungsprozessen durch die deutsche Gesellschaft gesehen werden. Häufig befinden sich die jungen Menschen in einer Situation, in der sie in zweierlei Hinsicht um Anerkennung kämpfen müssen. Während sie Zuhause mit dem ständigen Misstrauen konfrontiert werden, ob sie schon „Deutsche" geworden sind, reagiert die Aufnahmegesellschaft mit Ablehnung darauf, wenn sie noch „Türken" sind.[1123] Vor diesem Hintergrund handelt es sich bei der „Retraditionalisierung" vermutlich um eine Form von Entscheidung und um den Wunsch, sich endlich einer Kultur zugehörig fühlen zu wollen, in der sich die jüngere Generation nicht mehr gegen Diskriminierung und Zuschreibung wehren muss. Eine weitere Ursache könnte sich aus der Eheschließung zwischen hier aufgewachsenen jungen Menschen und einem Partner aus der Türkei ergeben.[1124] Denn hier treffen völlig unterschiedlich sozialisierte Menschen aufeinander, ganz egal, wie sehr die junge Generation bewusst die türkische Tradition wieder aufgreift und diese zum Maßstab ihres Handelns macht. So werden vor allem die patriarchalisch eingestellten, aus der Türkei zugezogenen, Männer relativ schnell merken, dass sie ihre Frau in Deutschland nicht „unter Kontrolle" haben, was dazu führen kann, dass sie auf ihre Machtlosigkeit mit massiver Gewalt oder sogar mit der Tötung ihrer Partnerin reagieren. Ein wichtiger Grund, warum türkische Migranten im Allgemeinen auf selbstjustizielle Maßnahmen zurückgreifen, liegt neben ihrer traditionell-ländlichen Einstellung zum Staat vermutlich auch daran, dass viele Gastarbeiter bereits zu Beginn des Einwanderungsprozesses negative Erfahrungen mit dem deutschen Staat gemacht haben und auch während den Phasen ihres Ankommens mit einer ablehnenden Haltung in der deutschen Politik und Gesetzgebung konfrontiert wurden. Zudem ist unter den türkischen Migranten eine missbilligende Meinung zu Justizbehörden verbreitet, was im Wesentlichen mit der Erfahrung von Diskriminierung durch die Polizei begründet werden kann. Abgesehen davon ist auch bekannt, dass eine Anzeige der Frau wegen ehrverletzenden Verhaltensweisen ohnehin ins Leere laufen

---

1123 Schiffauer 2002, 15.

1124 Zur anhaltenden Zuwanderung aus der Türkei siehe bereits im 4. Teil unter 4.1.4.

würde, da das deutsche Rechtssystem das traditionell türkische Verständnis von Ehre nicht kennt und einen Normbruch entsprechend nicht unter Strafe gestellt hat.[1125]

In der Tat muss an dieser Stelle konstatiert werden, dass das (Fort-)Bestehen von „Ehrenmorden" in Deutschland nicht einheitlich erklärt werden kann. Vielmehr können Tötungen wegen traditionell-religiöser Motive auf unterschiedlichen Ursachen beruhen, die sich im Wesentlichen aus der schlichten Weiterführung der türkischen Bräuche und der Reaktion auf die Lebensbedingungen in einem fremden Land zusammensetzen. Somit handelt es sich bei dem „Ehrenmord" in Deutschland sowohl um ein aus dem Heimatland importiertes, als auch um ein im Migrationskontext auf Grund verschiedener Erfahrungen modifiziertes beziehungsweise neu entstandenes Phänomen. Insofern ist es mehr als angebracht, von einem „*(Fort-)*Bestehen" dieser Gewaltform in Deutschland zu sprechen.

1125 Zum gegenwärtigen Ehrverständnis im deutschen Strafrecht siehe im 5. Teil unter 5.1.2.1.

6 Die Ehre als Grundlage von Straftaten im deutsch-türkischen Vergleich

6.1 Die Ehre als Gegenstand der türkischen und deutschen Strafrechtsordnung

Bei der Analyse des Ehrbegriffs nach türkischem und deutschem Strafrecht interessiert insbesondere die Frage, ob die Unterschiede im Hinblick auf das gesellschaftliche Verständnis von Ehre und ihre Bedeutung einen entsprechenden Widerhall in den jeweiligen Strafrechtsordnungen beider Länder finden.

6.1.1 Die Ehre als schützenswertes Rechtsgut im türkischen Strafrecht

Im Folgenden gilt es einen Überblick über die Grundstrukturen des Ehrenschutzes im türkischen Strafrecht zu geben. Hierzu wird eine Auswahl von Strafrechtsnormen vorgestellt, die die Relevanz der Ehre besonders betonen.

Um den *„möglicherweise spezifisch türkischen Ehrbegriff"*[1126] umfassend zu begreifen, ist in diesem Zusammenhang nicht nur die aktuelle Gesetzeslage darzustellen, sondern teilweise auch auf die Regelungen vor der großen Strafrechtsreform im Jahre 2004 zurückzugreifen, da diese die Ehre unter besonderen Schutz stellten.[1127]

6.1.1.1 Der Schutz der Nationalehre, Art. 301 tStGB[1128]

> (1) Wer die türkische Nation, den Staat der Türkischen Republik, die Große Nationalversammlung der Türkei, die Regierung der Türkischen Republik und die staatlichen Justizorgane öffentlich herabsetzt, wird mit sechs Monaten bis zu zwei Jahren Gefängnis bestraft.

1126 Rumpf 2000, 164.

1127 Bereits abgeschaffte Normen werden mit „(ex)" gekennzeichnet.

1128 Türkisches Strafgesetzbuch.

> (2) Wer die staatlichen Streitkräfte oder Sicherheitskräfte öffentlich herabsetzt, wird gemäß Abs. 1 bestraft.
>
> (3) Meinungsäußerungen, die mit der Absicht der Kritik erfolgt sind, stellen keine Straftat dar.
>
> (4) Strafrechtliche Ermittlungen wegen dieser Tat hängen von der Ermächtigung des Justizministers ab.[1129]

Das Ehrendenken des türkischen Volkes findet in Art. 301 tStGB einen besonderen Platz. Gesellschaftlich besonders bedeutsam ist der Schutz der Ehre der türkischen Nation (Art. 301 Abs. 1 tStGB). Vor den Veränderungen (Gesetz Nr. 5759 vom 30.04.2008) war der Begriff „Türkentum" anstelle des Ausdrucks „türkische Nation" Bestandteil des Gesetzestextes.[1130] Die Notwendigkeit einer neuen Bezeichnung ergab sich insbesondere vor dem Hintergrund, dass es unterschiedliche Auffassungen über die Definition des Begriffs „Türkentum" gab. Da der Terminus sehr weit ausgelegt werden konnte, bot er viel Raum für unterschiedliche Interpretationen, was wegen des Verstoßes gegen das Bestimmtheitsgebot eine unzulässige Ausweitung der Strafbarkeit darstellte. Sinn und Zweck der Gesetzesänderung war es also, den vagen Tatbestand zu präzisieren.[1131] Weitere Änderungen waren die Reduzierung des Strafrahmens auf höchstens zwei Jahre und das Erfordernis der Ermächtigung des Justizministers für strafrechtliche Ermittlungen.

Obgleich einige Stimmen auf europäischer und türkischer Ebene schon seit langer Zeit die Abschaffung des Art. 301 tStGB fordern, ist darauf hinzuweisen, dass es durchaus vergleichbare Bestimmungen in anderen europäischen Strafgesetzbüchern gibt, was insbesondere für die neue Fassung der Vorschrift gilt. Somit ist nicht so sehr die Existenz der Bestimmung Auslöser von immer wiederkehrenden Schwierigkeiten und Diskussionen in der Türkei gewesen. Diese ergaben sich vielmehr wegen der extensiven Auslegung und Anwendung der alten Fassung der Norm in der türkischen Rechtspraxis.[1132] Im Ergebnis bleibt

---

1129 Übersetzt von Tellenbach 2008 Art. 301, 191 f.

1130 Artuk TBB 2007, 227.

1131 Ebd.

1132 Tellenbach 2007, 642 f., die diese Haltung aber überwiegend auf die unteren Gerichte beschränkt, während die höchstrichterliche Rechtsprechung bereits der Gesetzänderung aus dem Jahre 2002 folgte.

aber festzuhalten, dass eine solche Regelung den allgemein hohen Stellenwert der Ehre und die Bedeutung ihrer Unversehrtheit für die Türkei als Land und auch für die türkische Bevölkerung deutlich widerspiegelt.

6.1.1.2 Der Schutz des Andenkens Atatürks (Gesetz Nr. 5816 vom 25.7.1951)

Das Andenken des Staatsgründers Atatürk unterliegt ebenfalls dem Ehrenschutz des türkischen Strafrechts und wurde in dem Gesetz Nr. 5816 aus dem Jahre 1951 geregelt. Hierbei handelt es sich um ein spezielles Gesetz, welches aus fünf Artikeln besteht und die öffentliche Schmähung des Andenkens Atatürks unter Strafe stellt (Art. 1 Abs. 1). Als Tathandlung kommen das Zerstören, Beschädigen oder Verschmutzen von Statuen, Büsten, Ehrenmalen sowie seiner Grabstätte in Betracht (Art. 1 Abs. 2). Vor dem Hintergrund, dass Atatürk zu seiner Zeit ein Befürworter des Laizismus war, sind es heute häufig islamistische Personen, die mit ihren Äußerungen gegen das Atatürk Gesetz verstoßen.[1133]

Allein der Umstand, dass die Beleidigung Atatürks bis heute gesondert geregelt ist und unter hoher Strafandrohung (von 1 Jahr bis zu 5 Jahren Freiheitsstrafe) steht, zeigt die Empfindlichkeit der Mehrheit der türkischen Nation in diesem Bereich. Denn durch die Norm wird nicht nur die Liebe der türkischen Bevölkerung gegenüber Atatürk ausgedrückt, sondern zugleich gezeigt, welch große Bedeutung die türkische Gesellschaft der Anerkennung und der würdevollen Behandlung beziehungsweise Ehrung der Dienste Atatürks beimisst.

6.1.1.3 Ehrenschutz im Rahmen der allgemeinen Beleidigungsdelikte, Art. 125 - 131 tStGB

Neben dem Schutz der Nationalehre und dem Andenken Atatürks, beinhaltet das türkische Strafgesetzbuch allgemeine Bestimmungen, die die staatliche Verpflichtung, die Ehre des Einzelnen oder einer Gruppe zu schützen, regeln. Die Gemeinsamkeit dieser Delikte besteht darin, dass sie keine Reaktion auf den Verstoß gegen einen spezifischen Ehrbegriff darstellen, sondern die Ehre als Ausfluss des allgemeinen „Persönlichkeitsrechts" schützen. Da sie somit im Wesentli-

---

1133 Zum Ganzen Tellenbach 2003, 261.

chen keine Besonderheiten im Vergleich zu anderen Rechtsordnungen aufweisen, kann auf eine tiefer gehende Erläuterung verzichtet werden.[1134] Ihre Darbietung soll lediglich der Vollständigkeit dienen, wobei auf ihre vereinzelten Besonderheiten hinzuweisen ist.

Das türkische Strafgesetzbuch unterscheidet im Allgemeinen zwischen dem Tatbestand der üblen Nachrede (Art. 125 1. Variante tStGB) und dem Tatbestand der Beleidigung (Art. 125 2. Variante tStGB). Schutzgüter sind der Ruf, das Ansehen und die Würde - also die *„Seref"* - einer Person.[1135] Beleidigungsfähig sind neben natürlichen Personen auch Personengemeinschaften und Institutionen.[1136]

Ein spezifisches Charakteristikum türkischer Beleidigungsdelikte ist, dass die Ehre als Schutzgut der Normen nicht einheitlich definiert ist, sondern von der Anschauung der jeweils an einem Ehrkonflikt beteiligten Kreise abhängig gemacht wird.[1137] Zudem erkennt das türkische Strafrecht auch mittelbare Beleidigungen für die engsten Angehörigen einer Person, die direkt von der Tat betroffen ist, an.[1138] So kann beispielsweise die Beleidigung einer Ehefrau in einem Brief zugleich als indirekte Beleidigung ihres Mannes aufgefasst werden.[1139]

Der Strafrahmen der Beleidigungsdelikte ist sehr breit gefächert. Während die Grundtatbestände der üblen Nachrede und der Beleidigung mit Geldstrafe oder Gefängnisstrafe bis zu 2 Jahren eher milde ausfal-

---

1134 Vgl. Rumpf 1999/2003, 8.

1135 Tezcan/Erdem/Önok Art. 125, 413 mit ausführlicher Darstellung der unterschiedlichen Ehrbegriffe.

1136 Tezcan/Erdem/Önok Art. 125, 414, wobei nur lebende Menschen Ehrträger seien sollen.

1137 Zur Verdeutlichung folgendes Beispiel: Die Aussage, ein Mädchen sei keine Jungfrau mehr, kann je nach Gesellschaftskreis unterschiedliche Auswirkungen zeigen. Während die in der Großstadt lebende türkische Oberschicht diese Behauptung beziehungsweise diesen Umstand ohne weiteres hinnehmen und akzeptieren würde, könnte allein die Vermutung der fehlenden Jungfräulichkeit im anatolischen Dorf verheerende Konsequenzen nach sich ziehen (vgl. Tellenbach 2001, 473 f.). Somit orientiert sich die Frage nach einer Strafbarkeit dieser Handlung in erster Linie an Ort, Situation und der Einstellung der betroffenen Personen.

1138 Tezcan/Erdem/Önok Art. 125, 417.

1139 Tellenbach 2003, 227 m.w.N.

len, gibt es zahlreiche Strafschärfungsgründe, die die Strafe um ein vielfaches erhöhen können.[1140]

6.1.1.4 Strafbefreiungsgründe und mildernde Umstände bei Ehrverletzung

6.1.1.4.1 Die Ehrverletzung als Rechtfertigungsgrund, Art. 25 tStGB

> (1) Ein Täter wird nicht bestraft, wenn er Taten in der Notwendigkeit begeht, einen rechtswidrigen Angriff gegen ein eigenes Recht oder das Recht eines anderen abzuwehren, der gegenwärtig ist, bevorsteht oder dessen Wiederholung sicher zu erwarten ist. Dies muss in einer Weise geschehen, die nach der Lage und den Bedingungen dieses Zeitpunkts in einem angemessenen Verhältnis zu dem Angriff steht.
>
> (2) Ein Täter wird nicht bestraft, wenn er Taten in der Notwendigkeit begeht, sich oder einen anderen aus einer schweren und tatsächlich bestehenden Gefahr zu retten, die einem eigenen Recht oder dem Recht des anderen droht, die er nicht wissentlich verursacht hat und der auf anderer Weise nicht zu begegnen ist. Dies gilt unter der Voraussetzung, dass zwischen der Schwere der Gefahr und dem Gut sowie dem verwendeten Mittel ein angemessenes Verhältnis besteht.[1141]

Art. 25 Abs. 1 tStGB (ehemals Art. 49 tStGB) normiert die Rechtfertigung einer Straftat, die begangen wurde, um sich gegen eine Ehrverletzung zur Wehr zu setzen. Obwohl der Gesetzeswortlaut die Ehre nicht explizit benennt, wird der Anwendungsbereich der Vorschrift von türkischer Literatur und ständiger Rechtsprechung auf dieses Rechtsgut erweitert.[1142]

Eine ähnliche Erweiterung ist im Rahmen des Notstandes (Art. 25 Abs. 2 tStGB) anzutreffen. Auch hier besteht Einigkeit in Lehre und Rechtsprechung darüber, dass mit „Person" alle persönlichkeitsbezogenen

---

1140 Tellenbach 2007, 636.

1141 Übersetzt von Tellenbach 2008 Art. 25, 27.

1142 Özbek 2006, Art. 25, 350; Tellenbach 2003, 25.

Werte gemeint sein müssen, sodass die Ehre durch die extensive Auslegung der Norm zu den notstandsfähigen Rechtsgütern gezählt wird.[1143]

Allerdings sind die Normen für die Rechtspraxis eher unbedeutend, da es bei Ehrverletzungen zumeist insbesondere an der etwa für die Notwehr erforderlichen Gegenwärtigkeit des Angriffs fehlt. Das ist darauf zurückzuführen, dass der Angriff mit der Wahrnehmung der Ehrverletzung bereits abgeschlossen ist, was eine unmittelbare Abwehr unmöglich macht. Dem Betroffenen bleibt hierdurch lediglich die Möglichkeit der späteren Vergeltung der Tat.[1144]

6.1.1.4.2 Die Strafbarkeit des Ehebruchs, Art. 440 – 441 (ex)tStGB

Art. 440 (ex)tStGB

(1) Die Ehefrau, die Ehebruch begeht, wird mit sechs Monaten bis drei Jahren Gefängnis bestraft.

(2) Wer sich in Kenntnis des Umstandes, dass die Frau verheiratet ist, an dieser Tat beteiligt, wird mit der gleichen Strafe bestraft.

Art. 441 (ex)tStGB

Der Ehemann, der an dem Wohnsitz, den er mit seiner Ehefrau teilt oder in allgemein bekannter Weise an einem Ort mit einer Frau, die nicht mit einem anderen verheiratet ist, wie ein Ehepaar zusammenlebt, wird mit sechs Monaten bis drei Jahren Gefängnis bestraft.[1145]

Nicht vor allzu langer Zeit stand der Ehebruch, also der Geschlechtsverkehr eines Ehepartners mit einer dritten Person[1146], in der Türkei

1143 Malkoc/Güler Art. 49, 306.

1144 Tellenbach 2007, 646.

1145 Übersetzt von Rumpf 1999/2003, Art. 440, 441, 5.

1146 Erem Art. 440, 441, 1920; Tellenbach 2003, 200.

unter Strafe. Im März 1999 wurden die wichtigsten Bestimmungen jedoch durch zwei Urteile des Verfassungsgerichts aufgehoben.[1147] Die Gemeinsamkeit der für beide Geschlechter separat geregelten Normen lag in dem angedrohten Strafmaß: So hatten Mann wie Frau wegen Ehebruchs mit einer Freiheitsstrafe zwischen 6 Monaten und 3 Jahren zu rechnen.[1148] Der Unterschied der Vorschriften lag darin begründet, dass die Voraussetzungen zur Tatbestandserfüllung durch den Mann im Vergleich zur Frau strenger ausfielen, was eine gesetzgeberische Ungleichbehandlung zugunsten des Mannes zum Ausdruck brachte. Denn während die Strafbarkeit des Mannes erst begründet wurde, wenn es sich bei seiner außerehelichen Beziehung erstens um eine dauerhafte handelte, die zweitens so bekannt war, dass er den Schein einer intakten Ehe nicht mehr nach Außen wahren konnte, genügte für die Strafbarkeit der Frau, jede Form des außerehelichen Geschlechtsverkehrs unabhängig von der Dauer und der Art ihrer außerehelichen Beziehung.[1149]

Auch ohne ausdrücklichen Hinweis dokumentierten die Bestimmungen in zweifacher Hinsicht einen sehr engen Bezug zum Ehrbegriff in Form der *„Namus"*. Dies ergab sich zum einen aus dem Faktum, dass der Ehebruch überhaupt strafrechtlich verfolgt wurde. Denn Sinn und Zweck eines strafrechtlichen Verbots einen Ehebruch zu begehen, ist weniger in dem Schutz der Ehe, als vielmehr in dem Schutz der persönlichen und emotionalen Betroffenheit des betrogenen Ehepartners zu sehen.[1150] Zum anderen konnte die Verknüpfung zur Ehre aus der Ungleichbehandlung zwischen Mann und Frau entnommen werden.[1151] Wäre es um den Schutz der Ehe gegangen, hätte es keiner geschlechtlichen Differenzierung im Hinblick auf die Strafbarkeitsvoraussetzungen bedurft. Dass zur Erfüllung des Ehebruchstatbestandes seitens der Frau weitaus weniger Anforderungen gestellt wurden, zeigt eher den vergleichsweise höheren Stellenwert der Ehre des Mannes und der Gewährleistung eines entsprechend gesteigerten Maßes an staatlichem Schutz.[1152]

1147 Rumpf 1999/2003, 4.

1148 Erem Art. 440, 441, 1916.

1149 Erem Art. 440, 441, 1924; Rumpf 1999/2003, 6.

1150 Rumpf 1999/2003, 6.

1151 Ebd.

1152 Ebd.

Die Resonanz auf die Abschaffung beider Normen wäre umso positiver ausgefallen, wenn die verfassungsgerichtliche Nichtigkeitserklärung auch tatsächlich auf dem Modernisierungswillen des türkischen Gesetzgebers beruht hätte.[1153] „Bedauerlicherweise" ist sie aber auf einen justiziellen „Unfall" zurückzuführen, der darin bestand, dass die Legislative der Aufforderung des Verfassungsgerichts, eine neue gesetzliche Regelung anstelle des wegen Verstoßes gegen den Gleichheitsgrundsatz aufgehobenen Art. 441 tStGB zu schaffen, nicht rechtzeitig nachkam. Weil sodann nur noch die Ehebruchsvorschrift für die Frau Geltung besaß, sah sich das Verfassungsgericht zum Handeln gezwungen und hob Art. 440 tStGB zwei Jahre später ebenfalls auf.[1154]

6.1.1.4.3 Die Strafmilderung bei Kindestötung, Art. 453 (ex)tStGB

> Ist das Verbrechen der vorsätzlichen Tötung von der Mutter zur Rettung ihrer Ehre an ihrem neugeborenen Kind begangen worden, so wird die Täterin mit Gefängnis von vier bis acht Jahren bestraft.[1155]

Im Rahmen der Bestimmungen zu Strafmilderungen bei ehrbedingten Straftaten ist anfangs auf Art. 453 (ex)tStGB hinzuweisen. Hierbei handelte es sich um eine Regelung, die die Tötung eines neugeborenen Kindes durch die Mutter zur Rettung ihrer Ehre erfasste. Als Strafmilderungsgrund brachte die Norm die Privilegierung ehrbedingter Straftaten klar zum Ausdruck. So lag der Strafrahmen der Kindestötung zur Ehrenrettung im Vergleich zur „klassischen" vorsätzlichen Tötung (Art. 81 tStGB), die die lebenslange Freiheitsstrafe vorsieht, zwischen 4 und 8 Jahren Zuchthaus.[1156] Wegen des nicht eindeutigen Wortlautes der Norm herrschte auch an dieser Stelle viel Raum für ihre Auslegung. Von besonderem Interesse waren hierbei die Fragen, wie „Ehre"

1153 Rumpf 1999/2003, 4.

1154 Tellenbach 2003, 200 f.

1155 Übersetzt von Tellenbach 2001a Art. 453, 218.

1156 Erem Art. 453, 2060; Rumpf 1999/2003, 8; Tellenbach 1998, 218; dies. 2005, 83, die die Aufgabe der Unterteilung zwischen Zuchthaus, Gefängnis und Haft seit der Einführung des neuen Strafgesetzbuches im Jahre 2005 anspricht und darlegt, dass seitdem nur noch zwischen zeitiger und lebenslanger Freiheitsstrafe unterschieden wird.

in diesem Zusammenhang interpretiert werden sollte und unter welchen Voraussetzungen eine Ehrenrettung (noch) möglich wäre.[1157] Nachdem im Zuge der Gesetzesänderung im Jahre 1990 die Ehre in Form von „*Seref*" ausdrücklich in den Wortlaut der Norm aufgenommen wurde, war klar, dass die Norm die gesellschaftliche Stellung der Mutter, die sie durch die Kindestötung wahren wollte, schützen sollte.[1158]

Dies gab aber keine konkrete Antwort darauf, wann die Geburt eines Kindes die Ehre einer Frau gefährdete. Obwohl dem Gesetzeswortlaut keine Differenzierungen zu entnehmen waren, schloss man aus dem Sinn und Zweck der Norm, dass sie vor allem auf solche Fälle anzuwenden war, in denen es sich um ein vor- beziehungsweise außereheliches Kind handelte.[1159] Die Privilegierung des Ehrmotivs sollte aber nur dann zur Anwendung kommen, wenn eine Ehrenrettung der Mutter zumindest nach Außen hin noch möglich war. Dies bedeutete, dass solche Fälle auszublenden waren, in denen die Existenz des Kindes über den Familienkreis hinaus bereits bekannt geworden war oder die Ehre der Frau schon vor der Geburt als befleckt angesehen wurde.[1160] Es handelte sich somit um eine Privilegierung, die auf den äußeren Schein von Ehrenhaftigkeit abstellte, welche auf Kosten „minderwertig" erscheinender Kinder zur Anwendung kam. Auch wenn nicht ausdrücklich im Gesetzeswortlaut vorgesehen, wird aus der Auslegung der Norm ersichtlich, dass ein enger Zusammenhang mit der „*Namus*" der Frau bestand, da für die Anwendbarkeit der Regelung auf das weibliche außer- oder voreheliche Sexualverhalten abgestellt wurde. Diese und ähnliche Vorschriften, die die Notsituation von Frauen betrafen, finden seit den Reformen aus dem Jahre 2005 keinen Platz mehr in der türkischen Strafrechtsordnung.

6.1.1.4.4 Besonderer Strafmilderungsgrund der Provokation bei Ehebruch, Art. 462 (ex)tStGB

> (1) Sind die in den vorhergehenden beiden Abschnitten angeführten Taten von der Ehefrau, dem Ehemann, einem Verwand-

---

1157 Tellenbach 2003, 213 f. Fn. 631.

1158 Ebd.

1159 Erem Art. 453, 2066; Tellenbach 2003, 214.

1160 Tellenbach 2003, 214.

> ten aufsteigender Linie, von dem Bruder oder der Schwester gegenüber dem Ehemann, der Ehefrau, der Schwester, einem Abkömmling, an den Mittätern oder an beiden bei Ertappen auf frischer Tat des Ehebruchs oder des unerlaubten Geschlechtsverkehrs oder bei Ertappen in einem Zustand begangen worden, der zweifelsfrei auf die beabsichtigte oder bereits begangene Ausübung des Ehebruchs oder des unerlaubten Geschlechtsverkehrs schließen lässt, so wird die festgesetzte Strafe auf ein Achtel herabgesetzt, wobei die Zuchthausstrafe in Gefängnisstrafe umgewandelt wird.
>
> (2) Anstelle der lebenslangen Zuchthaustrafe tritt Gefängnis von vier bis zu acht Jahren, und anstatt Todesstrafe[1161] ist auf Gefängnis von fünf bis zu zehn Jahren zu erkennen.[1162]

Ehrverletzungen fanden in Art. 462 (ex)tStGB ebenfalls privilegierende Berücksichtigung. Hierbei handelte es sich um eine besondere Form der Strafmilderung, die die Strafe auf bis zu ein Achtel herabsetzte, wenn der Täter das Opfer in flagranti ertappt oder in einer Situation angetroffen hatte, die zweifelsfrei auf das Begehen eines Ehebruchs[1163] oder eines unerlaubten – also außerehelichen – Geschlechtsverkehrs hindeutete. Der Verweis auf die vorhergehend geregelten Taten in der Norm hatte zur Folge, dass sie insbesondere für Tötungs- und Körperverletzungsdelikte herangezogen wurde. Der begünstigte Täterkreis reichte hierbei von dem/der Ehepartner(in) und den Geschwistern bis zu den Eltern. Als Betroffene kamen dementsprechend der/die Ehepartner(in), die Kinder, Geschwister und/oder die „Mitschuldigen" in Betracht.[1164] Auch wenn die Norm offiziell gleichermaßen für betrogene Ehefrauen und Ehemänner galt, ist davon auszugehen, dass sie in der Praxis höchst wahrscheinlich überwiegend bei betrogenen Ehemännern angewandt wurde, da in der Türkei in aller Regel die Männer

---

1161 Die Todesstrafe wurde in der Türkei seit 1984 nicht mehr vollstreckt und durch das Gesetz Nr. 4771 vom 03.08.2002 endgültig abgeschafft, nachdem das verfassungsändernde Gesetz Nr. 4709 vom 03.10.2001 die Todesstrafe nur noch für terroristische Straftaten zuließ (vgl. Tellenbach 2003, 3).

1162 Übersetzt von Tellenbach 2001a, Art. 462, 224.

1163 Der Ehebruch setzte eine zivilrechtliche Ehe voraus. Ausgenommen waren daher so genannte „Imamehen", die einen traditionellen Ursprung haben und (nur) von einem Imam geschlossen werden können (vgl. im Detail Tellenbach 2003, 218).

1164 Erem Art. 462, 2131; Tellenbach 2001, 477.

wegen dieser Tat vor Gericht standen.[1165] Nachdem die Bestimmung durch das Gesetz Nr. 4928 am 15.07.2003 aufgehoben wurde, bleibt den Tätern heute lediglich die Privilegierung aus Art. 29 tStGB, die allerdings unter viel strengeren Voraussetzungen steht.[1166]

6.1.2 Die Ehre als schützenswertes Rechtsgut im deutschen Strafrecht

Im Vergleich zur türkischen Strafrechtsordnung spielt der Ehrenschutz nach deutschem Strafrecht heute eine eher untergeordnete Rolle. Aktuell sind es einige wenige Normen, die die Ehre zum Gegenstand haben. Wie es zu dieser Entwicklung gekommen ist und welche Gründe hierfür ausschlaggebend waren, kann nur im historischen Kontext beleuchtet werden. Deshalb soll sich den Ausführungen zur aktuellen Rechtslage in Deutschland ein Exkurs zur historischen Entwicklung ehrbedingter Gewalthandlungen in der deutschen Strafrechtspflege anschließen.

6.1.2.1 Aktuelle Rechtslage

Die Ehrenverteidigung erfolgt in Deutschland heute ausschließlich auf dem Rechtsweg. Zwar ist die Ehre eines Menschen nicht ausdrücklich in einer eigenständigen Norm geschützt, dennoch gibt es einige Regelungen, die ihre Verletzung ahnden. Im Strafrecht beinhalten die Straftatbestände der Üblen Nachrede, der Verleumdung und der Beleidigung (§§ 185 ff. Strafgesetzbuch) einen Ehrenschutz, der bei ehrenrührigen Behauptungen, Darstellungen und Meinungsäußerungen greift und unter Umständen zu Spannungen mit der Meinungsfreiheit aus Art. 5 GG führen kann. Obwohl das Gesetz das Wort „Ehre" nicht ausdrücklich benennt, herrscht Einigkeit darüber, dass sie das einzige Schutzgut der §§ 185 ff. StGB darstellt.[1167] Ungeklärt ist dagegen nach wie vor die Frage, wie der strafrechtliche Ehrbegriff genau auszufüllen ist. Heute gibt es Vertreter des „normativen"[1168] und Anhänger des so genannten „faktischen" Ehrbegriffs[1169]. Strafrechtlich herrschende Auf-

---

1165 Izol, 27; Tellenbach 2007, 647.

1166 Tellenbach 2003, 218; hierzu ausführlicher siehe im 5. Teil unter 5.2.1.2.

1167 Geppert Jura 1983, 531; Schönke/Schröder-*Lenckner* Vor §§ 185 ff. Rn. 1.

1168 Tenckhoff JuS 1988, 201 ff.

1169 Schönke/Schröder-*Lenckner* Vor §§ 185 ff. Rn. 1.

fassung ist der „normativ-faktische" Ehrbegriff, der die äußere und innere Ehre berücksichtigt und somit die verschiedenen Sichtweisen miteinander vereint. Dabei wird unter innerer Ehre der sittlich-personale Wert eines Menschen und unter äußerer Ehre die Wertschätzung beziehungsweise der Ruf einer Person in den Augen anderer verstanden. Der dualistische Ansatz verlangt nicht die Verletzung beider Ehrenformen nebeneinander. Je nach Einzelfall können die §§ 185 ff. StGB zum Schutz der einen und/oder der anderen Form der Ehre greifen.[1170] Zu dem geschützten Personenkreis gehören Einzelpersonen, aber auch Angehörige einer Personenmehrheit. Die Familienehre steht dagegen nach Rechtsprechung[1171] und herrschender juristischer Literaturmeinung[1172] nicht unter dem Schutz der §§ 185 ff. StGB, da die Familie kein kooperativer Verband sei, der als Subjekt mit einheitlicher Willensbildung am sozialen Leben teilnehme. Es gehe hierbei aber weniger darum, die Existenz der Familienehre anzuzweifeln. Diese sei unbestritten, aber auf der soziologischen Ebene zu suchen.[1173] Die Folge ist, dass die Verletzung der Familienehre nach traditionell türkischem Verständnis im deutschen Strafrecht nicht der Rechtfertigung einer Gewalttat - und damit eines „Ehrenmordes" - dienen kann. Als Sanktion sehen die §§ 185 ff. StGB sowohl die Geld- als auch die Freiheitsstrafe bis zu 2 Jahren vor.

Obwohl der Ehrenschutz im Laufe des 19. Jahrhunderts primär im strafrechtlichen Bereich Relevanz hatte, macht sich seit längerer Zeit ein Wandel in Richtung des deutschen Zivilrechts bemerkbar.[1174] Ehrverletzungen stellen heute zivilrechtlich eine unerlaubte Handlung dar, die einen Anspruch auf Schadensersatz zur Folge hat (§§ 823 ff. BGB). Dies ist wahrscheinlich auch der Grund, warum Ehrverletzungsdelikte kriminalpolitisch heute eine ziemlich untergeordnete Rolle in Deutschland spielen. So machen sie laut jüngster Polizeilicher Kriminalstatistik (2009) etwa 3,3 % aller erfassten Straftaten aus.[1175]

1170 Geppert Jura 1983, 532 mit Verweis auf BGHSt 11, 70 f.

1171 Vgl. bereits BGH JZ 1951, 521.

1172 Geppert Jura 1983, 538; Schönke/Schröder-*Lenckner* Vor §§ 185 ff. Rn. 4; Wessels/Hettinger Rn. 470; a.A. Kaufmann, A. ZStW 1960, 441.

1173 Vgl. hierzu insbesondere Mezger JZ 1951, 522.

1174 Scheyhing HRG 1971, 849.

1175 Bundeskriminalamt 2010, 32.

6.1.2.2 *Exkurs: Die Ehre und ihre Verteidigung in der Geschichte der deutschen Strafrechtspflege*

6.1.2.2.1 Das germanische Rechtsdenken

Verschiedene Formen der Ehrbereinigung haben in der deutschen Geschichte lange Zeit eine bedeutende Rolle gespielt. Die Gedanken von Rache und Fehde gehen bis in die germanische Zeit zurück, wo die Menschen in Sippen mit streng strukturierten Herrschaftsverhältnissen lebten, die den Frieden im Inneren gewährleisteten. Da es aber kein staatliches Gewaltmonopol und keine staatliche Verbrechensverfolgung für die Konflikte zwischen den Sippen gab, mussten die Menschen zur Bewältigung der Angriffe von Außen auf selbstjustizielle Maßnahmen zurückgreifen.[1176] Dabei sorgte die Sippe für Sicherheit und Schutz, indem sie einerseits Verbrechen gegenüber ihren Mitgliedern ahndete und andererseits einen schuldigen Angehörigen in ihre Obhut nahm.[1177] Als Auslöser der Fehde kamen der tödliche Verlust eines Familienmitgliedes, (sonstige) Beleidigungen sowie Übergriffe auf den Besitz einer Sippe in Betracht.[1178] Hierbei handelte es sich um Handlungen, die die Ehre einer gesamten Gruppe tangierten, die im Wertgefüge der germanischen Zeit einen sehr hohen Stellenwert hatte. So *„(...) war die Ehre dem Germanen höchster Wert und wesentliche Grundlage seines Daseins. Inhaltlich war sie bestimmt durch die Achtung, die der einzelne rechtsfähige Freie bzw. seine Familie, Verwandten oder wohl auch die Sippe bei Gefolgschaft, Stamm oder Volk genossen."*[1179] Obwohl das germanische Recht den Umfang und die Durchführungsart der Fehde regelte, wurden die Beschränkungen kaum beachtet. Dies war von der Sorge getragen, dass eine Sippe bei unterlassener Rache an Achtung verlieren und als furchtsam gelten könnte. Zudem wurde die Rache nicht nur als ein Recht, sondern als eine sich aus der Sippenordnung ergebende Pflicht angesehen.[1180]

1176 Kaufmann, E. HRG 1971, 1084.

1177 Kroeschell LexMA 2000, 1934-1935.

1178 Böttcher RGA 1978, 92.

1179 Zunkel, 2.

1180 Schmidt, 23 f.

6.1.2.2.2 Das mittelalterliche Rechtsdenken

In der Epoche des mittelalterlichen Rechtsdenkens trat die Verteidigung der Ehre insbesondere in Form der Fehde und der Blutrache in Erscheinung. Während unter Fehde die ritterliche Fehde zu verstehen ist, meint Blutrache vor allem die nicht ritterliche Fehde, der man insbesondere auf dem Lande und in den Städten begegnete.[1181]

6.1.2.2.2.1 Die Ritterfehde

Zwar wirkten die germanischen Rechtsauffassungen, die ursprünglich Rache und Fehde erzeugt hatten, in der Ritterfehde nach. Ihre eigentümliche Ausgestaltung basierte aber vielmehr auf dem sich neu entwickelnden Ritterstand.[1182] Der Ehrbegriff des adlig-ritterlichen Standes ergab sich in erster Linie aus der ritterlichen Tapferkeit. Daneben wurden Eigenschaften wie Tugend, Milde, Selbstbeherrschung, Mäßigung und Treue als Maßstab für die Ehrenhaftigkeit eines adligen Ritters herangezogen.[1183] Da die Ehre ein grundlegendes Element des ritterlichen Wertesystems war, stellte die Wahrung und Mehrung der Ehre ein wesentliches Anliegen des Adels dar und wurde durch Besitz und Macht nach Außen demonstriert. Dabei meinte Ehrenhaftigkeit nicht nur das „Ansehen" einer Person, sondern auch die aus der Standeszugehörigkeit resultierende Legitimation zur Ausübung bestimmter Aufgaben oder das Recht zum Besitz von Grund und Boden. Hierdurch sollte sich die adelig-ritterliche Standesehre von den anderen Ständen abgrenzen.[1184] Da dem Rittertum in kultureller, sozialer und politischer Hinsicht eine hohe Bedeutung zukam, wurde in der Fehde nicht nur gewalttätiges Unrecht gesehen. Trotzdem haben ihre störenden und schwer schädlichen Wirkungen für die Sicherheit der Landstraßen und die landwirtschaftliche Produktion eine Gegenbewegung erzeugt.[1185] So strebte die Kirche im Rahmen der Gottesfriedensbewegung durch die Befriedung bestimmter Personen (Geistliche, Ackerleute, Kaufleute) und die Festlegung von Friedenszeiten (zumeist von Donnerstag oder Freitag bis Montagmorgen) eine Eingrenzung des Fehderechts

---

1181 Schmidt, 48.

1182 Ebd.

1183 Burkhart, 33.

1184 Ebd.

1185 Schmidt, 48.

an.[1186] Nachdem die Gottesfrieden durch die Landfrieden abgelöst wurden, wurde die Bekämpfung der Fehde zum Gegenstand der Landfrieden, die für eine gewisse Dauer und für bestimmte Teile des Reichs verkündet wurden.[1187] Alle Bemühungen blieben jedoch langfristig ohne Erfolg. Erst im Jahre 1234/35 kam es durch den Mainzer Landfrieden zu einer ersten dauerhaften und überregionalen Einschränkung des Fehderechtes. Hiermit wurden Fehdehandlungen, die ausgeführt wurden, ohne vorher das zuständige Gericht angerufen zu haben, für rechtswidrig erklärt.[1188] Auf dem Wormser Reichstag von 1495 wurde das Fehderecht endgültig abgeschafft, was durch die Einsetzung eines obersten Reichsgerichtes unterstützt und effektiv umgesetzt wurde.[1189] Offiziell handelte es sich bei der Fehde fortan um ein Verbrechen, für das der Täter durch den Staat zur Verantwortung gezogen werden sollte.[1190]

6.1.2.2.2.2 Die Blutrache

Die nichtritterliche Fehde wurde hauptsächlich wegen Totschlags verübt. Somit war die Blutrache die Hauptform nichtrichterlicher Fehde, an der mancherorts als eine ganz selbstverständliche Institution des Rechts festgehalten wurde. Dies galt vor allem für die bäuerlichen abgeschiedenen Gebiete, wo sich die germanischen Anschauungen tief in das Lebensgefühl der Menschen eingeprägt hatten. Hier organisierten sich die Sippen förmlich zur Blutrache und wählten einen Hauptmann. In den Städten konnten die Anschauungen dagegen schneller überwunden werden, da hier ein fließender Verkehrsstrom herrschte und die Interessen der Wirtschaft, des Verkehrs und des Handels durch jede bedeutendere Störung des Friedens empfindlich betroffen waren. Dies bedeutete jedoch nicht, dass Rachehandlungen zur Vergeltung von Rechtsverletzungen im städtischen Recht nicht zulässig waren; sie standen vielmehr unter bestimmten Bedingungen. Im Allgemeinen wurden zahlreiche Einschränkungen der Blutrache in Stadt und Land erlassen. Zu nennen sind insbesondere die verschiedenen Sonderfrieden, die die Ausübung der Blutrache erschwert, wenn nicht sogar un-

---

1186 His, 61; Kaufmann, E. HRG 1971, 1090.

1187 His, 61; Kaufmann, E. HRG 1971, 1091.

1188 Ebd.

1189 His, 62; Kaufmann, E. HRG 1971, 1092.

1190 Frauenstädt, 172.

möglich gemacht haben, indem sie für bestimmte Orte, Personen und Zeiten festgesetzt wurden. Maßnahmen zur Verdrängung der Blutrache hatten überall dort am ehesten Erfolg, wo die Selbsthilfe dank einer geordneten Rechtsordnung überflüssig wurde. Endgültig beendet wurde die Blutrache erst in den Jahrhunderten nach der Rezeption. Seitdem wurde sie nicht mehr als rechtliche Einrichtung empfunden und behandelt.[1191] Begünstigend wirkte dafür auch, dass sich die Sippenverbände im Mittelalter nach und nach lösten und es hierdurch zur Aufgabe des starken Familienbewusstseins kam. Dies bewirkte ein starkes Nachlassen des Gesamthaftungssystems beziehungsweise das Ablegen der kollektiven Verpflichtung der familiären Gruppe.[1192]

6.1.2.2.3 Das Duell

Die Abschaffung von Fehde und Blutrache im Rechtsleben bedeutete jedoch nicht zugleich den Rückgang des Stellenwertes der Ehre selbst. Gesellschaftlich war sie nach wie vor höchst aktuell. Daher wurde über kurz oder lang nach alternativen Mitteln zur Ehrenverteidigung gesucht. Nachdem auch der rechtliche Zweikampf - der vor allem als Beweismittel diente - verboten wurde, entstand hieraus der außergerichtliche Zweikampf, der als Duell im eigentlichen Sinne bezeichnet wird.[1193] Im Rahmen des Duells kam es nicht auf den Sieg einer Partei als Voraussetzung einer erfolgreichen Ehrenbereinigung an. Im Vordergrund stand vielmehr, dass die Gegner überhaupt zum Duell antraten und hierdurch ihre Bereitschaft signalisierten, für die Wiederherstellung der Ehre den Tod in Kauf zu nehmen.[1194]

Duelle wurden ausschließlich von Männern ausgetragen, wobei ihr Sinn und Zweck in der Genugtuung für eine (vermeintliche) Beleidigung gesehen wurde.[1195] Im Allgemeinen reichten ihre Auslöser von jeder Form der öffentlichen Herabwürdigung und des tätlichen Angriffs bis zur Verletzung der sexuellen Integrität der Frau. Letzteres galt als indirekte Beleidigung des Mannes, der als Beschützer und Besitzer der Frau für die Bereinigung der Ehre im Wege des Duells zu-

---

1191 Zum Ganzen Schmidt, 53 ff.

1192 Frauenstädt, 88.

1193 Ausführlich zu den Formen des gerichtlichen Zweikampfes siehe Schild LexMA 2000, 723.

1194 Guttandin, 241.

1195 Boenke, 233.

ständig war.[1196] Männer, die das Duellieren ablehnten oder sich nicht trauten, wurden im Allgemeinen öffentlich missachtet. Dabei wurde ihre Haltung als Feigheit und als unmännliche Nachgiebigkeit bewertet, worauf der Ausschluss aus der Statusgruppe folgte.[1197]

Ursprünglich waren nur Personen, die das Recht zum Waffentragen besaßen (also Adelige, Offiziere und Studenten), zur Partizipation an dem gesellschaftlichen Ritual berechtigt. Durch diese Einschränkung wollte sich der höhere Stand nach „unten" abgrenzen und zum Ausdruck bringen, dass nur er das erforderliche Ehrfeingefühl besaß.[1198] Im Laufe der Zeit kam es jedoch zu vermehrten bürgerlichen Duellen, was insbesondere auf die wachsende politische, wirtschaftliche und soziale Bedeutung des Bürgertums zurückzuführen ist.[1199]

Mit dem Zeitalter der Aufklärung, welches die normativen Grundsätze des vernunftbestimmten Handelns mitbrachte, geriet das Duellwesen zunehmend unter Kritik und wurde als ein Widerspruch zu den neu entstandenen Selbstbildern und Verständigungsformen interpretiert.[1200] Die Zahl der tatsächlich ausgetragenen Duelle nahm bis zum Beginn des ersten Weltkriegs kontinuierlich ab, was als Zivilisierung der Männer gedeutet wurde, die vermehrt friedliche Formen der Konfliktregelung vorzogen. Damit einher ging die Verdrängung des Ehrenkanons seitens bürgerlich-ziviler Wertvorstellungen.[1201] Kurz vor dem zweiten Weltkrieg änderte sich die Haltung zum Duellwesen entscheidend. Nun rückte der Erhalt der Gemeinschaft in den Mittelpunkt und es trat die Ansicht auf, dass die Männer ihr Blut nicht für Ehrkonflikte vergeuden, sondern ihre Kraft und Gesundheit für den Krieg aufsparen sollten.[1202] Nach 1945 verschwand das Duell endgültig und wurde nach zahlreichen zuvor erlassenen Verboten im Zuge der Strafrechtsre-

---

1196 Boenke, 214.

1197 Neckel, 66.

1198 Burkhart, 67, die ferner darauf aufmerksam macht, dass dies auch der Grund dafür war, warum Ehre lange Zeit nur unter gesellschaftlich Gleichgestellten verletzt werden konnte und die Elite auf Beleidigungen, die aus minderen Ständen herrührten, nicht reagieren musste.

1199 Boenke, 233.

1200 Burkhart, 84 f.; zu den 6 Hauptargumenten, die gegen die Duellpraxis vorgetragen wurden, siehe Burkhart, 85 ff.

1201 Guttandin, 29.

1202 Burkhart, 106.

form im Jahre 1969 gänzlich aus dem deutschen Rechtssystem entfernt.[1203]

6.1.3 Zusammenfassender Vergleich

So unterschiedlich ihre Ausgestaltung im Einzelnen auch sein mag, ist Ehre doch im türkischen und deutschen Recht bekannt und scheint demzufolge dem menschlichen Wesen immanent zu sein. Die Ausführungen zur Geschichte der deutschen Strafrechtspflege haben zudem belegt, dass die Verteidigung weiblicher Sexualität auch im deutschen Kulturraum bekannt war und dem Mann oblag, der durch einen Übergriff auf die sexuelle Integrität seiner Frau indirekt in seiner Ehre verletzt wurde. Während das türkische Strafrecht lange Zeit eine Reflektion des gesellschaftlichen Verständnisses von Ehre darstellte, hat der Stellenwert der Ehre in der türkischen Strafrechtsordnung in den letzten Jahren massiv abgenommen. So begegnet man dem Gedanken der Ehre nunmehr vorwiegend im Rahmen der allgemeinen Beleidigungsdelikte sowie in Form der Nationalehre und dem Schutz des Andenkens Atatürks. Obwohl diese Normen die Empfindlichkeit der Türken im Hinblick auf ihre Ehre verdeutlichen, hat der Gesetzgeber im Rahmen der letzten Reformen den Ehrenschutz stark eingedämmt, indem er insbesondere solche Vorschriften, die die (Geschlechts-)Ehre in den Vordergrund stellten, abgeschafft hat. Daher könnte man von einer positiven Entwicklung des türkischen Strafrechts sprechen.

Heute wird der Ehrenschutz im deutschen Strafrecht durch die Beleidigungsdelikte geregelt. Unter Ehre wird mittlerweile aber weder die Geschlechts- noch die Familienehre verstanden. Vielmehr spiegelt der herrschende normativ-faktische Ehrbegriff den Rückgang ihres Stellenwertes in Deutschland eindrucksvoll wider.[1204] Die geschichtliche Entwicklung Deutschlands hat aber vor allem gezeigt, dass gesetzliche Regelungen allein nicht den Rückgang ehrbedingter Straftaten bewirken können. Vielmehr können sie *„(...) von Staats wegen nur dann beseitigt werden, wenn die Rechtsdurchsetzung in einem geordneten, unparteiischen Gerichtsverfahren seitens einer staatlichen, auf Justizgewährung verpflichteten Justiz gewährleistet ist"*.[1205]

1203 Ebd.

1204 In diese Richtung BGHSt 7, 129, 132; 11, 67, 70 f.; Fischer Vor § 185 Rn. 4; Geppert Jura 1983, 531; NK-*Zaczyk* Vor § 185 Rn. 1 m.w.N.

1205 Schmidt, 53.

Zudem ist auf die Notwendigkeit der Auflösung der kollektiven Orientierung - die bei staatlich gerechter Verbrechensverfolgung nichtig wird - und auf die eines Bewusstseinswandels hinzuweisen, der erst dann erreicht werden kann, wenn sich die Bevölkerung im Wege der Aufklärung für neue Denkmuster öffnet, neue Perspektiven entwickelt und die Jahrhunderte lange Tradition kritisch hinterfragt. Zwar ist es seit den letzten Reformen des türkischen Strafrechts zu einer Annäherung des türkischen und deutschen Rechtssystems gekommen, dennoch muss dem rechtlichen Wandel in der Türkei - will er effektiv und nachhaltig sein - die Festigung der Staatsmacht und ein gesellschaftlicher Veränderungsprozess in den betroffenen Gebieten folgen. Denn nur wenn auch der traditionelle Ehrbegriff selbst und sein hoher Stellenwert an Bedeutung verlieren, wird es wahrscheinlicher, dass die Taten nicht mehr praktiziert werden.

6.2 Analyse zur strafrechtlichen Behandlung von „Ehrenmorden" in der Türkei und in Deutschland

Im Folgenden wird die strafrechtliche Behandlung von „Ehrenmorden" in der Türkei und in Deutschland analysiert. Da dieser - wenn auch nur untechnische - Rechtsvergleich, Anhaltspunkte für eine sachgerechte Einordnung des „Ehrenmordes" nach deutschem Recht zu liefern verspricht, soll der Darstellung zur strafrechtlichen Behandlung des Phänomens in Deutschland, der Blick auf die türkische Rechtslage vorangehen.

6.2.1 Strafrechtliche Bestimmungen zum „Ehrenmord" in der Türkei

Um eine umfassende Grundvorstellung von der Behandlung des „Ehrenmordes" durch die türkische Strafrechtsordnung zu vermitteln, ist die Beleuchtung des Art. 82 tStGB, der die Tötung aus Ehrengründen als einen Strafschärfungsgrund qualifiziert, zu fokussieren. Darüber hinaus muss aber auch ein Blick auf solche Vorschriften geworfen werden, die den „Ehrenmord" zwar nicht ausdrücklich regeln, aber einen mittelbaren Bezug zu ihm aufweisen. Hierbei ist die aktuelle Gesetzeslage in den Mittelpunkt der Ausführungen zu stellen. Von besonders hoher Relevanz sind etwa der Provokationstatbestand aus Art. 29 tStGB, Regelungen zur Strafbarkeit von Kindern und Jugendlichen (Art. 31 tStGB) sowie zur Beteiligung an einem „Ehrenmord" durch Anstiftung (Art. 38 tStGB) oder durch Mitwirkung an einem Selbstmord (Art. 84 tStGB).

6.2.1.1 Der Qualifikationstatbestand des Art. 82 k) tStGB

> (1) Wird die vorsätzliche Tötung
>
> k) aus Gründen der Sitten und Gebräuche begangen, so wird der Täter mit erschwertem lebenslangem Gefängnis bestraft.[1206]

Das türkische Strafgesetzbuch nennt im ersten Abschnitt des zweiten Kapitels den Grundtatbestand des vorsätzlichen Tötungsdelikts (Art. 81 tStGB) und seine Qualifizierung (Art. 82 tStGB).[1207] Während für den Totschlag eine Freiheitsstrafe zwischen 24 und 30 Jahren vorgesehen ist, wird der Mord mit lebenslanger Freiheitsstrafe sanktioniert. Ähnlich wie § 211 StGB sind in Art. 82 tStGB zahlreiche Merkmale - wie die Eigenschaft und die Zahl der Opfer, die Art und Weise der Tatbegehung oder die Motive der Tat - angeführt, deren Erfüllung die besondere Verwerflichkeit der Tötung begründet.[1208] Im Kontext des „Ehrenmordes" ist das neu eingeführte Merkmal („*Töre saikiyle*") in Art. 82 Buchstabe k) tStGB von enormer Bedeutung, dass eine Strafschärfung für vorsätzliche Tötungshandlungen aus Traditionsmotiven regelt.[1209]

Da der Gesetzgeber keinerlei Stellung dazu genommen hat, wie das Merkmal der „*Töre*" auszufüllen ist, ist nicht ganz unumstritten, wann der Anwendungsbereich des Art. 82 k) tStGB eröffnet ist.[1210] Die Notwendigkeit einer Begriffserläuterung ergibt sich vor allem vor dem Hintergrund, dass der Traditionsmord von dem „*Namus Cinayeti*" abgegrenzt werden muss, der Tötungshandlungen erfasst, die zwar auf die Verletzung der Ehre zurückgehen, aber keinen traditionellen Bezug haben.[1211] Um den Begriff „*Töre*" zu erklären, muss mangels juristischer Vorgaben auf soziologische Quellen zurückgegriffen werden. In der

---

1206 Übersetzt von Tellenbach 2008 Art. 82, 66 f.

1207 Hervorzuheben ist, dass das türkische Strafrecht im Vergleich zum deutschen StGB keine Tatbestandsdifferenzierung zwischen Totschlag und Mord vornimmt. Die unterschiedliche Gewichtung der Deliktsformen wird durch die Bezeichnung „Qualifizierung" untermauert. Zum besseren Verständnis soll hier aber im Rahmen des Art. 82 tStGB von „Mord" gesprochen werden.

1208 Tellenbach 2003, 203.

1209 Tellenbach 2007, 650.

1210 Hierzu auch Cakir-Ceylan, 180.

1211 Yirmibesoglu, 59, 61.

Soziologie wird unter *„Töre"* die Gesamtheit der gemeinschaftlich verinnerlichten und akzeptierten Verhaltens- und Lebensregeln, der Bräuche und Gewohnheiten einer Gesellschaft verstanden. Die Einhaltung der *„Töre"* wird als kollektive Aufgabe oder Pflicht begriffen, sodass ihr der Stellenwert eines ungeschriebenen Gesetztes zukommt, wobei ihre Nichtbefolgung sehr hart sanktioniert wird.[1212] Da sich der Gesetzeswortlaut des Art. 82 k) tStGB ausdrücklich auf die Tradition bezieht, kann der Gesetzgeber unter Zugrundlegung dieser Definition nur solche Tötungshandlungen gemeint haben, die einen verpflichtenden Brauch zur Grundlage haben, der die Bereinigung der Ehre durch die Tötung einer Person vorschreibt, wobei die gesamte Familie in das Geschehen involviert ist.[1213] Eine Auslegung der Regelung, die auch den Mord aus sonstigen Ehrengründen von dem Anwendungsbereich der Norm als erfasst ansieht, verstößt gegen das Prinzip der Gesetzesmäßigkeit und ist daher abzulehnen.[1214] Andernfalls hätte der Gesetzgeber einen anderen Wortlaut wählen müssen. Mit der Einführung des Mordmerkmals *„Töre saikiyle"* muss es dem Gesetzgeber vielmehr darum gegangen sein, das traditionelle Ehrverständnis zurückzudrängen. Dieselbe Idee verfolgte er bereits im Jahre 1953, als er die Blutrache in den Katalog des Art. 82 tStGB (ehemals Art. 450 tStGB) aufnahm.[1215]

6.2.1.2 Strafmilderung bei Provokation, Art. 29 tStGB

Art. 51 tStGB a.F.[1216]

(1) Wer in durch ungerechtfertigte Aufreizung hervorgerufenem Zorn oder heftigem Schmerz eine Straftat begeht, wird, falls diese Straftat mit dem Tode bedroht ist, zu lebenslangem Zuchthaus, falls sie mit lebenslangem Zuchthaus bedroht ist, zu 24 Jahren Zuchthaus verurteilt. In den übrigen Fällen wird die Strafe für die begangene Straftat um ein Viertel herabgesetzt.

1212 Yirmibesoglu, 44.

1213 Sözüer ZStW 2007, 744.

1214 Özbek 2008, Art. 82, 243.

1215 Differenzierend Pohlreich, 184 ff. m.w.N.; siehe auch bei Cakir-Ceylan, 181 f.

1216 alte Fassung.

(2) War die Aufreizung schwer und heftig, so wird anstatt Todesstrafe zu Zuchthaus nicht unter 24 Jahren und anstatt zu lebenslangem Zuchthaus zu Zuchthaus nicht unter 15 Jahren verurteilt.

(3) Die übrigen Strafen werden um die Hälfte bis zu einem Drittel gemildert.[1217]

Art. 29 tStGB

Wer unter dem Einfluss von Zorn oder heftigem Schmerz über eine rechtswidrige Handlung eine Straftat begeht, wird statt mit erschwertem lebenslangen Gefängnis zu 18 bis 24 Jahren Gefängnis und statt zu lebenslangem Gefängnis zu 12 bis 18 Jahren Gefängnis verurteilt. In den sonstigen Fällen wird die Strafe um ein Viertel bis drei Viertel gemildert.[1218]

Der Provokationstatbestand aus Art. 29 tStGB wurde im Laufe der letzten Gesetzesänderungen wesentlich umgestaltet. Da er früher als Einfallstor für „Ehrenmorde" galt, war er eine der umstrittensten Normen des neuen Strafgesetzbuches. Daher ist es angezeigt, einen Blick auf den alten und den neuen Regelungsbereich der Vorschrift zu werfen.

Der Milderungsgrund der Provokation wurde vor der letzten Strafrechtsreform für solche Fälle herangezogen, in denen der Täter ein Delikt aus Zorn oder heftigem Schmerz aufgrund einer ungerechtfertigten Provokation durch das Opfer beging.[1219] Da die Verletzung der Ehre durch weibliche Angehörige als eine Provokation des Mannes ausgelegt wurde, war Art. 51 tStGB a.F. die zentrale Bestimmung für ehrbedingte Straftaten.[1220] Wegen der systematischen Stellung im Gesetz war der Milderungsgrund auf alle Tatbestände des besonderen Teils anwendbar. Je nach Grad der Provokation – es gab eine Unterscheidung zwischen einfacher (Art. 51 Abs. 1 tStGB a.F.) und schwerer Aufreizung (Art. 51 Abs. 2 tStGB a.F.) –, wurden dem Täter gewisse Vergünstigungen des Strafmaßes zugesprochen. Bei Vorliegen der einfachen

---

1217 Übersetzt von Tellenbach 2001a Art. 51, 30.

1218 Übersetzt von Tellenbach 2008 Art. 29, 28.

1219 Tellenbach 2003, 36.

1220 Tellenbach 2007, 647 f.

Provokation kam anstelle der Todesstrafe lebenslanges Zuchthaus in Betracht, lebenslanges Zuchthaus wurde durch 24 Jahre Zuchthausstrafe ersetzt und sonstige Freiheitsstrafen wurden um ein Viertel verringert. Bei der schweren Provokation sah die Vorschrift einen Austausch der Todesstrafe durch Zuchthaus nicht unter 24 Jahren vor, lebenslange Zuchthausstrafe wurde in solche nicht unter 15 Jahren abgeändert und sonstige Freiheitsstrafen wurden auf bis zu zwei Drittel gesenkt.[1221] Ob eine Provokation vorlag und welches Ausmaß diese hatte, musste der Richter selbst bewerten. Dieser hatte vier Voraussetzungen zu prüfen, deren kumulatives Vorliegen die Gewährung der Strafmilderung aus Art. 51 tStGB a.F. begründete. Als erstes musste ein provozierendes Handeln gegenüber dem späteren Täter oder gegen einen Dritten stattgefunden haben. Entscheidender Maßstab für die Annahme einer unrechtmäßigen Provokation war nicht etwa der Verstoß gegen strafrechtliche oder zivilrechtliche Normen, sondern die Frage, ob ein Verhalten, nach den in einer bestimmten Gesellschaft herrschenden Werturteilen, als unrechtmäßig angesehen wurde.[1222] Daneben wurde zweitens eine Tatbegehung unter Einfluss von Wut und Schmerz verlangt.[1223] Nicht vorausgesetzt wurde, dass die Tat eine zeitlich unmittelbare Reaktion auf die Provokation darstellte.[1224] Der dritte Aspekt, ob die Tat tatsächlich aus Wut und Schmerz verübt wurde, unterlag der richterlichen Bewertung. Diese hatte sich daran zu orientieren, wie ein normal empfindender Mensch unter dem Einfluss einer derartigen Provokation reagiert hätte.[1225] Schließlich wurde als vierte Voraussetzung ein Kausalzusammenhang zwischen der Tat, der Wut und dem Zorn gefordert.[1226]

Die einzelnen Abgrenzungsfragen lösten eine reichhaltige höchstrichterliche Rechtsprechung in der Türkei aus. Da es keinen gesetzlich festgelegten Maßstab gab, haben die Gerichte bei ihrer Entscheidung für die Zu- beziehungsweise Aberkennung der Strafmilderung eine Einzelfallanalyse durchgeführt. Hierbei haben sie sich nach der Situation des Täters und des Opfers, der Art und den Besonderheiten der Tat und der Tatausführung sowie nach den örtlichen Umstände er-

---

1221 Zum Ganzen Tellenbach 2003, 36 f.

1222 Malkoc/Güler, Art. 51, 336.

1223 Sen Art. 29, 80.

1224 Özbek 2006, Art. 29, 383.

1225 Tellenbach 2003, 38.

1226 Malkoc/Güler Art. 51, 337; Özbek 2006, Art. 29, 383; Sen Art. 29, 80.

kundigt und dabei die allgemeinen Grundsätze von Recht und Billigkeit berücksichtigt.[1227] Obgleich die Urteile keine klare Linie aufwiesen, war auffällig, dass es sich bei der Frage nach der Anwendung von Art. 51 tStGB a.F. oftmals um versuchte oder vollendete Tötungsdelikte handelte, die mit dem Verhalten von Frauen verknüpft und auf Ehrenmotive zurückzuführen waren.[1228] Im Wesentlichen wurde die Norm in solchen Konstellationen herangezogen, in denen ein Mann auf eine vermeintliche ehrverletzende Handlung seiner Partnerin reagierte. Als provokativ anerkannte Fallgruppen waren beispielsweise das Nachsagen unehrenhafter Verhaltensweisen oder die Trennung der Frau von ihrem Mann. Besonders häufig kam die Norm bei Tötungsdelikten durch Männer zur Anwendung, die auf den Ehebruch ihrer Frau reagierten, mit der sie in einer „Imamehe" lebten.[1229]

Diese langjährige Rechtsprechung verdeutlicht, dass „Ehrenmorde" dem Wesen des Art. 51 tStGB a.F. fast ausnahmslos entsprachen. Durch die weite Auslegung des Merkmals „unrechtmäßige Provokation" seitens der Gerichte war die Herabsetzung der Strafe bei ehrbedingten Tötungsdelikten für den Täter bereits im Vorfeld vorhersehbar. Deshalb wurde im Rahmen der Einführung des neuen türkischen Strafgesetzbuches im Jahre 2005 die Unterteilung in leichte und schwere Provokation aufgehoben.[1230] Zudem ersetzte der Gesetzgeber die „unrechtmäßige Provokation" durch das „unrechtmäßige Verhalten".[1231] Zweck dieser Änderung war es, sich von der bisherigen Rechtsprechung zu „Ehrenmorden" größtenteils zu verabschieden und zukünftig keine (falschen) Strafmilderungen mehr zu gewähren.[1232] Für die Praxis bedeutet dieser nun eingeschränkte und abgeschwächte Anwendungsbereich der Norm, dass nicht alle, gesellschaftlich einen Ehrverlust begründenden, Geschehnisse als provokativ angesehen werden. Dies wirkt sich vor allem auf solche Konstellationen aus, in denen die Betroffenen keinen eigenen Beitrag zur Provokation des Täters geleistet haben.[1233] Daher kann die Strafe bei Tätern, die ihre Opfer beispielsweise lediglich wegen etwaiger Gerüchte töten, oder ihre Ehre

---

1227 Malkoc/Güler Art. 51, 394 f.

1228 Tellenbach 2007, 648.

1229 Ebd.; für weitere Fallgruppen siehe Tellenbach 2003, 36 ff.

1230 Özbek 2006, Art. 29, 384; Sen Art. 29, 79.

1231 Kirkland, 25; Özbek 2006, Art. 29, 382; Tellenbach 2007, 649.

1232 Özbek 2006, Art. 29, 381.

1233 Sen Art. 29, 81.

wegen einer Vergewaltigung der Frau als verloren ansehen, nicht mehr über den Provokationstatbestand gemäß Art. 29 tStGB gemildert werden.[1234] Gleiches gilt für Fälle, in denen die Betroffene die Ehre in den Augen der Familie verletzt, indem sie etwa selbst über ihre Lebensart und ihren Lebensweg bestimmt. Denn Art. 29 tStGB soll seit der Reform nur dann zur Anwendung kommen, wenn der „Provokateur" eine Handlung an den Tag legt, die von der Rechtsordnung missbilligt wird.[1235]

6.2.1.3 Die strafrechtliche Verantwortlichkeit von Kindern und Jugendlichen, Art. 31 tStGB

Vor dem Hintergrund, dass „Ehrenmorde" in der Türkei zum Teil von sehr jungen Tätern ausgeführt werden,[1236] lohnt sich ein kurzer Blick auf die rechtlichen Regelungen im Umgang mit jungen Straftätern. Das türkische Strafgesetzbuch unterscheidet zwischen Kindern, Jugendlichen und Erwachsenen. Eine mit dem deutschen Strafrecht vergleichbare Gruppe von Heranwachsenden gibt es somit auch nach den letzten Reformen nicht. Die strafrechtliche Verantwortlichkeit ist im türkischen Strafrecht in die Altersstufen der 12 bis 15 (Kinder) und die der 15 bis 18 Jährigen (Jugendliche) unterteilt, vgl. Art. 31 Abs. 2, 3 tStGB. Demnach beginnt die eingeschränkte Strafmündigkeit gemäß Art. 31 Abs. 1 tStGB mit dem 12. Lebensjahr, während die volle strafrechtliche Verantwortlichkeit mit der Vollendung des 18. Lebensjahres einsetzt. Bei Kindern stellt Art. 31 Abs. 2 tStGB für die Frage nach ihrer Verantwortlichkeit auf die Einsichts- und Steuerungsfähigkeit ab. Wird diese abgelehnt, können Erziehungsmaßnahmen in Erwägung gezogen werden. Andernfalls sieht das Gesetz die Verhängung von gemilderten Erwachsenensanktionen vor, die sich an der Strafandrohung des verwirklichten Deliktes orientieren. Gemäß Art. 31 Abs. 2 tStGB soll bei

---

1234 Nach Özbek kann die Angabe des Ehrverlustes weiterhin als strafmildernd berücksichtigt werden, wenn sich die Tötung gegen den Vergewaltiger richtet (vgl. Özbek 2006, Art. 29, 381); ähnlich auch Tellenbach 2007, 649.

1235 Malkoc, Ismail, zitiert nach Pohlreich, 182 Fn. 553; ebenso Sözüer ZStW 2007, 732. Da aber, wie vorangegangen dargestellt, viele Normen, die die Verletzung der Ehre zum Gegenstand hatten, abgeschafft wurden, bleibt nur noch ein minimaler Raum, um die Voraussetzungen der Vorschrift in diesem Kontext zu bejahen; für weitere Details siehe Pohlreich, 180 ff.

1236 Izol, 11; Tellenbach 2005, 88; zum statistischen Nachweis siehe bereits im 1. Teil unter 1.4.2.

Kindern die erschwerte lebenslange Gefängnisstrafe in eine Freiheitsstrafe zwischen 12 und 15 Jahren und eine lebenslange zu einer solchen zwischen 9 und 11 Jahren umgewandelt werden. Zeitige Freiheitsstrafen werden um die Hälfte reduziert, wobei für eine Einzeltat höchstens 7 Jahre vorgesehen sind. Für jugendliche Delinquente sieht das türkische Strafgesetzbuch keine erzieherischen Maßnahmen, sondern nur Strafmilderungen vor. Nach Art. 31 Abs. 3 tStGB soll anstelle der erschwerten lebenslangen Gefängnisstrafe, Freiheitsstrafe bis zu 24 Jahren treten und lebenslange Freiheitsstrafen werden zu Freiheitsstrafen zwischen 12 und 15 Jahren umgeändert. Zeitige Freiheitsstrafen werden hier um ein Drittel vermindert und Einzeltaten können höchstens mit 12 Jahren Freiheitsstrafe sanktioniert werden.[1237] Auch wenn die Strafen generell hoch ausfallen, sind sie, im Vergleich zu den Sanktionen für Erwachsene, die mildere Form der Bestrafung. Nach dem bisher Gesagten hat etwa ein Junge, der im Alter von 15 bis 18 Jahren einen „Ehrenmord" auf Anweisung seiner Familie begeht, anstelle der lebenslangen Freiheitsstrafe „nur" eine Haftstrafe zwischen 12 und 15 Jahren zu erwarten. Dies ist vermutlich der Grund, warum immer wieder junge Täter mit der Begehung eines „Ehrenmordes" betraut werden. Ob der türkische Gesetzgeber mit seinem Sanktionensystem den Bedürfnissen junger Täter gerecht werden kann, scheint eher zweifelhaft, soll hier aber nicht vertieft werden.

6.2.1.4 Die Strafbarkeit der Beteiligung an einem „Ehrenmord"

Der „Ehrenmord" (Traditionsmord) zeichnet sich gerade dadurch aus, dass er nicht alleine begangen wird. Vielfach steht die gesamte Familie hinter der Tat. Daher ist in diesem Zusammenhang von Interesse, welche Regelungen das türkische Strafrecht enthält, die die Strafbarkeit der Beteiligung an einer Straftat normieren. Da sie im Rahmen der „Ehrenmordproblematik" von besonderer Relevanz sind, werden sich die Darstellungen auf die Anstiftung (Art. 38 tStGB) und die Mitwirkung an einem Selbstmord (Art. 84 tStGB) beschränken. Die Ausführungen werden nicht nur dazu dienen, aufzuzeigen, wie der türkische Gesetzgeber mit der Strafbarkeit der Beteiligung im Allgemeinen umgeht. Sie werden auch eine Grundlage dafür bieten, zu verdeutlichen, dass der Gesetzgeber durch eine hohe Strafandrohung jedenfalls versucht, vor der Beteiligung an einem „Ehrenmord" abzuschrecken.

1237 Özbek 2006, Art. 31, 400.

6.2.1.4.1 Die Anstiftung, Art. 38 tStGB

> (1) Wer einen anderen zur Begehung einer Straftat anstiftet, wird mit der Strafe für die begangene Straftat bestraft.
>
> (2)Wer unter Ausnutzung des Einflusses durch Verwandtschaft auf- und absteigender Linie zu einer Straftat anstiftet, dessen Strafe wird um ein Drittel bis um die Hälfte verschärft. Werden Kinder zu einer Straftat angestiftet, so bedarf es zu einer Strafschärfung gemäß diesem Artikel keiner Verwandtschaft aufsteigender Linie.
>
> (3) Ist der Anstifter nicht bekannt, so kann die Strafe des Täters oder eines sonstigen Teilnehmers, der seine Entdeckung ermöglicht, bei erschwertem lebenslangen Gefängnis auf 20 bis 25 Jahre Gefängnis, bei lebenslangem Gefängnis auf 15 bis 20 Jahre Gefängnis gemildert werden. In den sonstigen Fällen kann die Strafe um ein Drittel gemildert werden.[1238]

Art. 38 tStGB regelt die Anstiftung zu einer Tat. Grundsätzlich gilt, dass der Anstifter gleich dem Täter bestraft wird (Art. 38 Abs. 1 tStGB). Kommt es zur Beeinflussung des Täters aufgrund einer verwandtschaftlichen Beziehung zwischen ihm und dem Anstifter (in Form von Verwandten aufsteigender Linie oder Abkömmlingen), so wird die Strafe des Anstifters gem. Art. 38 Abs. 2 S. 1 tStGB um ein Drittel bis zur Hälfte erhöht. Handelt es sich bei dem Täter um ein Kind, ist dieselbe Strafschärfung für den Anstifter ohne Rücksicht auf die Form des Verwandtschaftsverhältnisses heranzuziehen.[1239] Mit dieser Regelung macht der Gesetzgeber deutlich, dass er sich über die Einflussnahme des sozialen Umfelds im Rahmen der „Ehrenmordproblematik“ bewusst ist und diese Form der Anstiftung besonders ins Auge gefasst hat. In der Praxis sollte die Straferhöhung für den Anstifter eines „Ehrenmordes“ jedoch in der Regel ohne Bedeutung bleiben, da Art. 82 k) tStGB für den Haupttäter bereits die Höchststrafe vorsieht. Die Norm kann aber in solchen Fällen effektiv eingesetzt werden, in denen der „Familienrat“ einen Minderjährigen zur Tatbegehung auserwählt, des-

---

1238 Übersetzt von Tellenbach 2008 Art. 38, 33.

1239 TBMM, 29; Böhmeke, 12.

sen Strafe bei einer Bejahung der Einsichts- und Steuerungsfähigkeit über Art. 31 tStGB zu mildern ist.[1240]

6.2.1.4.2 Die Mitwirkung an einem Selbstmord, Art. 84 tStGB

> (1) Wer einen anderen zum Selbstmord anstiftet oder ermutigt, den Entschluss eines anderen zum Selbstmord bestärkt oder einem anderen bei seinem Selbstmord in irgendeiner Weise Hilfe leistet, wird mit zwei bis zu fünf Jahren Gefängnis bestraft.
>
> (2) Wird der Selbstmord begangen, so wird der Anstifter oder Ermutigende mit vier bis zu zehn Jahren Gefängnis bestraft.
>
> (3) Wer andere öffentlich zum Selbstmord auffordert, wird mit drei bis zu acht Jahren Gefängnis bestraft.
>
> (4) Wer Personen zum Selbstmord verleitet, deren Einsichtsvermögen in die Bedeutung und die Folgen der Tat nicht entwickelt oder verloren gegangen ist, oder wer Personen mit Gewalt oder Drohung zum Selbstmord zwingt, wird wegen vorsätzlicher Tötung zur Verantwortung gezogen.[1241]

Art. 84 tStGB regelt die Strafbarkeit der Verleitung zu einem Selbstmord. Im Kontext der „Ehrenmorde" gewinnt die Norm an besonderer Relevanz, da viele Familien versuchen, der Gewalttat den Anschein eines Selbstmordes zu geben oder die/den Betroffene(n) zu einer Selbsttötung zu drängen, um einer Bestrafung wegen Mordes zu entgehen.[1242] Grundsätzlich sieht Art. 84 tStGB für die Mitwirkung an einem Suizid einen verhältnismäßig milden Strafrahmen vor, der zwischen 2 und 5 Jahren Freiheitsstrafe liegen kann. Allerdings wurde ein neuer Absatz eingefügt, der im Rahmen der „Ehrenmordproblematik" strafschärfende Wirkung zeigt. So sieht Art. 84 Abs. 4 tStGB vor, dass im Falle eines Selbstmordes, den der/die Betroffene ausgeführt hat, weil er/sie durch Gewalt oder Drohung hierzu gezwungen wurde, für die Strafbarkeit der Verleitenden die Bestimmungen zur vorsätzlichen Tötung anzuwenden sind (Art. 84 Abs. 4 tStGB). Hierdurch ermöglicht die Neuregelung, auch diesen Formen des „Ehrenmordes" adäquat zu

---

1240 Vgl. bei Pohlreich, 179.

1241 Übersetzt von Tellenbach 2008 Art. 84, 68.

1242 Izol, 17.

begegnen. Wird das Vorliegen eines tatsächlichen Suizides bejaht, können die Angehörigen bei einem Nachweis einer Verleitung durch Drohung und/oder Gewalt aus Art. 84 Abs. 4 tStGB sanktioniert werden, der auf die Rechtsfolge der Art. 81 f. tStGB verweist. Wird dagegen festgestellt, dass es sich bei der Tat nur dem Anschein nach um eine Selbsttötung handelte, dann sind die Art. 81 f. tStGB direkt anzuwenden. Somit können die Beteiligten in beiden Fällen wegen einer vorsätzlichen Tötung oder eines vorsätzlichen Mordes zur Verantwortung gezogen werden.

6.2.1.5 Zusammenfassung und Stellungnahme

Mit den gesetzlichen Erneuerungen wurden vor allem zwei wesentliche Problemkreise in der Türkei angeschnitten: Durch die Aufnahme des Merkmals *„Töre saikiyle"* in den Katalog der erschwerten Tötungsmotive ist es dem türkischen Gesetzgeber erstens gelungen, den Raum für kulturell bedingte Taten aus Ehrengründen massiv zu begrenzen. Diese Veränderung wirkt sich zweitens auch auf die Anwendbarkeit des Provokationstatbestandes nach Art. 29 tStGB im Kontext der „Ehrenmorde" aus, der Traditionsmorde nicht mehr erfasst, da ein Strafschärfungsgrund niemals zugleich eine Strafmilderung bewirken kann. Ungeachtet dessen, ist der Anwendungsbereich von Art. 29 tStGB inzwischen so stark eingedämmt worden, dass sich die Täter ohnehin nicht mehr auf etwaige ehrverletzende Handlungen durch die Frauen stützen können, um eine Strafmilderung zu erzielen. Das Gesetz verlangt vielmehr ein rechtswidriges Verhalten des Opfers, was seit dem Wegfall der Strafbarkeit des außerehelichen Geschlechtsverkehrs durch die Frau (ehemals Art. 441 tStGB) eher selten zu erwarten ist.[1243] Insoweit ist die Aufnahme des Merkmals *„Töre"* als verschärfte Form eines Tötungsdeliktes durchaus zu begrüßen. Dass die Reichweite verschärfter Sanktionen bei Tötungshandlungen aus Gründen der Ehre wegen des ausdrücklichen Verweises auf die Tradition eingeschränkt ist, ist richtig, wird jedoch vom Willen des Gesetzgebers getragen, der offenbar nicht in allen Ehrmotiven ein gesteigertes Unrecht sieht.[1244]

Auf der anderen Seite ist aber auch zu betonen, dass der türkische Staat es nicht bei der Verabschiedung eines modernen Strafgesetzbuches belassen darf. Um die Bestrebungen nicht ins Leere laufen zu las-

---

1243 Hierzu bereits ausführlich im 5. Teil unter 5.1.1.4.2.

1244 Ähnlich Göztepe EuGRZ 2008, 20.

sen, müssen die neuen Grundstrukturen der Rechtspraxis[1245] und vor allem der traditionell türkischen Gesellschaft nahegebracht werden.[1246] Gerade wegen der jungen Tätergruppe ist es umso weniger nachvollziehbar, warum das türkische Strafrecht erzieherische Maßnahmen nur bis zum 15. Lebensjahr vorsieht (Art. 31 Abs. 1 tStGB) und diese Regelung nicht auch Gegenstand der Reform war. Denn nur durch erzieherische Schritte ist es möglich, auf den Denkprozess junger Menschen einzuwirken und hierdurch zu einer nachhaltigen Überwindung archaischer Rechtsgedanken in den Köpfen der Bevölkerung beizutragen. Die weiterhin bestehende Sorge einer hohen Dunkelziffer ist ebenfalls sehr ernst zu nehmen. Dies gilt vor allem vor dem Hintergrund, dass „Ehrenmorde" oftmals in ländlichen Gebieten begangen werden und die Staatsmacht hier nicht so präsent ist, wie in den Großstädten der Türkei. Inwieweit die gesetzgeberischen Bestrebungen in die Praxis umgesetzt werden, bleibt vorerst abzuwarten, da mit höchstrichterlichen Entscheidungen zu den Normen erst in den nächsten Jahren zu rechnen ist. Dennoch sollte bei einem so eindrucksvollen gesetzgeberischem Willen von einer eher positiven Prognose und davon ausgegangen werden, dass dieser von der Judikative aller Voraussicht nach geteilt wird.[1247]

1245 Aus dem Jahre 2000 ist beispielsweise bekannt, dass es kaum zu Verurteilungen gemäß Art. 84 tStGB durch die türkischen Strafgerichte kam (vgl. Tellenbach 2003, 275 ff.).

1246 So auch Sözüer ZStW 2007, 749.

1247 Cakir-Ceylan berichtet in diesem Zusammenhang jedoch von dem Urteil eines Schwurgerichts in Diyarbakir aus dem Jahre 2007, das nach der Reformierung des türkischen Strafgesetzbuches erstmals über einen „Traditionsmord" zu entscheiden hatte. Obwohl das Gericht unter Bejahung des Strafschärfungsgrundes zu einem Schuldspruch kam, fielen viele der verhängten Strafen eher mild aus, da sechs von insgesamt sieben Tatbeteiligten nur wegen Anstiftung beziehungsweise Beihilfe zum Mord bestraft wurden, was nach der Ansicht der Autorin strafrechtlich gar nicht nachvollziehbar ist. Dies begründet sie damit, dass die Beteiligten offenkundig arbeitsteilig und aufgrund eines gemeinsamen Tatentschlusses gehandelt hätten. Daher liege hier unzweifelhaft keine Teilnahme an einer fremden Haupttat, sondern eine Mittäterschaft aller Tatbeteiligten vor. Zwar wurden Rechtsmittel gegen das Urteil eingelegt, die Entscheidung des Kassationshofs stand zum Forschungszeitpunkt Cakir-Ceylans (Stand 2009) jedoch noch aus (vgl. Cakir-Ceylan, 182 ff.).

6.2.2 Die strafrechtliche Bewertung des „Ehrenmordes" in Deutschland

6.2.2.1 Die rechtliche Würdigung als Mord

Die zentrale Frage, die sich bei der strafrechtlichen Bewertung des „Ehrenmordes" in Deutschland stellt, ist, ob das Phänomen unter den Mordtatbestand des § 211 StGB subsumiert werden kann. Zur Beantwortung dieser Frage gilt es zu klären, ob und inwieweit fremdkulturelle Wertvorstellungen des Täters bei der strafrechtlichen Beurteilung seines Verhaltens Berücksichtigung finden sollten beziehungsweise müssen.[1248] Da der deutsche Mordtatbestand den „Ehrenmord" nicht explizit benennt, käme als einschlägiges Mordmerkmal allenfalls das der „sonst niedrigen Beweggründe" gemäß § 211 Abs. 2 StGB in Betracht. Nach ständiger Rechtsprechung und Literatur handelt es sich hierbei um Tatantriebe, die nach allgemeiner rechtlich-sittlicher Wertung auf tiefster Stufe stehen, durch hemmungslose Eigensucht bestimmt und deshalb besonders verachtenswert sind.[1249] Das heißt, der Beweggrund muss in deutlich weiter reichendem Maße als bei einem Totschlag verwerflich sein.[1250] Die Grundlage für die Entscheidung, ob der Beweggrund des Täters als niedrig im Sinne dieser Definition einzustufen ist, bildet eine Gesamtwürdigung aller äußeren und inneren Faktoren, die für die Tatantriebe des Handelnden ausschlaggebend waren.[1251] Hierunter sind insbesondere die Umstände der Tat, die Lebensverhältnisse des Täters und seine Persönlichkeit zu verstehen.[1252]

1248 Da aus strafrechtlicher Perspektive „Ehrenmorde" und Blutrachetötungen eine parallele Struktur aufweisen und es im Migrationskontext in erster Linie um den Einfluss fremdkultureller Wertvorstellungen auf die Tat geht, wurde bewusst auf eine Differenzierung der Phänomene verzichtet und auf Quellen zurückgegriffen, die den Problemkreis generell abhandeln. Deshalb gelten die folgenden Ausführungen für „Ehrenmorde" und Blutrachetaten gleichermaßen.

1249 BGHSt 3, 132, 133; BGHSt 42, 226; BGH NJW 1980, 537; BGH NJW 1993, 1664, 1665; Fischer § 211 Rn. 14; LK-*Jähnke* § 211 Rn. 26; Schönke/Schröder-*Eser* § 211 Rn. 18; Wessels/Hettinger Rn. 95.

1250 BGHSt 3, 132, 132 f.; BGH StV 1994, 182; StV 1996, 211, 212.

1251 BGHSt 35, 116, 127; BGH NStZ 2002, 369, 370; BGH NJW 1967, 1140, 1141; NJW 2006, 1008, 1011.

1252 BGHSt 35, 116, 127; BGH GA 1974, 370; Fischer § 211 Rn. 15; Schönke/Schröder-*Eser* § 211 Rn. 18; NK-*Neumann* § 211 Rn. 32 m.w.N.

Vor diesem Hintergrund ist für die Annahme niedriger Beweggründe im Kontext der „Ehrenmorde" zunächst von wesentlicher Bedeutung, welcher Maßstab bei der rechtlich-sittlichen Wertung des Motivs angelegt werden soll. Wäre die Niedrigkeit des Ehrmotivs an den deutschen Wertvorstellungen zu messen, könnte das zur hiesigen Grundordnung diametral stehende Ehrmotiv durchaus als besonders verwerflich eingestuft werden. Das Abstellen auf die heimatlichen Anschauungen des Täters könnte dagegen eine andere Bewertung der Tat zulassen, da die Ehre nach traditionell türkischer Auffassung eine hohe Bedeutung hat und es als eine Pflicht gilt, auf eine begangene Ehrverletzung zu reagieren und sie um jeden Preis zu verteidigen. Die Würdigung des Phänomens als Mord im Sinne des deutschen Strafrechts hängt ferner davon ab, wo man die Diskussion über die Niedrigkeit des Motivs systematisch einordnet. Werden ausländische Anschauungen bereits auf objektiver Ebene einbezogen, kann dies zur Ablehnung der Niedrigkeit des Beweggrundes führen. Entscheidet man sich dagegen dazu, fremde Wertvorstellungen erst im subjektiven Bereich in Rechnung zu stellen, könnte dies die grundsätzliche Annahme der Niedrigkeit des Ehrmotivs bedeuten.

6.2.2.2 Die Bewertung fremdkultureller Wertvorstellungen in der Rechtsprechung des Bundesgerichtshofes[1253]

Die Bewertung fremdkultureller Wertvorstellungen stellt die Rechtsprechung und Literatur immer wieder vor große Schwierigkeiten. Dies ist vermutlich auch der Grund, warum es bis heute an einer einheitlichen Linie fehlt. Welche unterschiedlichen Lösungswege bisher vorgeschlagen wurden, soll anhand einer Analyse zur Rechtsprechungsentwicklung des BGH aufgezeigt werden, die sich nach Saliger in insgesamt drei Phasen unterteilen lässt.[1254]

6.2.2.2.1 Die erste Phase

Erste Auseinandersetzungen mit der Problematik fremder kultureller Wertvorstellungen im Rahmen von Tötungshandlungen erfolgten schon vor vielen Jahren. So war das Urteil des 5. Strafsenats aus dem

---

1253 Im Folgenden BGH.

1254 Saliger StV 2003, 21 ff.; zum Ganzen siehe bereits Baumeister, 141 ff.; ebenso Cakir-Ceylan, 227 ff.; Erbil, 177 ff.; Pohlreich, 212 ff.

Jahre 1966 die erste Entscheidung, die den Einfluss kultureller Wertvorstellungen zum Gegenstand hatte.[1255]

Der BGH befasste sich in dem Fall mit einem ausländischen Täter, der seine Vermieterin tötete, da er irrtümlich davon ausgegangen war, diese sei mit dem gewaltsamen Vorgehen gegen seine Ehefrau und dem hierdurch herbeigeführten Ehebruch einverstanden gewesen und habe verächtlich über ihn gesprochen. Charakteristisch für die Entscheidung war der Umstand, dass der BGH Ausländer, die im Zeitpunkt der Tat von ihren – von den deutschen abweichenden – Anschauungen und Vorstellungen befangen waren, mit „psychopathischen Persönlichkeiten" gleichsetzte. Er wies daraufhin, dass Persönlichkeitsmängel bei der sittlichen Bewertung einer Tat zu berücksichtigen seien. Gelte dies in gewissem Umfang schon für Täter mit psychopathischen Persönlichkeiten, so sei dieser Grundsatz erst recht auf die Situation ausländischer Täter anzuwenden, die bei der Tat von abweichenden Anschauungen und Vorstellungen ihres Heimatlandes befangen seien, von denen sie sich haben nicht lösen können.[1256] Seine anschließende Rechtsprechung baute der BGH auf diesem Urteil auf und stellte im Jahre 1977 erneut auf einen Persönlichkeitsmangel des Täters ab, als ein sizilianischer Mann vier Personen wegen seiner kulturellen Anschauungen tötete. Das Gericht begründete seine Entscheidung damit, der Täter habe sich *„(...) noch im Stadium der kulturellen Anpassung und damit in einem Zustand interkultureller Spannungen (...)"* befunden und sei im Zeitpunkt der Tat in die heimatlichen Denkweisen zurückgefallen.[1257]

Eine weitere Gemeinsamkeit der Entscheidungen bestand darin, dass die fremdkulturellen Wertvorstellungen des Täters bei der Feststellung niedriger Beweggründe auf subjektiver Ebene Berücksichtigung fanden. So führte der BGH in seiner Entscheidung 1966 bereits an, für die Annahme niedriger Beweggründe sei maßgeblich, dass der ausländische Täter die Tatsachen, die das Verächtliche der Tötung ausmachen, kennen müsse.[1258] Auf etwas anderem Wege kam das Urteil von 1977 zu demselben Ergebnis. Dort heißt es:

1255 BGH GA 1967, 244.

1256 Ebd.

1257 BGH bei Holtz MDR 1977, 810, in dem Fall handelte sich um einen Sizilianer, der wegen enttäuschter Liebe und schwerer Beleidigungen eine Gruppe von 4 Personen tötete.

1258 BGH GA 1967, 244.

„Zwar setzt die Annahme niedriger Beweggründe nur voraus, dass sich der Täter dieser Beweggründe bewusst geworden ist, er braucht sie nicht selbst als niedrig bewertet zu haben. Erforderlich ist aber, dass er zu einer solchen Wertung nach seiner Persönlichkeit überhaupt imstande war".[1259]

Mit diesen Erwägungen lehnte der BGH eine Strafbarkeit wegen Mordes in beiden Fällen ab und bestrafte wegen Totschlags. Indem das Gericht das Problem der fremdkulturellen Wertvorstellungen dogmatisch-systematisch im Wissen beziehungsweise in der Wertungsfähigkeit des Täters einordnete, wurde der Beginn der höchstrichterlichen Rechtsprechung zu kulturellbedingten Tötungen als subjektive oder (Vorsatz-)Phase bezeichnet.[1260]

6.2.2.2.2 Die zweite Phase

Die zweite Phase begann mit einem Beschluss des 5. Strafsenats des BGH von 1979, der einen deutlichen Bruch mit der bisherigen Rechtsprechung bedeutete.[1261]

Der Beschluss beruhte auf einem Fall, in dem ein türkischer Heranwachsender versuchte, einen Studenten zu töten, der sich nach Schwängerung seiner Schwester geweigert hatte, diese zu heiraten.

In den Gründen des Beschlusses heißt es zunächst, dass für die Feststellung der Niedrigkeit eines Motivs grundsätzlich allgemein sittliche Wertmaßstäbe anzulegen seien und die Tat nach den in Deutschland herrschenden Wertungen durchaus als verwerflich angesehen werden könne. Allerdings müsse bei der Beurteilung des Tatmotivs an die herrschende Begriffsdefinition des BGH angeknüpft werden, die eine Gesamtwürdigung aller äußeren und inneren Faktoren voraussetze. Somit seien die Tatumstände, die Lebensverhältnisse und die Persönlichkeit des Täters ebenfalls zu beachten. Ein objektiver Maßstab schließe also nicht zwingender Weise die Berücksichtigung der individuellen Bedingungen der Tat – hier die Bindung des Täters an die spe-

---

1259 BGH bei Holtz MDR 1977, 810.

1260 Vgl. Saliger, StV 2003, 22.

1261 BGH NJW 1980, 537 m. zust. Anm. Köhler JZ 1980, 238 ff. und Sonnen JA 1980, 747 f.; nur in der Begründung ablehnend Geilen JK 1980 § 211 Nr. 5.

ziellen Ehrvorstellungen seiner Heimat und Lebenskreises in Deutschland - aus. Daher müssten bei soziokulturell bedingten Tötungshandlungen die besonderen Anschauungen und Wertvorstellungen des Täters, denen er sich verbunden fühle, in die Gesamtwürdigung mit einbezogen werden. Denn diese könnten ausschlaggebend dafür sein, dass die Niedrigkeit der Beweggründe abzulehnen sei.[1262]

Weiter führte das Gericht an, dass etwas anderes auch dann nicht gelten könne, wenn dem Täter die Strafwürdigkeit seines Verhaltens nach deutschem und türkischem Recht bekannt sei, da dies allein nicht ausreiche, um von der Niedrigkeit des Tatantriebes zu sprechen. Ebenso sei es unerheblich, ob es dem Täter wegen seines langjährigen Aufenthalts in Deutschland möglich gewesen sei, sich mit den in Deutschland vorherrschenden Wertvorstellungen vertraut zu machen; maßgeblich seien seine tatsächlichen Beweggründe.[1263]

Im Gegensatz zur ersten subjektiven Phase wurden kulturell bedingte Tötungsmotive strafrechtsdogmatisch nicht mehr auf der subjektiven, sondern bereits auf der objektiven Ebene, behandelt. Zudem machte die Entscheidung in subjektiver Hinsicht deutlich, dass nicht die Möglichkeit der Kenntnisnahme des Täters von den deutschen Wertanschauungen, sondern sein tatsächliches Vorstellungsbild ausschlaggebend für die Feststellung der Niedrigkeit des Beweggrundes sein soll. Mit der neuen Verortung des Problems wurde die Pathologisierung ausländischer Täter in der zweiten Phase der BGH Rechtsprechung in den Hintergrund gedrängt.[1264]

6.2.2.2.3 Die dritte Phase

Die zweite Phase wurde schließlich im Jahre 1994 durch ein Urteil des 2. Strafsenats abgelöst und stellt die dritte und bisher letzte Änderung in der Judikatur des BGH zur Berücksichtigung kulturell abweichender Wertvorstellungen dar.[1265]

Der Entscheidung lag ein Sachverhalt zugrunde, der die Wesensstrukturen einer Blutrachetat erfüllt. So hatte der ostanatolische Angeklagte

---

1262 BGH NJW 1980, 537.

1263 Ebd.

1264 Vgl. Saliger, StV 2003, 22 f.

1265 BGH NStZ 1995, 79 = NJW 1995, 602 = MDR 1995, 186 = StV bei Johnigk 1996, 208 mit ablehnender Anm. v. Fabricius.

auf Drängen seiner Verwandtschaft sein männliches Opfer getötet, um hierdurch den Tod eines eigenen männlichen Angehörigen zu sühnen.

Unter Ablehnung des Vorliegens niedriger Beweggründe hob der BGH in diesem Urteil erstmals ausdrücklich hervor:

> „Der Maßstab für die Bewertung eines Beweggrundes ist den Vorstellungen der Rechtsgemeinschaft in der BR Deutschland zu entnehmen, vor deren Gericht sich der Angekl. zu verantworten hat, und nicht den Anschauungen einer Volksgruppe, die die sittlichen und rechtlichen Werte dieser Rechtsgemeinschaft nicht anerkennt".[1266]

Der Täte lebe in Deutschland in einer Rechtsgemeinschaft, in der das Lebensrecht den höchsten Stellenwert habe und dieses auch solchen Menschen nicht aberkannt werde, die schwerste verbrecherische Schuld auf sich geladen hätten. Erhebe sich der Täter trotzdem gleichsam als Vollstrecker eines von ihm und seiner Familie gefällten Todesurteils über die Rechtsordnung und das Leben eines anderen Menschen, um aus Blutrache zu töten und hierdurch seine *„persönliche Ehre und die Familienehre"* wiederherzustellen, sei dies in der Regel höchst verwerflich und als sozial rücksichtslos zu betrachten, was die Annahme niedriger Beweggründe legitimiere.[1267]

Die Betonung dieses rein objektiven Maßstabes brachte einen erneuten Wandel in die höchstrichterliche Rechtsprechung zu kulturell bedingten Tötungshandlungen, da sie zunächst einmal die grundsätzliche Niedrigkeit des Ehrmotivs bedeutete. Allerdings formulierte der BGH eine Ausnahme-Formel auf subjektiver Ebene, nach der gleichwohl von einer Verurteilung wegen Mordes abgesehen werden konnte. Diese war dann einschlägig, *„(...) wenn dem Täter bei der Tat die Umstände nicht bewusst waren, die die Niedrigkeit seiner Beweggründe ausmachen, oder wenn es ihm nicht möglich war, seine gefühlsmäßigen Regungen, die sein Handeln bestimmen, gedanklich zu beherrschen und willensmäßig zu steuern"*.[1268]

1266 BGH NStZ 1995, 79 = NJW 1995, 602 = MDR 1995, 186 = StV bei Johnigk 1996, 209.

1267 Ebd.; vgl. auch BGHR § 211 Abs. 2 niedrige Beweggründe Nr. 29.

1268 BGH NStZ 1995, 79 = BGH NJW 1995, 603 = MDR 1995, 186 = StV bei Johnigk 1996, 209.

Diese Aspekte müssten, so der 2. Strafsenat, insbesondere bei Tätern, die einer fremden Kultur entstammen und sich im Zeitpunkt der Tat aufgrund ihrer Persönlichkeit und der allgemeinen Lebenssituation dieser verpflichtet fühlten, weshalb sie die Verwerflichkeit ihrer Tat nicht erkennen konnten, Berücksichtigung finden.[1269] Gleiches gelte für den noch ganz in seinem heimatlichen Kulturkreis verhafteten Täter, der die niedrigkeitsbegründenden Wertungsgesichtspunkte in ihrem Bedeutungsgehalt geistig nicht nachvollziehen könne.[1270]

Obgleich der BGH mit dieser Entscheidung ausdrücklich befand, bei der Bewertung der Beweggründe nur noch auf die Vorstellungen der hiesigen Rechtsgemeinschaft abzustellen, ließ er ausreichend Raum für die Berücksichtigung abweichender kultureller Anschauungen eines ausländischen Täters. Durch das Abstellen auf das Bewusstsein über die niedrigkeitsbegründenden Umstände sowie auf die Fähigkeit des Täters zur gedanklichen und willensmäßigen Steuerung seiner Gefühlsregungen wurde die Haltung des BGH deutlich, dass er den dogmatisch-systematischen Anknüpfungspunkt wieder in der subjektiven Lösung beziehungsweise in der tendenziellen „Pathologisierung" des Täters aus der ersten Phase sah.[1271]

Diese Rechtsprechung des BGH wiederholte sich in zwei weiteren Entscheidungen aus dem Jahre 2000 unter weiterer Verschärfung der Judikatur. Grundhaltung beider Urteile war, dass sich bei der Tötung von Personen, die nicht unmittelbar an der Ehrverletzung beteiligt waren, eine wertmäßig auf tiefster Stufe stehende Haltung des Täters herauskristallisiere, was die Annahme niedriger Beweggründe rechtfertigen könne.[1272]

Gegenstand der ersten Entscheidung war ein Konflikt, der sich zwischen zwei türkischen Familien austrug. Auslöser war der Selbstmord der Ehefrau eines der beiden Angeklagten, die dahinter eine Vergewaltigung vermuteten. Durch die Tötung des (angeblichen) Vergewaltigers sollte die (Familien-)Ehre wiederhergestellt werden. Als ein Paar

---

1269 Ebd.

1270 BGH NJW 2006, 1008, 1012.

1271 Vgl. auch Saliger StV 2003, 23.

1272 Anders entschied der BGH aber im Rahmen eines Beschlusses für den Fall, wenn dem Täter seinerseits durch das Opfer mit der Tötung eines nahen Angehörigen erhebliches Leid zugefügt wurde und dies ihn zur Tatzeit noch gravierend belastete. Hier lehnte er die Verwerflichkeit des Tatmotivs ab (vgl. BGH NJW 2006, 1008, 1011 f.).

den Aufenthalt des gesuchten Vergewaltigers nicht preisgeben wollte, haben die Angeklagten die Eheleute zur Strafe für die vermeintliche Unterstützung des Täters getötet und sich hierdurch an dem vermuteten Übergriff an ihrer Familie gerächt.[1273] Neben den bereits im Jahre 1994 angestellten Erwägungen argumentierte der BGH in dieser besonderen Fallkonstellation wie folgt:

> „Das die Tat auslösende Motiv, unbeteiligte Dritte, die eine von der Rechtsordnung verbotene Vergeltung nicht fördern wollen oder auch nur der Behinderung verdächtig sind, zu töten, zeigt eine Gesinnung, die wertungsmäßig auf sittlich tiefster Stufe steht. In ihr kommt eine Eigensucht zum Ausdruck, welche zur Durchsetzung selbstgesteckter, von der Rechtsordnung missbilligter Ziele Menschenleben für gering achtet und deshalb unter keinen Umständen Verständnis durch die Allgemeinheit erfahren kann".[1274]

Dass sich der BGH bei seiner Entscheidung auch an der Vorsatzlösung orientierte, machte sich im Rahmen seiner Anmerkungen zu den subjektiven Voraussetzungen für die Bewertung der Niedrigkeit des Handlungsmotivs besonders bemerkbar. Hier wies der 2. Strafsenat explizit darauf hin, dass den Angeklagtem bei der Tat die Umstände bewusst gewesen seien, die ihre Beweggründe als niedrig erscheinen ließen und sie auch im Stande gewesen seien, ihre Gefühlsregungen gedanklich zu beherrschen und willensmäßig zu steuern.[1275]

In dem zweiten Fall entschied der 1. Strafsenat über einen Sachverhalt, der die Tötung einer Person wiedergab, die lediglich versucht hatte, die tätlichen Angriffe des Angeklagten gegen seine Familie abzuwehren. Da das Opfer an den ehrbedingten Spannungen zwischen den beiden Familien nicht unmittelbar beteiligt war, ordnete das Gericht die Tat ebenfalls als eine bewusste „Bestrafungsaktion" ein und nahm die Niedrigkeit des Tötungsmotivs unzweifelhaft an.[1276]

Durch ein Urteil des 5. Strafsenats im Jahre 2002 erfuhr die Berücksichtigung fremdkultureller Vorstellungen eine weitere Einschränkung, da

---

1273 BGH Urt. v. 02.02.2000 – 2 StR 550/99.

1274 Ebd.

1275 Ebd.

1276 BGH Beschl. v. 28.06.2000 – 1 StR 199/00.

das Gericht zusätzliche Anforderungen für die Privilegierung von fremdkulturellen Moralvorstellungen auf subjektiver Seite stellte. In der Entscheidung ging es um einen Fall, in dem die Angeklagten einen Tötungsbefehl erhielten, den sie ausführten, um eine heimliche Eheschließung zu beenden. Angeklagte wie Tatopfer waren Mitglieder der „Arbeiterpartei Kurdistans" (PKK). Das Gericht sprach sich für eine Verurteilung wegen Mordes aus und nahm die Niedrigkeit des Tötungsmotivs an, da die Täter selbst über den Tötungsbefehl entsetzt gewesen seien und die Entführung der Frau aus ihrer Sicht zwar eine Maßregelung, aber nicht eine Tötung gerechtfertigt habe. Zudem stützte das Gericht seine Argumentation auf den Umstand, dass die Folgen einer Verweigerung der Tatausführung in keinem Verhältnis zur Tötungshandlung gestanden hätten und die Täter selbst schlimmstenfalls einen Ansehens- und Ehrverlust innerhalb ihrer Gemeinschaft zu befürchten gehabt hätten. Schließlich sei gegen die Angeklagten bereits zuvor ein Strafverfahren wegen versuchten Totschlags aus Blutrache geführt worden, was ihnen ausreichend verdeutlicht habe, dass ihre eigenen Wertvorstellungen in Deutschland keine Billigung fänden.[1277]

Die dritte und bisher letzte Phase hat sich immer mehr verbreitet und setzt sich bis in die jüngeren Entscheidungen des BGH fort. Die eindrucksvollsten Beispiele der jüngsten Rechtsprechung sollen im Folgenden kurz angeführt werden.

Einige Jahre später wurde die Berücksichtigung fremder Wertvorstellungen im Rahmen einer BGH Entscheidung aus dem Jahre 2006 erneut abgelehnt, in der der 1. Strafsenat das Urteil des Landgerichtes Tübingen aufhob und mit Bejahung der niedrigen Beweggründe auf Mord erkannte. Hier ging es um eine Fallkonstellation, in der ein Mann seine Frau tötete, nachdem sie geäußert hatte, der Angeklagte sei impotent. Eine Besonderheit der Entscheidung lag darin begründet, dass der BGH anführte, die Tötung habe in einem eklatanten Missverhältnis zum Tatanlass gestanden, da auch in fremden Kulturkreisen die Annahme, einfache Beleidigungen könnten die Tötung eines Menschen zur Ehrensache machen, fern liege. In subjektiver Hinsicht stellte das Gericht ebenfalls auf das Missverhältnis ab und argumentierte zum einen damit, dass dem Täter die Niedrigkeit begründenden Umstände

---

1277 BGH NStZ 2002, 368, 369 f.

bewusst gewesen seien und er zum anderen seine ehrbedingten Antriebe durchaus habe beherrschen können.[1278]

Im Jahre 2007 befasste sich der BGH erneut mit der „Ehrenmordproblematik". In dieser Entscheidung ging es jedoch nicht um die Auseinandersetzung mit einer unzutreffenden Bewertung der besonderen Verwerflichkeit der Tat durch das erstinstanzliche Gericht. Für den die Tat ausführenden Bruder hatte das Landgericht Berlin die Niedrigkeit des Ehrmotivs bereits bejaht, der seine Schwester Hatun Sürücü getötet hatte, weil diese Ehemann und Familie verlassen hatte, um ein selbstständiges Leben zu führen. Vielmehr beanstandete der 5. Strafsenat die Rechtsfehler bei der Beweiswürdigung im Hinblick auf den Freispruch der zwei weiteren mitangeklagten Brüder und hob das Urteil auf.[1279] Der Fall wurde an eine andere Strafkammer zur erneuten Verhandlung und Entscheidung zurückverwiesen. Da sich die beiden Brüder zu diesem Zeitpunkt in der Türkei befanden, wurde ein internationaler Haftbefehl durch die Staatsanwaltschaft beantragt. Allerdings hat die Türkei eine Auslieferung ihrer Staatsangehörigen abgelehnt. Daraufhin musste das Verfahren Anfang 2009 eingestellt werden.[1280]

Zuletzt erging ein Urteil des BGH zu fremden Wertvorstellungen im Jahre 2009, das die erstinstanzliche Entscheidung wegen Mordes bestätigte. Das Landgerichts Hamburg hatte über ein Tötungsdelikt entschieden, bei dem ein Bruder seine Schwester aus dem Grund erstach, weil ihm ihr Lebensstil nicht gefiel. Die Große Strafkammer hatte klare Feststellungen getroffen, was das Tatmotiv anging und sich für eine Verurteilung wegen Mordes aus niedrigen Beweggründen entschieden.[1281] In der Revision, die von dem Verteidiger des Angeklagten eingelegt worden war, wurde auf die verminderte Schuldfähigkeit des Angeklagten zur Tatzeit abgestellt. Diese wies der BGH als unbegründet zurück und führte an, dass es keine durchgreifenden Bedenken gegen die Verneinung der Voraussetzungen einer verminderten Schuldfähigkeit durch das Landgericht Hamburg gebe.[1282]

1278 BGH NStZ 2006, 284, 285.

1279 BGH Urt. v. 28.08.2007 – 5 StR 31/07.

1280 Zum Ganzen siehe im Tagesspiegel, www.tagesspiegel.de/berlin/Integration-Hatun-Sueruecue;art270,2721829, abgerufen am 25.10.2009.

1281 LG Hamburg Urt. v. 13.02.2009 – 621 Ks 17/08.

1282 BGH Beschl. v. 10.11.2009 – 5 StR 274/09.

6.2.2.3 Der Streit- und Meinungsstand im Schrifttum

Die steigende praktische Relevanz von „Ehrenmorden" hat auch in der strafrechtlichen Literatur zu einer vermehrten Auseinandersetzung mit dieser Thematik geführt. Dabei sorgt die bisherige Rechtsprechungsentwicklung des BGH schon seit geraumer Zeit für heftige Diskussionen innerhalb des Schrifttums. Um nachvollziehen zu können, warum es bisher an einer einheitlichen Antwort fehlt, soll im Folgenden der Streit- und Meinungsstand im Schrifttum aufgezeigt werden.[1283]

6.2.2.3.1 Reaktionen zur zweiten Phase des BGH

Erste Resonanz aus der Literatur gab es zur Einleitung der zweiten Phase des BGH, die sich durch die Berücksichtigung der fremdkulturellen Wertvorstellungen auf objektiver Ebene auszeichnete. Während der BGH von einigen Stimmen Unterstützung für seine fremdenfreundliche Haltung erfuhr, kritisierten andere diese Judikatur stark. Dies war der Auslöser einer Debatte um die soziale und soziokulturelle Integration ausländischer Täter.

Auf Ablehnung stieß der BGH beispielsweise bei Kohlhaas, der die Berücksichtigung fremdkultureller Wertvorstellungen auf objektiver Ebene als *„eine typisch deutsche Nachkriegsweisheit"* beschrieb. Es könne nicht sein, *„(...) dass je rechtsblinder jemand ist, er desto weniger wegen Mordes verurteilt werde"*. Maßgebend sei die Bewertung der Gesetze an Ort und Stelle. Dies gelte für Deutsche, die in den Balkanländern Strafnormen verletzten, daher könne umgekehrt auch nichts anderes erwartet werden.[1284]

Einwände wurden ebenfalls von Geilen erhoben. Die Beachtung ausländischer Anschauungen in dieser Form sei nicht tragfähig, da dies die Tür für den Einfluss jeglicher Ehrauffassungen öffne. Unter diesen Umständen müssten sogar die abweichenden Anforderungen einer „Ganovenehre" oder einer terroristischen Untergrundgruppe künftig zugunsten des Täters Berücksichtigung finden. Insofern sei zu hoffen, dass es sich lediglich um *„(...) Formulierungsfehler handelt und nicht etwa um einen in dieser Richtung ernsthaft beabsichtigten Kurswechsel der Judikatur"*.[1285]

1283 Hierzu siehe auch bei Cakir-Ceylan, 249 ff.; Erbil, 188 ff.

1284 Kohlhaas BGH LM § 211 Nr. 59.

1285 Geilen JK 1980 § 211 StGB Nr. 5.

Zustimmung gab es dagegen etwa von Köhler. Ausgangspunkt seiner Argumentation war die Offenheit der deutschen Gesellschaft und Rechtsgemeinschaft, die sich in der dauerhaften Aufnahme kulturell abweichend geprägter Personen ausdrücke. Es sei zwar grundsätzlich legitim, dass positiv rechtliche Regelungen einer bestimmten sozialethischen Auffassung widersprechen könnten und folglich den Effekt einer „heteronomen Zwangsordnung" hätten. Dies könne aber nicht für das Mordmerkmal des niedrigen Beweggrundes gelten, welches sich unmittelbar auf eine sozialethische Wertung beziehe. Dementsprechend könne auch nicht die rechtliche Normallgemeinheit völlig unabhängig von den ausländischen Anschauungen bestimmt werden. Ein solcher, lediglich partikulär sozialethischer, Maßstab sei in diesem Zusammenhang gleichheitswidrig. Die Strafrechtswidrigkeit einer Tatmotivation dürfe nicht mit ihrer Niedrigkeit gleichgesetzt werden. Diese verlange eine extreme Selbstsucht, die überhaupt nicht nachvollziehbar sein dürfe. Hieran fehle es dem Ehrmotiv wegen seines gewissen ethischen Allgemeinheitsanspruchs deutlich.[1286]

Auch Sonnen sprach sich positiv zur objektiven Phase der Rechtsprechung des Bundesgerichtshofs, der den Rechtsprechungswandel von der subjektiven zur objektiven Sicht als *„in der Sache folgerichtig"* beschrieb. Seine Haltung untermauerte Sonnen, indem er die Bundesrepublik Deutschland als ein *„faktisches Einwanderungsland"* definierte und die Verhaftung an die heimatlichen Wertvorstellungen im Tatzeitpunkt mit fehlender Integration begründete. Vor dem Hintergrund, dass das tatsächlich bestehende Vorstellungsbild des Täters entscheidend sei, müsse bis zum erfolgreichen Abschluss des wechselseitigen Integrationsprozesses zwangsläufig auch auf die fremdkulturellen Wertvorstellungen eingegangen werden.[1287]

6.2.2.3.2 Reaktionen zur dritten Phase

Die Reaktionen auf den die dritte Phase einleitenden Rechtsprechungswandel des BGH fielen ebenfalls sehr kontrovers aus. So stieß die höchstrichterliche Entscheidung darüber, dass das Ehrmotiv grundsätzlich als niedrig einzustufen sei, bei einigen Stimmen auf große Bedenken. Viele begrüßten das Urteil des BGH wiederum und sahen hierin endlich den richtigen Weg.

1286 Köhler JZ 1980, 240.

1287 Sonnen JA 1980, 747.

Der Betonung eines derart stark objektivierten Maßstabes - der sich ausschließlich auf die deutschen Wertvorstellungen bezog - widersprach etwa Neumann, der sich dafür einsetzte, dass die Verhaltens- und Ehrauffassungen eines ausländischen Täters bereits bei der allgemeinen sozialethischen Bewertung des Beweggrundes zu Gunsten des ausländischen Täters in Ansatz gebracht werden müssten. Die Beurteilung der Niedrigkeit des Tatmotivs habe auf der Grundlage sämtlicher Umstände des Einzelfalles unter Einschluss der individuellen Bedingungen der Tat sowie der Persönlichkeit des Täters stattzufinden. Hierin liege auch *„(...) keine Relativierung der Verbindlichkeit der eigenen Rechts- und Sozialordnung, sondern die Anerkennung des Umstands, dass man den Täter für die Normen seiner heimatlichen Sozialordnung und der sie prägenden Weltanschauung nicht verantwortlich machen (könne)“*.[1288]

Anknüpfend an die Haltung Neumanns begründete Saliger seine Zustimmung zu einem Wertepluralismus mit dem Argument, dass *„(...) es jenseits ideologischer Voreingenommenheit eine begründbare Alternative zur täterprivilegierenden Berücksichtigung kulturell abweichender Moralvorstellungen bei der tatbestandlichen Prüfung niedriger Beweggründe nicht (gebe)“*. Hierbei handele es sich um eine Konsequenz der Gesamtwürdigung auf der Grundlage des Schuldprinzips. Seien die Lebensverhältnisse und die Persönlichkeit des Täters im Rahmen der Gesamtwürdigung der Bewertung mit einzubeziehen, müssten herkunftsbedingte Moralvorstellungen zwangsläufig Beachtung finden, da diese ein Teil der soeben genannten Komponenten seien.[1289] Diesen Ansatz untermauerte Saliger, indem er zwischen einem objektiv-allgemeinen und einem objektiv-individuellen Maßstab auf Tatbestandsebene differenzierte. Zwar sei als objektiv-allgemeiner Maßstab die Werteordnung der Rechtsgemeinschaft in Deutschland entscheidend, da nur dieser Weg der schuldmotivierten Gesamtwürdigung von Tat und Täter Rechnung tragen könne. Allerdings müssten auf objektiv-individueller Ebene die abweichenden ausländischen Vorstellungen des Täters Berücksichtigung erfahren.[1290]

1288 NK-*Neumann* § 211 Rn. 30.

1289 Saliger StV 2003, 23.

1290 Saliger StV 2003, 24.

Die bis heute vorherrschende Auffassung im Schrifttum schließt sich allerdings der dritten Phase des Bundesgerichtshofs an.[1291] So lehnt beispielsweise Jähnke die Anknüpfung an die Wertvorstellungen eines fremden Kulturkreises auf objektiver Ebene vehement ab. Diese sei nicht tragfähig, da sie etwa bei einer Mittäterschaft mit gemischter Nationalität eine unterschiedliche Wertung des Tatgeschehens bedeute. Für die rechtliche Einordnung einer in Deutschland begangenen Tat müsse deutsches Recht gelten. Andernfalls sei die Gleichheit vor dem Gesetz nicht gewährleistet.[1292]

Anderer Ansicht ist auch Valerius. Dieser fügt dem Standpunkt Jähnkes einen weiteren Aspekt hinzu, indem er konstatiert, dass der Vergleich der niedrigen Beweggründe mit den anderen subjektiven Mordmerkmalen ergebe, dass letztere auch nicht aus der Sicht des Täterkreises bewertet würden. So würde eine Tötungshandlung beispielsweise auch dann als ein Mord aus Habgier eingestuft werden, wenn der Täter aus einem Lebensumfeld stamme, in dem die Menschen materiellen Wohlstand als primäres Lebensziel definierten und das Täterverhalten daher nicht als besonders verwerflich ansehen würden. Für das Auffangmerkmal der niedrigen Beweggründe könne insofern nichts anderes gelten.[1293]

Auch Dietz zeigt sich hoch erfreut über den Wandel in der höchstrichterlichen Rechtsprechung und führt an, dass es auf der objektiven Ebene gar keinen Platz für abweichende subjektive Wertvorstellungen gebe. Hier sei allein die Werteordnung des hiesigen Grundgesetzes als maßgeblicher Maßstab heranzuziehen. So könne es bei Personen, die den hohen Stellenwert des Rechtsguts Leben in Deutschland missachteten, keine vorrangige Berufung auf eigene Wertmaßstäbe geben. Vielmehr stünden die Ausländer in der Pflicht, sich den in Deutschland geltenden sozialen Maßstäben anzupassen und ihr Verhalten daran zu orientieren. Ein Leben wie in der Fremde sei nicht möglich und dürfe nicht unter dem Deckmantel eines *„falsch verstandenen Toleranzbegriffs“* zugelassen werden. Alles andere stelle die Kreation eines *„Ausländerprivilegs“* dar, welches wegen seiner diskriminierenden Wir-

---

1291 Neben den im Folgenden ausführlich darzustellenden Stimmen, teilen diese Meinung auch etwa Schönke/Schröder-*Eser* § 211 Rn. 19; Momsen NStZ 2003, 238; Trück NStZ 2004, 497; Küper JZ 2006, 610.

1292 LK-*Jähnke* § 211 Rn. 37.

1293 Valerius JZ 2008, 916.

kung die Gefahr einer Entfremdung zwischen der deutschen und der zugewanderten Bevölkerung erhöhen könne.[1294]

Schneider stimmt dem Ansatz des Bundesgerichthofes ebenfalls zu. Die Privilegierung fremdkultureller Wertvorstellungen könne nicht auf objektiver Ebene erfolgen, da sie allein die Individualethik beträfen. Stöße ein Beweggrund auf keine beachtliche Nachsicht in den Anschauungen der Gemeinschaft der in Deutschland lebenden In- und Ausländer, so stelle dies eine Grenzüberschreitung dar, die die Möglichkeit einer positiven Berücksichtigung ausschließe. Die Kritiken gegen diesen Standpunkt dahingehend, er sei *„ethnozentriert"* und *„intolerant gegenüber Fremden"* hätten keinen Halt, da sie *„political correctness"* mit den in Deutschland rechtserheblichen Grundsätzen elementarer Sittlichkeit verwechselten und die Bedingungen zur Erfassung des sozialethischen Minimums einfach übersehen würden.[1295]

Soweit die Rechtsprechung des BGH die fremdkulturellen Maximen auf der objektiven Ebene unberücksichtigt lässt, findet sie also vorwiegend Zustimmung im Schrifttum. Folglich verengt sich die Problematik des Ehrenmordes als niedriger Beweggrund auf die Frage, ob und unter welchen Bedingungen die objektiv niedrige Tatmotivation dem Täter subjektiv vorwerfbar ist. Deshalb ist im Folgenden zu klären, welche Positionen die Literatur zu der Vorgehensweise des BGH in diesem Zusammenhang einnimmt und welche alternativen Lösungswege vorgeschlagen werden.

Wie bereits angesprochen wurde, hält sich der BGH auch in der dritten Phase die Möglichkeit offen, abweichende soziokulturelle Anschauungen im Rahmen der individuellen Beurteilung der Tat in Rechnung zu stellen.[1296] So macht der Bundesgerichtshof eine Strafbarkeit wegen Mordes zusätzlich von dem so genannten „Motivationsbeherrschungspotential" - also dem gedanklichen und willensmäßigen Vermögen des Täters zur Beherrschung der Tatmotive - abhängig.[1297] Strafrechtsdogmatisch soll es sich bei dieser Fähigkeit des Täters nicht um ein zusätzliches subjektives Erfordernis des Mordmerkmals der niedrigen Beweggründe handeln. Vielmehr soll mit dieser mordmerkmalsspezifischen subjektiven Komponente *„(...) dem Schuldprinzip Rechnung ge-*

1294 Dietz NJW 2006, 1386.

1295 MüKo-StGB-*Schneider* § 211 Rn. 94.

1296 BGH StV 1996, 208, 209 m. Anm. Fabricius; BGH NStZ 2002, 369, 370.

1297 BGHR StGB § 211 Abs. 2 niedrige Beweggründe Nr. 23.

tragen werden, das nur die Zurechnung solcher Handlungsmodalitäten erlaubt, die dem Täter bewusst werden und auf die er im Augenblick der Tat Einfluss nehmen kann".[1298]

Weite Teile der Literatur stimmen dieser dogmatisch-systematischen Einordnung unter Berufung auf das Schuldprinzip durch den BGH jedoch nicht zu. Denn in subjektiver Hinsicht reiche es für das Vorliegen niedriger Beweggründe aus, wenn der Täter die, die Niedrigkeit begründenden, Umstände kenne. Nicht erforderlich sei, dass er sie selbst als niedrig im Sinne von § 211 StGB bewerte.[1299] Die Kriterien der Einsichts- und Steuerungsfähigkeit, die der BGH hier neben der Sachverhaltskenntnis heranziehe, seien nicht aus dem Schuldprinzip abgeleitet, sondern würden solche der Schuldfähigkeit des Täters bezeichnen und daher die Frage der Schuld betreffen.[1300] Da es in der Sache um psychische Fähigkeiten des Täters gehe, müsse sich der BGH bei Tötungshandlungen wegen kulturell abweichenden Anschauungen mit den gesetzlichen Anforderungen zur Schuldfähigkeit des Täters nach §§ 20, 21 StGB auseinandersetzen. Das Fehlen der Beherrschungs- und Steuerungsfähigkeit des Täters wegen seiner Verhaftung in heimatliche Vorstellungen könne unter Zugrundelegung des Schuldprinzips dann nur mit der Schuldunfähigkeit gemäß § 20 StGB begründet werden. Dies sei jedoch höchst bedenklich, da die Regelung zur Schuldunfähigkeit nur bei den gesetzlich normierten Defekten Anwendung finden könne und hierdurch die Tendenz zur „Pathologisierung" des Täters wiederauflebe. Es sei zudem kaum denkbar, einen Menschen, der innerhalb seiner eigenen Kultur „ganz normal" funktioniere und mit der Tat seine Normenkonformität zum Ausdruck bringe, überhaupt als *„krankhaft seelisch gestört"*, *„tiefgreifend bewusstseinsgestört"*, *„schwachsinnig"* oder *„seelisch abartig"* im Sinne von § 20 StGB zu klassifizieren. Andernfalls müsse dies für die Angehörigen der deutschen Kultur im Verhältnis zu anderen Werteordnungen ebenfalls gelten.[1301]

1298 BGH NStZ 1989, 363, 364.

1299 Schulz NJW 2005, 554 unter Berufung auf BGH bei Dallinger, MDR 1969, 723; BGH NJW 2004, 1967.

1300 Maurach/Schröder/Maiwald § 2 Rn. 42; MüKo-StGB-*Schnei*der § 211 Rn. 99; NK-*Neumann* § 211 Rn. 45; Saliger StV 2003, 23; SK-*Horn* § 211 Rn. 7; Schönke/Schröder-*Eser* § 211 Rn. 39; a.A. Heine, G., 249 f.

1301 Fabricius StV 1996, 211.

Wegen dieser - im Ergebnis begründeten - Kritik gibt es Stimmen im Schrifttum, die die innere Bindung des Täters zu seinen heimatlichen Vorstellungen auf subjektiver Ebene mit einem Rückgriff auf den Rechtsgedanken des § 17 StGB als vorzugswürdig erachten.[1302]

Fehlendes Unrechtsbewusstsein im Sinne des § 17 StGB setzt voraus, dass der Täter, die seine Tat unmittelbar betreffende Verbotsnorm nicht kennt, sie für ungültig hält oder infolge unrichtiger Auslegung zu Fehlvorstellungen über ihren Geltungsbereich gelangt und aus diesem Grund sein Verhalten als rechtlich erlaubt ansieht.[1303]

Bezogen auf die Mordmerkmale bedeutet der Verbotsirrtum das Nichtbegreifen des gesteigerten Unrechtsgehalts der Tat, welches über das Maß des bereits durch die Tötungshandlung bewirkten Unrechts hinausgeht. Anknüpfungspunkt für das Unrechtsbewusstsein ist daher nicht dasjenige Unrecht, das sich in der Begehung eines jeden Tötungsdeliktes verbirgt, sondern der selbstständige Unrechtsgehalt, der in der Tötung unter Verwirklichung eines niedrigen Beweggrundes in Erscheinung tritt.[1304]

Die Rechtsfolgen des fehlenden Unrechtsbewusstseins stehen gemäß § 17 StGB in Abhängigkeit zur Vermeidbarkeit des Irrtums. Während der vermeidbare Verbotsirrtum dem Gericht nach § 17 S. 2 StGB die Möglichkeit eröffnet, die Strafe über § 49 Abs. 1 Nr. 1 StGB zu mildern,

---

1302 So etwa Erbil, 194 ff.; Fabricius StV 1996, 211; Jähnke MDR 1980, 709; Köhler JZ 1980, 240; Momsen NStZ 2003, 242; Nehm, FS Eser, 426; Valerius JZ 2008, 918.

1303 Wessels/Beulke Rn. 461.

1304 Valerius JZ 1980, 918 m.w.N., der darauf hinweist, dass diese Annahme die Teilbarkeit des Verbotsirrtums in unrechtsbegründende und unrechtserhöhende Tatbestände erfordert. Grundsätzlich umstritten, ist diese Teilbarkeit bei den sonst niedrigen Beweggründen aber für die Fälle anerkannt, in denen die Verwirklichung der Qualifikation nicht nur eine quantitativ höhere Rechtsgutsverletzung bedeutet, sondern der Tat ein anderes Gepräge gibt und dadurch einen Bezugspunkt für das Unrechtsbewusstsein des Täters liefert. Dies ist im Kontext der „Ehrenmorde" gerade der Fall (Ebd.); vgl auch Schönke-Schröder-*Sternberg-Lieben* § 17 Rn. 8, der die Notwendigkeit der Differenzierung des Unrechtsbewusstseins bezüglich des Grunddelikts und des qualifizierten Tatbestandes ebenfalls betont. Dies setzt, wie von der vorzugswürdigen Ansicht anerkannt, voraus, dass der Mord gemäß § 211 StGB die Qualifikation des Grundtatbestandes Totschlag aus § 212 StGB darstellt. Zum allgemeinen Streitstand zum Verhältnis von Totschlag und Mord siehe unten unter 5.2.2.4.2.

stellt der unvermeidbare Verbotsirrtum einen Schuldausschließungsgrund dar (§ 17 S. 1 StGB). Allerdings stellt die Rechtsprechung die Bejahung der Unvermeidbarkeit des Unrechtsbewusstseins unter sehr strenge Voraussetzungen. So ist von maßgeblicher Bedeutung, ob der Täter auf Grund seiner sozialen Stellung, nach seinen individuellen Fähigkeiten und bei dem ihm zumutbaren Einsatz seiner Erkenntniskräfte und seiner rechtlich-sittlichen Wertvorstellungen, das Unrecht der Tat hätte einsehen können. In diesem Zusammenhang spricht man auch von der so genannten Gewissensanspannung.[1305] Bestehen etwaige Zweifel an der rechtlichen Zulässigkeit der Tat, müssen diese durch Nachdenken und gegebenenfalls durch Erkundigungen beseitigt werden.[1306] Rechnet der Täter trotz seiner Zweifel mit der Möglichkeit Unrecht zu tun und nimmt er dies billigend in Kauf, so ist sein Unrechtsbewusstsein zu bejahen.[1307]

6.2.2.4 Problemfelder

6.2.2.4.1 Fremdkulturelle Wertvorstellungen im Motivbündel

Eine andere Möglichkeit fremdkulturelle Wertvorstellungen zu berücksichtigen, wird für die Fälle vorgeschlagen, in denen der Täter aus mehreren Beweggründen handelt (Motivbündel).[1308] Bei einem Motivbündel sind für die Bewertung der Tat diejenigen Motive ausschlaggebend, die der Tat ihr Gepräge geben und somit bewusstseinsdominant sind.[1309] Ob ein aus mehreren Motiven handelnder Täter einen niedrigen Beweggrund erfüllt, ist danach zu ermitteln, ob eines der vorherrschenden Motive als niedrig bewertet werden kann.[1310] Allerdings dürfen die anderen Motive nicht völlig unberücksichtigt bleiben, da sie als

---

1305 BGHSt 3, 357.

1306 BGHSt 2, 201; 4, 243; 9, 172; BGH StV 1994, 128; Schönke/Schröder-*Cramer/Sternberg-Lieben* § 17 Rn. 16 ff.

1307 BGHSt 4, 4; Fischer § 17 Rn. 5 m.w.N.; Lackner/Kühl § 17 Rn. 4 m.w.N.; Maurach/Zipf § 38 Rn. 34; a.A. NK-*Neumann* § 17 Rn. 33.

1308 Valerius JZ 2008, 916 f.

1309 BGHSt 42, 301, 304; BGH StV 2001, 228, 571; BGH NStZ 1997, 81; MüKo-StGB-*Schneider* § 211 Rn. 77; Nehm, FS Eser, 424 m.w.N.

1310 BGH GA 1974, 370 m.w.N.; BGH NJW 1981, 1382; BGH NStZ 1997, 81; Fischer § 211 Rn. 19; Lackner/Kühl § 211 Rn. 5c; SK-*Horn* § 211 Rn. 18; kritisch Altvater NStZ 1998, 342 f.

Handlungsantrieb nicht an Wirksamkeit verlieren. Auch sie müssen also in die Bewertung einbezogen werden.[1311]

Valerius sieht im Kontext der „Ehrenmorde" eine Kollision des Ehrmotivs mit anderen Beweggründen insbesondere vor dem Hintergrund der sozialen Zwänge, denen der Täter in der Regel ausgesetzt ist, als denkbar an. So sei es möglich, dass das Ziel der Wiederherstellung der (Familien-)Ehre innerhalb eines Motivbündels nur mitlaufe und gegenüber anderen beherrschenderen Tatantrieben, die den Ausschlag zur Begehung der Tat geben, in den Hintergrund trete. Dies sei dann der Fall, wenn der Täter primär handelt, um sich einer Drucksituation aufgrund familiärer und gesellschaftlicher Zwänge zu entziehen, was die besondere Verwerflichkeit der Tat bezweifeln ließe.[1312]

6.2.2.4.2 Die Strafbarkeit der Beteiligung an einem „Ehrenmord"

Ein „Ehrenmord" beruht in der Regel auf dem Beschluss des so genannten „Familienrates". Das heißt, sowie an der Planung als auch an der Ausführung der Tat wirken oftmals mehrere Personen mit. Dieser Umstand wirft auch in der Untersuchung des deutschen Strafrechts Fragen zur Strafbarkeit der Beteiligung auf. Da es im deutschen Strafgesetzbuch an einer mit Art. 38 Abs. 2 tStGB vergleichbaren Norm fehlt, muss man den Strukturen des traditionellen „Ehrenmordes" auf anderem Wege gerecht werden. Die zentrale Frage, die sich im Rahmen der deutschen Strafrechtsordnung stellt, ist, wie sich täterbezogene Mordmerkmale (so auch die niedrigen Beweggründe) auf die Strafbarkeit der Beteiligten auswirken. Unproblematisch sind solche Fälle, in denen die Beteiligten von dem Mordmerkmal des anderen wissen und dieses auch in eigener Person erfüllen.[1313] Wird bei einem „Ehrenmord" also die Wiederherstellung der (Familien-)Ehre als Tatmotiv von dem Täter und allen weiteren Tatbeteiligten gleichermaßen getragen, sind auch alle Mitbeteiligten wegen Mordes aus niedrigen Beweggründen gemäß § 211 Abs. 1 StGB zu bestrafen. Vor dem Hintergrund, dass aber auch bei einem „Ehrenmord" die Tatmotivationen im Einzelfall Auseinanderfallen können, ist die Frage nach der Strafbarkeit we-

---

1311 LK-*Jähnke* § 211 Rn. 23; MüKo-StGB-*Schneider* § 211 Rn. 77; SK-*Horn* § 211 Rn. 18.

1312 So etwa Valerius JZ 2008, 917.

1313 LK-*Jähnke* § 211 Rn. 69; Schönke/Schröder-*Eser* § 211 Rn. 44; SK-*Horn* § 211 Rn. 23; Maurach/Schroeder/Maiwald § 2 Rn. 50.

gen Mordes, wenn Tatbeteiligte zwar um die Mordmerkmale der Mitbeteiligten wissen, aber keinerlei Mordmerkmale in eigener Person erfüllen, besonders interessant. Hier kommt § 28 StGB ins Spiel, der die Berücksichtigung besonderer persönlicher Merkmale für Täter und Teilnehmer regelt.

Ungeachtet fremdkultureller Wertvorstellungen, besteht seit jeher grundsätzliche Uneinigkeit zwischen Rechtsprechung und Literatur darüber, wie mit der Strafbarkeit der Beteiligung bei der Verwirklichung von subjektiven Mordmerkmalen umzugehen ist. Dies liegt insbesondere an den divergierenden Sichtweisen zu dem rechtssystematischen Verhältnis zwischen Mord und Totschlag.

Während die Rechtsprechung Mord und Totschlag als zwei selbstständige Delikte mit eigenem Unrechtsgehalt versteht,[1314] vertritt das strafrechtliche Schrifttum demgegenüber den Standpunkt, § 211 StGB normiere mit den Mordmerkmalen lediglich Qualifikationsumstände des Grundtatbestands Totschlag aus § 212 StGB.[1315] Ausgehend von der tatbestandlichen Selbstständigkeit von Mord und Totschlag, versteht die Rechtsprechung die niedrigen Beweggründe als strafbegründende besondere persönliche Merkmale im Sinne von § 28 Abs. 1 StGB. Dagegen sieht das Schrifttum in den niedrigen Beweggründen strafschärfende Umstände, die über § 28 Abs. 2 StGB abzuhandeln sind.[1316]

1314 BGHSt 1, 368; 22, 375; 25, 87; BGH NStZ 1989, 19. Allerdings gibt es möglicherweise erste Anzeichen einer grundsätzlichen Abkehr von der herkömmlichen Rechtsprechung, da es im Rahmen einer jüngsten Entscheidung zu einem Blutrachefall obiter dictum heißt: *„Deshalb kann dahinstehen, ob es sich bei den täterbezogenen Mordmerkmalen um strafschärfende besondere persönliche Merkmale im Sinne von § 28 Abs. 2 StGB und nicht um strafbegründende im Sinne von § 28 Abs. 1 StGB handelt"* (vgl. BGH NJW 2006, 1008, 1012). Der bisherigen Rechtsprechung zum Verhältnis von Mord und Totschlag werden dabei gewichtige Argumente entgegengehalten: Sie führe zu schwer überbrückbaren und ausgewogenen Ergebnissen, widerspreche der sonst üblichen Systematik und sei unnötig kompliziert (BGH NJW 2006, 1008, 1013). Weitere Entwicklungen bleiben abzuwarten.

1315 Küper JZ 1991, 764 f.; Geppert/Schneider Jura 1986, 108 f.; Lackner/Kühl Vor § 211 Rn. 22; LK-*Jähnke* Vor § 211 Rn. 45; Schönke/Schröder-*Eser* Vorbem §§ 211 ff. Rn. 3, 5; SK-*Horn* § 211 Rn. 2; Maurach/Schroeder/Maiwald § 2 Rn. 5.

1316 Ausführlich MüKo-StGB-*Schneider* Vor §§ 211 ff. Rn. 136 ff.; vgl. auch Küper JZ 2006, 613.

Schwierigkeiten ergeben sich weniger bei einer mittäterschaftlichen Tatausführung, da die Zurechnung von subjektiven Mordmerkmalen hier von Rechtsprechung und Literatur übereinstimmend abgelehnt wird und eine Bestrafung wegen Mordes für den einzelnen Tatbeteiligten nur dann in Betracht kommt, wenn er das subjektive Mordmerkmal selbst verwirklicht hat.[1317] Eine mittäterschaftliche Tatbegehung soll aber auch dann möglich sein, wenn ein Tatbeteiligter lediglich einen Totschlag verwirklicht, der andere sich dagegen wegen Mordes strafbar macht.[1318]

Abweichende Resultate treten zwischen Rechtsprechung und Literatur daher allein bei der Strafbarkeit der Teilnahme auf. Zur Verdeutlichung soll folgendes Beispiel dienen: Der Haupttäter handelt selbst nicht aus niedrigen Beweggründen, wobei das Ehrmotiv für den/die Teilnehmer (Gehilfe und/oder Anstifter) tatantreibend ist. Das Vorliegen der übrigen Strafbarkeitsvoraussetzungen soll unterstellt werden.

Würde man der Ansicht des Schrifttums folgen und § 28 Abs. 2 StGB zur Lösung des Problems heranziehen, wäre der Haupttäter mangels Verwirklichung etwaiger Mordmerkmale wegen Totschlags gemäß § 212 Abs. 1 StGB zu bestrafen, während für die Beteiligten eine Verurteilung wegen Anstiftung bzw. Beihilfe zum Mord aus niedrigen Beweggründen nach §§ 211, 26 oder 27 StGB einschlägig wäre.[1319] Da der aus niedrigen Beweggründen handelnde Teilnehmer dieser Ansicht nach ein strafschärfendes Mordmerkmal verwirklicht, würde ihn kraft „Tatbestandsverschiebung“ nach § 28 Abs. 2 StGB von vornherein die Mordstrafe aus § 211 StGB treffen.

Demgegenüber käme der Weg der Rechtsprechung über § 28 Abs. 1 StGB grundsätzlich zur akzessorischen Haftung des Teilnehmers aus dem vom Haupttäter verwirklichten Totschlag gemäß § 212 Abs. 1 StGB. Es würde für die Strafbarkeit des Teilnehmers also völlig unberücksichtigt bleiben, dass dieser das Mordmerkmal der niedrigen Beweggründe in eigener Person erfüllt hat.[1320] Dies ergibt sich vor dem Hintergrund, dass die Rechtsprechung die Mordmerkmale als strafbe-

---

1317 Vgl. BGH NStZ 2009, 627, 628; so auch Beulke/Hillenkamp JuS 1975, 312.

1318 BGHSt 36, 231, 233 ff. m. Anm. Beulke NStZ 1990, 278 und Timpe JZ 1990, 97; Lackner/Kühl § 211 Rn. 16; NK-*Neumann* § 211 Rn. 110; Fischer § 211 Rn. 86.

1319 Heine, G., 234; NK-*Neumann* § 211 Rn. 115; SK-*Horn* § 211 Rn. 26.

1320 BGHSt 1, 368; BGH StV 1987, 386; MüKo-StGB-*Schneider* § 211 Rn. 207.

gründend im Sinne von § 28 Abs. 1 StGB versteht. In der Norm wird zwar deren Fehlen als strafmildernd honoriert, aber die Verwirklichung durch den Teilnehmer umgekehrt nicht strafschärfend berücksichtigt. Insofern profitiert der Teilnehmer davon, dass dem Täter diese Motivation fehlt und er wegen seiner akzessorischen Haftung zum Haupttäter, gleich diesem zu bestrafen ist.[1321] Im Hinblick auf den „überschießenden Tatantrieb" des Teilnehmers will der BGH hier jedoch die Strafschärfung aus § 212 Abs. 2 StGB in Erwägung ziehen.[1322]

Somit kommt allein die von der Literatur angewandte Akzessorietätsdurchbrechung nach § 28 Abs. 2 StGB zu befriedigenden Ergebnissen. Da sie es möglich macht, zu einer Strafbarkeit entsprechend des Schuldmaßes aller Personen zu gelangen, bildet sie den vorzugswürdigeren Ansatz bei der Frage nach der Strafbarkeit von Tatbeteiligten im Rahmen des Mordes.

Trotz aller Meinungsverschiedenheiten und unabhängig davon, welcher Ansicht im Ergebnis zu folgen ist, macht Momsen auf eine „schlichte Weiterleitung" von täterfremden Motiven aufmerksam, die von dem 5. Strafsenat des BGH im Rahmen einer Entscheidung zu fremdkulturellen Wertvorstellungen bei mehreren Tatbeteiligten vorgenommen wurde.[1323] Das Gericht führte hierzu aus, dass die rechtliche Würdigung der Motivation der Angeklagten nicht abstrakt und losgelöst von den Beweggründen der anderen Tatbeteiligten bewertet werden könne. Da die „Befehlsgeber" aus niedrigen Beweggründen gehandelt hätten, seien die eigenen Beweggründe der Angeklagten ebenfalls als besonders verachtenswert zu beurteilen. Dies müsse vor allem vor dem Hintergrund gelten, dass die Tatausführenden gehandelt hätten, ohne die Ansicht der „Befehlsgeber" zu teilen und sie von einer verhältnismäßig harmlosen Sanktion bei einer Verweigerung der Tötungshandlung ausgegangen seien.[1324] Momsen bemängelt an diesem Urteil vor allem zwei Aspekte: Zum einen habe hier eine Zurechnung der niedrigen Tatmotive von dem Teilnehmer (Befehlsgeber der PKK) auf den Täter (die unmittelbar tatausführenden Angeklagten) stattgefunden, was weder mit dem Wortlaut von § 28 Abs. 1 noch mit dem

---

1321 Schönke/Schröder-*Eser* § 211 Rn. 52.

1322 BGHSt 1, 368, 372.

1323 Momsen NStZ 2003, 240, der sich dabei auf die Einbindung in organisatorische Machtapparate bezieht.

1324 BGH NStZ 2002, 369, 370; zu dem der Entscheidung zugrunde liegenden Sachverhalt siehe im 5. Teil unter 5.2.2.2.3.

des § 28 Abs. 2 StGB zu vereinbaren sei, da diese auf das Vorliegen der besonderen persönlichen Merkmale beim Täter abstellten. Zum anderen müsse - unterstellt eine solche Zurechnung sei möglich - den Angeklagten neben der Ausführung des Befehls und der Kenntnis von der Verwerflichkeit, eben auch ihre Billigung nachgewiesen werden. Was angesichts der Tatsache ihres widerwilligen Verhaltens aber gerade zweifelhaft erscheine.[1325]

Das neueste Urteil zur Strafbarkeit der Tatbeteiligung an einem „Ehrenmord" Ende 2009 nimmt wegweisende Bedeutung ein. Indem das Landgericht Kleve neben der Strafbarkeit des Bruders und seinem Bekannten auch eine Strafbarkeit des Vaters wegen mittäterschaftlichen Mordes annahm, hat es erstmals das Familienoberhaupt als „geistigen Urheber" eines „Ehrenmordes" verurteilt. Denn der Vater des Opfers war zwar nicht an der unmittelbaren Tatausführung beteiligt, allerdings sah das Gericht in ihm den Drahtzieher der Tat, was sich insbesondere aus der Fülle an Telefonaten zwischen Vater und Sohn am Tatabend und seiner „fadenscheinigen Vorwände" ergeben habe. Da das Gericht zu der Überzeugung kam, es handele sich hierbei um die gemeinschaftliche Tat von Vater und Sohn aus niedrigen Beweggründen, die sie gemeinsam geplant und gewollt hätten, verkündete es ihre Strafbarkeit wegen mittäterschaftlichen Mordes gem. §§ 212 I, 211, 25 II StGB. In dem Bekannten sah das Gericht einen Gehilfen und verurteilte ihn entsprechend gem. §§ 212 I, 211, 27 StGB wegen Beihilfe zum Mord.[1326] Die von den Verteidigern des Vaters und des Bekannten eingelegte Revision wurde mittlerweile abgelehnt. Das Urteil ist also rechtskräftig.[1327]

6.2.2.5 Zusammenfassung und Stellungnahme

Anlässlich der wiederholten Nachsichtigkeit deutscher Gerichte gegenüber „Ehrenmördern", rückte der Begriff des „kulturellen Rabatts" bereits vor einigen Jahren in den Mittelpunkt öffentlicher Diskussionen. Während der mediale Diskurs relativ schnell zu einer ablehnenden Haltung gelang, zeigen die wechselhafte Rechtsprechung des BGH

1325 Momsen NStZ 2003, 240.

1326 Welt Online, www.welt.de/vermischtes/article5666188/Ehrenmord-war-eine-Tat-von-Vater-und-Sohn.html, abgerufen am 05.01.2010.

1327 Ausführlich zu dem Mord an Gülsüm Semin siehe Hoppmann Kriminalistik 2011, 95 ff.

sowie die Uneinigkeit im Schrifttum, wie schwierig der Umgang mit diesem fremden Phänomen aus strafrechtlicher Sicht letztlich ist. Angesichts anhaltender Zuwanderung und der Tatsache, dass „Ehrenmorde“ in der Migrationssituation eine ganz neue Bedeutung erfahren können, ist eine einheitliche Linie sehr dringend gefragt.

Weitgehende Einigkeit besteht in Rechtsprechung und Literatur darüber, dass die vom ausländischen Täter für sich bindend betrachteten Wertvorstellungen und Denkweisen nicht völlig unbeachtet bleiben dürfen. Umstritten ist hingegen nach wie vor die Frage nach der Verortung der Berücksichtigung fremder Wertvorstellungen. Diese ist von besonderer Relevanz, da sie letztlich über das Ausmaß des Einflusses fremder Wertvorstellungen entscheidet.

Schwierigkeiten bereitet vor allem die tatbestandliche Unbestimmtheit des Mordmerkmals der „sonst niedrigen Beweggründe“, welche anhand der als sittlich verbindlich anerkannten Werte ausgefüllt werden. Vor dem Hintergrund, dass aber in modernen Gesellschaften eine Vielzahl von Werteordnungen zu finden ist, gestaltet sich die Suche nach einem allgemeingültigen Maßstab grundsätzlich äußerst schwierig. Noch komplizierter wird es, wenn es sich um Täter handelt, deren Kulturkreis von den Anschauungen der deutschen Rechtsgemeinschaft erheblich abweicht.[1328]

6.2.2.5.1 Zur Notwendigkeit der Differenzierung der Motivlage

Bevor zu der Einstufung ehrbedingter Tötungsmotive als besonders niedrig im Sinne von § 211 Abs. 2 StGB Stellung genommen wird, ist auf die Notwendigkeit einer differenzierenden Betrachtung des tatsächlichen Geschehens hinzuweisen. Denn nicht jede von einem türkischen Migranten gegenüber einer Frau begangene Tötungshandlung muss automatisch auf archaisch-patriarchalischem Verständnis beruhen und einen „Ehrenmord“ darstellen. Auch wenn der Täter selbst seine Tat als „Ehrenmord“ bezeichnet, ist hier von einer undifferenzierten Übernahme dieser Formulierung dringend abzuraten. Nicht selten beabsichtigen Täter durch solche Angaben eine schematische Exkulpation von ihrer Tat.[1329] Dies gilt vor allem für solche Fälle zu bedenken, in denen der Täter nicht planvoll vorgegangen ist, sondern sich im Affekt zur Tat hinreißen lassen hat. Denn hier fehlt es der Tat

---

1328 Nehm, FS Eser, 419.

1329 Fischer § 211 Rn. 30.

an einer familiären Einbindung und somit an einer sozialen Bestärkung im Hinblick auf die Verurteilung des ehrverletzenden Verhaltens des weiblichen Angehörigen. Ferner ist die Bestimmung des Täters durch den „Familienrat" eher unwahrscheinlich. Gerade in diesen Fällen liegt die Annahme herkömmlich-genereller Tötungsmotive wie Eifersucht, Verzweiflung, Wut, Zorn oder Hass nicht fern.[1330] Obgleich diese Taten ebenfalls durch die Verletzung der Ehre motiviert sein können, kann bei einem Fehlen traditionell-religiöser Elemente nicht von einem „Ehrenmord" in eigentlichem Sinn gesprochen werden, der sich durch eine kollektive Betroffenheit und einen familiären wie auch gesellschaftlichen Druck auszeichnet.[1331] Ist die Tötungshandlung zeitnah im Affekt erfolgt, so ist ohnehin § 213 Alt. 1 StGB in Betracht zu ziehen.

6.2.2.5.2 Zur grundsätzlichen Einstufung als niedrig

Im Ergebnis ist den Meinungen in Rechtsprechung und Literatur zuzustimmen, die in dem Ehrmotiv grundsätzlich einen niedrigen Beweggrund sehen. Die strafrechtliche Bewertung eines Tötungsmotivs muss anhand der sozialethischen Grundanschauungen der Rechtsgemeinschaft in Deutschland erfolgen.[1332] Die Verwerflichkeit dieser Selbstjustiz nach deutschem Strafrecht ergibt sich zunächst aus dem Umstand, dass die deutsche Rechtsordnung ein unbedingtes Lebensrecht anerkennt, was sich in dem Verzicht auf die Todesstrafe (Art. 102 GG) widerspiegelt.[1333] Ein Täter, der sich die Entscheidungsmacht über das Lebensrecht einer anderen – in der Regel weiblichen – Person anmaßt, verstößt gegen die grundlegenden Werte der deutschen Rechtsordnung. Eine besonders verachtenswerte Bewertung des Ehrmotivs ergibt sich auch vor dem Hintergrund eines krassen Missverhältnisses der Tötung zum erlittenen „Unrecht" durch den Täter selbst, der das Leben eines anderen Menschen als geringwertiger erachtet als den Erhalt eines Wertes.[1334] In Fällen, in denen eine Frau aus Ehrengründen getötet wird, weil sie zum Opfer einer Gewalttat – etwa einer Vergewaltigung – geworden ist, kommt die höchste Missbilligkeit des Hand-

---

1330 Ähnlich differenzierend Nehm, FS Eser, 424 für die Blutrache.

1331 Vgl. zum Ganzen auch Baumeister, 144.

1332 So auch Cakir-Ceylan, 253; Erbil, 191; Pohlreich, 249; a.A. Baumeister, 144.

1333 Fabricius StV 1996, 210.

1334 BGH NStZ 1994, 34, 35; BGH StV 2000, 76; LK-*Jähnke* § 211 Rn. 29; Valerius JZ 2008, 918; so auch Baumeister für den „Ehrenmord" im Sinne dieser Arbeit, den er als Typ E bezeichnet (vgl. Baumeister, 148).

lungsantriebs ganz besonders zum Ausdruck, da das Opfer in diesen Konstellationen nicht einmal selbst für den Ehrverlust verantwortlich ist.[1335]

Von mancher Seite wird vorgeschlagen, die grundsätzliche Bewertung des „Ehrenmordes" als niedrigen Beweggrund auf das in § 3 StGB geregelte Territorialitätsprinzip zu stützen. Dies erscheint jedoch nicht plausibel, da das Territorialitätsprinzip lediglich besagt, dass sich die Strafhoheit des deutschen Rechts auf solche Taten erstreckt, die im Inland begangen worden sind. Die Berücksichtigung abweichender Anschauungen im Hinblick auf das individuelle Tatmotiv würde der Anwendung deutschen Rechts aber nicht im Wege stehen oder ihre Geltung durch Auslegung relativieren.[1336]

Die Befürwortung der Berücksichtigung kulturell abweichender Vorstellungen auf objektiver Ebene ist im Allgemeinen wenig überzeugend. Begründet wird dieser Standpunkt zwar damit, dass die Feststellung der mordtypischen Niedrigkeit des Tatmotivs anhand einer Gesamtwürdigung sämtlicher Umstände des Einzelfalls unter Einschluss der individuellen Bedingungen der Tat und der Persönlichkeit des Täters zu erfolgen hat[1337], wozu auch der Kulturkreis des Täters gehört.[1338] Allerdings würde eine derartige Anerkennung im Rahmen der Bewertungsbasis niedriger Beweggründe ihr Vorliegen im Kontext abweichender Vorstellungen praktisch von vornherein ausschließen. Einen so gewichtigen Einfluss *„rückständig-menschenverachtender Tradition"* kann eine zivilisierte Rechtsordnung aber auch unter Berücksichtigung der sozialethischen Wertung innerhalb der Gesamtwürdigung nicht mehr gutheißen.[1339] Diese Form der Einlassung auf abweichende Normorientierungen würde neben der erschwerten Durchsetzung des Rechtes, auch seine Akzeptanz in Frage stellen.[1340]

Gegen diese „ausländerfreundliche" Auffassung spricht auch, dass sie deutschen Tätern, die sich in ähnlicher Weise an abweichenden Anschauungen orientieren, eine Besserstellung auf objektiver Ebene in der

---

1335 In dieselbe Richtung Nehm, FS Eser, 425.

1336 So auch Nehm, FS Eser, 422.

1337 Rengier NStZ 1982, 227; BGH NJW 1981, 932, 933.

1338 NK-*Neumann* § 211 Rn. 30.

1339 Küper JZ 2006, 619.

1340 Laubenthal/Baier GA 2000, 216.

Regel nicht zugestehen will.[1341] Dies hat zur Folge, dass eine Privilegierung ideologisch verblendeter Überzeugungstäter und Gewissenstäter in den meisten Fällen erst auf der Strafzumessungsebene zugelassen wird.[1342] Zwar ließe sich diese Ungleichbehandlung grundsätzlich gleicher Motivationen mit einer Differenzierung der Kulturkonflikte begründen und behaupten, bei kulturell abweichenden Moralvorstellungen gehe es um herkunftsbedingte Konflikte zwischen der deutschen und der ausländischen Kultur - also um einen Kulturkonflikt im engeren Sinne - während sich die deutschen Täter von ihrer ursprünglichen Sozialisation gelöst und neu orientiert hätten, was lediglich einen Konflikt zwischen Subkultur und Gesamtkultur darstelle.[1343] Diesem Ansatz, dem wegen der Unterscheidung zwischen herkunftsbedingten und nichtherkunftsbedingten Kulturkonflikten die unzutreffende Annahme zu Grunde liegt, ausländische Täter würden sich ausschließlich außerhalb und deutsche Täter innerhalb der hiesigen Werte- und Rechtsordnung sozialisieren, ist darüber hinaus entgegenzuhalten, dass die Verhaftung in fremdkulturelle Wertvorstellungen nicht nur auf Emigranten erster Generation reduziert werden kann, sondern auch bei ausländischen Personen zweiter und dritter Generation anzutreffen ist.[1344] Die Einbeziehung fremdkultureller Wertvorstellungen auf objektiver Ebene würde somit den Grundsatz der Gleichheit vor dem Gesetz beeinträchtigen,[1345] was letztendlich zu einem untragbaren *„Ausländerprivileg"* führen würde.[1346]

Gerade auch weil sich die Bundesrepublik Deutschland zu einem Einwanderungsland entwickelt hat, ist es insbesondere im Lichte der Integration von erheblicher Relevanz, die Einheitlichkeit und Allgemeingültigkeit der Rechtsordnung zu demonstrieren. Hierdurch werden Diskriminierungen nicht nur im Verhältnis zur deutschen Seite gebremst, sondern es wird auch vermieden, durch die Nachsichtigkeit gegenüber einzelnen Tätern einer gesamten Volksgruppe grundsätzlich einen tieferen moralischen Standard zu unterstellen.[1347] Nicht zuletzt aus diesem Grund darf die Verwerflichkeit eines Motivs in objek-

---

1341 Nehm, FS Eser, 427.

1342 Lackner/Kühl § 46 Rn. 33.

1343 Saliger StV 2003, 24.

1344 Nehm, FS Eser, 428.

1345 Schulz NJW 2005, 554; LK-*Jähnke* § 211 Rn. 37.

1346 Altvater NStZ 1998, 344; MüKo-StGB-*Schneider* § 211 Rn. 94.

1347 Vgl. auch bei Nehm, FS Eser, 428 Fn. 32.

tiver Hinsicht keinesfalls unterschiedlich bewertet werden. Nur so kann der Intoleranz gegenüber fremden Mitbürgern entgegengewirkt werden. Dem Ansatz der Rechtsprechung ist aber insoweit zuzustimmen, als dass auf der subjektiven Seite nicht darauf abgestellt werden kann, ob der Täter seine Handlung selbst als verwerflich erachtet. Denn wenn als maßgeblicher Maßstab auf die allgemeingültigen Vorstellungen der deutschen Rechtsgemeinschaft abgestellt wird, so ist die folgerichtige Konsequenz, dass auch nur dieser die Bewertung des Motivs zukommt. Andernfalls würde es zu einer unerwünschten Privilegierung solcher Täter kommen, die aus Selbstgerechtigkeit die Niedrigkeit ihres Motivs erst gar nicht in Erwägung ziehen und von einer quasi zweifelslosen Legitimität ihrer Handlung ausgehen.[1348]

6.2.2.5.3 Zur Behandlung fremdkultureller Wertvorstellungen auf subjektiver Ebene

Ist nun gewiss, dass bei der Bewertung des Motivs eines „Ehrenmordes" objektiv auf deutsche Wertvorstellungen abzustellen ist und fremde Traditionen und Werte auf dieser Ebene unberücksichtigt bleiben müssen, steht nach wie vor eine Auseinandersetzung mit der Frage aus, ob die soziokulturellen Beweggründe an anderer Stelle relevant werden können. Wie eingangs bemerkt, wird dies von Rechtsprechung und Literatur heute weitgehend anerkannt. Zu Recht. Allerdings geht der Weg, den der BGH hier einschlägt, am Kern der Sache vorbei. Denn wenn der BGH auf die subjektive Ebene abstellt, meint er damit neben der bewusstseinsmäßigen Erfassung der Motive auch das „Beherrschungs- und Steuerungsvermögen" des Täters. Dogmatisch-systematisch besteht jedoch kein Zweifel daran, dass es sich bei diesem aus dem Schuldprinzip abgeleiteten Erfordernis nicht um mordmerkmalsspezifische Aspekte, sondern um eine Frage der Schuld - und hier um eine der Schuldfähigkeit des Täters im Sinne von §§ 20, 21 StGB - handelt. Dies würde aber bedeuten, die kulturelle Prägung des Täters als einen Defekt zu klassifizieren. Anders formuliert würde ein „Ehrenmörder" allein wegen seiner kulturellen Identität als „therapiebedürftig" erklärt werden. Eine solche Herabsetzung und Ausgrenzung einer anderen Kultur ist strafrechtstheoretisch und kriminalpolitisch höchst bedenklich. Sie würde ihre Angehörigen zusammenschweißen und der Integration in das hiesige Normensystem umso mehr im Wege

---

1348 Valerius JZ 2008, 917.

stehen.[1349] Der BGH, der sich der Problematik offensichtlich bewusst ist, versucht die genannten Einwände mit einem rechtlichen Kunstgriff auf subjektiver Ebene taktisch zu umgehen.[1350]

Wegen der beschriebenen Bedenken ist es vorzugswürdiger, einen anderen Lösungsweg zu wählen. Vor dem Hintergrund, dass die innere Bindung an eine abweichende Kultur die Individualethik betrifft, ist die Ebene der Schuld grundsätzlich ein richtiger Ansatzpunkt, um fremde Wertvorstellungen in Rechnung zu stellen.[1351] Dies ermöglicht es, sich von der allgemein sozialethischen Beurteilung des Motivs zu trennen und die individuelle Vorwerfbarkeit der Tat in den Vordergrund zu rücken.[1352] Allerdings kann dieser Gesichtspunkt nicht im Rahmen der Normen der Schuldfähigkeit des Täters nach §§ 20, 21 StGB abgehandelt werden. Vielmehr ist der Frage nachzugehen, ob die Verhaftung in eine fremde Kultur mit dem Rechtsgedanken des Unrechtsbewusstseins des Täters aus § 17 StGB gelöst werden kann.[1353]

Da eine Berücksichtigung auf individueller Ebene eben nur dann in Betracht kommen soll, wenn der Täter von seinen ausländischen Anschauungen durchdrungen und er herkunftsbedingt-schicksalhaft in ihnen verhaftet ist,[1354] sind die heimatlichen Anschauungen bei der Frage nach der Verbotsunkenntnis vor allem in solchen Fällen einzubeziehen, wo die abweichenden Vorstellungen im Heimatland nicht nur auf gesellschaftliche Akzeptanz stoßen, sondern auch in der heimatlichen Rechtsordnung großzügig bewertet werden. Denn nur wenn beide Faktoren nebeneinander vorliegen, kann die Vorstellung einer Besserstellung im Täter erweckt werden, da ihm allein in diesen Fällen die Fähigkeit zur korrekten Bewertung seiner Tat fehlen kann, die durch das Heimatland nicht vermittelt wurde.[1355] Dass „Ehrenmorde" in der Türkei eine gesellschaftliche Legitimation erfahren, liegt auf der

---

1349 Zum Ganzen Fabricius StV 1996, 211.

1350 Vgl. Erbil, 195.

1351 Schulz NJW 2005, 554.

1352 Nehm, FS Eser, 427.

1353 Ebenfalls Grünewald NStZ 2010, 1 ff.; Cakir-Ceylan, 256 f.; Erbil, 194 ff.; ähnlich auch Pohlreich, 276 ff; im Grundsatz auch Saliger StV 2003, 25.

1354 Vgl. BGH NJW 1995, 602, 603; BGH GA 1967, 244; NK-Neumann § 211 Rn. 30.

1355 So LK-*Jähnke* § 211 Rn. 37. Für den Versuch des BGH, die subjektive Haltung des Täters zum „Ehrenmord" zu ergründen siehe BGH NStZ-RR 2007, 86, 87.

Hand und wurde bereits umfassend beleuchtet. Wie der Einblick in die türkische Rechtslage gezeigt hat, hat das türkische StGB die Bereinigung der Ehre um den Preis des Todes lange Zeit privilegierend behandelt. Diese Haltung wurde von der Rechtsprechung unterstützt, die sich durch einen nachlässigen Umgang mit ehrbedingten Tötungen auszeichnete.[1356]

Allerdings erfuhr das türkische StGB in den letzten Jahren zahlreiche Veränderungen; ein Entwicklungsprozess, der lange andauerte, aber klare Zeichen setzte. Mit dem strafrechtlichen Bedeutungsverlust der Ehre konnte der Gesetzgeber eindringlich seine Entschiedenheit und Konstanz beweisen. Dass die Rechtsprechung wegen der hohen Anforderungen die sie an die Bejahung eines traditionellen „Ehrenmordes" stellt, den Anwendungsbereich von Art. 82 k) tStGB ausdünnt, vermag hieran nichts zu ändern. Diese Vorgehensweise war vielmehr zwingend notwendig, um die eigentliche Zielsetzung des Gesetzgebers, auf ein traditionsbedingtes Phänomen reagieren zu wollen, zu realisieren.[1357]

Seitdem der Gesetzgeber den Stellenwert der Ehre zurückgedrängt und sich für eine verschärfte Ahndung ehrbedingter Tötungen entschieden hat, hat er also eine eindeutig ablehnende Position bezogen, die sich mit der hiesigen strafrechtlichen Bewertung des „Ehrenmordes" vergleichen lässt. Fallen aber kulturelle und strafrechtliche Bewertung eines Motivs auseinander, kann die Prägekraft der heimatlichen Wertvorstellungen nicht so stark sein, wie wenn beide in dieselbe Richtung verlaufen würden.[1358] Hierdurch wird einem türkischstämmigen Täter die Möglichkeit abgeschnitten, sich ohne weiteres auf seine fremdkulturelle Prägung berufen zu können, weil ihm in seiner Heimat eine grundlegend andere rechtliche Bewertung des „Ehrmotivs" vermittelt worden sei. Dieser Aspekt sollte bei der Frage nach dem Vorstellungsbild des Täters unbedingt Berücksichtigung finden und spiegelt letztendlich den Standpunkt des BGH wider, der das „Motivationsbeherrschungspotential" eines Täters bejahte, weil dieser wegen einer kulturell bedingten Tat bereits zu einem früheren Zeitpunkt mit der ablehnenden Haltung der deutschen Strafrechtsordnung in Berührung gekommen war.[1359] Zuletzt ist jedoch hervorzuheben, dass durch

---

1356 Kudlich/Tepe GA 2008, 97 m.w.N.

1357 Umfassend bereits im 5. Teil unter 5.2.1.

1358 So auch Kudlich/Tepe GA 2008, 101.

1359 BGH NStZ 2002, 369, 370.

den Rückgriff auf das Heimatstrafrecht keine abschließende Beurteilung des Unrechtsbewusstseins des Täters vorgenommen werden kann. Vielmehr sollte der heimatlichen Strafrechtsordnung lediglich Indizwirkung zukommen. Dies sollte vor allem für solche Täter gelten, deren einheimische Gesetze sich erst im Anschluss an ihre Zuwanderung nach Deutschland verändert haben.[1360]

Hält man trotz der bisherigen Überlegungen fehlendes Unrechtsbewusstsein für möglich, etwa weil die gesetzlichen Änderungen noch keine lange Gültigkeit besitzen, so stellt sich die Frage nach der „Vermeidbarkeit". Welch hohe Anforderungen an die Unvermeidbarkeit grundsätzlich geknüpft werden, ist bereits angesprochen worden. Im Kontext der „Ehrenmorde" sollten zur Beantwortung dieser Frage neben herkömmlichen Erwägungen auch Überlegungen zum Sozialisationsprozess des Täters angestellt werden, sodass ausgehend von dem Rechtsgedanken des § 17 StGB über die allgemeinen Erkenntniskräfte hinaus auch Indizien wie die Dauer des Aufenthaltes, das Alter und die kognitive wie gesellschaftliche Integration des Täters Relevanz haben.[1361] Vor diesem Hintergrund ist bei einem türkischen Zuwanderer erster Generation, dessen Sozialisation vorwiegend im Heimatland stattgefunden hat, eher zu erwarten, dass er intensiv in die eigenen Wertvorstellungen verhaftet ist und mangels Integration keinerlei Anlass sieht, seine Vorstellungen beziehungsweise ihre Verbindlichkeit zu hinterfragen.[1362] Bei der zweiten und dritten Generation ist aber eine andere Betrachtungsweise angezeigt, was aus ihrer unweigerlichen Berührung mit der deutschen Gesellschaft und ihrem Wertesystem herrührt. So wachsen die jüngeren Jahrgänge überwiegend in Deutschland auf und bekommen in der Regel durch Kindergarten, Schule, Peer-Gruppe oder auch Medien genügend Impulse gesetzt, um ihre abweichenden kulturellen Anschauungen zu hinterleuchten und sie nicht als allgemein- und endgültig anzusehen. Findet eine Überprüfung gleichwohl nicht statt, so spiegelt dies keinen Irrtum, sondern

---

1360 So auch Pohlreich, 247 f., der hierbei auf türkische Täter, die erst nach dem Jahre 2003 (Abschaffung der Strafmilderung für „Ehrenmorde" aus Art. 29 tStGB und Einführung des Strafschärfungsgrundes i.S.v. Art. 82 k) tStGB erfolgten erst im Jahre 2005) nach Deutschland zugewandert sind, abstellt.

1361 Fischer § 17 Rn. 8 m.w.N.; ähnlich Heine, G., 275; im Grundsatz auch Saliger StV 2003, 25.

1362 So auch Küper JZ 2006, 611; Saliger StV 2003, 25 m.w.N.

eher die fehlende Internalisierung des deutschen Rechts durch den Täter wider.[1363]

6.2.2.5.4 Zum Problem der Motivbündel

Wie bereits mehrfach erörtert wurde, ist der gesellschaftliche und familiäre Druck als Resultat des komplexen Ehrgefühls selbst zu verstehen. Dies ergibt sich zum einen daraus, dass Besitz, Wahrung und Verteidigung der Ehre nicht ohne den Bezug zum sozialen Umfeld funktionieren können. So lebt die Ehre gerade von ihrer Demonstration in der und der Wahrnehmung durch die Gesellschaft. Das heißt, der Ehrenkodex muss stets in Abhängigkeit zur Öffentlichkeit betrachtet werden, der die alleinige Legitimation zukommt, einer Person oder einer Gruppe den Status von Ehrenhaftigkeit beziehungsweise Ehrlosigkeit zuzuschreiben. Es herrscht in der Regel eine erhebliche soziale Kontrolle über die Einhaltung der Ehrenregeln, wodurch die Familien unter massiven Druck geraten, da sie stets dazu angehalten sind, nach Außen hin ein gutes Bild abzugeben. Zum anderen ist der traditionelle Ehrbegriff als ein kollektives Familiengefühl zu beschreiben, welches alle Angehörigen gleichermaßen berührt. Um von der Familienehre partizipieren zu können, muss jedes Mitglied seinen Beitrag zu ihrer Wahrung leisten, was von der Familie strengstens überwacht und notfalls mit erheblichem Druck durchgesetzt wird. Die Kumulation der Verpflichtung gegenüber Familie und Gesellschaft macht das Wesen des traditionellen Ehrgefühls somit aus.[1364] Dies gilt für das Ehrverständnis in der Türkei wie auch innerhalb traditionell türkischer Migrantenfamilien.

Da diese Faktoren in einer Wechselwirkung zueinander stehen, ist eher zweifelhaft, ob eine Differenzierung der Motive im Sinne eines Motivbündels hier überhaupt möglich ist. Außerdem machen die Ausführungen deutlich, dass der auf dem Täter lastende soziale Zwang nicht als Einzelfall, sondern als Regelfall zu betrachten ist und das Betreiben des „Ehrenmordes" gerade diesem druckbelasteten Wertesystem entspringt. Liegen diese Merkmale nicht vor, handelt es sich nicht mehr

---

1363 LK-*Vogel* § 17 StGB Rn. 101; ähnlich auch Kudlich/Tepe GA 2008, 102, die auf eine Normbefolgungsverweigerung des Täters abstellen; zur Situation von Kindern und Jugendlichen in Deutschland siehe bereits ausführlich im 4. Teil unter 4.2.5.; in die gleiche Richtung auch Saliger StV 2003, 25.

1364 Umfassend zum Ehrbegriff in der traditionell türkischen Kultur siehe im 2. Teil.

um einen „Ehrenmord“ im klassischen Sinn, sondern um eine ihm ähnliche Tat. Somit würde das generelle Abstellen auf die Zwangslage des Täters in der Konsequenz die Rückkehr zu einer objektiven Lösung bedeuten und die einhellige Meinung in Rechtsprechung und Literatur absolut ins Leere laufen lassen. Diese Form der Tatbestandseinschränkung ist aber wegen der bereits dargebrachten Argumente nicht tragbar.[1365]

Um nicht jede Drucksituation genügen zu lassen, wird daher vorgeschlagen, die Zwangslage des Täters für solche Fälle in Ansatz zu bringen, in denen dem Täter bei der Nichtausführung der Tat ähnliche Pressionen wie dem eigentlichen Opfer drohen - wie etwa erhebliche soziale Ächtung und Ausgrenzung durch die Community,[1366] sowie die Ankündigung körperlicher Übergriffe oder die Tötung[1367] -, wodurch er praktisch selbst zum Opfer seines eigenen Wertesystems wird. Da die traditionelle Auffassung für die Verweigerung der Tat aber oftmals gerade diese oder vergleichbar schwere Folgen vorsieht, würde die Anerkennung dieser Konstellation zur Relativierung des bisher Gesagten führen. Ein Zirkelschluss, der die Durchsetzung der herrschenden Meinung ebenfalls unmöglich machen würde.[1368]

Etwas anderes könnte dagegen gelten, wenn der Täter widerwillig und ausschließlich deshalb handelt, weil er in seiner Ausweglosigkeit keine andere Wahl sieht, als sich den Anforderungen seines Wertesystems zu beugen. In diesem Fall könnte die Zwangslage den Ausschlag für die Tat geben und es wäre tatsächlich fraglich, ob noch von *„auf tiefster Stufe stehend“* gesprochen werden kann.[1369] Die Lösung dieses Problems beruht aber nicht unbedingt nur auf dem Instrument des Motivbündels. Sie ist auch das Ergebnis des streng täterbezogenen Charakters der niedrigen Beweggründe, deren Merkmale sich im Täter selbst verwirklicht haben müssen. So liegt bei einem Täter, der die Tat widerwillig und allein aus einer Zwangssituation heraus begeht, die Vermutung

---

1365 Ebenso Rumpf im Hinblick auf die Blutrache mit dem Verweis darauf, dass der türkische Kassationshof mit denselben Erwägungen den Motivdruck ablehnt (vgl. Rumpf 1999/2003, 12 Fn. 25).

1366 So Baumeister, 145 ff., der diesen Umstand insbesondere im Ausland zutreffend als eine sehr harte und bitter empfundene Folge beschreibt.

1367 Vgl. BGH NStZ 2002, 369, 370.

1368 So aber Baumeister für die Blutrache, 144 ff.

1369 Im Ansatz identisch, aber abweichend im Ergebnis siehe Valerius JZ 2008, 916.

nahe, dass er die Wertvorstellungen seiner Familie ablehnt und in eigener Person daher gar nicht oder nicht wesentlich von dem Ehrmotiv angetrieben wird. Der Einwand, dem Täter komme wegen des sozialen Zwangs generell keine Entscheidungsmacht über das „Ob" der Tatbegehung zu, vermag hieran nichts zu ändern, er bekräftigt das bisher Gesagte nur. Gerade weil der Täter zum „Ehrenrächer" durch die Familie bestimmt wird, muss hier strafrechtlich genauestens differenziert werden. Begeht er die Tat allein wegen des ihm auferlegten Drucks oder will er die Erwartungshaltung der Familie nicht enttäuschen, weshalb er die Einstellung der Familie akzeptiert und sich diese zu eigen macht hat, auch wenn er seine Angehörige ungern tötet?[1370] Im ersten Fall wäre eine Bestrafung wegen Totschlags denkbar, im zweiten Fall kann die Drucksituation dagegen nicht als maßgeblich erachtet werden, da der Täter hier aller Wahrscheinlichkeit nach die Ehrvorstellungen seiner Familie vorbehaltlos teilt und sie nicht hinterfragt.

6.2.2.5.5 Zur Strafbarkeit der Beteiligung

Im Rahmen der Strafbarkeit der Beteiligung an einem „Ehrenmord" haben vor allem zwei Fragen besondere Relevanz: 1. Wer war an der Tat im strafrechtlichen Sinn beteiligt? 2. Welche Tatmotivation weisen die einzelnen Tatbeteiligten auf? Es bedarf einer sorgfältigen Überprüfung dieser Fragen, die sich an den herkömmlichen strafrechtlichen Normen zu orientieren hat. Die Beteiligung an einem „Ehrenmord" strafrechtlich nicht als Sonderfall zu behandeln, stellt jedoch eine große Herausforderung für die deutschen Gerichte dar, was sich aus der Eigenschaft des Deliktes als „Familiensache" ergibt. So neigt man viel zu schnell dazu, voreilige Schlüsse im Hinblick auf die Tatbeteiligung etwaiger Familienmitglieder sowie ihrer Tatmotivationen zu ziehen. Höchste Vorsicht ist aber gerade bei dem Vorliegen niedriger Beweggründe geboten, da diese wegen ihrer Täterbezogenheit für jeden Beteiligten gesondert untersucht und entsprechend festgestellt werden müssen. Die Behauptung, das Strafrecht laufe im Hinblick auf die Beteiligung an einem „Ehrenmord" wegen erheblicher Beweisschwierigkeiten oftmals ins Leere, kann gewiss nicht von der Hand gewiesen werden. Allerdings darf wegen praktischer Probleme nicht von der Unschuldsvermutung abgesehen werden, die eine Strafbarkeit nur bei eindeutiger Beweislage zulässt. Vermutungen bezüglich der Tatbeteili-

---

1370 Vgl. ebenso Pohlreich, 213 f. m.w.N.; ähnlich auch Valerius JZ 2008, 916 f. m.w.N.

gung sowie der Motivationen können auch bei fremdkulturell bedingten Taten für eine Verurteilung - so nahe liegend sie auch sein mögen - nicht genügen.[1371] Der Konflikt kann ebenso wenig durch *„innovative Zurechnungsoperationen"* der Tatmotivation von dem Teilnehmer auf den Haupttäter angegangen werden, da sie ebenfalls auf eine unzulässige Umgehung strafrechtlicher Prinzipien hinauslaufen. Auch wenn die Verärgerung der deutschen Strafgerichte darüber, die Tatbeteiligten im Kontext der „Ehrenmorde" nicht ausreichend zur Verantwortung ziehen zu können, durchaus nachvollziehbar ist, ist es nicht haltbar, diese mit methodisch fehlerhaften Maßnahmen auszugleichen.[1372]

1371 Dietz NJW 2006, 1387.

1372 Momsen NStZ 2003, 240.

7 Recht und Schutz für potentielle „Ehrenmordopfer“ in Deutschland

Nachdem die strafrechtliche Behandlung des „Ehrenmordes“ aus türkischer und deutscher Sicht ausführlich beleuchtet wurde, werden im letzten Teil der Arbeit juristische Schutzmaßnahmen und Hilfestellungen auf Opferseite thematisiert.[1373]

Da es sich bei dem „Ehrenmord“ um ein Tötungsdelikt handelt, können sich die nachfolgenden Ausführungen nur auf potentielle Opfer beziehen, die aufgrund konkreter Anhaltspunkte einer akuten Bedrohungssituation ausgesetzt sind.

Zur Beantwortung der Frage, wie sich die juristisch-präventiven Möglichkeiten im Einzelnen gestalten, muss zunächst geklärt werden, woraus sich der besondere Schutz- und Hilfsbedarf potentieller „Ehrenmordopfer“ ergibt. Hierzu ist nochmals ein kurzer Blick auf die Besonderheiten dieser Gewaltform zu werfen. Wie die Darstellungen bereits gezeigt haben, werden die Betroffenen in aller Regel von einzelnen Angehörigen oder der gesamten Familie bedroht. Es handelt sich also häufig um eine kollektive „Familienangelegenheit“, bei der ein großer potentieller Täterkreis existiert. In vielen Fällen besteht eine lebenslange Gefahr, da eine Ehrverletzung nicht von selbst heilt und die Verwandtschaft gewöhnlich so lange kämpft, bis sie die Betroffene endlich getötet hat.[1374] Das heißt, potentielle „Ehrenmordopfer“ müssen in einer akuten Bedrohungssituation primär umfassend vor ihren Familien geschützt werden. Zudem muss sichergestellt sein, dass sie langfristig vor der eigenen Familie „untertauchen“ können.[1375] Dies gilt vor allem

1373 Da männliche Opfer von „Ehrenmorden“ in Deutschland zumeist als „Begleiterscheinung“ neben der Tötung weiblicher Familienmitglieder erscheinen, konzentrieren sich die folgenden Darstellungen auf die Hilfe für Frauen und Mädchen. Allgemeine rechtliche Erläuterungen und Analysen werden in der Regel aber geschlechtsneutral formuliert.

1374 Siehe bereits im 1. Teil unter 1.2.5.

1375 Schreiber, 6; so auch Terre des Femmes/Böhmeke 2005, 31, wo von einer Frau berichtet wird, die schon seit Jahren auf der Flucht ist und immer wieder von ihrer Familie verfolgt und gefunden wurde. Sie habe sogar angefragt, ob Terre des Femmes ihr eine Gesichtsoperation finanzieren könne, da diese ihre letzte Chance sei, um der Bedrohung durch die Familie zu entkommen.

für die Situation in Deutschland, wo die Familie der Betroffenen besonders gewaltbereit auf ihre Flucht reagieren kann, da sie hierdurch die völlige Kontrolle über das Mädchen oder die Frau verliert und deshalb davon ausgeht, dass die als ehrlos eingeschätzten westlichen Einflüsse sie nun endgültig „verderben" werden.[1376]

Vor diesem Hintergrund soll sich die Suche nach rechtlichen Schutzmaßnahmen und Hilfestellungen an zwei Punkten orientieren: Zum einen ist danach zu fragen, wie gewährleistet werden kann, dass potentielle Opfer vor ihren Familien fliehen und ein Leben in Sicherheit führen können (Hilfe zum Schutz). Auf der anderen Seite interessiert der Aspekt, welche Mittel es für Betroffene gibt, um zur beweiskräftigen Strafverfolgung beizutragen.

Da das deutsche Recht keine Regelungen kennt, die explizit auf die Situation potentieller „Ehrenmordopfer" abstellen, können nur bereits existierende Normen abstrakt vorgestellt und anschließend auf ihre Anwendbarkeit analysiert werden. Hierbei gilt es zu erörtern, ob und gegebenenfalls warum sie im Kontext der „Ehrenmorde" als geeignete und wirksame Instrumente eingeordnet werden können. Bei Bestimmungen, die in diesem Zusammenhang kaum oder keine Praxisrelevanz haben, ist zu erklären, worauf dies zurückzuführen ist. Die Grundlage der Untersuchung werden ausgewählte Vorschriften aus dem Kinder- und Jugendschutzgesetz (KJHG), dem Gewaltschutzgesetz (GewSchG) und dem Zeugenschutz-Harmonisierungsgesetz (ZSHG) bilden.

Die hierbei zu erzielenden Ergebnisse sind aber nicht als allgemeinverbindliche Aussagen zu betrachten. Vielmehr ist stets auf den Einzelfall abzustellen. Sinn und Zweck der folgenden Darstellung ist daher, darauf hinzuweisen, welche typischen Gefahren im Kontext der „Ehrenmorde" bei dem Einsatz von Schutz- und Hilfsmaßnahmen auftreten können und daher Beachtung finden sollten.

7.1 Das Kinder- und Jugendhilferecht (KJHG)

Im Rahmen der rechtlichen Opferschutzmaßnahmen ist zunächst an die Instrumente des Kinder- und Jugendhilferechts zu denken. Diese haben im Allgemeinen zum Gegenstand, Eltern bei ihren Erziehungs-

---

1376 Zur Angst der Familien vor der deutschen Umwelt siehe bereits im 4. Teil unter 4.2.5.1 und 4.2.5.2.

aufgaben zu unterstützen und/oder jungen Menschen die Eingliederung in die Gesellschaft zu erleichtern.[1377] So besteht die Zielsetzung des KJHG primär darin, bei Krisen zwischen Eltern und Kindern zu intervenieren, indem es den erzieherischen Notständen begegnet und die notwendigen Einrichtungen und Dienste bereitstellt.[1378] Darüber hinaus sieht das KJHG eine individuelle pädagogische Hilfe zur Persönlichkeitsentwicklung und Verselbstständigung junger Volljähriger vor. Hierdurch will das Gesetz der Individualität und Komplexität der Persönlichkeitsentwicklung junger Menschen gerecht werden, die nicht mit der abstrakt juristisch bestimmten Volljährigkeit gleichgesetzt werden kann.[1379] Im Kontext der „Ehrenmorde" können die Normen des KJHG insbesondere dann herangezogen werden, wenn es darum geht, junge Menschen aus ihren Familien zu nehmen und sie in einer sicheren Einrichtung unterzubringen.

7.1.1 Die Inobhutnahme von Kindern und Jugendlichen gemäß § 42 KJHG

7.1.1.1 Vorüberlegungen

Mit Eintritt der Pubertät stellen junge Mädchen eine potentielle Gefahr für die (Familien-)Ehre dar. Daher können sie bereits im Kindes- oder Jugendalter dem „Ehrenmord" zum Opfer fallen.[1380] Besteht eine akute Bedrohungssituation, benötigen sie in erster Linie eine gesicherte Unterkunft sowie einen dauerhaften Schutz vor ihren Familien. Die wichtigste Rechtsgrundlage für eine erste sichere Unterkunft von Kindern und Jugendlichen bildet § 42 KJHG. Mit der Inobhutnahme erhält das Jugendamt die Berechtigung, über den Aufenthalt des Kindes oder des Jugendlichen zu bestimmen. Ferner übernimmt es die für den Zeitraum der Inobhutnahme erforderlichen Erziehungsmaßnahmen. Diese, aus Sicht der jungen Menschen als Leistung bewerteten Befugnisse, stellen für ihre (sorgeberechtigten) Eltern aber einen massiven Eingriff in ihre Rechtspositionen dar. Da die Maßnahmen nach dem KJHG jedoch mit der in Art. 6 Abs. 2 GG verfassungsrechtlich garantierten Elternverantwortung im Einklang stehen müssen, sind sie in weiten Tei-

---

1377 Schellhorn/Wienand-*Schellhorn* Einführung Rn. 13.

1378 Ebd.

1379 Wiesner § 41 Rn. 1.

1380 Hierzu siehe bereits im 1. Teil unter 1.2.3.

len als Unterstützung und Stärkung der elterlichen Erziehungsverantwortung zu verstehen.[1381]

7.1.1.2 Abstrakt-genereller Regelungsgegenstand

7.1.1.2.1 Vorläufige Krisenintervention zum Schutz von Kindern und Jugendlichen

In § 42 KJHG sind die Voraussetzungen der Inobhutnahme normiert. Die Regelung steht für die Möglichkeit, bei Krisen zwischen jungen Menschen und ihren Eltern zu intervenieren, indem Kinder und Jugendliche zu ihrem Schutz durch das Jugendamt in Obhut genommen und für diese Zeit intensiv pädagogisch betreut werden. Die Unterbringung gemäß § 42 KJHG ist aber nur eine vorläufige Maßnahme, die bei Gefahr in Verzug heranzuziehen ist. Da der Schutz somit nur vorübergehender Natur ist, muss gegebenenfalls nach weiteren Möglichkeiten zur Hilfestellung gesucht werden.[1382]

7.1.1.2.2 Persönlicher Anwendungsbereich

§ 42 Abs. 1 KJHG bestimmt die Anwendbarkeit der Norm für Kinder und Jugendliche. Wie das Gesetz die Begriffe Kinder und Jugendliche füllt, ergibt sich aus § 7 Abs. 1 KJHG. Danach sind Kinder Personen, die noch nicht 14 Jahre alt sind (§ 7 Abs. 1 Nr. 1 KJHG). Jugendlicher ist, wer 14, aber noch nicht 18 Jahre alt ist (§ 7 Abs. 1 Nr. 2 KJHG).

7.1.1.2.3 Sachlicher Anwendungsbereich

Was unter einer Inobhutnahme zu verstehen ist, ist in § 42 Abs. 1 S. 2 KJHG definiert. Hiernach handelt es sich bei dieser Maßnahme um eine vorläufige Unterbringung des Kindes oder Jugendlichen bei einer „geeigneten Person", „in einer Einrichtung" oder „in einer sonstigen betreuten Wohnform". Trotz des vorübergehenden Charakters ist nur dann von einer Unterbringung im Sinne von § 42 KJHG zu sprechen, wenn sich der ständige Aufenthalt des Kindes oder des Jugendlichen nicht mehr im Elternhaus befindet.[1383] Da die Inobhutnahme als eine

---

[1381] Schellhorn/Wienand-*Schellhorn* Einführung Rn. 9.

[1382] Zum Ganzen Schellhorn/Fischer/Mann-*Mann* § 42 Rn. 12.

[1383] MüKo-BGB-*Huber* § 1631 Rn. 2.

sozialpädagogische Krisenintervention fungiert, sind nur solche Einrichtungen in Erwägung zu ziehen, die fachlich kompetent und gut ausgestattet sind.[1384] Die Entscheidung, welche Art von Unterbringung in Betracht kommt, ist eine Einzelfallfrage und hat sich an den Bedürfnissen des Kindes/Jugendlichen zu orientieren. Unter geeigneten Personen ist neben Bereitschaftspflegestellen auch die Unterbringung bei Privatpersonen wie etwa einer Gastfamilie, bei Verwandten oder Nachbarn zu verstehen. Beispiele für geeignete Einrichtungen sind in erster Linie die Kinder- und Jugendschutzstellen, Mädchenhäuser und alle Einrichtungen, in denen Erziehungshilfen durchgeführt werden. Als sonstige Wohnform werden schließlich solche Orte erachtet, die einen betreuenden Schutz für die Kinder und Jugendlichen gewähren.[1385]

7.1.1.2.4 Anlässe der Inobhutnahme

§ 42 Abs. 1 KJHG unterscheidet zwischen der Inobhutnahme von sog. Selbstmeldern (§ 42 Abs. 1 Nr. 1 KJHG) und der Unterbringung bei einer Gefahr für das Wohl des Kindes oder des Jugendlichen (§ 42 Abs. 1 Nr. 2 KJHG).

Ein Fall des Selbstmelders ist dann gegeben, wenn das Kind oder der Jugendliche selbst den Wunsch nach Obhut äußert. Obwohl es sich nicht eindeutig aus dem Gesetzeswortlaut entnehmen lässt, ist anerkannt, dass es sich hierbei um einen Rechtsanspruch des Kindes/Jugendlichen handelt.[1386] Das heißt, dem Jugendamt wird im Hinblick auf die Aufnahme kein Ermessensspielraum eingeräumt und es ist in jedem Fall dazu verpflichtet, dem Jugendlichen Obhut zu gewähren, wenn er um Inobhutnahme bittet und das subjektive Schutzbedürfnis deutlich wird.[1387] Das subjektive Schutzbedürfnis ist dann erkennbar, wenn der Jugendliche die Bitte ernsthaft und aufgrund einer Konfliktsituation äußert. Durch die weiteren Einzelregelungen der Norm wird gewährleistet, dass die Rechte der Eltern und der sonstigen Personensorge- und Erziehungsberechtigten weiterhin gewahrt bleiben.[1388]

1384 Wiesner § 42 Rn. 23.

1385 FK-SBG VIII-*Münder u.a.* § 42 Rn. 21 ff.

1386 Krug/Grüner/Dalichau-*Krug* § 42, 18 m.w.N.

1387 OLG Hamm ZfJ 1997, 433 f.

1388 Jung-*Jung* § 42 Rn. 4.

Bei einer Inobhutnahme wegen einer dringenden Gefahr für das Wohl des Kindes oder des Jugendlichen handelt es sich um ein Tätigwerden des Jugendamtes von Amts wegen[1389] oder um eine Zuführung des Betroffenen durch Dritte (Polizei, Lehrer, Verwandte, Nachbarn).[1390] Den Maßstab für die Art der Gefahr – die dem Wohl des jungen Menschen im Sinne von § 42 Abs. 1 Nr. 2 KJHG drohen muss – bildet § 1666 BGB.[1391] Hier ist geregelt, dass Maßnahmen zur Gefahrabwendung zu treffen sind, wenn das körperliche, geistige oder seelische Wohl des Kindes/Jugendlichen gefährdet ist und die Eltern nicht gewillt oder nicht in der Lage sind, die Gefahr abzuwenden (§ 1666 Abs. 1 BGB). Die Inobhutnahme gemäß § 42 I Nr. 2 KJHG stellt eine geeignete Maßnahme im Sinne dieser Vorschrift dar. Obwohl die Befugnis des Jugendamtes zur Wegnahme des Kindes/Jugendlichen von einer Person nicht in dieser Vorschrift geregelt ist, wird sie hier im Hinblick auf einen effektiven Kindesschutz in Betracht gezogen, wobei sie sich sowohl auf Außenstehende, als auch auf den Kreis der Personenberechtigten selbst beziehen soll.[1392] Mit der Berechtigung des Jugendamtes zur Wegnahme ist jedoch keine Befugnis zur Anwendung unmittelbaren Zwanges verbunden, die für die Wegnahme des Kindes/Jugendlichen etwa wegen einer Verweigerung der Eltern erforderlich wäre. Dies obliegt allein dem Polizeivollzugsdienst als „befugte Stelle" im Sinne von § 42 Abs. 6 KJHG.[1393]

7.1.1.2.5 Die Gelegenheit zur Benachrichtigung einer Person des Vertrauens

Gemäß § 42 Abs. 2 S. 2 KJHG hat das Jugendamt dem Kind/Jugendlichen unverzüglich – das heißt ohne schuldhaftes Zögern im Sinne von § 121 Abs. 1 S. 1 BGB – Gelegenheit zu geben, eine Person seines Vertrauens über die Inobhutnahme zu benachrichtigen. Das Jugendamt hat seine Pflicht erfüllt, sobald es den jungen Menschen auf diese Möglichkeit hingewiesen und ihm die Gelegenheit hierzu gegeben hat. Die Entscheidung darüber, ob das Angebot angenommen wird und wer eine geeignete Vertrauensperson darstellt, ist somit Sache des

---

1389 LPK-*Röchling* § 42 Rn. 29.

1390 Wiesner § 42 Rn. 19.

1391 FK-SGB VIII-*Münder u.a.* § 42 Rn. 14.

1392 BT-Drucks. 11/5948.

1393 Wiesner § 42 Rn. 25.

Kindes/Jugendlichen, dem es freisteht, sich etwa bei Verwandten, Nachbarn, Freunden oder einem Lehrer zu melden.[1394]

7.1.1.2.6 Pflicht zur Unterrichtung des Erziehungs- bzw. Personensorgeberechtigen und gemeinsamen Risikoabschätzung

Gemäß § 8 Abs. 3 KJHG können sich Kinder und Jugendliche auch ohne Kenntnis der Eltern über die Jugendhilfe beraten lassen, wenn dies aufgrund einer Not- und Konfliktlage erforderlich ist und solange mit der Mitteilung an den Personensorgeberechtigten der Beratungszweck vereitelt würde. Dieser Grundsatz findet wegen § 42 Abs. 3 S. 1 KJHG bei der Unterbringung eines jungen Menschen gem. § 42 Abs. 1 S. 1 Nr. 1, 2 KJHG allerdings keine Anwendung, da die Norm für diese Fälle die unverzügliche Unterrichtung des Personensorge- oder Erziehungsberechtigten fordert.[1395] Grundsätzlich muss sich der Umfang der Information an Art. 6 Abs. 2 GG - also an der vorrangigen Elternverantwortung für das Kind - orientieren. Das heißt, die Eltern müssen durch den Inhalt der Informationen in der Lage sein, ihr Personensorgerecht weiterhin auszuüben.[1396] Nach der Unterrichtung der Eltern muss eine gemeinsame Abschätzung des Gefährdungsrisikos erfolgen, was sich ebenfalls aus § 42 Abs. 3 S. 1 KJHG ergibt. Hierbei kann das Jugendamt versuchen, das Einverständnis der Berechtigten mit dem Verbleib ihres Kindes in der Schutzstelle einzuholen.[1397]

7.1.1.2.7 Widerspruch

Die Personen- oder Erziehungsberechtigten haben gemäß § 42 Abs. 3 S. 2 KJHG das Recht, der Inobhutnahme ihres Kindes zu widersprechen. In diesen Fällen muss das Jugendamt den Betroffenen entweder an die Eltern übergeben (Nr. 1) oder eine Entscheidung des Familiengerichtes herbeiführen (Nr. 2), wobei die Auswahl der Maßnahmen nicht im Ermessen der Behörde steht, sondern auf der Prüfung beruht, ob eine Kindeswohlgefährdung durch das elterliche Verhalten besteht. Kann das Jugendamt eine solche nicht (mehr) erkennen, ist § 42 Abs. 3 S. 2 Nr. 1 KJHG einschlägig, sodass das Kind an die Eltern übergeben wer-

---

1394 Zum Ganzen Krug/Grüner/Dalichau-*Krug* § 42, 22; ebenso Schellhorn/Fischer/Mann-*Mann* § 42 Rn. 18.

1395 FK-SGB VIII-*Münder u.a.* § 42 Rn. 24.

1396 Ebd.

1397 Ebd.

den muss. Gelangt das Jugendamt dagegen zu der Überzeugung, dass ein Gefährdungsrisiko besteht oder sich dieses fortsetzt, kann es die Fortdauer des Verbleibs des Kindes nur durch die Anrufung des Familiengerichtes erreichen.[1398] In diesem Fall hat das Familiengericht neben der Rechtmäßigkeit der Entscheidung des Jugendamtes auch darüber zu befinden, welche (weiteren) Maßnahmen zum Wohle des Kindes erforderlich sind.[1399]

7.1.1.2.8 Ende der Inobhutnahme

Die Inobhutnahme endet laut § 42 Abs. 4 KJHG mit der Übergabe des jungen Menschen an die Personensorge- oder Erziehungsberechtigten (Nr. 1) oder mit der Entscheidung über die Gewährung von Hilfen nach dem Sozialgesetzbuch (Nr. 2). Eine Beendigung der Maßnahme allein durch das Kind/den Jugendlichen beziehungsweise durch die Eltern ist dagegen nicht möglich.[1400]

7.1.1.2.9 Zuständigkeit und Kostentragung

Die Durchführung stationärer Maßnahmen ist im Allgemeinen mit sehr hohen Kosten verbunden. So normiert § 42 Abs. 2 S. 3 KJHG die Pflicht des Jugendamtes, während der Zeit der Inobhutnahme für das Wohl des Kindes beziehungsweise des Jugendlichen zu sorgen und dabei den notwendigen Unterhalt sowie die Krankenhilfe sicherzustellen. Hiermit sind neben den Kosten der Unterbringung, der Betreuung und der Unterstützung auch Ausgaben für das Taschen- und Kleidergeld der jungen Menschen gemeint.[1401] Welcher Träger für die Kosten letztendlich aufkommen muss, ergibt sich aus der örtlichen Zuständigkeit der Jugendämter. Diese ist grundsätzlich in § 86 KJHG geregelt und knüpft für die örtliche Zuständigkeit des Trägers an den gewöhnlichen Aufenthalt der Eltern des Kindes/Jugendlichen an. Das Abstellen auf den Aufenthalt der Eltern beruht auf dem Gedanken, die räumliche Nähe zur Lebenswelt des Kindes/Jugendlichen trotz der Erziehungshilfen durch das Jugendamt beizubehalten.[1402] Die örtliche

---

1398 Krug/Grüner/Dalichau-*Krug* § 42, 26.

1399 MüKo-BGB-*Tillmanns* § 42 Rn. 17 m.w.N.

1400 Wiesner § 42 Rn. 54.

1401 BVerwG NDV 1993, 278.

1402 Wiesner Vor § 86 Rn. 1.

Zuständigkeit für die Inobhutnahme junger Menschen ist jedoch in § 87 KJHG gesondert geregelt, wo auf den tatsächlichen Aufenthalt des Kindes/Jugendlichen vor Beginn der Maßnahme abstellt wird. Hierunter ist der Ort zu verstehen, an dem der junge Mensch eine Inobhutnahme wünscht oder aufgegriffen wird. Hintergrund dieser lex specialis ist die Eigenschaft der Inobhutnahme als Eilmaßnahme, die sich mit langwierigen Klärungsprozessen der Kostentragung nicht vereinbaren lässt.[1403]

Erfolgt eine Unterbringung abweichend von dem gewöhnlichen Aufenthalt des Betroffenen, regelt § 89b Abs. 1 KJHG die Erstattungspflicht der entstandenen Kosten durch den örtlichen Träger, dessen Zuständigkeit durch den gewöhnlichen Aufenthalt nach § 86 KJHG begründet wurde. Damit es nicht bei einer alleinigen finanziellen Belastung auf Staatsseite bleibt, gibt es die Regelung der Kostenbeteiligung, die sich auf den jungen Menschen und seine Eltern erstreckt (§§ 91 Abs. 1 Nr. 7, 92 Abs. 1 Nr. 1, Nr. 5 KJHG). Dem Jugendamt steht gemäß § 92 Abs. 1 KJHG grundsätzlich kein Ermessen hinsichtlich der Auswahl des Kostenschuldners zu. Von einer Heranziehung der Eltern ist aber nach § 92 Abs. 5 KJHG ausnahmsweise abzusehen, sofern Ziel und Zweck der Leistung gefährdet sein oder sich hieraus eine „besondere Härte" ergeben könnte. Da die Inobhutnahme primär das Ziel der Rückführung des Kindes in die Herkunftsfamilie verfolgt, ist die Ausnahmeregelung aus §§ 92 Abs. 1 Nr. 5, 91 Abs. 1 Nr. 7 KJHG etwa für solche Fälle anerkannt, in denen die Heranziehung der Eltern die Spannungen zwischen ihnen und dem Kind erhöhen würde. § 92 Abs. 5 S. 1 2. Var. KJHG regelt dagegen den Sonderfall einer „besonderen Härte". Entscheidend für die Annahme dieser Härte ist dabei, dass aus der Sicht des Jugendhilferechts „soziale Belange" schwerwiegend berührt sind. Da die Norm auf das Verhältnis zwischen Kind und Eltern abstellt, liegt ein Härtefall vor, wenn in einer gewissen Situation von dem Kostenpflichtigen üblicherweise nicht (mehr) erwartet werden kann, nun im Hinblick auf den Kostenbeitrag in die Pflicht genommen zu werden. Dies ist etwa dann der Fall, wenn hierdurch nachhaltig der Familienfrieden gestört würde. Anderseits ist eine besondere Härte abzulehnen, wenn das Verhältnis zwischen Pflichtigem und Hilfeempfänger ohnehin schon so distanziert ist, dass eine Inanspruchnahme des

---

1403 FK-SGB VIII-*Münder u.a.* § 87 Rn. 1.

Pflichtigen daran nichts Wesentliches mehr zu verschlechtern vermag.[1404]

7.1.1.3 Praktische Bedeutung im Kontext der „Ehrenmorde"

7.1.1.3.1 Ein Fall aus der Praxis

Die Inobhutnahme als Schutzmaßnahme für Kinder und Jugendliche hat im Kontext ehrbedingter Gewalt bereits vor einigen Jahren einen wichtigen Platz in der Praxis eingenommen. Als Beispiel soll ein Beschluss des OLG Köln dienen, der einen Fall zum Gegenstand hatte, in dem ein von einer Zwangsheirat bedrohtes Mädchen das Jugendamt um Unterbringung bat. Nachdem das Jugendamt eine vorübergehende Inobhutnahme gemäß § 42 KJHG verfügt hatte, worauf der Widerspruch durch die Eltern folgte, entschied sich das Familiengericht für eine längere Unterbringung des Mädchens und der Entziehung des Personensorgerechts der Eltern nach § 1666 BGB. Zur Begründung der Maßnahme wurde unter anderem angeführt, „*(...) dass die Eltern dem Selbstständigkeitsinteresse ihrer fast volljährigen Tochter jedenfalls nicht genügend Rechnung tragen und Konflikte mit Mitteln der elterlichen Autorität lösen wollen, wobei eine Gewaltanwendung nicht ausgeschlossen ist (...)*". Ferner wurde festgestellt, dass eine Rückkehr in die Familie keine sachgerechte Lösung im Sinne einer Wiederversöhnung erwarten ließ.[1405] Obwohl die Eltern des Mädchens nunmehr von der beabsichtigten Verheiratung ihrer Tochter abrückten, sah das Gericht das Verhältnis des Kindes zu ihren Eltern als zerrüttet an. Ein weiterer maßgeblicher Punkt für die Entscheidung aus § 1666 BGB war die Ablehnung der Zusammenarbeit mit dem Jugendamt durch die Eltern der Betroffenen.[1406]

1404 Vgl. bei LPK-*Kunkel* § 92 Rn. 21 ff. m.w.N.

1405 Wenn dies schon für die Bedrohung mit einer zwangsweisen Verheiratung angenommen wird, muss es erst recht für die Gefahr eines „Ehrenmordes" gelten. Zudem stehen Zwangsheirat und „Ehrenmorde" in einem engen Zusammenhang, da die Verweigerung der Zwangsheirat den Tötungsentschluss der Familie auslösen kann und hier daher unbedingt gehandelt werden muss. Zu den statistischen Befunden in Deutschland siehe bereits im 1. Teil unter 1.4.1.1.1.2.

1406 Zum Ganzen siehe OLG Köln, Beschl. vom 25.9.2000 – 14 UF 66/00 NJW-RR 2001, 221 ff.

7.1.1.3.2 Allgemeine Erwägungen

Die Inobhutnahme stellt für potentielle „Ehrenmordopfer" im Kinder- oder Jugendalter nicht nur eine taugliche, sondern eine unbedingt erforderliche Schutzmaßnahme dar. Sie birgt aber auch größte Gefahren in sich, da Familie und Gesellschaft durch die Entfernung der Betroffenen erst ihren Tod fordern können. Deshalb kann auch die Einbindung der Eltern in die Inobhutnahme im Kontext der „Ehrenmorde" dem Schutz und der Sicherheit potentieller Opfer entgegenstehen. Unter Berücksichtigung der folgenden Punkte können die Risiken jedoch verringert oder vollständig abgewendet werden.

Obgleich der Anlass der Inobhutnahme wegen Kindeswohlgefährdung aus § 42 Abs. 1 S. 1 Nr. 2 KJHG genau auf die „Ehrenmordkonstellation" zugeschnitten ist, liegt es nahe, die Inobhutnahme auf Bitte der Betroffenen gemäß § 42 Abs. 1 S. 1 Nr. 1 KJHG als die praxisrelevantere Alternative einzustufen. Die Anregung der Inobhutnahme durch Dritte beziehungsweise ein Tätigwerden des Jugendamtes von Amts wegen erscheint in diesen Fällen sehr unwahrscheinlich, weil es in den betroffenen Familien zumeist an Transparenz nach Außen fehlt. Ohne einen Hinweis ist die Kenntniserlangung durch Polizei oder Jugendamt über die Gefährdung des Kindes/Jugendlichen begründenden Umstände nahezu ausgeschlossen. Verwandte und Nachbarn werden sich in der Regel aber nicht einmischen wollen und die Familie unter Umständen sogar unterstützen.[1407] Einzig vorstellbar ist die Veranlassung der Inobhutnahme durch einen anonymen Hinweis aus dem sonstigen sozialen Umfeld der Betroffenen oder etwa durch eine Lehrerin, der sich das Mädchen anvertraut hat. In der Regel ist damit zu rechnen, dass das Jugendamt den Eltern das Mädchen wegnehmen muss. Da es selbst auf eine Verweigerung der Familie nicht mit der Ausübung von Gewalt reagieren darf, sollte im Rahmen der „Ehrenmorde" stets die Polizei im Vorfeld benachrichtigt werden, die für die Anwendung von Zwangsmaßnahmen zuständig ist.

Es entspricht dem Sinn und Zweck des § 42 KJHG, Kinder und Jugendliche grundsätzlich heimatnah unterzubringen. Denn hierdurch können die sozialen und regionalen Bindungen weitest möglich erhalten bleiben, was insbesondere in Bezug auf die Eltern der jungen Menschen gilt. Wenn dies jedoch eine Kindeswohlgefährdung bedeutet,

---

1407 Zur Solidarität zwischen den türkischen Bezugsgruppen in der Migration siehe im 4. Teil unter 4.2.3.

kann hiervon abgesehen und eine vom Heimatort weit entfernte Unterbringung organisiert werden.[1408] Dies gilt insbesondere für solche Fälle, in denen die Gefahr von dem sozialen Umfeld des Kindes oder Jugendlichen selbst ausgeht. Von dieser Möglichkeit ist im Kontext der „Ehrenmorde" zwingend Gebrauch zu machen, will man den Bedürfnissen der Betroffenen gerecht werden und ihnen im Wege der Inobhutnahme effektiven Schutz vor ihrer Familie bieten. Eine Unterbringung in einem anderen Bundesland, in dem keine Verwandten, Freunde oder Bekannte der Familie wohnen, wäre wegen der Verfolgungs- und Bedrohungsgefahr durch die Familie äußerst empfehlenswert.[1409] Unter Umständen ist sogar ein ständiger Wechsel des Aufenthaltsortes der Betroffenen in Erwägung zu ziehen, da Familien nicht selten bundesweit nach den Mädchen suchen, um sie notfalls mit Gewalt zurückzuholen und sie anschließend zu töten.[1410]

Die Unterbringung bei einer geeigneten Person im Sinne von § 42 Abs. 1 S. 2 1. Var. KJHG umfasst auch familiäre Unterkünfte bei Verwandten, Bekannten oder Nachbarn. Für gewöhnlich sicherlich sehr erstrebenswert, ist im Kontext der „Ehrenmorde" hiervon unbedingt abzuraten, da dieser Personenkreis an dem Konflikt beteiligt sein und eine Hilfsbereitschaft auch nur vorgetäuscht werden kann. Als geeignete Unterbringungsform ist an eine spezialisierte Einrichtung, beispielsweise an ein Mädchenhaus, zu denken, deren Mitarbeiter sich mit den Besonderheiten und spezifischen Gefahren der „Ehrenmordproblematik" auskennen und entsprechende Hilfestellungen in allen Lebenslagen bieten können.[1411]

Gemäß § 42 Abs. 2 S. 4 Hs. 2 KJHG darf der mutmaßliche Wille des Erziehungs- beziehungsweise Personensorgeberechtigten bei der Vornahme der Rechtshandlungen des Jugendamtes im Zuge der Inobhutnahme nicht außer Acht gelassen werden. Seine Berücksichtigung

---

1408 Münder u.a. erkennen dies etwa für das Abfangen vom Weg von der oder zur Schule oder für die Verschickung ins Ausland an (vgl. FK-SBG VIII-*Münder u.a.* § 42 Rn. 25).

1409 Terre des Femmes/Böhmeke 2007, 26.

1410 Ein Beispiel für das Gefahrenpotential der Familie und ihr gut funktionierendes Netzwerk findet sich bei Ter-Nedden 2005, 32. Hier ging es um eine untergebrachte junge Frau, der gleich bei dem ersten Ausgang aus der Schutzeinrichtung von einem Bekannten der Familie ein blaues Auge zugefügt wurde.

1411 Vgl. auch Terre des Femmes/Böhmeke 2007, 21.

kann aber nur insoweit erfolgen, als dieser vom Sinn und Zweck der Inobhutnahme getragen wird.[1412] Da die Gefahr im Kontext der „Ehrenmorde" jedoch gerade von der Familie der Betroffenen ausgeht, wird ihr mutmaßlicher Wille in aller Regel nicht dem objektiven Kindeswohl entsprechen und sollte deshalb unberücksichtigt bleiben. In Fällen, in denen die beabsichtigte Maßnahme des Jugendamtes mit dem mutmaßlichen Willen der Eltern erkennbar auseinander fällt, muss das Jugendamt jedoch zunächst die Entscheidung des Familien- beziehungsweise Vormundschaftsgerichts herbeiführen, bevor sie diese einleiten kann.[1413]

Sollen Eltern ihr Personensorgerecht trotz einer Inobhutnahme ihres Kindes weiterhin ausüben können, müssten sie auch den Aufenthaltsort des Mädchens erfahren. Bei der Unterrichtung der Eltern gemäß § 42 Abs. 3 S. 1 KJHG ist im Kontext der „Ehrenmorde" allerdings äußerste Zurückhaltung geboten. In der Literatur wird auf allgemeiner Ebene eine gewisse Anzahl von Einschränkungen anerkannt. So lassen es einige Stimmen für die Gewährleistung eines größtmöglichen Schutzes unter Umständen ausreichen, wenn den Eltern die Tatsache der Inobhutnahme sowie das zuständige Jugendamt mitgeteilt werden. Auskünfte über Name und Adresse des Aufenthaltsortes oder den Anlass der Inobhutnahme soll das Jugendamt dann ausnahmsweise nicht geben müssen.[1414] Aus Sicherheitsgründen sollte das Jugendamt bei einer Bedrohung mit dem „Ehrenmord" von dieser anerkannten Ausnahme unbedingt Gebrauch machen und den Aufenthaltsort des Mädchens nicht bekannt geben.[1415] Andernfalls wäre der Zweck der räumlich möglichst weiten Entfernung der Betroffenen vom Elternhaus völlig verfehlt.

Geht es um die Auswahl und die Benachrichtigung einer Vertrauensperson nach § 42 Abs. 2 S. 2 KJHG, sollte das Jugendamt ebenfalls auf Diskretion achten. Vor dem Hintergrund, dass die Kinder oder Jugendlichen selbst bestimmen, ob, und wenn ja, welche Vertrauensperson

---

1412 LPK-*Röchling* § 42 Rn. 68.

1413 Senatsverwaltung für Bildung, Wissenschaft und Forschung, Anlage 7, 1.

1414 FK-SGB VIII-*Münder u.a.* § 42 Rn. 37 für den Verdacht einer (fortdauernden) Kindesmisshandlung oder eines sexuellen Missbrauchs des jungen Menschen; MüKo-BGB-*Tillmanns* § 42 Rn. 16 m.w.N.; Schellhorn/Fischer/Mann-*Mann* § 42 Rn. 21; ohne Einschränkung: Krug/Grüner/Dalichau-*Krug* § 42, 24.

1415 Terre des Femmes/Böhmeke 2007, 28.

benachrichtigt werden soll, ist ihnen durch das Jugendamt zumindest anzuraten, Niemandem den Ort der Unterkunft zu nennen. Dies gilt nicht, wenn die Weiterleitung der Informationen an die Familie durch die ausgewählte Person ausgeschlossen werden kann, was im Kontext der „Ehrenmorde" aber vor allem in Bezug auf Verwandte eher zweifelhaft erscheint, auch wenn sie der Bedrohten zuvor bei der Flucht geholfen haben sollten.[1416]

Im Rahmen eines „Ehrenmordes" ist regelmäßig mit der Verweigerung der Kooperation durch die Eltern zu rechnen. Unter Umständen kann eine solche Bereitschaft auch nur zum Schein angegeben werden, um das Jugendamt zur positiven Entscheidung über die Rückkehr des Mädchens zu bewegen.[1417] Daher sind die Angaben der Eltern stets sorgfältig zu prüfen. Ein gemeinsames Gespräch mit dem Mädchen und dem Personensorgeberechtigten zur Risikoabschätzung gemäß § 42 Abs. 3 S. 1 KJHG erscheint im Kontext der „Ehrenmorde" kaum Erfolg versprechend, da es in der Regel wegen der traditionellen Verhaftung der Familie an einer gemeinsamen Basis im Hinblick auf die Einschätzung der Problemlage und auch im Hinblick auf die zu ihrer Behebung notwendigen Hilfen fehlen wird. In Fällen, in denen die Personensorge- oder Erziehungsberechtigten nicht bereit oder in der Lage sind, bei der Risikoabschätzung mitzuwirken, normiert § 8a Abs. 3 S. 1 KJHG die Pflicht des Jugendamtes, das Familiengericht anzurufen, was im Kontext der „Ehrenmorde" der Regelfall sein sollte. Ist man dagegen von der Dienlichkeit der Kommunikation mit den Eltern überzeugt, sollte das gemeinsame Gespräch nur unter bestimmten Sicherheitsvorkehrungen stattfinden.[1418]

Hat die Familie der Inobhutnahme widersprochen und gelangt das Jugendamt zu der Überzeugung, dass das Kindeswohl bei einer Übergabe an die Eltern gefährdet ist, muss gemäß § 42 Abs. 3 S. 2 Nr. 2 KJHG eine Entscheidung des Familiengerichts über die erforderlichen Maßnahmen zum Wohl des Kindes herbeigeführt werden. Im Rahmen

---

1416 Persönliches Interview mit einer Mitarbeiterin von Terre des Femmes vom 28.10.2008.

1417 Persönliches Interview mit einer Mitarbeiterin der anonymen Kriseneinrichtung Papatya vom 15.3.2008.

1418 Ter-Nedden 2005, 32, die für Fälle, in denen das Jugendamt einen gemeinsamen Austausch für unumgänglich hält, vorschlägt, den Schutz der Betroffenen durch ein Telefongespräch mit der Familie, welches auf beiden Seiten mit einem Lautsprecher verfolgt wird, sicherzustellen.

der durchzuführenden mündlichen Verhandlung bei Gericht ist im Kontext der „Ehrenmorde" auf eine getrennte Anhörung der Beteiligten zu bestehen. Dies ist notwendig, da das Mädchen andernfalls aus Angst vor ihrer Familie zur Verharmlosung ihrer Bedrohungssituation neigen kann, weshalb das Gericht dem Jugendamt die Übergabe des Mädchens an seine Eltern auferlegen könnte.[1419]

Ein langer Klärungsprozess im Hinblick auf die Kostentragung der Inobhutnahme kann vor allem im Kontext der „Ehrenmorde" besonders verheerende Folgen haben, da die Betroffenen oftmals akut bedroht sind und schnellstmöglich in Sicherheit gebracht werden müssen.[1420] Da die Institutionen und Einrichtungen in der Praxis aber oftmals erst dann tätig werden, wenn sie eine Kostenzusage erhalten, ist es umso erfreulicher, dass das KJHG sogar für den komplizierten Fall der Unterbringung und Betreuung von Kindern/Jugendlichen in einem anderen Bundesland eine ausdrückliche Regelung zur Kostentragung enthält. Die Kostenbeteiligung der Eltern, die zur finanziellen Entlastung des Staates ebenfalls normiert ist, kann in Fällen von „Ehrenmorden" allerdings spezifische Gefahren mit sich bringen, die sich etwa aus der Zurückverfolgbarkeit des Kostenbescheids ergeben können. Wird ein junges Mädchen mit einem „Ehrenmord" bedroht, sollte daher in jedem Fall geprüft werden, ob ihre besondere Situation die Annahme eines Ausnahmefalles aus § 92 Abs. 5 S. 1 KJHG rechtfertigen kann. Sollte dies abgelehnt werden und ein Kostenbescheid an die Eltern herausgehen, ist unbedingt darauf zu achten, den Aufenthaltstort des Mädchens hierdurch nicht doch versehentlich zu offenbaren.

7.1.2 Hilfe für junge Volljährige und Nachbetreuung gemäß § 41 KJHG

7.1.2.1 Vorüberlegungen

Das KJHG regelt neben Hilfen für Kinder und Jugendliche auch die Unterstützung junger Volljähriger (§ 41 KJHG), worunter auch eine Unterbringung mit Betreuung fallen kann. Die Leistung der Norm soll der Verbesserung der Handlungskompetenz junger Volljähriger die-

---

1419 Terre des Femmes/Böhmeke 2007, 22, 28.

1420 Dies ergibt sich vor allem aus dem Umstand, dass statistischen Befunden zufolge in der Regel nur ein geringer Zeitraum zwischen der „Familienratssitzung" und der Tat liegt, vgl. im 1. Teil unter 1.4.2.

nen, was durch die Nutzung pädagogischer und therapeutischer Mittel ermöglicht wird.[1421] Die Volljährigenhilfe kann im Kontext ehrbedingter Gewalt höchst relevant werden, da nach statistischen Angaben mehrheitlich junge erwachsene Frauen Opfer eines „Ehrenmordes“ in Deutschland werden.[1422]

7.1.2.2 Abstrakt-genereller Regelungsgegenstand

7.1.2.2.1 Persönlicher Anwendungsbereich

Nach der Begriffsbestimmung des § 7 Abs. 1 Nr. 3 KJHG ist junger Volljähriger, wer 18, aber noch nicht 27 Jahre alt ist. Während nach § 41 Abs. 1 S. 2 1. Hs. KJHG die Hilfe bis zur Vollendung des 21. Lebensjahres als Regelfall erbracht wird, ist die Förderung einer Person nach der Vollendung des 21. Lebensjahres gemäß § 41 Abs. 1 S. 2 2. Hs. KJHG begrenzt und nur dann möglich, wenn sie bereits vorher eingeleitet wurde und der Fortsetzung bedarf (so genannte Fortsetzungshilfe). Eine absolute Altersgrenze findet die Volljährigenhilfe aber in der Vollendung des 27. Lebensjahres des Hilfebedürftigen.

7.1.2.2.2 Sachlicher Anwendungsbereich

Die Voraussetzungen der Volljährigenhilfe sind in § 41 Abs. 1 KJHG geregelt. Demnach wird einem jungen Volljährigen Hilfe für die Persönlichkeitsentwicklung und zu einer eigenverantwortlichen Lebensführung gewährt, wenn und solange die Hilfe aufgrund der individuellen Situation des jungen Menschen notwendig ist. Der erkennbar weite und offen formulierte Wortlaut der Norm ist auf die Absicht des Gesetzgebers zurückzuführen, den Kreis der Förderungsberechtigten so groß wie möglich zu halten (so genannte „erweiterte Jugendhilfeleistung“).[1423] Allerdings fällt es der Praxis sehr schwer, messbare Kriterien für die Tatbestandsvoraussetzungen zu finden. Einigkeit besteht insoweit, als dass für die Anwendung der Norm die individuellen Lebens- und Sozialisationsbedingungen des Volljährigen entscheidend sind. Merkmale zur Beurteilung des Persönlichkeitsstandes sind etwa

---

1421 Vgl. Wiesner § 41 Rn. 2.

1422 Siehe im 1. Teil unter 1.4.1.

1423 Schellhorn/Fischer/Mann-*Fischer* § 41 Rn. 6; Münder/Wiesner-*Tammen*, 289; Wiesner § 41 Rn. 9.

die Frustrationstoleranz, die Konflikt- und Organisationsfähigkeit im Alltag (Umgang mit Behörden, Freizeit- und Arbeitseinteilung), die Durchhaltefähigkeit, eine realitätsbewusste Einschätzung, lebenspraktische Fähigkeiten sowie Kriterien und Ansätze, die sich aus der Lebensbiographie ergeben (etwa abgebrochene Schul- oder Berufsbildung, alterstypische Entwicklungsdefizite oder -rückstände).[1424] Die Defizite in der Persönlichkeitsentwicklung und der eigenständigen Lebensführung müssen ferner von einigem Gewicht sein. Das wird dann angenommen, wenn die individuellen Beeinträchtigungen und/oder sozialen Benachteiligungen für die Situation des jungen Volljährigen prägend sind.[1425] In der Regel handelt es sich nicht um einzelne Defizite, sondern um eine Summe von Problemen, die sich in einer Vielzahl von Lebensbereichen auswirkt.[1426]

7.1.2.2.3 Die Ausgestaltung der Hilfe

Die Ausgestaltung der Hilfe ist in § 41 Abs. 2 KJHG normiert. Die Vorschrift verweist auf ein breites Spektrum von Erziehungsmaßnahmen innerhalb des KJHG, die auf junge Volljährige entsprechend angewendet werden sollen. Art und Umfang der Hilfen richtet sich nach dem Bedarf im Einzelfall. Bei der Auswahl der Hilfen müssen allerdings einige Besonderheiten beachtet werden, die sich bei dem Personenkreis der jungen Volljährigen vor allem aus ihrer Altersgruppe ergeben. Demnach sind Hilfen, die die Eingliederung und Rückkehr in die Herkunftsfamilie avisieren, für junge Volljährige grundsätzlich ungeeignet und nur dann einzubeziehen, wenn sie dies ausdrücklich wünschen.[1427] Schwerpunkt der Hilfen ist daher die Gewährung pädagogischer und damit verbundener therapeutischer Leistungen. Für junge Volljährige bedeutet dies, in erster Linie solche Hilfen zu erhalten, die ihren Verselbstständigungsprozess in Gang setzen beziehungsweise ihn unterstützen.[1428] Diese können von unterschiedlichen Erziehungs-, Beratungs- und Betreuungsangeboten gem. §§ 28 ff. KJHG bis hin zu stationären Hilfen wie die Vollzeitpflege, die Heimerziehung und die sons-

---

1424 Zum Ganzen LPK-*Kindle* § 41 Rn. 2; ebenso Hauck/Noftz-*Stähr* § 41 Rn. 6; ausführlich zu den in der Praxis in Betracht kommenden Fallgruppen siehe FK-SGB VIII-*Münder u.a.* § 41 Rn. 6.

1425 FK-SGB VIII-*Münder u.a.* § 41 Rn. 5; Hauck/Noftz-*Stähr* § 41 Rn. 6.

1426 Krug/Grüner/Dalichau-*Grüner/Dalichau* § 41, 31.

1427 Schellhorn/Fischer/Mann-*Fischer* § 41 Rn. 19.

1428 LPK-*Kindle* § 41 Rn. 20; Wiesner § 41 Rn. 28.

tige betreute Wohnform oder die intensive sozialpädagogische Betreuung nach §§ 33 ff. KJHG reichen.

§ 41 Abs. 3 KJHG sieht schließlich die so genannte Nachbetreuung von jungen Volljährigen vor. Hierunter fallen solche Fälle, in denen es trotz des Abschlusses der Hilfeleistungen immer noch an der Verselbstständigung der jungen Menschen mangelt.[1429] Dabei will die Norm der Situation gerecht werden, die Beratung und Unterstützung nicht abrupt beenden zu müssen, sodass die jungen Menschen fließend in die Unabhängigkeit übergehen können.[1430]

7.1.2.3 Abgrenzung zu § 67 SGB XII

Junge Volljährige fallen nur dann in den Anwendungsbereich des § 41 KJHG, wenn ihren Bedürfnissen nicht bereits durch die Leistungen der allgemeinen Sozialhilfe (insbesondere § 67 SGB XII) begegnet werden kann.[1431] Um die Kollision zwischen den Normen zu lösen, ist genau zu prüfen, ob die Hilfe zur Persönlichkeitsentwicklung erforderlich ist oder primär eine allgemeine Mangelsituation (z. B. fehlende Wohnung und Arbeit) den Ausgangspunkt der hilfsbedürftigen Lage darstellt.[1432] Können die sozialen Schwierigkeiten nicht eindeutig eruiert werden, gilt wegen § 10 Abs. 4 KJHG im Zweifel der Vorrang der Jugendhilfe und somit des § 41 KJHG für die Volljährigenhilfe.[1433]

7.1.2.4 Zuständigkeit und Kostentragung

Dass das Jugendamt die erforderlichen Kosten der Unterbringung junger Volljähriger trägt, ergibt sich aus §§ 41 Abs. 2 i.V.m. 39 Abs. 1 KJHG.[1434] Welcher Träger genau die Finanzierung übernehmen muss, ist hier ebenfalls von der örtlichen Zuständigkeit abhängig. Anknüpfungspunkt ist gemäß § 86a KJHG der gewöhnliche Aufenthalt des jungen Volljährigen vor Beginn der Leistung. Ist hiervon abweichend der tatsächliche Aufenthalt des Betroffenen für die Bestimmung der örtlichen Zuständigkeit maßgeblich, so sind die Kosten, die ein örtli-

---

1429 Hauck/Noftz-*Stähr* § 41 Rn. 20.

1430 LPK-*Kindle* § 41 Rn. 29; Münder/Wiesner-*Tammen*, 293.

1431 Hauck/Noftz-*Stähr* § 41 Rn. 19.

1432 Ebd.

1433 FK-SGB VIII-*Münder u.a.* § 41 Rn. 16.

1434 Im Einzelnen siehe bereits im 6. Teil unter 6.1.1.2.9.

cher Träger aufgewendet hat, von dem überörtlichen Träger zu erstatten, zu dessen Bereich der örtliche Träger gehört (§ 89 KJHG). Da die Norm auf § 86a KJHG verweist, kommt eine Kostenerstattung gemäß § 86a Abs. 3 KJHG nur dann in Frage, wenn dem jungen Volljährigen ein gewöhnlicher Aufenthaltsort fehlt. Fälle, in denen aus sonstigen Gründen auf den tatsächlichen Aufenthalt des Leistungsberechtigten abzustellen wäre, werden von den Regelungen zur Kostenerstattung somit nicht ausdrücklich erfasst. Bei Fällen ungeklärter Zuständigkeit regelt § 86d KJHG die Verpflichtung des örtlichen Trägers zum Tätigwerden, in dessen Bereich sich der junge Volljährige vor Beginn der Leistung aufhält (so genannte „Leistungsbürgschaft").[1435] Gemäß § 91 Abs. 1 Nr. 8, Nr. 5b i.V.m. § 92 Abs. 1 Nr. 2 KJHG können junge Volljährige schließlich aus ihrem Einkommen an den Kosten beteiligt werden.

7.1.2.5 Praktische Bedeutung im Kontext der „Ehrenmorde"

Ein Blick auf die grundsätzlichen Lebens- und Sozialisationsbedingungen potentieller „Ehrenmordopfer" verdeutlicht schnell ihre Zugehörigkeit zum anspruchsberechtigten Personenkreis des § 41 KJHG. Dass traditionell türkische Familien in Deutschland ganz besonders um ihre Ehre fürchten, steht nach dem bisher Gesagten fest. Dies ist auch der Grund, warum sie vor allem die Lebensgestaltung ihrer weiblichen Angehörigen massiv kontrollieren. Das traditionelle Erziehungskonzept und die patriarchalisch-hierarchischen Strukturen der Familien engen den persönlichen Freiraum der Mädchen und jungen Frauen stark ein und lassen eine Jugendphase sowie die Zeit zur Persönlichkeitsentwicklung kaum oder nur eingeschränkt zu. Dies hindert die jungen Mädchen und Frauen daran, Fähigkeiten wie Autonomie und Selbstständigkeit zu entwickeln.[1436] Obwohl sie diese Eigenschaften im Allgemeinen für sich anstreben, sind junge türkische Frauen mit einem traditionellen Hintergrund oftmals nicht in der Lage, auf eigenen Füßen zu stehen. Diese Fähigkeiten sind aber unbedingt von Nöten, wenn eine effektive Hilfe nur durch eine Loslösung von der Familie und einer eigenständigen Lebensführung möglich ist.[1437] Hinzukommt, dass

---

1435 LPK-*Kunkel* § 86d Rn. 1.

1436 Zur Situation türkischstämmiger Mädchen siehe bereits im 4. Teil unter 4.2.5. Zudem ist eine Jugendphase auch schon im Heimatland nicht bekannt, siehe im 3. Teil unter 3.2.6.1.

1437 Ter-Nedden 2005, 32.

„Ehrenmorde" regelmäßig lediglich die Spitze des Eisbergs bilden und dem eigentlichen Tötungsakt häufig massive Unterdrückungen und/oder körperliche Misshandlungen durch die Familien vorausgehen, um die Betroffenen einzuschüchtern, sie an einem ehrenrührigen Verhalten zu hindern oder sie für ein begangenes „Unrecht" zu bestrafen. Hierdurch sollen die Mädchen und jungen Frauen wieder auf den „richtigen" Weg gebracht werden.[1438] Die beschriebenen Strukturen können zu schwerwiegenden körperlichen wie auch seelischen Defiziten bei den jungen Frauen führen, deren Abbau nur über einen längeren Zeitraum von Beratung, Anleitung und Unterstützung durch Dritte möglich ist. Stellt man auf einen frühen Beginn der familiären Konflikte ab, kommt nicht nur der Hilfsanspruch im Sinne von § 41 Abs. 1 KJHG, sondern auch die Fortsetzungshilfe aus § 41 Abs. 3 KJHG für die Betroffenen in Betracht.

Unter Berücksichtigung der spezifischen Bedürfnisse potentieller „Ehrenmordopfer" sind auch im Rahmen der Volljährigenhilfe solche Unterstützungsmaßnahmen zu wählen, die dadurch gekennzeichnet sind, dass die Betroffenen ihren Lebensmittelpunkt außerhalb der eigenen Familie haben. Daher scheinen die Heimerziehung und die sonst betreute Wohnform nach §§ 41 Abs. 2, 34 KJHG sicherlich besonders geeignete Hilfearten zu sein. Welche der genannten Unterbringungsformen aus § 34 KJHG im Einzelfall heranzuziehen ist, ist an dem Grad der Belastungsintensität zu messen, die sich aus den bisherigen Lebensumständen der jungen Menschen ergibt. Bei Volljährigen stellen die betreuten Wohnformen wegen der Verselbstständigung aber prinzipiell die sinnvollste Unterbringungsform dar.[1439]

Um dem Schutzbedarf der Bedrohten gerecht zu werden, sollte eine Unterkunft gewählt werden, die sich räumlich möglichst weit weg von dem Elternhaus befindet. Hier gelten die Ausführungen zur Inobhutnahme von Kindern und Jugendlichen entsprechend. Da im Rahmen der Volljährigenhilfe auch nicht mehr auf die Rückführung des Kindes in die Familie abgestellt wird, ist eine räumliche Distanzierung hier unproblematisch umsetzbar. Die Unterkunft in einer spezialisierten Schutzeinrichtung, die sich mit der Problematik bereits tiefgründig

---

1438 Terre des Femmes/Böhmeke 2007, 8, 13; zur Gewaltanwendung in türkischen Migrantenfamilien siehe im 4. Teil unter 4.2.5.1.

1439 Münder/Wiesner-*Tammen*, 259.

befasst hat, ermöglicht es, angemessener auf eventuelle Eskalation zu reagieren. Jedenfalls sollte die Betreuung der jungen Frauen unbedingt von spezifisch geschulten Fachkräften übernommen werden.

Soweit dies erforderlich ist, kann die gewählte Unterbringungsform gemäß § 41 Abs. 1 2. Hs. KJHG über das 21. Lebensjahr hinaus fortgesetzt werden. Im Kontext der „Ehrenmorde" sollte die Frage nach der Fortsetzung der Förderung mit den spezifischen Bedürfnissen der Betroffenen beantwortet werden. Hierbei spielen Aspekte wie der Schweregrad der Bedrohung und der Nachstellungen, das psychische Befinden sowie die Verselbstständigung der jungen Frau eine wichtige Rolle.

Potentielle „Ehrenmordopfer" sollten grundsätzlich auch von der Nachbetreuung gemäß § 41 Abs. 3 KJHG Gebrauch machen können, um im Anschluss einer Unterbringung weitere Beratung und Unterstützung zu erfahren. Diese Notwendigkeit ergibt sich vor dem spezifischen Hintergrund, dass die jungen Menschen die Beziehungen zu ihrer Familie oftmals komplett abbrechen müssen. Um ihnen den Übergang zur Normalität so leicht wie möglich zu gestalten, können die Betreuer die Lücke der Familie in dem Leben der jungen Frauen füllen, indem sie ihnen etwa bei der Wohnungssuche, der Aufnahme eines Arbeitsverhältnisses oder der Eröffnung eines eigenen Bankkontos behilflich sind.[1440]

An einer Kollision mit § 67 SGB XII wird es in aller Regel fehlen, da sich die Hilfs- und Schutzbedürftigkeit potentieller „Ehrenmordopfer" zumeist nicht nur aus einer generellen Mangelsituation ergibt, die mit der Entfernung aus dem Elternhaus und einer einfachen Wohnungs- und/oder Arbeitsplatzbeschaffung beseitigt werden könnte. Dennoch sind stets die Bedingungen des Einzelfalles zu berücksichtigen.

Wie bereits festgestellt wurde, ist die Erbringung von Hilfsmaßnahmen am gewöhnlichen Aufenthalt der Betroffenen im Kontext der „Ehrenmorde" höchst bedenklich und kaum Erfolg versprechend. Dies gilt natürlich auch für junge Volljährige. Da die Kostenerstattung für die Volljährigenhilfe, die abweichend vom gewöhnlichen Aufenthalt erfolgt, aber gemäß §§ 89, 86a Abs. 3 KJHG nur auf die Fälle des fehlenden gewöhnlichen Aufenthalts beschränkt ist, müssen alternative Wege für die Finanzierung der Hilfeleistungen durch das Jugendamt gefunden werden, wenn andere Gründe eine Kostenerstattung unter den

---

1440 Wiesner § 41 Rn. 40.

Trägern erforderlich machen. Diese Regelungslücke sollte im Rahmen der „Ehrenmorde" etwa durch eine entsprechende Anwendung von § 86a Abs. 3 oder § 86d KJHG oder durch den Erlass einer speziellen Härtefallregelung geschlossen werden. Eine andere denkbare Alternative wäre die finanzielle Belastung der jungen Frau selbst. Ihr wird es aber in der Regel an einem eigenem Einkommen fehlen, da sie in aller Regel ihr bisheriges Leben völlig aufgeben und sich erst eine neue Existenz aufbauen muss. Die Kostenbeteiligung der Eltern ist im Rahmen der Volljährigenhilfe nicht mehr vorgesehen, da die Elternverantwortung hier keine Rolle mehr spielt. Ungeachtet dessen, ist aber zu unterstreichen, dass letztlich das Recht des jungen Menschen aus § 1 Abs. 1 KJHG unbedingt den Vorrang vor fiskalischen Interessen haben und im Kontext der „Ehrenmorde" unbedingt schnell gehandelt werden muss, da ein Warten die Lebensgefahr der Betroffenen massiv erhöhen kann.

7.1.3 Die Kriseneinrichtung „Papatya"

Eine Einrichtung, die sich für den Kampf gegen ehrbedingte Gewalt gegen Frauen und Mädchen besonders stark macht, ist die anonyme Kriseneinrichtung „Papatya" mit Sitz in Berlin. Hierbei handelt es sich um eine erste Anlaufstelle für Mädchen und Frauen, die vor ihrer Familie fliehen. „Papatya" bietet Schutz für die Betroffenen, indem sie unter geheimer Adresse untergebracht und in familiärer Atmosphäre rund um die Uhr betreut werden. Es gibt Platz für insgesamt acht Mädchen und junge Frauen. Als eine spezialisierte Einrichtung liegen die Schwerpunkte der Arbeit von „Papatya" in der Konfliktlösung (wie etwa die Auseinandersetzung mit der Familie, die Vermittlung zwischen den Konfliktbeteiligten, die einzelfallbezogene Beratung) und der Unterstützung bei der weiteren Lebensplanung der Betroffenen.[1441] Die Kontaktaufnahme erfolgt über den Jugendnotdienst; die rechtliche Grundlage für die Aufnahme bildet § 42 KJHG. Träger von „Papatya" ist der Türkisch-Deutsche Frauenverein, bei dem es sich um einen kleinen gemeinnützigen Verein von deutschen und türkischen Frauen handelt, der sich vor allem für den Schutz von türkischen Mädchen und jungen Frauen vor familiärer Gewalt stark macht.[1442] Da sich „Papatya" zudem über die Fehlbedarfsfinanzierung durch Zuwendungen des Berliner Senats für Schule, Jugend und Sport finanziert,

---

1441 Vgl. www.papatya.org/index.php?id=uberuns; abgerufen am 23.08.2009.

1442 Kultus, 26.

können Unterbringungen auch kurzfristig und vor allem ohne die Kostenzusage durch das Jugendamt durchgeführt werden. Seit 2004 können sich Betroffene von ehrbedingter Gewalt auch im Internet in Form einer Online-Beratung Hilfe bei „Papatya" holen.[1443]

Im Jahre 2009 wurden insgesamt 55 Mädchen und Frauen bei „Papatya" aufgenommen, wobei drei von ihnen Wiederaufnahmen aus früheren Jahren waren. Fast die Hälfte von ihnen hatte einen türkischen Migrationshintergrund. Die Altersgruppe der Aufgenommenen reichte von 13 bis 20 Jahren, wobei die meisten zwischen 17 und 19 Jahre alt waren. Die Betroffenen berichteten fast ausnahmslos (95 %) von Misshandlungen, teilweise (18 %) waren sie von sexueller Gewalt betroffen. Während 7 % einen Kopftuchzwang angaben, kam es bei 18 % zur Hinderung an der Schul- beziehungsweise Ausbildung. 71 % hatten eine Zwangsverheiratung zu fürchten beziehungsweise bereits erfahren. In einigen Fällen (37 %) stand eine Verschleppung ins Herkunftsland/Zwangsrückkehr im Raum, welche bei 24 % dieser Fälle mit einer drohenden Heirat verbunden war. Vorwiegend (42 %) lag die Aufenthaltsdauer in der Einrichtung zwischen 6 und 28 Tagen. Teilweise (16%) blieben die Betroffenen aber auch 8 bis 12 Wochen oder länger bei „Papatya". Entsprechend unterschiedlich fiel der Verbleib der Mädchen und Frauen aus: während es nur vereinzelt (11 %) zu einer innerfamiliären Lösung kam, gingen einige Betroffene (27 %) in ihre Familie zurück. In 37 % der Fälle wurden Jugendhilfemaßnahmen in Berlin und anderen Bundesländern in Anspruch genommen. In 16 % der Fälle kam es zu einer Unterbringung in Frauenhäusern und -wohnungen in Berlin und anderen Bundesländern. Weitere 5 % der Betroffenen nutzten die Einrichtung „Papatyas" als Übergang. 4 % waren auf Trebe. Im Jahre 2008 standen 2 % - wahrscheinlich wegen Lebensgefahr - unter dem Schutz des Landeskriminalamtes.[1444]

1443 Zu dem Online Angebot der Organisation siehe im Internet unter: www.sibel-papatya.org, abgerufen am 23.08.2009.

1444 Die Angaben beruhen auf einer Email Korrespondenz mit Corinna Ter-Nedden, Mitarbeiterin bei Papatya vom 21.12.2010 beziehungsweise 19.05.2009.

7.2 Das Gesetz zum zivilrechtlichen Schutz vor Gewalttaten und Nachstellungen (GewSchG)

7.2.1 Vorüberlegungen

Frauen, die einer akuten „Ehrenmordgefahr" ausgesetzt sind, haben ferner die Möglichkeit, Schutzanordnungen nach dem Gewaltschutzgesetz zu beantragen. Das Gewaltschutzgesetz passt insofern auf ihre Situation, als das es eine Grundlage für den Umgang mit häuslicher Gewalt und solcher im sozialen Nahbereich darstellt. Da diese Gewaltformen auch im Allgemeinen vor allem gegenüber Frauen auftreten, will das GewSchG insbesondere ihre Stellung und ihren Schutz aus zivilrechtlicher Sicht stärken. Dabei geht das GewSchG davon aus, dass die Gewaltspirale bei Delikten im häuslichen Umfeld am ehesten durch die Schaffung von räumlicher Distanz durchbrochen werden kann. Deshalb zielen seine Vorschriften in erster Linie darauf ab, Täter und Opfer örtlich voneinander zu trennen.[1445] Während der Schutz des Opfers im Rahmen des KJHG durch die Entfernung aus der Familie in Form einer Flucht und der anschließend sicheren Unterbringung der Betroffenen erreicht werden kann, bietet das GewSchG eine Rechtsgrundlage - wie im Folgenden noch zu sehen sein wird -, um gezielt gegen den/die Täter vorzugehen.

7.2.2 Abstrakt-genereller Regelungsgegenstand

7.2.2.1 Sachlicher Anwendungsbereich

Welche Rechtsgüter das GewSchG unter Schutz stellt, ergibt sich aus § 1 Abs. 1 S. 1, Abs. 2 GewSchG. Danach ist der sachliche Anwendungsbereich des Gesetzes bei der vorsätzlich widerrechtlichen (vollendeten) Verletzung von Körper, Gesundheit oder Freiheit einer ande-

---

1445 Schumacher FamRZ 2002, 645 f. Stimmen in der Literatur weisen darauf hin, dass das GewSchG nicht auf häusliche Gewalt oder Gewalt im sozialen Nahbereich beschränkt ist. Das heißt, das GewSchG kann immer dann zur Anwendung kommen, wenn eine der beschriebenen Tathandlungen begangen wurde (vgl. Palandt-*Brudermüller* § 1 GewSchG Rn. 1; ähnlich Struck ZfJ 2002, 381, der das GewSchG auf praktischer Ebene aber als *„ein Gesetz zum Schutz von Frauen vor Männergewalt im häuslichen Umfeld"* ansieht).

ren Person (vgl. § 1 Abs. 1 S. 1 GewSchG)[1446], bei dahingehenden widerrechtlichen Drohungen (§ 1 Abs. 2 S. 1 Nr. 1 GewSchG)[1447], in Fällen des vorsätzlichen und widerrechtlichen Eindringens in die Wohnung oder in das befriedete Besitztum (§ 1 Abs. 2 S. 1 Nr. 2a GewSchG)[1448] sowie bei Nachstellungen oder Verfolgungen des Opfers eröffnet (§ 1 Abs. 2 S. 1 Nr. 2b GewSchG)[1449].

1446 Für die Feststellung, ob die Voraussetzungen einer Rechtsgutsverletzung erfüllt sind, kann auf die geläufigen Begriffsbestimmungen aus § 823 Abs. 1 BGB zurückgegriffen werden (vgl. Löhnig/Sachs, 46). Demnach ist Körperverletzung als ein unbefugter Eingriff in die körperliche Integrität oder Befindlichkeit zu verstehen (vgl. Palandt-*Sprau* § 823 Rn. 4). Die Verletzung der Gesundheit ist dagegen laut höchstrichterlicher Rechtsprechung bei der Störung der körperlichen oder seelischen Lebensvorgänge, also bei jedem Hervorrufen oder Steigern eines von den normalen körperlichen Funktionen nachteilig abweichenden Zustands, unabhängig davon, ob Schmerzen oder eine tiefgreifende Veränderung der Befindlichkeit auftreten anzunehmen (vgl. BGH NJW 91, 1948; 05, 2614). Die Verletzung der Freiheit wird einhellig als die Entziehung der körperlichen Bewegungsfreiheit verstanden (vgl. MüKo-BGB-*Wagner* § 823 Rn. 99).

1447 Unter Drohung ist im Bereich des Gewaltschutzgesetzes - angelehnt an § 240 StGB - das Inaussichtstellen der in § 1 Abs. 1 S. 1 GewSchG genannten Verletzungen zu verstehen, die eintreten, wenn der Bedrohte nicht nach dem Willen des Täters agiert. Die Drohung muss nicht ausdrücklich erfolgen. Sie kann auch durch schlüssiges Verhalten zum Ausdruck gebracht werden. Entscheidend ist, dass der Bedrohte die Drohung wahr- und ernst nimmt. Eine Drohung kann im Zusammenhang mit einer Bedingung ausgesprochen werden, die die Zufügung des Übels von dem Eintritt oder Nichteintritt einer bestimmten Situation abhängig macht (vgl. Schönke/Schröder-*Eser* Vor §§ 234 bis 241a Rn. 30 ff.).

1448 Die Voraussetzungen des Eindringens ergeben sich aus § 123 StGB. Demnach ist Wohnung der Inbegriff von Räumlichkeiten, deren Hauptzweck darin besteht, Menschen zur ständigen Nutzung zu dienen, wobei der dauerhafte Aufenthalt nicht zwingender Bestandteil des Merkmals ist (vgl. Fischer § 123 Rn. 6). Befriedetes Besitztum ist als „eingehegter" räumlicher Bereich zu verstehen (vgl. Fischer § 123 Rn. 8). In diese geschützten Räume dringt der Täter ein, sofern er gegen den Willen des Berechtigten in sie gelangt (vgl. Schönke/Schröder-*Lenckner/Sternberg-Lieben* § 123 Rn. 11 m.w.N.).

1449 Eine solche Belästigung ist nur dann anzunehmen, wenn sie dem ausdrücklichen Willen des Opfers widerspricht und dieser gegenüber dem Täter unmissverständlich geäußert wurde. Beispielhaft sind in diesem Zusammenhang jede Form der Verfolgung, Überwachung oder Beobachtung des Opfers, die häufige „demonstrative" Anwesenheit des Täters, unerwünschte

7.2.2.2 Persönlicher Anwendungsbereich

Das GewSchG sieht keine Anwendungsbeschränkungen auf persönlicher Ebene in Form einer besonderen Beziehung zwischen Täter und Opfer vor. Von dem Geltungsbereich sind aber gemäß § 3 GewSchG Fälle im Eltern-Kind-Bereich ausgenommen, da für sie die speziellen Regelungen des Sorgerechts in §§ 1626 ff. BGB, des Vormundschaftsrechts aus §§ 1773 ff. BGB sowie die maßgebenden Vorschriften des Pflegschaftsrechts gemäß §§ 1909 ff. BGB greifen. Erfährt ein Kind also beispielsweise Gewalt von Seiten der Eltern, sind Maßnahmen zur Abwendung der Kindeswohlgefährdung vorrangig auf § 1666 BGB zu stützen.[1450]

7.2.2.3 Das Antragserfordernis

Das Opfer muss die Schutzanordnungen des Gewaltschutzgesetzes selbst beantragen und ihre Erforderlichkeit begründen. Eine Anordnung von Amts wegen gibt es nicht. Bei Gewalt im sozialen Nahbereich ist das Familiengericht gemäß §§ 23a Nr. 7, 23b Nr. 8a GVG, 621 Abs. 1 Nr. 13 ZPO zuständig. Es erlässt die Entscheidungen durch Beschluss nach regelmäßiger Anhörung des mutmaßlichen Täters. Gemäß § 620 Nr. 9 ZPO gibt es die Möglichkeit, das Verfahren beschleunigt abzuwickeln, indem das Familiengericht die Maßnahmen nach §§ 1, 2 GewSchG ohne Anhörung einstweilig anordnet (§ 64b Abs. 2 S. 2 FGG). In diesem Fall muss das Opfer die besondere Eilbedürftigkeit gegenüber dem Gericht glaubhaft machen. Hierzu wird eine Sachverhaltsschilderung in Form der eidesstattlichen Versicherung oder die Vorlage von ärztlichen Attesten sowie Polizeiberichten empfohlen. Der Antragsgegner kann gegen diesen Beschluss Beschwerde einlegen.

Versuche körperlicher oder verbaler Kontaktaufnahme oder das wiederholte Anrufen des Opfers oder Senden von Briefen, Faxen oder Emails an das Opfer zu nennen. Hierbei handelt es sich insbesondere um Verhaltensweisen, die unter den Begriff des so genannten Stalkings zu fassen sind (vgl. BT-Drucks. 14/5429). Die Widerrechtlichkeit der Verletzung wird - soweit sie gefordert wird, durch das Vorliegen des Tatbestandes indiziert. Das heißt, sie ist nur dann ausgeschlossen, wenn und soweit das Verhalten des Täters von einem Rechtfertigungsgrund gedeckt ist (vgl. Palandt-*Sprau* § 823 Rn. 24 ff.). Nach Angaben von Löhnig/Sachs kommt es in der Praxis häufig vor, dass Täter ihre Handlung auf das Notwehrrecht stützen (vgl. Löhnig/Sachs, 49).

1450 Schumacher FamRZ 2002, 647.

Nach der darauf folgenden mündlichen Verhandlung, in der beide Parteien angehört werden, muss das Gericht eine neue Entscheidung treffen.[1451]

7.2.2.4 Die einzelnen Schutzanordnungen

Welche Schutzanordnungen das Zivilgericht gegenüber dem Täter erlassen kann, ergibt sich in erster Linie aus § 1 Abs. 1 S. 2 GewSchG. Im Allgemeinen handelt es sich hierbei um Näherungs- und Kontaktverbote, in Form von Anweisungen, die Wohnung der verletzten Person nicht zu betreten (Nr. 1), den Aufenthalt auf einen bestimmten Umkreis der Wohnung der verletzten Person zu beschränken (Nr. 2), es zu unterlassen, zu bestimmende andere Orte aufzusuchen, an denen sich die verletzte Person regelmäßig aufhält (Nr. 3), keine Verbindung zur verletzten Person, auch nicht unter Verwendung von Fernkommunikationsmitteln aufzunehmen (Nr. 4) sowie kein Zusammentreffen mit der verletzten Person herbeizuführen (Nr. 5). Da den aufgezählten Anordnungen nur eine Beispielsfunktion zukommt, ist es möglich, auch andere Schutzmaßnahmen, gemessen am Einzelfall, zu erlassen.[1452] Laut § 1 Abs. 1 S. 1 a.E. GewSchG ist die Gefahr weiterer Verletzungen die entscheidende Voraussetzung für die Anordnung der Maßnahmen. Dies wird grundsätzlich vermutet, wenn es bereits zu gewalttätigen Übergriffen gekommen ist.[1453] Damit liegt die Beweislast beim Täter, der nun darzulegen hat, dass in Zukunft keine weiteren Verletzungshandlungen zu befürchten sind.[1454] Allerdings enthält § 1 Abs. 1 S. 3 GewSchG am Ende[1455] eine Einschränkung der Schutzmaßnahmen für Fälle, in denen die Wahrnehmung berechtigter Interessen des Täters die Annäherung an und/oder den Kontakt mit dem Opfer erforderlich macht.[1456]

1451 Zum Ganzen Justizministerium Baden-Württemberg, 10.

1452 Eicke, 277.

1453 So zumindest in der Rechtsprechung, siehe BGH NJW 1987, 2225, 2227; BayObLG NJW-RR 1987, 463; OLG Stuttgart MDR 2004, 213 f.

1454 Palandt-*Brudermüller* § 2 GewSchG Rn. 17.

1455 Im Folgenden a.E.

1456 Löhnig/Sachs, 48, die als ein Beispiel für die Wahrnehmung berechtigter Interessen durch den Täter die Ausübung seines Umgangsrechtes, welches nur mit einer Abstimmung der Kindesmutter möglich ist, anführen.

Leben Täter und Opfer zum Zeitpunkt einer Gewalthandlung im Sinne von § 1 Abs. 1 S. 1 GewSchG in einem auf Dauer angelegten gemeinsamen Haushalt zusammen, kann die verletzte Person gemäß § 2 Abs. 1 GewSchG die Überlassung der gemeinsam genutzten Wohnung zur alleinigen Benutzung beanspruchen. Die Vorschrift stellt nicht darauf ab, ob die Beteiligten in einer bestimmten Rechtsbeziehung zueinander stehen. Voraussetzung ist nur, dass sie in häuslicher Gemeinschaft leben und eine „innere Bindung" zueinander haben.[1457] Da der Anspruch „nur" im Verhältnis von Täter und Opfer besteht, bleiben die Nutzungsrechte anderer in der Wohnung lebender Personen hiervon unberührt.[1458] Gibt es also weitere Familienangehörige, die in dem gemeinsamen Haushalt von Täter und Opfer wohnen, greift der Überlassungsanspruch nicht auch in deren Nutzungsrechte ein. Sie können weiterhin in der Wohnung bleiben.[1459] Dies ergibt sich vor dem Hintergrund, dass sich die Norm an § 1361b BGB orientiert, der die Wohnungsüberlassung bei getrennt lebenden Ehegatten - also im Rahmen einer Zweier-Beziehung - regelt.[1460]

Zudem wird verlangt, dass der gemeinsame Haushalt auf Dauer angelegt ist, was bei Eheleuten oder zusammenlebenden Familien ohne weiteres bejaht werden kann. Das Kriterium des Haushaltführens ist schließlich dann erfüllt, wenn alle Wohnungsbewohner eine gewisse Verantwortung im Hinblick auf die Erledigung finanzieller, rechtlicher und tatsächlicher Dinge übernommen haben.[1461]

Weitere Voraussetzungen des Überlassungsanspruchs ergeben sich nur für die Fälle der widerrechtlichen Drohung im Sinne von § 1 Abs. 2 Nr. 1 GewSchG. Hier muss die Wohnungsüberlassung zur Vermeidung einer unbilligen Härte gemäß § 2 Abs. 6 S. 1 GewSchG erforderlich sein. Diese wird indiziert, wenn berechtigte Anhaltspunkte für eine zukünftige Gewalttat vorhanden sind.[1462]

In § 2 Abs. 2 GewSchG ist geregelt, dass sich die Frage der Berechtigung an der Wohnung auf die Dauer ihrer Überlassung auswirkt. So muss der Zeitraum der Überlassung befristet werden, wenn dem Opfer

---

1457 Palandt-*Brudermüller* § 2 GewSchG Rn. 2.

1458 Schumacher FamRZ 2002, 649.

1459 Ebd.

1460 Palandt-*Brudermüller* § 2 GewSchG Rn. 2.

1461 Schumacher FamRZ 2002, 650 f.

1462 Zwissler, 19.

gemeinsam mit dem Täter die Grundstücks- oder Mietrechte an der Wohnung zustehen (§ 2 Abs. 2 S. 1 GewSchG). Ist der Täter allein oder mit ihm ein Dritter Träger dieser Rechte, so kann der Verletzte gemäß § 2 Abs. 2 S. 2 GewSchG die Überlassung der Wohnung höchstens für sechs Monate beanspruchen, wobei eine Verlängerung der Frist um höchstens weitere sechs Monate möglich ist (§ 2 Abs. 2 S. 3 GewSchG). Ist die verletzte Person alleinige Rechtsinhaberin, sind keine Beschränkungen in Form einer Befristung vorgesehen und eine dauerhafte Nutzung der Wohnung unter Ausschluss des Antragsgegners möglich.[1463] § 2 Abs. 3 GewSchG bildet schließlich einen Ausschlusstatbestand für den Wohnungsüberlassungsanspruch, auf den hier jedoch nicht weiter eingegangen werden soll, da er den Gegenstand der Arbeit nicht berührt.

7.2.2.5 Rechtsfolgen bei Zuwiderhandlungen

Um die Maßnahmen effektiv umzusetzen, ist in § 4 GewSchG eine Strafbewehrung für Zuwiderhandlungen gegen die gerichtlichen Schutzanordnungen aus § 1 Abs. 1 GewSchG normiert.[1464] Danach können Verstöße mit Freiheitsstrafe bis zu einem Jahr oder mit Geldstrafe geahndet werden. Ein anderes Mittel zur Abschreckung der Täter besteht in der direkten Verbindung von Schutzanordnung und Zwangsgeldandrohung für Verstöße des Betroffenen.[1465] Diese Vorgehensweise hat den Vorteil, dass das Zwangsgeld oftmals unmittelbar im Anschluss zur Zuwiderhandlung verhängt werden kann. Dagegen ist die Sanktionierung in Form einer Geld- oder Freiheitsstrafe häufig mit einer langen Verfahrensdauer verbunden.[1466]

7.2.3 Praktische Bedeutung im Kontext der „Ehrenmorde“

„Ehrenmorde“ können als eine spezifische Ausprägung häuslicher Gewalt[1467] verstanden werden, die unstreitig unter den Anwendungs-

---

1463 BT- Drucks. 14/4529.

1464 Der ausdrückliche Verweis auf § 1 GewSchG stellt klar, dass Übertretungen der Schutzanordnung aus § 2 GewSchG (Wohnungsüberlassung) nicht von § 4 GewSchG erfasst sind.

1465 Zwissler, 28.

1466 Ebd.

1467 Der Begriff der häuslichen Gewalt wird unterschiedlich bewertet. Eine einheitliche Definition existiert nicht. Während aus Sicht von Schwander häus-

bereich des GewSchG fällt. Dies ergibt sich vor allem vor dem Hintergrund, dass sie für ihre Eigenschaft als „Familiensache" bekannt sind und den statistischen Auswertungen zufolge in Deutschland vor allem von dem (Ex-)Ehemann/Partner, von dem Bruder und/oder dem Vater eines Mädchens oder einer Frau begangen werden. Somit wird das GewSchG seine Wirkung im Kontext der „Ehrenmordproblematik" in erster Linie im Bereich der Partnergewalt und in der Beziehung einer jungen Frau zu ihren männlichen Familienmitgliedern entfalten können. Da Kinder und Jugendliche nicht dem GewSchG unterfallen, können minderjährige Betroffene keine Schutzanordnungen wegen einer Gefährdung durch die Eltern beantragen.

Dass potentielle „Ehrenmordopfer" in einer akuten Bedrohungssituation nicht nur Angst um ihre Freiheit, sondern auch um ihre Gesundheit und ihr Leben haben müssen, steht außer Frage und ergibt sich aus Natur der Sache. Die in § 1 Abs. S. 1 GewSchG genannten Rechtsgüter sind demnach in jedem Fall tangiert. Je nachdem, ob es bereits zu gewalttätigen Übergriffen gekommen ist und die Ausübung eines „Ehrenmordes" im nächsten Schritt befürchtet wird oder ob „lediglich" dahingehende Drohungen ausgesprochen wurden, können zum Schutz der Betroffenen grundsätzlich Maßnahmen gemäß §§ 1 und 2 GewSchG angeordnet werden. Das Erfordernis einer auf Dauer angelegten gemeinsamen Haushaltsführung im Rahmen des Wohnungsüberlassungsanspruchs nach § 2 GewSchG wird im Kontext der „Ehrenmorde" kein Problem darstellen, ganz egal ob die Gewalt(-androhung) von dem (Ex-)Ehemann oder einem anderen männlichen Familienmitglied ausgeht. Denn entweder lebt die Frau mit ihrem Partner oder mit ihrer Familie zusammen, was darauf zurückzuführen ist, dass Frauen in jungen Jahren nach traditioneller Vorstellung nicht alleine wohnen dürfen.

---

liche Gewalt vorliegt, *„(...) wenn Personen innerhalb einer bestehenden oder aufgelösten familiären, ehelichen oder eheähnlichen Beziehung physische, psychische oder sexuelle Gewalt ausüben oder androhen"* (vgl. Schwander ZStR 2003, 199), wird häusliche Gewalt von anderen als *„(...) jede Verletzung der körperlichen oder seelischen Integrität einer Person, die unter Ausnutzung eines Machtverhältnisses durch die strukturell stärkere Person zugefügt wird"* beschrieben (vgl. Büchler, 36). Die Frage, welcher der Definitionen im Ergebnis zu folgen ist, ist für die vorliegende Arbeit nicht von Bedeutung und kann daher unbeantwortet bleiben. Auch macht die Tatsache, dass die Strukturen des „Ehrenmordes" die Voraussetzungen beider Ansätze erfüllen können, eine Stellungnahme entbehrlich.

Die Gefahr, Opfer eines „Ehrenmordes" zu werden, wird dem präventiven Charakter des Gewaltschutzgesetzes somit voll und ganz gerecht. Ganz im Sinne der Verhinderung (weiterer) Gewalttaten scheint das Gesetz die Stellung und den Schutz potentieller „Ehrenmordopfer" stärken zu können. So haben Betroffene grundsätzlich die Möglichkeit, sich durch die Beantragung von Näherungs- und Kontaktverboten sowie der Wohnungsüberlassung der Bedrohung durch Familie und/oder (Ex-)Ehemann zu entziehen. Eine andere Frage ist aber, ob das GewSchG ein spezifisches und vor allem bedarfsgerechtes Schutz- und Unterstützungsangebot für die bedrohten Frauen darstellt. Hierzu müsste der „Ehrenmord" durch die Anordnungen die das GewSchG vorsieht, tatsächlich wirkungsvoll unterbunden werden können.

Obgleich die Regelungen des GewSchG durch die Mehrheit von Experten als prinzipiell positiv und theoretisch fortschrittlich eingeschätzt werden[1468], sind allgemeine Defizite nicht von der Hand zu weisen. Diese ergeben sich aber weniger aus dem gesetzlichen Rahmen selbst, als vielmehr aus den Schwierigkeiten mit der praktischen Um- beziehungsweise Durchsetzung der gesetzlichen Maßnahmen, was auf die Spezifität und Dynamik von Gewalt im sozialen Nahbereich zurückzuführen ist. Neben allgemeinen Problemen und Schwachstellen in der Praxis, sind im Kontext der „Ehrenmorde" noch weitere Erschwernisse zu erwarten.

Ein Blick in den von Rupp verfassten Endbericht der im Auftrag des Bundesministeriums der Justiz vom Institut für Familienforschung durchgeführten Evaluierung zu den Erfahrungen unterschiedlicher Personen im Umgang mit den Regelungen des Gewaltschutzgesetzes zeigt, dass ausländische Betroffene im Vergleich zu deutschen Opfern deutlich seltener zu den Schutzinstrumenten des GewSchG greifen.[1469] Erfahrungen zufolge gibt es unter Migrantinnen gewisse Gruppen, die kulturspezifische Einstellungen zu Gewalt wie auch zu Rechten von Frauen und Kindern aufweisen, was größere Schwierigkeiten in Bezug auf die Akzeptanz der hiesigen Rechtslage vermuten lässt.[1470] Die Ergebnisse der Studie weisen laut Rupp zudem darauf hin, dass bei aus-

---

1468 Rupp, 313 f.

1469 Die Angaben, die die Studie hierzu enthält, sind zwar nicht auf türkische Zuwanderer konkretisiert, liefern aber allgemeine Anhaltspunkte zu ausländischen Betroffenen.

1470 Wie bereits im 3. Teil unter 3.2.7.1 dargestellt wurde, trifft dies auch auf die Herkunftssituation türkischer Frauen zu.

ländischen Betroffenen erhöhte Hürden im Zugang zu Schutzmaßnahmen wahrgenommen werden. Hier hat die Praxis vor allem mit einem zu geringen Informationsgrad und sprachlichen Aspekten zu kämpfen.[1471] Herkömmliche Hinderungsgründe für eine Antragsstellung, wie etwa fehlendes Vertrauen in die Schutzmöglichkeiten, Angst vor dem Täter, emotionale oder materielle Abhängigkeit, gemeinsame Kinder, zu geringe Unterstützung aus dem sozialen Umfeld oder ein zu geringes Selbstbewusstsein und Durchhaltevermögen,[1472] kommen auch bei ausländischen Betroffenen zutage. Im Unterschied zu deutschen Opfern sind diese hier häufiger und auch ausgeprägter.[1473] Daneben machen die Befunde auf hinzukommende Probleme durch das Ausländerrecht aufmerksam, die sich aus der häufigen Abhängigkeit des Aufenthaltsstatusses von Frauen mit Migrationshintergrund von dem ihres Ehemannes ergeben.[1474] Teilweise sollen die ausländischen Befragten den gerichtlichen Lösungsweg per se ablehnen.[1475]

Im Kontext der „Ehrenmorde" kann sich der Versuch der Positionsstärkung einer Frau kontraproduktiv für ihre Situation auswirken. So kann beispielsweise der (vorübergehende) „Rausschmiss" des Ehemannes im Sinne von § 2 GewSchG zur Begründung oder Verstärkung der Ehrenkränkung führen, wenn der Mann hierdurch *„zur Lachnummer des Umfeldes wird"*[1476], was regelmäßig anzunehmen ist, da ein Wohnungsverweis nach traditioneller Vorstellung einen massiven Verstoß gegen die patriarchalisch-hierarchischen Strukturen bedeutet.[1477] Hierauf wird der in seiner Ehre angetastete Mann mit großer Wut reagieren und nun noch mehr gegen seine „aufmüpfige" Frau vorgehen wollen. Somit kann der angestrebte Schutz die Bedrohung der Betroffenen in nicht unerheblicher Weise erhöhen.[1478] Zudem wird die Woh-

---

1471 Rupp, 305.

1472 Zum Ganzen siehe Rupp, 305.

1473 Rupp, 313.

1474 Ebd.

1475 Rupp, 305.

1476 Ergebnis eines persönlichen Gesprächs mit Frau Lütgert vom 18.12.2007. Sie war damals die Leiterin des Kommissariats Vorbeugung in Bielefeld.

1477 Zu den traditionellen Strukturen und Vorstellungen von Geschlechterrollen siehe bereits im 3. Teil unter 3.2.3.1 und 3.2.4.

1478 Zu der Frage, warum Männer gerade in der Migration sehr aggressiv auf die Positionsstärkung durch die Frau reagieren können, siehe im 4. Teil unter 4.2.3.4.

nungsüberlassung im Rahmen eines „Ehrenmordgeschehens" regelmäßig vorübergehender Natur sein, da es den Betroffenen - die nach traditioneller Ansicht kein Recht auf Vertragsabschlüsse haben - in den meisten Fällen an einer Berechtigung an der Wohnung entweder komplett fehlen wird oder sie sich diese mit ihrem Partner oder einem anderen männlichen Angehörigen teilen werden. Angesichts der Tatsache, dass die Ehre erst dann als bereinigt gilt, wenn die Frau getötet wurde, könnte sich der Mann in diesen Fällen entweder über die Maßnahme hinwegsetzen oder er müsste praktisch nur auf den Ablauf der Maßnahme warten, um sich der Frau und der Wohnung wieder nähern zu können.

In Fällen, in denen das potentielle Opfer mit der Familie des Ehemannes einen gemeinsamen Haushalt teilen wird, werden die Maßnahmen aus §§ 1 Abs. 1 S. 3 Nr. 1-5, Abs. 2 Nr. 1-2, 2 GewSchG ebenfalls kaum Wirkung zeigen können. Die Gründe hierfür liegen in dem Umstand, dass die Gefahr traditionell eben nicht nur von dem Partner allein, sondern seiner gesamten Familie ausgeht, die Anordnung der Maßnahmen aber keine Wirkung gegenüber den am Konflikt offiziell unbeteiligten Familienangehörigen zeigt. Hielte sich der Ehemann also etwa an eine Wohnungsverweisung oder an ein Näherungsverbot nach § 1 GewSchG, könnten weitere männliche Angehörige zur Tat schreiten und die „Ehrenbewachung oder -bereinigung" stellvertretend für ihn übernehmen.[1479]

Die Maßnahmen aus § 1 GewSchG sind wegen § 1 Abs. 1 S. 3 a.E. GewSchG ausnahmsweise nicht zu verhängen, wenn der Kontakt dem Täter zur Wahrnehmung berechtigter Interessen dient. Sind Kinder im Spiel, wird in diesem Zusammenhang oftmals auf das Umgangsrecht des Vaters abgestellt. Im Kontext der „Ehrenmorde" kann es sich hierbei aber um vorgeschobene Interessen handeln, die von dem Mann ausgesprochen werden, um die Anordnung der Maßnahmen verhindern und die Kontrolle über Frau und Kinder beibehalten zu können. Erkennt das Gericht das Umgangsrecht des Vaters nicht an, kann dies

---

1479 So auch Grubig, 25. Angenommen, das potentielle Opfer könnte die Bedrohung seitens der gesamten Familie nachweisen, wäre zwar theoretisch eine Wohnungsverweisung gegenüber allen Mitgliedern möglich, aber eher unverhältnismäßig. Besser wäre es, wenn die Betroffene in diesen Fällen selbst das Wohnumfeld verlassen und auf diesem Wege Schutz suchen würde. Falls die neue Adresse dem Ehemann und/oder der Familie bekannt ist, kann im Hinblick auf den neuen Wohnort über Schutzanordnungen gemäß § 1 Abs. 1 S. 1 Nr. 1-5 GewSchG nachgedacht werden.

den Tatentschluss des Mannes wiederum bestärken und zu einer Eskalation der Situation führen, da Tradition und Religion vorsehen, dass der Mann bei einer Trennung das alleinige Sorgerecht bekommt. Ähnlich verlief es in einem Fall eines türkischen Ehepaars aus Mönchengladbach, welches in Trennung lebte und um das Sorgerecht der drei gemeinsamen Kinder stritt. Nachdem der Richter verkündete, der Ehemann dürfe sich seiner Familie in Zukunft nicht auf weniger als 500 Meter nähern, zeigte sich dieser wütend und erschoss unmittelbar nach der Verhandlung Ehefrau und die gemeinsame Tochter.[1480]

Werden gleichwohl Maßnahmen im Sinne des GewSchG im Kontext der „Ehrenmorde" in Betracht gezogen, sollte das Gericht in Form eines Eilverfahrens entscheiden. Laut Rupp nimmt ein Großteil der Eilverfahren 48 Stunden in Anspruch.[1481] Da im Kontext der „Ehrenmorde" aber sehr schnell gehandelt werden muss, wäre wegen der besonderen Situation eine noch zeitnähere Bewilligung - möglichst am selben Tag - sehr wünschenswert. Vor dem Hintergrund, dass es bereits bei Kenntnis des Antragsgegners von der Beantragung der Schutzmaßnahmen zur Intensivierung des Bedrohungsgrades und somit zur Lebensgefahr der Frau kommen kann, sollte das Verfahren möglichst ohne die Anhörung des Antragsgegners durchgeführt und die Wirksamkeit der Maßnahme vor Zustellung angeordnet werden. Sollte der mutmaßliche Täter gegen die einstweilige Anordnung Beschwerde einlegen, ist zu empfehlen, die Parteien in der mündlichen Verhandlung getrennt anzuhören.[1482]

Das GewSchG zielt auf Abschreckung ab und droht mit Freiheitsstrafe bis zu einem Jahr oder mit finanziellen Einbußen, die bis zu 250.000 € reichen können. Die Maßnahmen laufen also vollständig ins Leere, wenn der Abschreckungseffekt nicht erzielt werden kann und sich die

---

1480 Spiegel Online, www.spiegel.de/panorama/justiz/0,1518,553639,00.html, abgerufen am 13.03.2009. Der Fall zeigt ferner, dass neben der Ehefrau auch die Kinder der Gefahr eines „Ehrenmordes" ausgesetzt sein können. Da die Kindeswohlgefährdung nach § 2 Abs. 6 S. 2 GewSchG ausreichend ist, um eine unbillige Härte für die Wohnungsüberlassung in Fällen der widerrechtlichen Drohung anzunehmen, können die Schutzmaßnahmen für potentielle „Ehrenmordopfer" grundsätzlich auch auf diese Regelung des GewSchG gestützt werden. Natürlich sind auch hier die Umstände des Einzelfalles zu berücksichtigen.

1481 Rupp, 308.

1482 Zu der Möglichkeit einer getrennten Anhörung, wenn diese zum Schutz eines Beteiligten nötig ist, siehe Justizministerium Baden-Württemberg, 10.

Täter nicht an die gerichtlichen Vereinbarungen halten. Wenn sich die Täter eines „Ehrenmordes" aber nicht einmal von der in § 211 Abs. 1 StGB normierten lebenslangen Freiheitsstrafe hindern lassen, so muss das umso mehr für die Strafandrohungen des GewSchG gelten. Somit erscheint die Anwendung des GewSchG im Kontext der „Ehrenmorde" eher zweifelhaft. Die Flucht in eine anonyme Schutzeinrichtung scheint in diesen Fällen die vorzugswürdigere Alternative zu sein.[1483]

7.3 Das Gesetz zur Harmonisierung des Schutzes gefährdeter Zeugen (ZSHG)

7.3.1 Einleitung

Potentielle „Ehrenmordopfer" haben die Möglichkeit, sich gegen die Bedrohung durch ihre Familie zur Wehr setzen, indem sie ihre Angehörigen anzeigen und gegen sie als Zeugen aussagen. Die Bereitschaft zur Zusammenarbeit mit den Strafverfolgungsbehörden kann nicht nur im Kontext der „Ehrenmorde" die Gefährdung des Zeugen bedeuten, weshalb er im Allgemeinen eines besonderen Schutzes bedarf. Der Schutz gefährdeter Zeugen[1484] kommt in erster Linie im Rahmen des ZSHG zum Tragen. Das Gesetz steht für das hohe staatliche Interesse, die Wahrheitsermittlung im Strafverfahren durch Zeugenaussagen sicherzustellen. Hierzu soll die Aussagewilligkeit und -fähigkeit von wichtigen Zeugen gewonnen und ihre Bereitschaft zur Aussage aufrechterhalten werden.[1485]

Um der aus der Aussagebereitschaft resultierenden Gefährdung von Leib und Leben des Zeugen entgegenzuwirken, sieht das ZSHG unterschiedliche Schutzmaßnahmen vor. Hierfür wird der Zeuge für die Dauer der Gefährdung in ein so genanntes Zeugenschutzprogramm aufgenommen, wo er polizeilich betreut wird.[1486] Dies soll dem Ausgleich etwaiger Nachteile dienen, die dem Betroffenen wegen seiner Aussagebereitschaft erwachsen können und ihm die Angst vor etwai-

---

1483 So auch Terre des Femmes/Böhmeke 2007, 43.

1484 Gefährdete Zeugen können grundsätzlich in Opferzeugen, beruflich gefährdete Zeugen und normale Zeugen unterteilt werden (vgl. Rebmann/Scharr NJW 1989, 1186).

1485 Caesar NJW 1998, 2316.

1486 Zacharias, 160.

gen Repressalien durch die Personen, gegen die sich das Strafverfahren richtet, nehmen.[1487] Vor dem Hintergrund, dass der Zeugenschutz prinzipiell eine Aufgabe der Gefahrenabwehr ist, können Zeugenschutzmaßnahmen über das ZSHG hinaus auch auf Regelungen des Polizeirechts des Bundes und der Länder gestützt werden.[1488]

7.3.2 Abstrakt-genereller Regelungsgegenstand

7.3.2.1 Sachlicher Anwendungsbereich

Voraussetzungen, die an die Aufnahme in ein Zeugenschutzprogramm geknüpft sind, ergeben sich aus § 1 Abs. 1 ZSHG. Entgegen dem Bundesratsentwurf, worin die ausdrückliche Beschränkung der Anwendung des ZSHG auf die Deliktsbereiche der „Organisierten Kriminalität" und des „Terrorismus" enthalten war[1489], wurde das ZSHG im Hinblick auf seine sachlichen Voraussetzungen letztendlich sehr offen formuliert. Eine Einschränkung findet sich aber in der eingeführten Verhältnismäßigkeitsklausel (§ 2 Abs. 2 S. 2 ZSHG) dahingehend, dass Maßnahmen nach dem ZSHG nur in Fällen schwerer Kriminalität zulässig sind.[1490]

7.3.2.2 Persönlicher Anwendungsbereich

Der Zeugenbegriff der polizeilichen Schutzprogramme ergibt sich aus § 1 Abs. 1 ZSHG. Hier heißt es, dass sich der polizeiliche Zeugenschutz im Wesentlichen auf solche Personen erstreckt, ohne deren Angaben in einem Strafverfahren die Erforschung des Sachverhaltes oder die Er-

---

1487 Ebd.

1488 Soiné/Engelke NJW 2002, 473; vgl. auch § 2 Abs. 1 S. 2 ZSHG. Zur strafverfahrensrechtlichen Komponente des Zeugenschutzes siehe Caesar NJW 1998, 2314 ff.; Rebmann/Scharr NJW 1989, 1185 ff.

1489 BT- Drucks. 458/98; in der Praxis wird der Zeugenschutz jedoch überwiegend zur Bekämpfung dieser Kriminalitätsbereiche herangezogen, da hier die Umstände für die Einflussnahme auf den Zeugen besonders günstig sind (vgl. Zacharias, 92 ff.).

1490 Soiné/Engelke NJW 2002, 472. Gemäß § 2 Abs. 2 ZSHG trifft die Zeugenschutzdienststelle ihre Entscheidungen nach pflichtgemäßem Ermessen. Bei der Abwägung sind insbesondere die Schwere der Tat sowie der Grad der Gefährdung, die Rechte des Beschuldigten und die Auswirkungen der Maßnahmen zu berücksichtigen.

mittlung des Aufenthaltsortes des Beschuldigten aussichtslos oder wesentlich erschwert wäre. Das heißt, Auskunftspersonen müssen keine Zeugen im strafprozessualen Sinne sein. Maßgeblich für die Eröffnung des persönlichen Anwendungsbereichs des ZSHG ist vielmehr die Notwendigkeit der Mithilfe der aussagebereiten Person.[1491]

Die Aufnahme in ein Zeugenschutzprogramm setzt die aus der Aussagebereitschaft des Zeugen resultierende Gefährdung von Leib, Leben, Gesundheit, Freiheit oder wesentlicher Vermögenswerte voraus (§ 1 Abs. 1 ZSHG). Dies trifft insbesondere auf Zeugen zu, die wegen ihrer persönlichen Nähe zu den Tätern oder aus anderen Gründen Kenntnisse über deren Tatbeteiligung, die -planung und -ausführung haben.[1492] Zur Erfassung der Gefahrenlage ist für jeden Einzelfall eine Gefährdungsanalyse vorzunehmen, die subjektive Vermutungen des Zeugen und objektive Gefährdungsindikatoren umfassen muss. Relevante Fragen können etwa sein: Gibt es eine räumliche oder soziale Nähe des Zeugen zum Tatverdächtigen?, in welcher persönlichen Beziehung steht der Zeuge zum Tatverdächtigen und zu dessen Umfeld?, ist der Tatverdächtige gewaltbereit oder gibt es bereits erste vorangegangene Einschüchterungsversuche durch ihn?, hat der Tatverdächtige ein besonderes Interesse daran, den Zeugen zum „Schweigen" zu bringen?, wie schwer ist die Tat? [1493]

Daneben steht die Aufnahme in ein Zeugenschutzprogramm unter der Bedingung der Geeignetheit der Person (vgl. § 1 Abs. 1 ZSHG). Diese ist etwa dann zu bejahen, wenn der Zeuge die Bereitschaft und die Fähigkeit besitzt, die erforderliche Geheimhaltung der polizeilichen Maßnahmen zu gewährleisten, keine falschen Angaben gegenüber den Zeugenschutzstellen macht, Zusagen einhält und nicht straffällig ist.[1494] In Fällen, in denen das Zeugenschutzprogramm einige Jahre oder so-

---

1491 Ähnlich verfuhr die Bundesregierung bereits in ihrem Gesetzentwurf zu § 6 Abs. 1 S. 1 BKAG. Ausschlaggebend für den Zeugenbegriff war, dass es sich um eine Person handelte, *„(...) deren Aussage zur Erforschung der Wahrheit von Bedeutung war"* (vgl. BR-Drucks. 94/95). Mit Erlass des ZSHG hat der Gesetzgeber diesen weiten Zeugenbegriff polizeilicher Schutzprogramme endgültig manifestiert.

1492 Caesar NJW 1998, 2316.

1493 Ausführlich Zacharias, 168 ff.

1494 Merken, 89.

gar dauerhaft zum Einsatz kommen soll, müssen diese Faktoren besonders sorgfältig geprüft werden.[1495]

7.3.2.3 Ausweitung des Anwendungsbereichs auf Dritte

In § 1 Abs. 2 ZSHG ist normiert, dass auch weitere Personen dem Schutz der polizeilichen Maßnahmen unterfallen können, sofern es sich hierbei um Angehörige im Sinne von § 11 Abs. 1 Nr. 1 StGB oder sonst nahe stehende Menschen der akut gefährdeten Person handelt und sie mit der Durchführung der Maßnahmen einverstanden sind. Dies gilt selbst dann, wenn diese Personen keiner eigenen Gefahr ausgesetzt sind (§ 1 Abs. 3 ZSHG).

7.3.2.4 Beendigung des Zeugenschutzprogramms

Aus § 1 Abs. 4 ZSHG ergibt sich, dass die Beendigung des Strafverfahrens nicht zwingend zur Aufhebung des Zeugenschutzes führen muss. Liegen die Voraussetzungen von § 1 Abs. 1 bis 3 ZSHG nicht mehr vor, müssen die Maßnahmen zum Zeugenschutz bei fortbestehender Gefahr auf das allgemeine Gefahrenabwehrrecht gestützt werden.

7.3.2.5 Zuständigkeit

Der Schutz einer Person nach Maßgabe des ZSHG obliegt gem. § 2 Abs. 1 S. 1 ZSHG der Polizei oder den sonst nach Bundes- oder Landesrecht zuständigen Behörden (Zeugenschutzdienststellen). Hierbei handelt es sich um spezielle Einrichtungen, die nicht nur in Hessen beim Bundeskriminalamt, sondern auch in sämtlichen anderen Bundesländern vorzufinden sind.[1496] § 2 Abs. 2 ZSHG stellt klar, dass Entscheidungen im Zusammenhang mit dem Zeugenschutz nach pflichtgemäßem Ermessen der Zeugenschutzdienststelle getroffen werden. Somit gibt es keinen Rechtsanspruch auf Aufnahme in und Fortführung des Zeugenschutzprogramms oder im Hinblick auf die Durchführung bestimmter Schutzmaßnahmen.[1497]

1495 Ebd.

1496 Soiné/Engelke NJW 2002, 473.

1497 Für einen geltend gemachten Anspruch auf Aufnahme in ein Zeugenschutzprogramm ist der Verwaltungsrechtsweg gemäß § 40 Abs. 1 S. 1 VwGO gegeben (vgl. VG Gelsenkirchen NJW 1999, 3730).

7.3.2.6 Die Geheimhaltungspflicht

§ 3 ZSHG begründet eine allgemeine Geheimhaltungsverpflichtung, die sich auf alle Personen bezieht, die sich mit dem Zeugenschutz befassen und damit auch auf die Schutzperson selbst. In sachlicher Hinsicht nimmt die Norm Bezug auf ein allgemeines Offenbarungsverbot, was für alle im Rahmen des Zeugenschutzverfahrens bekannt gewordenen Erkenntnisse - auch nach der Beendigung des Zeugenschutzes - gilt.[1498]

7.3.2.7 Die einzelnen Schutzmaßnahmen

Wesentliche, auf dem ZSHG beruhende, Schutzmaßnahmen, sind die Sperrung personenbezogener Daten (§ 4 ZSHG) und der Aufbau einer vorübergehenden Tarnidentität (§ 5 ZSHG), unter der die Schutzperson am Rechtsverkehr teilnehmen darf.[1499]

Mit der Sperrung der personenbezogenen Daten erhält die Zeugendienststelle die Befugnis, alle dahingehenden Auskünfte über die Schutzperson zu verweigern, soweit dies für den Schutz des Zeugen erforderlich ist (§ 4 Abs. 1 ZSHG). Gemäß § 4 Abs. 2 ZSHG sind öffentliche Stellen auf Ersuchen der Zeugenschutzstelle ebenfalls dazu berechtigt, personenbezogene Daten zu sperren oder sie nicht mehr an andere Stellen zu übermitteln, soweit entgegenstehende öffentliche Interessen oder schutzwürdige Interessen Dritter nicht überwiegen. Handelt es sich um eine nicht öffentliche Stelle, ist sie zur Vornahme der Sperrung beziehungsweise zur Geheimhaltung der Daten verpflichtet, wenn die Zeugenschutzdienstelle dies von ihr verlangt (§ 4 Abs. 3 ZSHG). Der Grund für die Ausdehnung der Maßnahmen auf den privaten Bereich ergibt sich aus der Notwendigkeit eines umfassenden Schutzes, da auch hier viel mit personenbezogenen Daten gearbeitet wird. Zu nennen sind etwa die umfangreichen Datenverarbeitungsvorgänge bei Banken, Versicherungen oder Versorgungsunternehmen. Öffentliche wie nicht öffentliche Stellen stehen gemäß § 4 Abs. 6 ZSHG in der Pflicht, jedes Ersuchen um Bekanntgabe von gesperrten oder sonst von der Zeugenschutzdienstelle bestimmten Daten dieser unverzüglich mitzuteilen. Hierdurch soll der frühzeitigen Er-

---

1498 BT-Drucks. 14/6467.

1499 KK-StPO- *Senge* Vor § 48 Rn. 19a.

kennung und Verhinderung von Ausspähversuchen durch Dritte Rechnung getragen werden.[1500]

Soweit es für den Schutz der gefährdeten Person erforderlich ist, ist sie gemäß § 5 Abs. 1 ZSHG mit Urkunden oder sonstigen Dokumenten zum Aufbau oder zur Aufrechterhaltung einer vorübergehend geänderten Identität auszustatten.[1501] Die Tarnung bezieht sich auf alle Dokumente, anhand derer ein fiktiver Lebenslauf nachgewiesen werden kann. Gemeint sind also etwa der Personalausweis, der Führerschein, eine Lohnsteuerkarte oder Zeugnisse der Schutzperson, wobei die Zeugenschutzdienststelle den konkreten Inhalt der herzustellenden oder verändernden Dokumente festlegt.[1502] Gemäß § 5 Abs. 3 ZSHG darf die Schutzperson unter der vorübergehend geänderten Identität am Rechtsverkehr teilzunehmen. Das heißt, sie kann mit ihrer Tarnidentität etwa eine Wohnung anmieten, Bankverbindungen führen oder die Eintragung in sonstige öffentliche Bücher vornehmen.[1503] Allerdings haben Schutzpersonen, die nicht Deutsche im Sinne von Art. 116 GG sind, wegen § 5 Abs. 1 S. 6 ZSHG kein Recht auf die Ausstellung von Personalausweisen und Pässen.

7.3.2.8 Sonstige Maßnahmen

Wie bereits angesprochen wurde, können für den Zeugenschutz aber auch über das ZSHG hinausgehende Maßnahmen in Betracht gezogen werden, was sich aus § 2 Abs. 1 S. 2 ZSHG ergibt. So können die zuständigen Polizeibeamten auch etwa im Wege der allgemeinen Beratung, der Hilfe zum Selbstschutz, des Personen- und Objektschutzes, der operativen Maßnahmen gegen potentielle Schädiger, der Umsiedlung sowie der Veränderung des äußeren Erscheinungsbildes für den Schutz gefährdeter Personen sorgen.[1504]

7.3.2.9 Ansprüche gegen Dritte

Gemäß § 7 ZSHG werden Ansprüche der Schutzperson gegenüber Dritten durch die Maßnahmen nach dem ZSHG nicht berührt. Hierun-

[1500] Soiné/Engelke NJW 2002, 474.

[1501] Ebd.

[1502] Ebd.

[1503] Ebd.

[1504] Vgl. Zacharias, 161 ff.

ter fallen insbesondere Forderungen der Schutzperson gegenüber staatlichen Leistungsträgern, also etwa Ansprüche gegenüber Sozialhilfebehörden, der Bundesagentur für Arbeit und den Leistungsträgern für Asylbewerber.[1505] Grundgedanke der Norm ist, dass Schutzpersonen häufig auf die Unterstützung der staatlichen Leistungsträger angewiesen sind. Dies ergibt sich entweder aus ihren ursprünglich sozial schwachen Verhältnissen oder aus dem Umstand der fehlenden Erwerbsgrundlage, die sie wegen dem Wechsel des Lebensmittelpunktes im Rahmen des Zeugenschutzprogramms zumindest vorübergehend verlieren.[1506] Das heißt, die Kosten für die Leistungen des Zeugenschutzprogramms werden nicht durch die Polizei- beziehungsweise Justizhaushalte, sondern unter Umständen auch von den zuständigen staatlichen Leistungsträgern getragen.[1507] Die Zeugenschutzdienststelle setzt die zuständigen Stellen gemäß § 7 Abs. 2 S. 1 ZSHG über die Aufnahme in den Zeugenschutz in Kenntnis, sofern dies für die Sicherung von Ansprüchen der Schutzperson gegenüber öffentlichen Stellen erforderlich ist. Die Aufgabe der Zeugenschutzdienstelle ist in diesem Zusammenhang dahingehend zu verstehen, den zuständigen Stellen gegenüber Tatsachen zu bestätigen, die für die Entscheidung relevant sind (§ 7 Abs. 2 S. 2 ZSHG).

7.3.2.10 Zuwendungen der Zeugenschutzstelle

Grundsätzlich müssen Personen, die in einem Zeugenschutzprogramm aufgenommen werden, selbst für ihren Lebensunterhalt aufkommen. Haben sie kein regelmäßiges Einkommen, müssen sie auf ihre Ersparnisse zurückgreifen.[1508] Handelt es sich um Personen, denen weder eigene Mittel noch Ansprüche im Sinne von § 7 Abs. 2 ZSHG zur Verfügung stehen, sieht § 8 ZSHG die Möglichkeit einer vorübergehenden wirtschaftlichen Unterstützung durch die Zeugenschutzdienststelle in Ausnahmefällen vor. Allerdings setzt die Norm voraus, dass Zuwendungen nur in dem Umfang gewährt werden dürfen, als dies für den Zeugenschutz erforderlich ist. Hierdurch soll einer wirtschaftlichen

---

1505 Soiné/Engelke NJW 2002, 474.

1506 Ebd.

1507 Ebd.

1508 Soiné/Engelke NJW 2002, 475.

Besserstellung im Rahmen des Zeugenschutzprogramms entgegengewirkt werden.[1509]

7.3.2.11 Ansprüche Dritter

§ 9 ZSHG regelt die Durchsetzung des Justizgewährleistungsanspruchs und stellt klar, dass Ansprüche Dritter durch die Aufnahme der gefährdeten Person in ein Zeugenschutzprogramm unberührt bleiben sollen. Deshalb steht die Schutzperson gemäß § 9 Abs. 1 S. 2 ZSHG in der Pflicht, die Ansprüche, die Dritte gegen sie haben, offen zu legen. Demgegenüber muss die Zeugenschutzdienststelle dafür Sorge tragen, dass die Erreichbarkeit der Schutzperson, die etwa wegen einer Tarnidentität oder Umsiedlung erschwert wird, für ihre Gläubiger sichergestellt ist (§ 9 Abs. 2 ZSHG).

7.3.2.12 Justizförmiges Verfahren und freiheitsentziehende Maßnahmen

Schließlich ist noch auf §§ 10, 11 ZSHG hinzuweisen, die zum einen den Zeugenschutz in justizförmigen Verfahren und zum anderen den Zeugenschutz bei freiheitsentziehenden Maßnahmen regeln. Da diese Normen für das vorliegende Thema aber nicht nahe liegend sind, wird auf ihre Darstellung verzichtet.

7.3.3 Der klassische Verlauf der Aufnahme in ein Zeugenschutzprogramm im Überblick

Im Allgemeinen zeichnet sich der Verlauf der Aufnahme in ein Zeugenschutzprogramm in der Praxis folgendermaßen ab: Zunächst werden alle im Zeugenschutzprogramm aufgenommenen Personen an einen so genannten Interimsort gebracht, um dort das neue - zumeist unter Tarnpersonalien zu führende - Leben einzutrainieren. Hier müssen die Schutzpersonen beispielsweise lernen, nur noch einseitigen Kontakt zum alten Lebensumfeld zu pflegen. Ferner muss darauf geachtet werden, keine Informationen über den neuen Aufenthaltsort preiszugeben, was oftmals unbewusst im Verlauf eines Gesprächs geschieht, wenn über alltägliche Dinge gesprochen wird. Die Dauer dieser Lernphase kann unterschiedlich ausfallen; so brauchen manche Personen nur einige Wochen, um die anonyme Lebensweise zu über-

---

1509 Ebd.

nehmen, bei anderen nimmt ihre Aneignung mehrere Wochen oder sogar Monate in Anspruch. Erst wenn das Training positiv verläuft, werden die gefährdeten Personen zu ihrem neuen Lebensort gebracht. Hier hilft die Zeugendienststelle bei der Integration der Schutzperson, indem sie sie bei der Suche nach einer Wohnung, einem Arbeitsplatz, einem geeigneten Kindergarten oder einer Schule für die Kinder unterstützt. Daneben bietet sie Hilfe für die Bewältigung psychischer Probleme an, die sich aus der neuen Lebenssituation ergeben können.[1510]

7.3.4 Praktische Bedeutung im Kontext der „Ehrenmorde"

7.3.4.1 Allgemeine Erwägungen

Im Kontext der „Ehrenmorde" bietet die Aufnahme in ein Zeugenschutzprogramm nach Maßgabe des ZSHG potentiellen Opfern auf der einen Seite die Möglichkeit, gegen vergangene Angriffe der Familie vorzugehen und verspricht auf der anderen Seite, sie vor bevorstehenden Übergriffen zu schützen. Um von den Schutzmaßnahmen des ZSHG profitieren zu können, muss zunächst einmal geklärt werden, inwieweit potentielle „Ehrenmordopfer" die Aufnahmekriterien in ein Zeugenschutzprogramm erfüllen. Ferner muss der Frage nachgegangen werden, ob der Zeugenschutz dem spezifischen Bedarf der im Namen der Ehre bedrohten und verfolgten Personen überhaupt gerecht werden kann. Auf den ersten Blick erscheint es im Kontext der „Ehrenmorde" sinnvoll, die Aufnahme in ein Zeugenschutzprogramm insbesondere für solche Fälle in Betracht zu ziehen, in denen Personen einen „Ehrenmordanschlag" überlebt haben (aber der Gefahr eines weiteren Angriffs ausgesetzt sind) oder sie Zeuge eines „Ehrenmordes" an einem Angehörigen geworden sind und bei einer Aussage gegen die Familie ernsthaft befürchten müssen, selbst in Lebensgefahr zu geraten.

Als ein Tötungsdelikt ist der „Ehrenmord" in jedem Fall als eine Straftat erheblicher Bedeutung zu definieren, die den Anforderungen der Verhältnismäßigkeitsklausel aus § 2 Abs. 2 S. ZSHG durchaus gerecht wird. Einschränkungen können sich in der Praxis aber aus geringen Kapazitäten und finanziellen Engpässen ergeben.

1510 Zum Ganzen Merken, 92 f.

§ 1 Abs. 1 ZSHG verlangt für die Zeugeneigenschaft einer Person, dass ihre Angaben für die Wahrheitsfindung von erheblicher Bedeutung sind. Diese Voraussetzung ist im Kontext der „Ehrenmorde“ ohne weiteres erfüllt, was sich in erster Linie vor dem Hintergrund ergibt, dass „Ehrenmorde“ innerhalb einer Familie begangen werden. Daher kommen als Zeugen neben überlebenden Opfern selbst höchstens noch ihre Verwandten oder Unterstützer in Betracht. Diese werden aber in der Regel schweigen, weil sie die Tat entweder für richtig halten oder selbst an ihr beteiligt sind. Oder es wird aus Angst vor einer Racheaktion der Familie auf eine Aussage verzichtet.[1511] Hinzukommt, dass sich Verwandte als Familienangehörige auf ihr Zeugnisverweigerungsrecht gemäß § 52 Abs. 1 StPO und als Beteiligte auf ihr Aussageverweigerungsrecht aus § 55 Abs. 1 StPO berufen können. Dann stellen potentielle „Ehrenmordopfer“ häufig das zentrale Beweismittel in einem Strafverfahren dar. Sie dienen oftmals nicht nur als Beweisfigur, sondern häufig als einzig effektive Hilfe, um die Tat sowie ihre Hintergründe und Strukturen aufzuklären.

Auch die aus der Aussagebereitschaft resultierende Gefährdung von Leib, Leben, Gesundheit, und Freiheit im Sinne von § 1 Abs. 1 ZSHG kann im Rahmen eines „Ehrenmordgeschehens“ unproblematisch bejaht werden, wobei auf die allgemeinen gefährdungsrelevanten Kriterien zurückgegriffen werden kann. So haben Personen, die von einem „Ehrenmord“ bedroht sind, oftmals massive Angst vor ihren Familien beziehungsweise ihrem Ehemann. Sie befürchten, dass die Familien durch unterschiedliche Einschüchterungsmaßnahmen versuchen werden, sie von einer Aussage abzuhalten oder sie im Falle einer Aussage erst recht töten wollen.[1512] Ist es bereits zu einer Aussage gekommen, kann die Motivation ihrer Angehörigen darin liegen, die Betroffene dazu zu bewegen, die Angaben zurückzunehmen und die Aussage zu verweigern.[1513]

Die Ausweitung des Schutzes auf Angehörige oder sonst nahe stehende Personen des gefährdeten Zeugen im Sinne von § 1 Abs. 2 und 3 ZSHG kann für potentielle „Ehrenmordopfer“ hinsichtlich ihrer Kinder oder einem nicht geduldeten Partner in Betracht kommen. Sie ist sehr sinnvoll, da sie der psychischen Stabilisierung dienen kann, der poten-

---

1511 Terre des Femmes/Böhmeke 2007, 8.

1512 Terre des Femmes/Böhmeke 2007, 41.

1513 Ebd. Zu den Einwirkungsmethoden im Rahmen der „Organisierten Kriminalität“ siehe Zacharias, 98 ff.

tielle „Ehrenmordopfer" in ihrer Einsamkeit in der Regel besonders bedürfen.[1514]

Wirksamer Schutz ist für potentielle „Ehrenmordopfer" ohne einen Anonymisierungsprozess sowie eine neue Identität nicht denkbar. Dies gilt umso mehr für Fälle, in denen sie sich dazu entscheiden, strafrechtlich gegen ihre Familie vorzugehen und sie mit ihrer Aussage zu belasten. Diesem Gedanken tragen die Schutzmaßnahmen aus §§ 4 und 5 ZSHG grundsätzlich Rechnung, die der Bedrohten die Möglichkeit bieten, ihre Daten sperren zu lassen und - wenn auch nur vorübergehend - mit Tarndokumenten ausgestattet zu werden. Allerdings ist im Kontext der „Ehrenmorde" größte Vorsicht und Sensibilität geboten, da die Maßnahmen andernfalls keine effektive Wirkung zeigen können. Datensperrungen im Sinne von § 4 ZSHG beruhen auf einem sehr umfangreichen und komplexen Prozess. Die Sperrvermerke müssen bei einer Vielzahl von Behörden und Institutionen eingerichtet werden, die über die Daten verfügen könnten. Bei diesen vielen bürokratischen Vorgängen kann es schnell vorkommen, dass Daten bei unterschiedlichen Stellen hinterlassen bleiben. Ferner können den Bearbeitern Fehler beim Eintrag der Sperrvermerke unterlaufen, so dass es an einer umfassenden Datensperrung fehlt. Neben diesen allgemeinen Pannen kommt es häufig vor, dass die Familienmitglieder der Betroffenen alles daran setzen, um ihren Aufenthaltsort ausfindig zu machen. Auch bei einer erfolgreichen Datensperrung versuchen sie ihrem Ziel durch unterschiedliche Tricks näher zu kommen. Bekannt sind Fälle, in denen Familien beim Ordnungsamt angestellte Freunde darum bitten, einen Blick in die Akte der Frau zu werfen oder aber sie melden sich bei der Polizei oder einer anderen Stelle mit dem Vorwand, sie machten sich Sorgen um ihr Kind und wollten sich nach ihrem Wohlergehen erkundigen.[1515]

Hinzukommen massive Auswirkungen, die ein Anonymisierungsprozess auf die betroffenen Frauen haben kann. Denn mit der anonymen Lebensweise geht nicht nur die Anbindung zu Familie, Verwandten, Freunden und Bekannten verloren, sondern auch die bisherige Identität. Diese einschneidenden Veränderungen können häufig zu starken psychischen Belastungen führen. Wegen des erhöhten Schutzbedarfs und der akuten Bedrohungssituation ist die Anonymität aber unbe-

1514 Soiné/Engelke NJW 2002, 472.

1515 Zum Ganzen Terre des Femmes/Böhmeke 2007, 23, 35.

dingt von Nöten, da sie den maßgeblichen Schritt in ein neues und unabhängiges Leben darstellt.[1516]

Da für die Ausstattung mit Tarndokumenten gemäß § 5 Abs. 1 ZSHG die deutsche Staatsbürgerschaft im Sinne von Art. 116 GG erforderlich ist, der „Ehrenmord" aber ein „ausländisches" Delikt darstellt, bei dem Täter wie Opfer fast ausnahmslos nicht Deutsche sind und häufig aus der Türkei stammen, kann die Norm nur dann zur Anwendung kommen, wenn die gefährdete Zeugin ihre Staatsangehörigkeit zuvor gewechselt hat.[1517] In allen anderen Fällen bleibt ihr - was die Ausstattung mit Personalausweisen und Pässen angeht - der Schutz aus § 5 ZSHG versagt.[1518] Doch auch wenn es zur umfassenden Ausstattung mit Tarndokumenten kommt, kann diese vorübergehende Maßnahme keinen vollständigen Schutz bieten. Denn wenn nötig, verfolgt die Familie die Betroffene im Kontext der „Ehrenmorde" ein Leben lang, bis sie sie gefunden hat und sie im Namen der Ehre töten kann. So ist es möglich, dass die Spuren der Betroffenen bei einer Rückkehr in ihre eigene Identität wieder entdeckt werden.[1519]

1516 Persönliches Interview mit einer Mitarbeiterin der anonymen Kriseneinrichtung Papatya vom 15.3.2008.

1517 Nach Angaben des Statistischen Bundesamtes haben sich im Jahre 2009 ca. 24.600 türkische Migranten in Deutschland eingebürgert. Auch 2009 stellen sie die größte Gruppe der Eingebürgerten dar, wobei eine Zunahme von 0,8 % gegenüber dem Vorjahr festgestellt wurde (vgl. Statistisches Bundesamt, Pressemitteilung Nr. 225 vom 29.06.2010, www.destatis.de/jetspeed/portal cms/Sites/destatis/Internet/DE/Presse/pm /2010/06/PD10__225__12511, templateId=renderPrint.psml; abgerufen am 12.01.2011). Obwohl viele der Migranten türkischer Herkunft schon seit langem in Deutschland leben und fast die Hälfte sogar hier geboren wurde, haben trotz steigender Tendenz insgesamt nur 32 % aller türkischen Migranten bisher die deutsche Staatsbürgerschaft angenommen (vgl. Berlin-Institut für Bevölkerung und Entwicklung, 36). Vor diesem Hintergrund wird die Ausstattung mit Pässen und Personalausweisen im Sinne des § 5 Abs. ZSHG im Kontext der „Ehrenmorde" wohl eher eine Ausnahme darstellen.

1518 Gleiches gilt für das Namensänderungsgesetz. So heißt es in § 1 NamÄnG *„Der Familienname eines deutschen Staatsangehörigen oder eines Staatenlosen, der seinen Wohnsitz oder gewöhnlichen Aufenthalt im Deutschen Reich hat, kann auf Antrag geändert werden."*

1519 Mit der Thematik, wie es Betroffenen mit einer neuen Identität nach Aufnahme in beziehungsweise Ausscheiden aus einem Zeugenschutzprogramm im Allgemeinen ergeht, hat sich Siegismund unter anderem in seiner Untersuchung zum Schutz gefährdeter Zeugen in Deutschland befasst. Seine Aus-

Die akute Bedrohung potentieller „Ehrenmordopfer" kann einen Rückgriff auf über das ZSHG hinausgehende Schutzmaßnahmen erforderlich machen (vgl. § 2 Abs. 1 S. 2 ZSHG). Hierzu zählen insbesondere die Umsiedlung gefährdeter Personen, also ihre Entfernung aus dem bisherigen Lebensumfeld und die dauerhafte Unterbringung in einem anderen Bundesland oder sogar im Ausland.[1520] Der Personen- und Objektschutz stellt ebenfalls eine geeignete Schutzmaßnahme für potentielle „Ehrenmordopfer" dar. Dieser ist vor allem in akuten Gefährdungslagen in Betracht zu ziehen und sollte von der „Bestreifung" des Wohnortes und der näheren Umgebung bis hin zur ständigen Begleitung der gefährdeten Person reichen.[1521] Auch sollte über Schutzmaßnahmen nach dem Abschluss eines Strafverfahrens im Sinne von § 1 Abs. 4 ZSHG nachgedacht werden, da vor allem im Kontext der „Ehrenmorde" wegen Beweisschwierigkeiten nicht ausgeschlossen werden kann, dass es bei allen Tatbeteiligten auch tatsächlich zu einer Verurteilung (in Form einer Freiheitsstrafe) kommt. So können freige-

---

führungen beruhen auf der Analyse der Angaben von Personen, die mit ihren Erfahrungen in und nach dem Zeugenschutzprogramm an die Öffentlichkeit gegangen sind. In der Darstellung Siegismunds wird deutlich, dass ein Zeugenschutzprogramm unter Umständen erhebliche Nachteile mit sich bringt und auch eine neue Identität massive Probleme zur Folge haben kann. So berichtet er etwa von dem „sozialen Abstieg" einer Zeugin, der ihre *„de facto nicht vorhandene Vergangenheit"* zum Verhängnis wurde, da sie nach dem Ausscheiden aus dem Zeugenschutzprogramm mit ihren zwiespältigen Identitäten (sie hatte nur Tarnpapiere bekommen) keine Arbeit mehr fand. In einem anderen Beispiel erzählt Siegismund von einem Mann, dessen Alltag sich trotz beziehungsweise wegen der Aufnahme in ein Zeugenschutzprogramm sehr kompliziert und teilweise sogar existenz- und lebensbedrohlich gestaltete, nachdem dieser gegen eine Mafia-Organisation ausgesagt hatte. Der Mann hatte erhebliche Schwierigkeiten, sich in der neuen Situation zurechtzufinden, da er wegen der neuen Identität sein Leben völlig neu beginnen und den Kontakt zu seiner Familie komplett abbrechen musste, um sie nicht zu gefährden (vgl. ausführlich Siegismund, 62 ff.). Siegismund kommt zu dem Schluss, dass die von ihm gezeigten Beispiele *„ein ernüchterndes Bild auf den Zeugenschutz in Deutschland"* werfen (Siegismund, 67). Obwohl es sich hierbei um kein repräsentatives Ergebnis handelt, lassen die Ausführungen Siegismunds erahnen, welch hohen Preis gefährdete Zeugen unter Umständen für ihre Aussagebereitschaft zahlen müssen. Offen geblieben ist in der Untersuchung, ob die Betroffenen es im Nachhinein bereut haben, ausgesagt zu haben.

[1520] Zacharias, 162 f.

[1521] Zacharias, 162.

sprochene oder sonst in das Geschehen involvierte Angehörige auch nach dem Prozess weiterhin eine große Gefahr für das Leben der Betroffenen darstellen.

Positiv ist, dass die Kosten eines Zeugenschutzprogramms in jedem Fall getragen werden, sei es durch staatliche Leistungsträger (§ 7 ZSHG) oder durch eine vorübergehende Unterstützung der Zeugendienststelle bei Mittellosigkeit der Betroffenen (§ 8 ZSHG). Eine dieser Alternativen wird im Kontext der „Ehrenmorde" der Regelfall sein, da es den Betroffenen häufig an einer Erwerbsgrundlage fehlen wird und sie sich erst eine neue Identität an einem völlig neuen Ort aufbauen müssen. Bei der Gewährleistung von Ansprüchen Dritter gegenüber einem potentiellen „Ehrenmordopfer" (§ 9 ZSHG) sollte bei der Sicherstellung ihrer Erreichbarkeit allerdings darauf geachtet werden, dass den Familien nicht zu viele Informationen preisgegeben werden, die sich unter Umständen als Gläubiger ausgeben und hierdurch versuchen können, hinter den neuen Aufenthaltsort und die Identität der Betroffenen zu kommen.

7.3.4.2 Ein Fall aus der Praxis

Der bekannteste Fall zum Thema „Ehrenmord" und Zeugenschutz in Deutschland ist der von Nourig Apfeld, der in den vergangenen Jahren immer wieder in den Mittelpunkt der Öffentlichkeit rückte. Die maßgebenden Gründe hierfür lagen aber weniger in der Eigenschaft des Falles als „Ehrenmord". Der Fall sorgte auch nicht für Aufmerksamkeit, weil sich eine Frau im Rahmen eines „Ehrenmordes" dazu entschieden hatte, gegen die eigene Familie auszusagen. Hintergrund der umfangreichen Berichterstattung war vielmehr der Umgang der Polizei mit Nourig Apfeld, die sich mehrfach hierüber beklagt hatte. So geriet der Bonner „Ehrenmordprozess" immer wieder mit Aussagen wie *„Dann bin ich Freiwild"*[1522] oder *„Ausgelieferte Zeugin – Staatlicher Schutz mangelhaft"*[1523] in die Schlagzeilen.

Nourig Apfeld ist eine deutsche Bürgerin mit kurdisch-syrischem Migrationshintergrund. Sie wurde zur Hauptbelastungszeugin im Bonner

---

1522 focus Online, www.focus.de/politik/deutschland/zeugenschutz-dann-bin-ich-freiwild_aid_307261.html, abgerufen am 16.07.2008.

1523 Frontal 21 ZDF, Manuskript der Sendung vom 20. November 2007, www.zdf.de/ZDFde/download/0,6753,7001433,00.pdf, abgerufen am 15.08.2008.

„Ehrenmordprozess", da nur durch ihre Aussage ihr Vater verurteilt werden konnte. Zwei Jahre nach dem Urteil hat Nourig Apfeld eine Autobiografie veröffentlicht, in der sie ihre Erlebnisse darstellt. Im Folgenden sollen die wesentlichen Inhalte ihres Buches mit dem Titel *„Ich bin Zeugin des Ehrenmordes an meiner Schwester"* kurz wiedergegeben werden.

In ihrer Publikation geht Apfeld zunächst ausführlich auf ihre Lebensumstände und die Hintergründe der Tat ein. So berichtet sie, dass sie im Jahre 1979 im Alter von sieben Jahren mit ihrer Mutter und ihrer jüngeren Schwester Waffa aus Syrien nach Deutschland kam. Ihr Vater war bereits ein Jahr zuvor nach Deutschland ausgewandert und hatte alle notwendigen Vorbereitungen für seine nachreisenden Angehörigen getroffen. Die Familie lebte in Bad Godesberg in der Nähe von Bonn. Nourig Apfeld gefiel das deutsche Umfeld sehr, sie sah sich in der deutschen Gesellschaft angekommen und fühlte sich in ihrem Elternhaus immer unwohler. Während sie selbst nicht gegen die Eltern rebellierte, lehnte sich ihre jüngere Schwester Waffa gegen die traditionell-muslimischen Regeln immer mehr auf, stellte die Ansichten ihrer Eltern stark in Frage und führte zahlreiche Diskussionen mit ihnen. Sie bestahl ihre Eltern und lief mehrfach von Zuhause weg. Nach einer Prügelei zwischen Waffa und ihrer Mutter, verschwand das junge Mädchen für eine längere Zeit und kam – nachdem eine Unterbringung durch das Jugendamt abgelehnt wurde – bei Freunden unter. In der Zwischenzeit waren zwei Cousins Nourig Apfelds (Kaan und Kasib) aus Syrien nach Deutschland eingereist. Hierbei handelte es sich um Verwandte aus der Familie des Vaters, die stark an den heimatlichen Anschauungen festhielten. Zunächst kam Kaan, der die Eltern Apfelds als zu westlich und liberal bewertete und deshalb vielfach Unruhen in der Familie stiftete. Da der Vater diesbezüglich massiv von Kaan bearbeitet wurde und sich hierdurch immer mehr unter Druck gesetzt fühlte, entschloss er sich, Waffa in die Türkei zu locken und sie dort zu verheiraten, um die durch ihre Flucht aus der Familie ausgelöste Beschmutzung der Ehre zu bereinigen. Nachdem Waffa in der Türkei massiv unterdrückt, ausgebeutet und vergewaltigt worden war, lief sie davon und kehrte nach einiger Zeit schwanger nach Deutschland zurück. Anschließend wechselte sie ihre Unterkünfte ständig und pendelte zwischen dem Elternhaus und einer Jugendschutzstelle hin und her. In den zahlreichen Gesprächen mit ihr, dem Jugendamt und ihrem Vater konnten die familiären Streitigkeiten nicht bewältigt werden.[1524]

Im Anschluss schildert die Autorin den gesamten Tatverlauf wie folgt: Der tödliche Übergriff an Waffa fand im Jahre 2003 statt. Als Waffa wieder mal eine Nacht Zuhause verbrachte, wurde sie von ihren Angehörigen im Schlaf getötet. Nach der Erdrosselung wurde Nourig Apfeld von ihrem Vater geweckt und ins Wohnzimmer geführt, wo sich die Leiche ihrer Schwester befand, die reglos auf dem Sofa lag und ein Sisalseil um ihren Hals geschlungen hatte. Ihre beiden Cousins Kaan und Kasib standen hinter dem Sofa, wobei Kaan die Enden des Seiles in der Hand hielt. Als Apfeld das Zimmer betrat, drückte Kaan dem Vater die Seile in die Hand und forderte sie dazu auf, die Seile von dem Vater entgegenzunehmen und selbst daran zu ziehen. Apfeld kam der Aufforderung nach und musste versprechen, zu schweigen. Im Anschluss beobachtete sie ihren Vater und ihre Verwandten dabei, wie sie die Leiche ihrer Schwester in einem Karton verpackt mit dem Auto abtransportierten. Später erfuhr sie, dass sie zuvor eine Grube im Wald gegraben hatten und Waffa hier verscharrt wurde. Danach sprach niemand mehr in der Familie über die Tat.[1525]

Einige Zeit später entschied sich auch Apfeld dazu, die Familie zu verlassen, da sie Angst hatte, dass ihr ähnliches zustoßen könnte. Vor der Preisgabe des langjährigen Geheimnisses hatte sie einen Neuanfang gewagt. Sie verliebte sich in einen deutschen Mann, nahm an unterschiedlichen therapeutischen Sitzungen teil und studierte Medizin in Bonn. Allerdings holte sie die Vergangenheit irgendwann wieder ein. Erst elf Jahre nach der Tat vertraute sie sich der Polizei an, ein Schritt, den sie im Nachhinein bitter bereute.[1526]

Apfeld beschreibt im nächsten Schritt die in Gang gesetzten Geschehnisse nach ihrem ersten Anruf bei der Polizei als *„eine Lawine (...), die (...) (sie) bald nicht mehr kontrollieren konnte“*.[1527] Nachdem sie dem Staatsschutz von der Tat erzählt und dabei erwähnt hatte, dass ihrem Cousin Kaan die Rolle des „Rädelsführers“ zukam, entschloss sie sich gegen weitere Schritte, da ihr das Ergebnis einer Aussage in keinem Verhältnis zu dem Schaden zu stehen schien. So war ihr klar, dass eine

---

1524 Vgl. Apfeld, 28 ff.

1525 Ausführlich Apfeld, 150 ff.

1526 Apfeld, 159 ff.

1527 Apfeld, 198.

Aussage für ihren Vater seine endgültige Vernichtung und für sie die Flucht vor ihrer Familie bedeuten würde.[1528] Obwohl sie die darauf folgenden zahlreichen Vorladungen ignorierte und in den Terminen die Aussage verweigerte, ließ die Polizei nicht locker und wollte sie unbedingt zu einer Aussage bewegen. Nourig Apfeld hatte große Angst vor der Rache ihrer Familie aber am meisten vor ihrem Cousin Kaan, da sie befürchtete, dass ihr Vater die Schuld auf sich nehmen und Kaan daher nicht zur Rechenschaft für die Tat gezogen werden würde. Die Polizei bot ihr die Aufnahme in einem Zeugenschutzprogramm unter der Bedingung einer Aussage an und versprach ihr eine neue Identität, einen Ortswechsel und eine Betreuung durch Zeugenschützer. Eine schriftliche Bestätigung dieser Zusagen wurde ihr nicht ausgehändigt. Ohne ihre Kenntnis ermittelte die Polizei gegen die Angehörigen Nourig Apfelds und entlockte ihrem Vater mittels eines V-Mannes ein Geständnis. Da Apfeld zu diesem Zeitpunkt noch nicht unter Zeugenschutz stand, brachte sie die Polizei durch ihre Ermittlungen in akute Lebensgefahr. Daraufhin wurde sie auf dem Weg zur Arbeit von zwei Zivilfahndern abgefangen und gegen ihren Willen ins Polizeipräsidium gebracht, wo sie über lange Zeit von den Beamten bearbeitet und dazu überredet wurde, endlich eine Aussage zu machen. Im Vertrauen auf den Zeugenschutz ließ Apfeld sich schließlich von einer Richterin vernehmen und sagte gegen ihren Vater und Cousin aus, woraufhin diese festgenommen und in Untersuchungshaft gebracht wurden. Nach ihrer Aussage blieben Nourig Apfeld nur zwei Tage Zeit, um sich von ihrem alten Leben zu verabschieden. Ohne Rücksprache mit ihr zu halten, wurde sie im Anschluss nach Augsburg umgesiedelt und in einem spärlich eingerichteten Zimmer untergebracht. Von einer neuen Identität wollte die Polizei plötzlich nichts mehr wissen. Ihre Klingel unten im Eingangsbereich war mit ihrem Klarnamen beschriftet. Apfeld stand nur unter Personenschutz und wurde von der Polizei dazu aufgefordert, ihr neues Leben zu organisieren und sich eine eigene Wohnung, eine neue Arbeit oder einen Studienplatz zu suchen. Als sie gegen diese Maßnahmen vorgehen wollte, wurde sie schließlich mit dem Argument, sie sei nicht kooperativ gewesen, aus dem Zeugenschutzprogramm entlassen.[1529]

Der Prozess gegen den Vater und den Cousin begann gegen Ende 2007. Die Aussage Nourig Apfelds wurde im Januar 2008 per Videoüberwa-

---

1528 Apfeld, 197.

1529 Apfeld, 196 ff.

chung direkt in den Gerichtssaal des Bonner Landgerichts übertragen.[1530] In der etwa zwei Monate später ergangenen Entscheidung wurde ihr Vater zu acht Jahren Freiheitsstrafe wegen Totschlags verurteilt. Kaan wurde - wie sie befürchtet hatte - aus Mangel an Beweisen freigesprochen. Die von ihr eingelegte Revision lehnte der Bundesgerichtshof ab, da keine formalen Fehler im Vorverfahren feststellbar gewesen seien.[1531]

Im Juli 2008 wurde durch die Medien bekannt, dass Nourig Apfeld den Staat vor dem Kölner Verwaltungsgericht auf monatlichen Unterhalt in Höhe von 1522 € verklagt hat. *„Nie wieder würde ich aussagen, mein Leben ist zerstört, weil die Justiz mich mit falschen Versprechungen hereingelegt hat"* sagt sie in einem Zeitungsinterview mit dem Focus.[1532] Sie bereut ihre Aussage zutiefst. In einem Online Bericht der taz heißt es, die Bonner Polizei sehe sich im Recht und weiche gezielten Fragen aus.[1533] Der Prozess vor dem Verwaltungsgericht endete mit einem Vergleich.[1534]

7.4 Zusammenfassung und Stellungnahme

> „(...) läuft ein Mädchen weg, um sich Hilfe von außen (...) zu holen, schadet sie dem Ansehen des Vaters in der Öffentlichkeit, weil er nicht in der Lage ist, seine Tochter zu disziplinieren".[1535]

Wie dieses Zitat eindrucksvoll belegt, sind Opferrechte beziehungsweise der Opferschutz im Kontext der „Ehrenmorde" wichtige, aber auch schwierige Aspekte. Dies liegt insbesondere in der Tatsache begründet, dass die Suche nach und die Inanspruchnahme von Schutz-

---

1530 Apfeld, 261.

1531 Apfeld, 268 f.

1532 focus Online, wie vor.

1533 Tageszeitung Online, www.taz.de/1/archiv/digitaz/artikel/?ressort=tz&dig=2008%2F07%2F19%2Fa0113&cHash=dbe6930cd9, abgerufen am 23.08.2008.

1534 www.berlinonline.de/berliner-zeitung/archiv/.bin/dump.fcgi/2010/0916/seite3/0003/index.html, abgerufen am 13.11.2010.

1535 Toprak 2007, 139.

und Hilfsinstrumenten durch Betroffene ihre Gefährdung und Bedrohung überhaupt erst auslösen beziehungsweise bestärken kann, da sie in traditionellen Augen einen schwerwiegenden Normenbruch darstellen.[1536] Zweifelhaft ist auch, ob das gezielte Vorgehen gegen den/die Täter im Kontext der „Ehrenmorde" eine taugliche Hilfestellung für das potentielle Opfer darstellen kann. Während im Allgemeinen davon auszugehen ist, dass die strafrechtliche Verfolgung der Tat zumindest auch einen mittelbaren Schutz für das potentielle Opfer bietet, erscheint dies im Bereich ehrbedingter Gewalt höchst fragwürdig. Denn oftmals fehlt es den Tatbeteiligten nicht nur an einem Unrechtsbewusstsein, vielmehr kann der Eingriff des Staates zu Strafzwecken die Aggressivität der gesamten Familie unberührt lassen oder sie sogar um ein vielfaches erhöhen.[1537] Angesichts der Tatsache, dass es wegen Beweisschwierigkeiten nicht selten zur Bestrafung nur einer Person kommen wird, ist zu befürchten, dass sich die übrigen Familienmitglieder hiervon nicht abschrecken lassen und nun erst recht alles daran setzen werden, die Frau zu töten, um hierdurch neben der eigentlich begangenen Ehrverletzung auch die Sanktionierung ihres männlichen Mitgliedes zu sühnen. Obwohl aus rechtstaatlichen Gründen kein Zweifel an der Notwendigkeit der strafrechtlichen Ahndung eines „Ehrenmordes" bestehen kann, erscheint sie vor dem geschilderten Hintergrund aus Opferperspektive nicht besonders effektiv und kann den Schutz der Betroffenen sogar wesentlich erschweren.

Die Ausführungen haben verdeutlicht, dass sich nicht alle vorgestellten und analysierten Rechtsnormen ohne weiteres auf die Situation potentieller „Ehrenmordopfer" anwenden lassen. Während die Maßnahmen des GewSchG bei fehlender Abschreckung im Grunde gänzlich versagen und daher im Kontext der „Ehrenmorde" in der Regel gar keine Anwendungsgrundlage finden, sind bei Unterstützungshandlungen nach dem KJHG zahlreiche Sicherheitsvorkehrungen zu beachten. Andernfalls kommt die Wirkungskraft dieses Gesetzes auch schnell an seine Grenzen. Da sich die Schutzwirkung des ZSHG im Kontext der „Ehrenmorde" oftmals nicht vollständig entfalten kann und es sich in der Regel nur um vorübergehende Maßnahmen handelt, bestehen in diesem Rahmen ebenfalls Einschränkungen und Lücken,

---

1536 So auch Ter-Nedden 2005, 31.

1537 Dies ist vor allem dann anzunehmen, wenn das potentielle Opfer durch eine Zeugenaussage an der Verurteilung seiner Angehörigen maßgeblich mitwirkt.

die einem effektiven Schutz entgegenstehen können. Einen absoluten Schutz können die Hilfssysteme aber ohnehin nicht bieten.

Haupthindernisse sind jedoch nicht die rechtlichen Voraussetzungen. Im Kontext der „Ehrenmorde" beginnen Probleme und Schwierigkeiten oftmals bereits bei dem Zugang zu den Hilfs- und Schutzinstrumenten. Diese können neben herkömmlichen Faktoren auch auf dem Ausländerstatus der Betroffenen basieren. Zudem befinden sich potentielle „Ehrenmordopfer" in der Regel in einer spezifischen Gefühlswelt, die eine weitere Hürde darstellen kann. So erleben die Betroffenen nicht selten ein Wechselbad der Gefühle, indem sie bei der Inanspruchnahme von Hilfs- und Schutzmaßnahmen zwischen Erleichterung und Schuldgefühlen schwanken.[1538] Oftmals sind sie der Ansicht, ihren Eltern, der Familie oder dem Ehemann schon genug „angetan" zu haben. Häufig lieben sie ihre Familie trotz der erlittenen oder angedrohten Gewalt und haben ein schlechtes Gewissen, weil sie Schande über sie bringen.[1539] Teilweise ist die emotionale Bindung zur Familie zu groß, um sich von ihr abwenden zu können.[1540] Zum anderen werden sie durch Einschüchterungsmaßnahmen zur Zurückhaltung gezwungen oder aber sie erleben ehrbedingte Gewalt bei nahen weiblichen Angehörigen, die sich in den Augen der Familie nicht regelkonform verhalten haben, was sie sehr verschreckt. Die Folge daraus ist, dass sich Betroffene in der Regel entweder gar nicht oder erst dann jemandem anvertrauen, wenn die Familie schon Morddrohungen gegen sie geäußert hat und die Gefahr akut ist. Sofern Frauen und Mädchen die Gewaltsituation vor den Behörden wie der Polizei und/oder dem Jugendamt bagatellisieren, kann dies ebenfalls Ausdruck ihrer Angst sein. Zugangshindernisse ergeben sich auch aus der traditionellen Bewertung der Inanspruchnahme staatlicher Hilfe. Dies gilt vor allem für Hilfen, wo Mädchen oder Frauen ihre Familie verlassen und dauerhaft in staatlichen Einrichtungen unterkommen, da diese Häuser als eine Auffangstätte für „unreine" oder „gefallene" Frauen angesehen werden. Angesichts dieser verbreiteten Auffassung bewerten die Betroffenen Fluchtmaßnahmen teilweise selbst als verächtlich, was sie davon abhalten kann, diesen Schritt zu gehen.[1541]

1538 Timmermann, 31.

1539 Terre des Femmes/Böhmeke 2007, 41.

1540 Hoppmann Kriminalistik 2011, 100.

1541 Terre des Femmes/Böhmeke 2007, 13 f.

Eine besondere Gruppe stellen ausländische potentielle Opfer dar, die über keinerlei bis wenige Sprachkenntnisse verfügen und kaum Kontakt zur Außenwelt pflegen dürfen. Diese sind in ihren Möglichkeiten nach Hilfe und Schutz extrem eingeschränkt, da ihnen die deutschen Strukturen und Institutionen oftmals völlig unbekannt sind, obwohl sie teilweise bereits seit vielen Jahren in Deutschland leben.[1542] Ausländische Frauen, die erst seit kurzem in Deutschland sind, haben zumeist die größten Hemmungen vor der Inanspruchnahme von Hilfs- und Schutzmaßnahmen. Dies ergibt sich aus der Tatsache, dass sie in der Regel aufenthaltsrechtlich von ihrem Mann oder der Familie abhängig sind und befürchten, im Falle einer Trennung in das Heimatland abgeschoben zu werden, was häufig eine noch größere Gefahr bedeutet.[1543]

1542 Hierzu siehe bereits im 4. Teil unter 4.2.1 und 4.2.3.1; ebenso Terre des Femmes/Böhmeke 2007, 13 f.

1543 So erhalten Frauen, die im Wege des Familiennachzugs nach Deutschland gekommen sind gemäß § 27 Abs. 1 AufenthG ein Aufenthaltsrecht zur Ausübung der familiären Lebensgemeinschaft. Sind sie von einem „Ehrenmord" bedroht und fliehen vor ihrer Familie, fällt der Zweck der familiären Lebensgemeinschaft weg. Um weiterhin in Deutschland bleiben zu können, sind sie auf ein eigenständiges Aufenthaltsrecht angewiesen, was ihnen nach § 31 Abs. 1 Nr. 1 AufenthG aber nur zusteht, wenn die eheliche Lebensgemeinschaft zu diesem Zeitpunkt bereits seit mindestens zwei Jahren rechtmäßig in Deutschland besteht. (Für die Zukunft ist sogar eine Verschärfung des Aufenthaltsrechts vorgesehen, wonach der Zeitraum für den Bestand der Ehe von zwei auf drei Jahre hoch gesetzt wird, vgl. Yerlikaya/Cakir-Ceylan ZIS online 2011, 205. Dies stellt im Kontext der „Ehrenmorde" aber einen erheblichen Nachteil dar, da die Frauen dann noch längere Zeit in einer möglicherweise gewalttätigen Ehe durchhalten müssen, bevor sie ein eigenständiges Aufenthaltsrecht bekommen, vgl. auch Bundesverband: Frauenberatungsstellen und Frauennotrufe, www.frauen-gegen-gewalt.de/dokumente/files/1bf92eef278a9270b07ad85eeef42522.pdf, abgerufen am 13.02.2011). Von diesem allgemeinen Erfordernis kann jedoch gemäß § 31 Abs. 2 S. 1 AufenthG abgesehen werden, soweit die Ermöglichung des weiteren Aufenthalts der Betroffenen zur Vermeidung einer besonderen Härte erforderlich ist. Diese liegt nach § 31 Abs. 2 S. 2 AufenthG dann vor, wenn es zur Auflösung der ehelichen Lebensgemeinschaft gekommen ist und dem Ehegatten im Zusammenhang mit der Rückkehrverpflichtung eine erhebliche Beeinträchtigung seiner schutzwürdigen Belange droht (1. Alternative). Dies ist anerkannt für den Fall, in dem dem Ehegatten im Herkunftsland etwa wegen kultureller oder gesellschaftlicher Diskriminierung die Führung eines eigenständigen Lebens nicht möglich wäre (vgl. BT-Drucks. 14/2368 im Rahmen der Begründung des Gesetzentwurfs zu § 19 AuslG), was im Kontext der „Ehrenmorde" durchaus zutreffen kann und

Ausländische Frauen und Mädchen, die vor einem familiären „Ehrenmord" fliehen, riskieren also unter Umständen, ihre Aufenthaltserlaubnis zu verlieren. Dies rechtfertigt die Annahme, dass sie aus Angst

---

daher Berücksichtigung finden sollte. Daneben umfasst die Ausnahmeregelung des § 31 Abs. 2 S. 2 AufenthG in seiner 2. Alternative besondere Umstände während der Ehe, die es dem Ehegatten unzumutbar machen, zur Erlangung eines eigenständigen Aufenthaltrechts an der ehelichen Lebensgemeinschaft festzuhalten. Da es sich bei der nachhaltigen und glaubhaften Androhung psychischer oder physischer Misshandlungen sowie erheblicher Straftaten ebenfalls um einen von der Rechtsprechung anerkannten Fall handelt (vgl. VGH BW, Beschl. vom 28.02.2003 InfAuslR 2003, 232), können sich potentielle „Ehrenmordopfer" auch auf diesen Ausnahmetatbestand berufen. Die Erteilung einer eigenständigen Aufenthaltserlaubnis setzt in der Regel aber gemäß § 5 Abs. 1 Nr. 1 AufenthG die Sicherung des Lebensunterhaltes voraus. Ist eine ausländische Person etwa auf Sozialleistungen angewiesen, wird ihr der Aufenthalt versagt. § 31 Abs. 2 S. 3 AufenthG stellt eine Sonderregelung zu diesem Grundsatz dar, indem er die Inanspruchnahme von Sozialleistungen nur im Falle des Missbrauchs als Versagungsgrund ansieht (vgl. Storr/Wenger/Eberle/Albrecht/Harms/Kreuzer-*Eberle* § 31 Rn. 30). Mangelnde finanzielle Mittel müssen einem eigenständigen Aufenthaltsrecht potentieller „Ehrenmordopfer" somit nicht zwingend im Weg stehen. Das Aufenthaltsrecht minderjähriger Mädchen ist in § 32 AufenthG speziell geregelt. Auch hier gilt, dass es zur Herstellung und Wahrung der familiären Lebensgemeinschaft erteilt werden soll (vgl. Storr/Wenger/Eberle/Albrecht/Harms/Kreuzer-*Eberle* § 32 Rn. 14). Ferner muss der Lebensunterhalt nach § 5 Abs. 1 Nr. 1 AufenthG gesichert sein. Trennt sich also ein junges ausländisches Mädchen von ihrer Familie, weil sie mit der Begehung eines „Ehrenmordes" bedroht wird und nimmt sie Jugendhilfemaßnahmen nach dem KJHG in Anspruch, sind die angeführten Voraussetzungen von § 32 AufenthG nicht mehr erfüllt, was den Wegfall ihrer Aufenthaltserlaubnis bedeuten würde. Kinder, die mindestens 16 Jahre alt sind, können aber gemäß § 35 Abs. 1 AufenthG ein eigenständiges Aufenthaltsrecht beantragen, wenn sie im Zeitpunkt der Vollendung des 16. Lebensjahres seit fünf Jahren im Besitz einer Aufenthaltserlaubnis sind. Dieser Anspruch ist jedoch nach § 35 Abs. 3 S. 1 Nr. 3 AufenthG ausgeschlossen, sofern der Lebensunterhalt etwa nicht ohne die Leistungen der Jugendhilfe gesichert werden kann. Dies gilt aber nicht, wenn sich die ausländische Person in einer Ausbildung, die zu einem anerkannten schulischen oder beruflichen Bildungsabschluss führt, befindet. § 35 Abs. 3 S. 2 AufenthG gibt jedoch zu erkennen, dass auch bei Vorliegen eines Ausschlussgrundes ausnahmsweise eine Aufenthaltserlaubnis erteilt werden kann. Insofern hat die Behörde hier einen gewissen Ermessensspielraum. Kommt es zum Eintritt der Volljährigkeit, steht der Betroffenen schließlich gemäß § 34 Abs. 2 AufenthG ein eigenständiges, von der Familie unabhängiges, Aufenthaltsrecht zu.

oftmals davon absehen, Hilfs- und Schutzmaßnahmen zu beanspruchen und sich den Regeln der Familie fügen, auch wenn dies den Verzicht auf ein eigenständiges Leben bedeutet.[1544]

Die Ausführungen zeigen, wie schwierig es im Ergebnis ist, potentiellen „Ehrenmordopfern“ auf juristischem Wege effektiv zu helfen beziehungsweise sie zu schützen. Die Möglichkeiten, die auf der Grundlage des deutschen Rechtssystems zur Verfügung stehen, können im Kontext der „Ehrenmorde“ nicht vollständig beansprucht werden, da sie entweder gar nicht oder nur teilweise bedarfsgerechte Maßnahmen darstellen.

Ungeachtet dessen, können rechtliche Instrumente allein ohnehin nicht ausreichen, um „Ehrenmorden“ in Deutschland nachhaltig zu begegnen. Vielmehr müssen die Probleme auf einer anderen, viel früheren, Ebene angegangen werden.[1545] Den Ausweg bilden vor allem informelle Instrumente, die auf ein Umdenken in den betroffenen Subgesellschaften in Deutschland abzielen. Hierzu ist beispielsweise eine frühestmögliche Aufklärung erforderlich, die insbesondere in Bildungseinrichtungen wie Kindergärten oder Schulen beginnen sollte.[1546] Den Betroffenen ist bereits in jungen Jahren das Verständnis von der Gleichberechtigung der Geschlechter zu vermitteln. Jungen und Männer müssen es lernen, sich von ihrer „Pascha-Rolle“ zu distanzieren, wobei die Erziehung der Mädchen und Frauen in Richtung von Stärke und Selbstbewusstsein gehen muss.[1547] Aufklärungskampagnen mittels türkischer Fernsehsender oder Migrantenvereine können ebenfalls einen wichtigen Beitrag zur Veränderung der allgemeinen Denkweise leisten.[1548]

Darüber hinaus ist es von überragender Bedeutung, den Betroffenen die Möglichkeit der Flucht zu erleichtern sowie eine verbesserte Hilfe anzubieten. Dies kann durch die Schaffung und den Ausbau weiterer spezialisierter Beratungsangebote und Zufluchtstellen bewirkt werden. Ferner ist es wichtig, Personen wie Mitarbeiter des Jugendamtes, des Sozialamtes, der Polizei und der Schulen, die sich mit islamischen Migrantenfamilien befassen, speziell zu schulen, um Informationsdefi-

---

1544 Göhl, 66.

1545 Akgün 2004, 74.

1546 Ebd.

1547 Ebd.

1548 Falsafi-Amin, 18.

zite möglichst gering zu halten. Nur so können sie die Hintergründe der Tat erkennen, die Gefahr im Einzelfall richtig einschätzen und die erforderlichen Maßnahmen in die Wege leiten.[1549] Schließlich ist auch auf die Notwendigkeit eines bundesweiten Netzwerks sowie der Zusammenarbeit unterschiedlicher Bereiche wie Soziales, Politik, Jugendamt, Prävention, Forschung und Schule hinzuweisen, die miteinander kooperieren und hierdurch gemeinsame Projekte zur Bekämpfung von „Ehrenmorden" ins Leben rufen können.[1550]

Das auf der Initiative der Hessischen Landesregierung geschaffene Hessische Netzwerk gegen Gewalt hat die Idee einer ressortübergreifenden Zusammenarbeit bereits umgesetzt und soll daher kurz vorgestellt werden. An dem Netzwerk wirken Mitarbeiterinnen und Mitarbeiter des Hessischen Ministeriums für Arbeit, Familie und Gesundheit, des Hessischen Ministeriums des Innern und für Sport, des Hessischen Ministeriums der Justiz, für Integration und Europa und des Hessischen Kultusministeriums mit. Aus dieser Kooperation ist im Jahre 2009 eine Broschüre unter dem Titel „Gewalt im Namen der Ehre" hervorgegangen, deren Sinn und Zweck darin besteht, Informationen darüber zu vermitteln, wie betroffenen Mädchen und jungen Frauen effektiv geholfen werden kann. Die Broschüre richtet sich an alle Personen, die mit gefährdeten jungen Menschen in Berührung kommen, innerhalb oder außerhalb ihres Arbeitsbereiches mit dieser Thematik konfrontiert werden und helfend eingreifen wollen.[1551]

Das Informationsmaterial beinhaltet neben allgemeinen Ausführungen zur „Gewalt im Namen der Ehre" (wie etwa Motive, Folgen und Fakten) einen Überblick über die deutsche und internationale Gesetzeslage. Auch wird das deutschlandweite Netzwerk der Anlauf- und Beratungsstellen detailliert vorgestellt, an die sich potentielle Opfer wenden können. Darüber hinaus enthält der Leitfaden konkrete Handlungsempfehlungen für akute Bedrohungssituationen, die an (sozial)pädagogische Fachkräfte und an Mitarbeiterinnen und Mitarbeiter der Hessischen Polizei adressiert sind. Besonders positiv fällt an der Broschüre auf, dass sie sehr feinfühlig mit der Thematik umgeht und sie aus unterschiedlichen Blickwinkeln beleuchtet. So nimmt sie auf diverse Situationen Bezug und gibt konkrete und ausführliche Rat-

---

1549 Ausführlich zu diversen erforderlichen Präventionsmaßnahmen siehe Terre des Femmes/Böhmeke 2007, 122 ff.

1550 Volz 2004a, 85.

1551 Zum Ganzen siehe Netzwerk gegen Gewalt, 2.

schläge darüber, wie akute Krisensituationen erkannt und auf welche Weise einzelne Schritte für ihre wirksame Bewältigung eingeleitet werden können. Die Hinweise zu der Frage, was bei der Unterstützung akut gefährdeter Personen unbedingt zu beachten ist, sind durchaus dazu geeignet, um potentielle Opfer bei der Hilfestellung nicht noch zusätzlich zu gefährden. Aufschlussreich sind auch die Ausführungen für die Fälle, in denen eine Flucht aus der Familie unvermeidbar erscheint. Die zusätzlichen Anregungen aus juristischer Perspektive zeigen die aktuelle Situation in Deutschland auf und geben nützliche Anhaltspunkte für die rechtlichen Möglichkeiten und Besonderheiten. Optimiert werden könnten einige Stellen, die wegen ihrer hohen Relevanz einer näheren Präzision beziehungsweise Begründung bedürfen. So wird beispielsweise nicht genau klar, warum sich Betroffene häufig nicht trauen, an Pädagogen, Beratungsstellen oder die Polizei heranzutreten, worin die spezifischen Gründe dafür liegen, dass die Mädchen und jungen Frauen unbedingt sicher vor ihrer Familie und anonym untergebracht werden müssen und wie es zu ihrem inneren Zwiespalt kommt, wenn sie aus dem Elternhaus entfliehen. Da es sich hierbei aber um sehr wesentliche Themenbereiche handelt, die für die Gewährleistung des Schutzes des potentiellen Opfers entscheidend sein können, wäre eine nähere Erläuterung empfehlenswert.

8 Zusammenfassung und Schlussbetrachtung

In der vorliegenden Arbeit wurde versucht, einen Einblick in das komplexe Wesen des „Ehrenmordes“ am Beispiel türkischer (Migranten-)Familien zu geben und die Faktoren, die bei seinem Zustandekommen eine ausschlaggebende Rolle spielen, herauszuarbeiten. Auf der Grundlage dieser Erkenntnisse war es möglich, derartige Taten sachgerecht in das deutsche Strafgesetzbuch einzuordnen sowie wirksame Hilfs- und Schutzmaßnahmen für potentielle Opfer zu identifizieren. Die zentralen Ergebnisse der Untersuchung können in folgenden Thesen zusammengefasst werden:

- „Ehrenmorde“ stellen die schwerste Form der Gewalt im Namen der Ehre dar. Mangels offizieller Statistiken und einem allgemein hohen Dunkelfeld, können jedoch keine genauen Angaben zu dem Ausmaß der Taten gemacht werden. „Ehrenmorde“ werden im Allgemeinen von männlichen Personen begangen und richten sich vorwiegend gegen ihre weiblichen Familienmitglieder. Oftmals bestimmt der „Familienrat“ den (zumeist minderjährigen) Täter, der unter großem Druck steht, da die Ausführung des „Ehrenmordes“ von der Familie und der Gesellschaft nicht nur geduldet, sondern erwartet wird. Opfer erfahren im Regelfall keine Unterstützung von Angehörigen oder Außenstehenden, die sich nicht in die Angelegenheit einmischen wollen. Auch von staatlicher Seite ist keine Hilfe für Bedrohte zu erwarten. Sie werden zumeist allein gelassen und in der Regel so lange verfolgt, bis sie getötet werden. Ermittlungen werden durch die Familie und das soziale Umfeld häufig stark behindert, um eine Verurteilung des Täters zu verhindern.

- Andere Formen der Gewalt im Namen der Ehre sind die Blutrache und die Zwangsheirat. Hierbei handelt es sich um Phänomene, die aus derselben Werteordnung des „Ehrenmordes“ entspringen und in einem engen Zusammenhang mit ihm stehen können. Während die Verweigerung oder Loslösung von einer Zwangsehe den „Ehrenmord“ auslösen kann, stellen Blutrachedelikte eine weitere Erscheinungsform der Tötung aus Ehrengründen dar, die zwar nicht mit dem „Ehrenmord“ verwechselt werden dürfen, aber unter Umständen nicht getrennt von ihm betrachtet werden können.

- Statistiken zum Vorkommen von „Ehrenmorden" in Deutschland weisen darauf hin, dass die Taten vorwiegend innerhalb türkischer Migrantenfamilien vorkommen. Bei Tätern und Opfern handelt es sich in der Regel um junge, aber erwachsene Personen. Während auf Opferseite mehrheitlich Frauen anzutreffen sind, wird die Tat fast ausschließlich von männlichen Verwandten (insbesondere (Ex-)Ehemann/Partner, Vater, Bruder), nicht selten unter Mitwirkung weiterer Personen, ausgeführt. „Ehrenmorde" treten in Deutschland größtenteils in Form von Partnertötungen in Erscheinung, wobei die vor- oder außereheliche Beziehung und die (beabsichtigte) Trennung der Frau ihre Hauptauslöser sind.

- Jüngsten Erhebungen zufolge geschehen „Ehrenmorde" in der Türkei vor allem in ländlichen-anatolischen Gebieten. Demgegenüber treten die Taten in den türkischen Großstädten verhältnismäßig selten in Erscheinung. Da sie auch bei einer Begehung in den Provinzen in der Regel eine Verbindung zum Landesinneren aufweisen, sind diese Delikte als ein Resultat der Binnenmigration innerhalb der Türkei zu verstehen. „Ehrenmorde" werden in der Türkei aber nicht nur im Rahmen der kurdischen Bevölkerung angetroffen. Täter und Opfer haben oftmals eine traditionelle Sozialisation erfahren und weisen überwiegend einen sehr geringen Bildungsstand auf. Von den Taten sind auch in der Türkei mehrheitlich erwachsene Frauen betroffen. Sie werden häufig von ihren erwachsenen männlichen Verwandten getötet, wobei an der Tat nicht selten mehrere Personen beteiligt sind.

- „Ehrenmorde" gehen auf ein spezifisches Verständnis von Ehre zurück. Hierbei handelt es sich um einen unumstößlichen Wert der traditionell türkischen Gesellschaft, der das Verhalten eines jedes Einzelnen auf strengste Weise regelt. *„Namus"* ist die zentrale Form des türkischen Ehrkonzepts und spielt die größte Rolle im Rahmen eines „Ehrenmordgeschehens". Sie kann aber nicht losgelöst von den Werten *„Seref"* und *„Saygi"* betrachtet werden. Vielmehr ist davon auszugehen, dass durch eine ehrenrührige Verhaltensweise das gesamte Wertgefüge tangiert wird. Die *„Namus"* verlangt von den Frauen, sich sexuell keusch zu verhalten. Hierzu zählt neben der Jungfräulichkeit bis zur Ehe auch die anschließende Treue. Weichen die Frauen von den geforderten Verhaltensweisen ab und erlangt die Öffentlichkeit Kenntnis darüber, haben sie die *„Namus"* all ihrer männlichen Angehörigen verletzt. Ab diesem Zeitpunkt sind die Männer dazu aufgerufen, die Ehre ihrer gesamten Familie wiederherzustellen. Dabei können für die Annahme einer Ehrverletzung bereits dahingehende Gerüchte oder Vermutungen ausreichen.

- Bei den primär betroffenen Regionen in der Türkei handelt es sich um unterentwickelte Gebiete, wo Menschen rückständig in ärmlichen Verhältnissen, isoliert von der restlichen Gesellschaft und fern von staatlicher Zugriffsmöglichkeit leben. Hier haben die Sitten und Bräuche überlebt und bestimmen nach wie vor das Denken und Handeln der Menschen.

- Die Taten sind das Ergebnis traditioneller Vorstellungen von Geschlechterrollen, deren Grundlage die Ehre ist. Sie werden typischerweise von Personen begangen, die aus traditionell organisierten patrilinearen und patrilokalen (Groß-)Familien stammen. Die Mitglieder dieser Gruppen sind aus ökonomischen und sozialen Gründen fest miteinander verbunden und voneinander abhängig. Dies ist der Grund, warum die Sicherung des Bestandes der Familie für alle Angehörigen so wichtig ist. Die Familien haben einen besonders engen Bezug zu ihrem sozialen Umfeld, auf dessen materielle und ideelle Unterstützung sie aufgrund ihrer Lebensumstände ebenfalls angewiesen sind. Deshalb müssen sie strengstens darauf achten, dass sie ihren Ruf in der Gesellschaft nicht verlieren, denn das würde ihre soziale Ausgliederung bedeuten.

- Innerhalb der Familien herrschen patriarchalisch-hierarchische und duofokale Strukturen, die zu unterschiedlichen Geschlechterrollen und -positionen führen und für die Frau ihre Beherrschung und Unterdrückung durch den Mann auf vielen Ebenen bedeuten. Bei der Eheschließung stehen wirtschaftliche Aspekte und die Stärkung der Familie im Vordergrund. Ihr Erfolg wird an der Anzahl der männlichen Nachkommen gemessen, die die weitere Existenz der Familie sichern sollen. Sexualität ist ein Tabuthema und darf auch unter Ehepartnern nur unter strenger Geheimhaltung ausgelebt werden. Sie dient primär dazu, Kinder zu zeugen und hierbei die Bedürfnisse des Mannes zu befriedigen. Die Familien legen großen Wert darauf, ihre Kinder den traditionellen Rollen gemäß zu erziehen, wobei die schulische Bildung ihrer Nachkommen vernachlässigt oder sogar abgelehnt wird. Die Androhung und Anwendung von Gewalt gegenüber Frauen und Kindern steht auf der Tagesordnung der Familien und wird von den Betroffenen als etwas „normales" empfunden, solange es zu keinen gravierenden Folgen kommt.

- Es gibt keinen spezifischen Zusammenhang zwischen „Ehrenmorden" und dem Islam. Doch obwohl eine entsprechende Regelung zur Tötung der Frau sowie ein ausdrücklicher Hinweis auf die Ehre nach traditionell türkischem Verständnis im Islam fehlen, liefert die Religion zumindest eine Stütze für die Vorrangstellung des Mannes, weshalb die Täter fälschlicherweise meinen können, den Islam bei der Begehung der Tat hinter sich zu haben.

- Die meisten der nach Deutschland migrierten Personen stammen ursprünglich aus den ländlich-anatolischen Gebieten der Türkei. Die traditionellen Werte und der muslimische Glaube spielen in Deutschland weiterhin eine wichtige Rolle für sie. In dem Erhalt ihrer „Wurzeln" finden die Migranten auch eine Möglichkeit, auf die veränderte Lebenssituation zu reagieren und gegebenenfalls Unsicherheiten zu kompensieren. Die Aufrechterhaltung des eigenen Wertesystems und Glaubens wird durch die räumlich-soziale Segregation zur Aufnahmegesellschaft begünstigt, die einer Integration der Migranten entgegensteht. Oftmals versuchen sie ihre Lebensweise aus der Türkei fortzuführen, was ihnen vor allem in den „Türkenvierteln" gut gelingt. Hier haben die Menschen starke Bindungen zu ihren Landsleuten, die ihnen einerseits eine wesentliche Stütze für die Lebensbewältigung in einem fremden Land bieten. Andererseits wird durch die starke Präsenz der türkischen Community auch in Deutschland eine erhebliche soziale Kontrolle ausgeübt. Da der Eingliederung in das türkische Bezugssystem in der Migration eine ähnlich hohe Bedeutung zukommt wie im Heimatland, wollen die Migranten ihren gesellschaftlichen Ruf um jeden Preis wahren und vermeiden, von ihrem Umfeld ausgegliedert zu werden. Aufgrund des starken sozialen Drucks wird strengstens darauf geachtet, dass die traditionellen Regeln und Vorstellungen von allen Familienangehörigen eingehalten werden und es zu keinem schlechten Gerede über sie kommt.

- Das Leben in der „Fremde“ kann sogar zu noch rigideren Ansichten und Verhaltensweisen führen, als es in der Türkei der Fall wäre. Denn die Migration zwingt die Betroffenen oftmals zu Veränderungen in den herkömmlichen Autoritätsstrukturen und traditionellen Geschlechterrollen. Teilweise wird das Männlichkeits- und Vormachtsideal hierdurch derart in Frage gestellt, dass bei einem Sichtbarwerden der Brüchigkeit der Vormachtstellung die Männer versuchen, ihre Macht brachial herzustellen. Dies kann soweit führen, dass sie ihre weiblichen Angehörigen im Namen der Ehre töten.

- Das traditionelle Wertgefüge besitzt auch im Rahmen der jüngeren Generationen große Aktualität, die in ihrer familiären Sozialisation damit vertraut gemacht werden. Dabei orientieren sich vor allem junge Männer an den traditionellen Auffassungen, die sie entweder unreflektiert von ihren Eltern übernehmen oder sich bewusst in diese zurückziehen und hierdurch versuchen, eigene Erfahrungen im Zusammenhang mit Benachteiligung und Diskriminierung zu begegnen. Somit können Tötungen im Namen der Ehre unter den Bedingungen der Migration eine ganz neue Bedeutung bekommen. Insofern sollte von einem (Fort-)Bestehen archaischer Ehrvorstellungen in Deutschland gesprochen werden.

- Das Ehrmotiv fand lange Zeit eine privilegierende Stütze im türkischen Strafgesetzbuch. Im Zuge der letzten Strafrechtsreformen wurden aber vor allem solche Regelungen, die bei Straftaten wegen verletzter Geschlechtsehre zu Strafmilderungen oder Straffreiheit führten, abgeschafft. Heute kommt der Ehrbegriff in erster Linie im Rahmen der Beleidigungsdelikte zum Tragen.

- Der Ehrenschutz spielt in der deutschen Strafrechtsordnung heute eine nur untergeordnete Rolle. Das Beispiel der Entwicklung ehrbedingter Gewaltformen in der Geschichte der deutschen Strafrechtspflege hat gezeigt, dass die Taten im Allgemeinen erst dann überwunden werden können, wenn sie gesetzlich verboten und unter Strafe gestellt werden, es zur Festigung der Staatsmacht kommt, traditionelle Strukturen aufgelöst werden und sich das Bewusstsein der Bevölkerung wandelt, wodurch auch der Stellenwert der Ehre zurückgeht. Nichts anderes kann für die betroffenen Gebiete im Herkunftsland Türkei gelten, wo einige der aufgezeigten Voraussetzungen bisher noch nicht erfüllt wurden.

- Die neue türkische Strafrechtsordnung von 2005 kennt viele Normen, die die „Ehrenmordproblematik" berühren. Die zentrale Vorschrift ist der neu eingeführte Art. 82 k) tStGB, der den traditionellen „Ehrenmord" (*„Töre Cinayeti"*) als einen Strafschärfungsgrund behandelt. Die Ausdünnung des Anwendungsbereichs der Norm war vom Gesetzgeber gewollt, dem es ausschließlich darum ging, auf dieses in der Tradition begründete Phänomen zu reagieren. Durch die Neuregelung des Provokationstatbestandes aus Art. 29 tStGB, der ursprünglich als Einfallstor für die Privilegierung des Ehrmotivs galt, reicht für die Annahme einer Strafmilderung nicht mehr jede Ehrverletzung aus; vielmehr muss ein „unrechtmäßiges Verhalten" der Frau vorausgehen. Da hierbei auf den Verstoß gegen rechtliche Vorschriften abgestellt wird, der Ehebruchtatbestand mittlerweile aber abgeschafft wurde, wird die Norm nur im Einzelfall als Strafmilderungsgrund in Betracht kommen. Zudem kann ein Motiv nicht zugleich eine strafschärfende und strafmildernde Wirkung entfalten. Vor diesem Hintergrund fällt die Prognose für eine zukünftig härtere Sanktionierung des „Ehrenmordes" in der Türkei positiv aus.

- Die strafrechtliche Behandlung des „Ehrenmordes" ist in Deutschland zwischen der Rechtsprechung und der Literatur umstritten. Im Wesentlichen wird darüber diskutiert, ob kulturell bedingte Taten einen sonst niedrigen Beweggrund im Sinne des § 211 Abs. 2 StGB darstellen beziehungsweise an welcher Stelle abweichende Vorstellungen Berücksichtigung finden sollten. In der Entwicklung der höchstrichterlichen Rechtsprechung zu dieser Thematik wurden bisher zwei unterschiedliche Standpunkte vertreten. Die neueste Rechtsprechung bejaht grundsätzlich die Niedrigkeit des Ehrmotivs und begründet dies damit, dass der Maßstab für die Bewertung eines Beweggrundes den Vorstellungen der deutschen Rechtsgemeinschaft zu entnehmen sei. Der BGH lässt eine Berücksichtigung abweichender kultureller Anschauungen als Ausnahme jedoch auf subjektiver Ebene zu und stellt dabei auf die Einsichts- und Steuerungsfähigkeit des Täters ab.[1552]

- Die meisten Stimmen im Schrifttum haben sich dem subjektiven Ansatz des BGH angeschlossen.[1553] Kritisiert wird jedoch die dogmatisch-systematische Problemverortung der Rechtsprechung mit dem Verweis darauf, dass der BGH die Einsichts- und Steuerungsfähigkeit konsequenterweise anhand der gesetzlichen Anforderungen der §§ 20, 21 StGB bei der Frage der Schuldfähigkeit des Täters behandeln müsste.[1554]

- Dem jüngsten Lösungsansatz der höchstrichterlichen Rechtsprechung zu „Ehrenmorden" ist insoweit zuzustimmen, als er das Ehrmotiv grundsätzlich als niedrig bewertet, da die Rücksichtnahme auf abweichende Anschauungen auf objektiver Ebene vor allem gegen den Gleichheitsgrundsatz verstoßen und zum Rechtspluralismus führen würde. Wegen der im Ergebnis begründeten Kritik an der Problemverortung des BGH, wird hier vorgeschlagen, die kulturelle Verhaftung des Täters auf subjektiver Ebene mit dem Rechtsgedanken aus § 17 StGB abzuhandeln.

- Ist der Täter von seinen ausländischen Anschauungen durchdrungen und herkunftsbedingt-schicksalhaft in ihnen verhaftet, kann dies zur Ablehnung seiner Verbotskenntnis im Sinne des § 17 StGB führen. Davon kann – wenn überhaupt – aber nur die Rede sein, wenn das Ehrmotiv im Heimatland nicht nur auf gesellschaftliche Akzeptanz stößt, sondern auch im Heimatstrafrecht privilegierend berücksichtigt wird. Da die gesellschaftliche Legitimation des Ehrkonzepts aber keinen Widerhall mehr in der türkischen Strafrechtsordnung

---

1552 Vgl. etwa BGH NStZ 1995, 79 = NJW 1995, 602 = MDR 1995, 186; BGH Urt. v. 02.02.2000 - 2 StR 550/99; BGH Beschl. v. 10.11.2009 - 5 StR 274/09.

1553 Hierzu gehören unter anderem Dietz NJW 2006, 1386; LK-Jähnke § 211 Rn. 37; MüKo-StGB-Schneider § 211 Rn. 94; Valerius JZ 2008, 916.

1554 So vor allem MüKo-StGB-*Schnei*der § 211 Rn. 99; NK-*Neumann* § 211 Rn. 45; Saliger StV 2003, 23; Schönke/Schröder-*Eser* § 211 Rn. 39.

findet, kann der Verbotsirrtum für einen Täter mit türkischem Migrationshintergrund nicht mehr ohne weiteres angenommen werden.

- Sollten eine Verbotsunkenntnis gleichwohl bejaht werden – etwa weil die strafrechtlichen Veränderungen noch nicht allzu lange Gültigkeit besitzen – , sind strenge Anforderungen an ihre Vermeidbarkeit zu stellen und analog des Rechtsgedankens des § 17 StGB der Sozialisationsprozess des Täters mit in die Erwägungen einzubeziehen. Bei Tätern, die in Deutschland aufgewachsen sind, wird die Unvermeidbarkeit des Irrtums in der Regel abzulehnen sein.

- Der familiäre und gesellschaftliche Druck, der bei der Begehung eines „Ehrenmordes" auf dem Täter lastet, kann dem Ehrmotiv durchaus seine Niedrigkeit nehmen. Da es sich hierbei allerdings um ein typisches Merkmal des „Ehrenmordes" handelt, ist die Berücksichtigung der Zwangslage nur für solche Fälle in Betracht zu ziehen, in denen sie entscheidend für die Tatbegehung ist und der Täter widerwillig und nur wegen seiner Ausweglosigkeit handelt. Alles andere würde im Ergebnis der objektiven Phase des BGH gleichkommen.

- Die Frage nach der Strafbarkeit der Beteiligung an einem „Ehrenmord" und ihrem Ausmaß bereitet der deutschen Rechtsprechung große Probleme. Allerdings kann ihre Lösung nicht darin gesehen werden, von den allgemeinen Zurechnungsregeln oder der Unschuldsvermutung abzuweichen. Es ist aber wünschenswert, dass es auch in Zukunft zu materiellrechtlich richtigen Verurteilungen der „Hintermänner" der Taten kommt und das diesbezügliche jüngste Urteil aus dem Jahre 2009 kein Einzelfall bleibt.

- Die Maßnahmen zur Hilfe und zum Schutz potentieller „Ehrenmordopfer" müssen in erster Linie darauf abzielen, die Betroffenen langfristig und umfassend vor ihren Familien zu sichern. Obwohl die Thematik „Ehrenmorde" noch keine gesetzliche Verankerung in diesem Bereich erfahren hat, gibt es nach momentaner Gesetzeslage durchaus einige Vorschriften, die auch auf die Situation potentieller

Opfer Anwendung finden können. Die Möglichkeiten, die den Betroffenen hierdurch geboten werden, sind aber in der Regel nicht ausreichend und können ihrem spezifischen Schutzbedarf nicht in vollem Umfang Rechnung tragen. In diesem Bereich besteht also noch großer Handlungsbedarf.

Ehrbedingte Tötungshandlungen werden infolge der Migration vor allem türkischer Familien nun seit über 50 Jahren in Deutschland begangen. Bei einem durchschnittlichen Fallaufkommen von etwa 7 Taten pro Jahr betreffen sie nur einen Teil der türkischen Migrantenfamilien.[1555] Die Ergebnisse der vorliegenden Arbeit haben aber verdeutlicht, dass der traditionelle Ehrbegriff auch im Rahmen der jüngeren Generationen mit türkischem Hintergrund Gültigkeit besitzt und „Ehrenmorde" hier weiterhin in Erscheinung treten. Was den rechtlichen Umgang mit der Tat und dem Täter angeht, wäre es erfreulich, wenn sich in Rechtsprechung und Literatur für abweichende kulturelle Anschauungen künftig eine einheitliche Linie abzeichnet, die keine unangemessene Nachsichtigkeit erkennen lässt. Auf Opferseite bleibt zu hoffen, dass zumindest die zielgruppengerechten Maßnahmen in der Praxis Anwendung finden und die spezifische Situation potentieller Opfer als Härte- beziehungsweise Sonderfall anerkannt wird. Dies sind grundlegende Schritte, denen weitere - vor allem präventive - folgen müssen, um „Ehrenmorde" in Deutschland in Zukunft effektiv und nachhaltig bewältigen zu können.

1555 Die Berechnung beruht auf der Materialsammlung Papatyas und bezieht sich auf den Zeitraum von 1996-2009.

9 Literaturverzeichnis

Abdullah, Muhammad S.: Die islamische Frau zwischen Tradition und Emanzipation, in: Fitzgerald, Michael/Khoury, Adel Theodor/Wanzura, Werner (Hrsg.): Mensch, Welt, Staat im Islam, Graz u.a. 1977. (Zitiert Abdullah).

Akgün, Lale: Der Ehrbegriff in der Türkei, in: Zentrum für Türkeistudien (Hrsg.): Ehre. Veraltetes Konzept oder Schlüsselbegriff der multikulturellen Gesellschaft? Dokumentation einer Veranstaltung im Rahmen des Sensibilisierungsprojektes gegen Fremdenfeindlichkeit in Duisburg und Essen am Zentrum für Türkeistudien am 24. Juli 1995, Köln 1996, S. 91 - 98. (Zitiert Akgün 1996).

Akgün, Lale: Von Wertstellungen und notwendiger Integration. Politische Forderungen, in: Terre des Femmes/Böhmeke, Myria (Hrsg.): Tatmotiv Ehre, Tübingen 2004, S. 72 - 75. (Zitiert Akgün 2004).

Akkent, Meral/Franger, Gaby: Mädchen in der Türkei und in Deutschland. Eine kulturvergleichende Situationsanalyse, München 1987. (Zitiert Akkent/Franger).

Akpinar, Ünal: Angleichungsprobleme türkischer Arbeiterfamilien. Eine empirische Untersuchung in Westberlin, Berlin 1974. (Zitiert Akpinar 1974).

Akpinar, Ünal: Sozialisationsbedingungen in der Türkei, Bonn 1976. (Zitiert Akpinar 1976).

Al-Khayyat, Sana: Ehre und Schande. Frauen im Irak, München 1991. (Zitiert Al-Khayyat).

Altinay, Ayse Gül/Arat, Yesim: Türkiye´de Kadina Yönelik Siddet, Istanbul 2008. (Frei übersetzt: Gewalt gegen Frauen in der Türkei). (Zitiert Altinay/Arat).

Altvater, Gerhard: Rechtsprechung des BGH zu den Tötungsdelikten, in: Neue Zeitschrift für Strafrecht 1998, S. 342 - 347. (Zitiert Altvater NStZ 1998).

Amnesty International: Türkei: Frauen kämpfen gegen familiäre Gewalt, Bonn 2004. (Zitiert Amnesty International).

Anonyme Lehrerin: Das gibt es in Deutschland nicht, in: Terre des Femmes (Hrsg.): Zwangsheirat. Lebenslänglich für die Ehre, Schriftenreihe „Nein zu Gewalt an Frauen", Tübingen 2002, S. 55 - 57. (Zitiert Anonyme Lehrerin).

Antes, Peter: Verbrechen im Namen der Ehre - ein religiöses Problem?, in: Terre des Femmes/Böhmeke, Myria (Hrsg.): Tatmotiv Ehre, Tübingen 2004, S. 16 - 21. (Zitiert Antes).

Apfeld, Nourig: Ich bin Zeugin des Ehrenmordes an meiner Schwester, 2. Auflage, Hamburg 2010. (Zitiert Apfeld).

Artuk, Emin: Türklügü, Cumhuriyeti, Devletin Kurum ve Organlarini asagilama sucu, in: Türkiye Barolar Birligi Dergisi, Sayi 70, 2007, S. 214 - 243. (Frei übersetzt: Der Tatbestand der Herabsetzung der türkischen Nation, des Staates der Republik der Türkei, der staatlichen Institutionen und Organe, in: Zeitschrift der türkischen Rechtsanwaltskammer, Nr. 70). (Zitiert Artuk TBB 2007).

Atabay, Ilhami: Zwischen Tradition und Assimilation. Die zweite Generation türkischer Migranten in der Bundesrepublik, Freiburg im Breisgau 1998. (Zitiert Atabay).

Ates, Seyran: Rechtliche Aspekte, in: Landeshauptstadt Hannover (Hrsg.): Zwangsheirat, Häusliche Gewalt, Ehrenmorde. Dokumentation der Fachkonferenz am 21.06.1005, Hannover 2005, S. 15 - 22. (Zitiert Ates 2005).

Ates, Seyran: Trennung, Scheidung und (Rechts-)Folgen. Problemstellung bei der Bekämpfung von Zwangsheirat, in: Bundesministerium für Familie, Senioren, Frauen und Jugend (Hrsg.): Zwangsverheiratung in Deutschland, Baden-Baden 2007, S. 225 - 241. (Zitiert Ates 2007).

Ates, Seyran: Der Islam braucht eine sexuelle Revolution, Berlin 2009. (Zitiert Ates 2009).

Auernheimer, Georg: Der sogenannte Kulturkonflikt. Orientierungsprobleme ausländischer Jugendlicher, Frankfurt am Main u.a. 1988. (Zitiert Auernheimer).

Baumeister, Werner: Ehrenmorde. Blutrache und ähnliche Delinquenz in der Praxis bundesdeutscher Strafjustiz, Münster 2007. (Zitiert Baumeister).

Baumgartner-Karabak, Andrea/Landesberger, Gisela: Die verkauften Bräute. Türkische Frauen zwischen Kreuzberg und Anatolien, Hamburg 1987. (Zitiert Baumgartner-Karabak/Landesberger).

Bausinger, Hermann: Kulturelle Identität - Schlagwort und Wirklichkeit, in: Ausländer - Inländer. Arbeitsmigration und kulturelle Identität, Tübingen 1986, S. 141 - 160. (Zitiert Bausinger).

Beauftragte der Bundesregierung für Migration, Flüchtlinge und Integration (Hrsg.): Bericht der Beauftragten der Bundesregierung für Migration, Flüchtlinge und Integration über die Lage der Ausländerinnen und Ausländer in Deutschland (6. Ausländerbericht), Berlin 2005. (Zitiert Beauftragte der Bundesregierung für Migration, Flüchtlinge und Integration).

Becker, Anne-Cécile: Verheiratet um jeden Preis. Mitgiftmorde in Indien, in: Terre des Femmes/Böhmeke, Myria (Hrsg.): Tatmotiv Ehre, Tübingen 2004, S. 51 - 54. (Zitiert Becker).

Bentzin, Anke: Die soziale und religiöse Bedeutung der Eheschließung für türkische Frauen der zweiten Generation in der Bundesrepublik Deutschland, Berlin 1998. (Zitiert Bentzin).

Berliner Institut für Bevölkerung und Entwicklung (Hrsg.): Ungenutzte Potenziale. Zur Lage der Integration in Deutschland, Berlin 2009. (Zitiert Berlin-Institut für Bevölkerung und Entwicklung).

Beulke, Werner: Anmerkung zu BGH Urteil vom 25.07.1989, in: Neue Zeitschrift für Strafrecht 1990, S. 278 - 279. (Zitiert Beulke NStZ 1990).

Beulke, Werner/Hillenkamp, Thomas: Der praktische Fall, in: Juristische Schulung 1975, S. 309 - 314. (Zitiert Beulke/Hillenkamp JuS 1975).

Blaack, Ursula: Innerfamiliale Kommunikation in türkischen Familien in interkulturellen Konstellationen, in: Bott, Peter/Merkens, Hans/Schmidt, Folker (Hrsg.): Türkische Jugendliche und Aussiedlerkinder in Familie und Schule, Göppingen 1991, S. 45 - 61. (Zitiert Blaack).

Boenke, Yvonne: „...dann hat er den armen Kerl totgeschossen". Ehre der Frau und Besitzanspruch des Mannes, Münster 2007. (Zitiert Boenke).

Böhmeke, Myria: Im Namen der Ehre: Misshandelt, verstoßen, ermordet. Eine Einführung, in: Terre des Femmes/Böhmeke, Myria (Hrsg.): Tatmotiv Ehre, Tübingen 2004, S. 10 - 15. (Zitiert Böhmeke).

Boos-Nünning, Ursula: Arbeiten und Wohnen als Lebensgrundlage. Die Situation der Arbeitsmigranten und ihrer Kinder von 1986 bis 1955, in: Eryilmaz, Aytac/Jamin, Mathilde (Hrsg.) Fremde Heimat. Eine Geschichte der Einwanderung aus der Türkei, Essen 1998, S. 337 - 353. (Zitiert Boos-Nünning).

Borris, Maria: Ausländische Arbeiter in einer Großstadt. Eine empirische Untersuchung am Beispiel Frankfurt, Frankfurt am Main 1973. (Zitiert Borris).

Böttcher, H.: Stichwort Blutrache, in: Reallexikon der germanischen Altertumskunde, Band 3, Berlin 1978, S. 85 - 101. (Zitiert Böttcher RGA 1978).

Büchler, Andrea: Gewalt in Ehe und Partnerschaft. Polizei-, straf-, und zivilrechtliche Interventionen am Beispiel des Kantons Basel-Stadt, Basel u.a. 1998. (Zitiert Büchler).

Bulut, Nezir: Gefangener der Rache, Norderstedt 2003/2004. (Zitiert Bulut)

Bundesamt für Migration und Flüchtlinge (Hrsg.): Muslimisches Leben in Deutschland. Im Auftrag der Deutschen Islam Konferenz, Nürnberg 2009. (Zitiert Bundesamt für Migration und Flüchtlinge).

Bundesanstalt für Arbeit: Repräsentativuntersuchung 1972. Beschäftigung ausländischer Arbeitnehmer, Nürnberg 1973. (Zitiert: Bundesanstalt für Arbeit).

Bundeskriminalamt (Hrsg.): Presseinformation zu den Ergebnissen einer Bund-Länderabfrage zum Phänomenbereich „Ehrenmorde in Deutschland", Wiesbaden 2006. (Zitiert Bundeskriminalamt 2006).

Bundeskriminalamt (Hrsg.): Polizeiliche Kriminalstatistik 2009. Bundesrepublik Deutschland, Wiesbaden 2010. (Zitiert Bundeskriminalamt 2010).

Bundesministerium für Familie, Senioren, Frauen und Jugend (Hrsg.): Sechster Familienbericht. Familien ausländischer Herkunft in Deutschland. Leistungen - Belastungen - Herausforderungen, und Stellungnahme der Bundesregierung, Berlin 2000. (Zitiert BMFSFJ 2000).

Bundesministerium für Familie, Senioren, Frauen und Jugend (Hrsg.): Lebenssituation, Sicherheit und Gesundheit von Frauen in Deutschland. Eine repräsentative Untersuchung zu Gewalt gegen Frauen in Deutschland. Hauptstudie des Bundesministeriums für Familie, Senioren, Frauen und Jugend, Berlin 2005. (Zitiert BMFSFJ 2005).

Burkhart, Dagmar: Eine Geschichte der Ehre, Darmstadt 2006. (Zitiert Burkhart).

Caesar, Peter: Noch stärkerer Schutz für Zeugen und andere nicht beschuldigte Personen im Strafprozess?, in: Neue Juristische Wochenschrift 1998, S. 2313 - 2318. (Zitiert Caesar NJW 1998).

Cakir-Ceylan, Esma: Gewalt im Namen der Ehre. Eine Untersuchung über Gewalttaten in Deutschland und in der Türkei unter besonderer Betrachtung der Rechtsentwicklung in der Türkei, Frankfurt am Main 2011. (Zitiert Cakir-Ceylan).

Cepni, Musa Koral: Türkische Arbeitnehmer in der Bundesrepublik Deutschland. Ihr Einsatz im Gastgeberland und ihr Beitrag zur wirtschaftlichen Entwicklung ihres Heimatlandes, Freiburg 1980. (Zitiert Cepni).

Cileli, Serap: „Lieber sterben als heiraten". Türkische Mädchen in der Türkei und in Deutschland, in: Terre des Femmes (Hrsg.): Zwangsheirat. Lebenslänglich für die Ehre, Tübingen 2002, S. 30 - 34. (Zitiert Cileli 2002).

Cileli, Serap: „Lieber sterben als heiraten". Türkische Mädchen in der Türkei und in Deutschland, in: Terre des Femmes (Hrsg.): Zwangsheirat. Lebenslänglich für die Ehre, Schriftenreihe „Nein zu Gewalt an Frauen", 2. Auflage, Tübingen 2006, S. 16 - 19. (Zitiert Cileli 2006).

Cöster, Anna Caroline: Ehrenmord in Deutschland, Marburg 2009.

Cuisenier, Jean.: Affinités entre systeme economique et systeme de parente. La Turquie des villages aujourd´hui, in: Etudes Rurales, Nr. 22-24 1966 S. 219 - 242. (Zitiert Cuisenier ER 1966).

Dietz, Andreas: „Ehrenmord" als Ausweisungsgrund, in: Neue Juristische Wochenschrift 2006, S. 1385 - 1389. (Zitiert Dietz NJW 2006).

Dirks, Sabine: La famille musulmane turque, Paris 1969. (Zitiert Dirks).

Dohse, Knuth: Ausländerpolitik und betriebliche Ausländerdiskriminierung, Berlin 1981. (Zitiert Dohse).

Dokumentationszentrum und Museum über die Migration aus der Türkei (Hrsg.): Materialsammlung zur Geschichte der Arbeitsmigration aus der Türkei: Anwerbung, Reise nach Deutschland, Fremdheiten. Im Auftrag des Ministeriums für Arbeit und Soziales, Qualifikation und Technologie des Landes Nordrhein Westfalen, Köln 2000. (Zitiert DOMIT).

Dörfel, Bettina/Naendorf, Elisabeth: „Im Namen der Ehre“. Eine Arbeitshilfe zum Gedenktag „NEIN zu Gewalt an Frauen!“ am 25. November 2004, ohne Jahr und Ort. (Zitiert Dörfel/Naendorf).

Düzgün, Firat: Die Migration als Belastungsfaktor türkischer Familien. Auswirkungen auf die soziale Identität und das Familiensystem, Hamburg 1996. (Zitiert Düzgün).

Eicke, Margarete E.: Die polizeiliche Wohnungsverweisung bei häuslicher Gewalt, Berlin 2007. (Zitiert Eicke).

Eisenrieder, Claudia: Zwangsheirat bei MigrantInnen. Verwandtschaftliche und gesellschaftliche Hintergründe, in: Terre des Femmes (Hrsg.): Zwangsheirat. Lebenslänglich für die Ehre, Tübingen 2002, S. 36 - 44. (Zitiert Eisenrieder 2002).

Eisenrieder, Claudia: Zwangsheirat bei Migrantinnen. Verwandtschaftliche und gesellschaftspolitische Hintergründe, in: Terre des Femmes (hrsg.): Zwangsheirat. Lebenslänglich für die Ehre, Schriftenreihe „Nein zu Gewalt an Frauen“, Tübingen 2006, S. 20 - 26. (Zitiert Eisenrieder 2006).

El Baradie, Adel: Gottes-Recht und Menschen-Recht. Grundlagenprobleme der islamischen Strafrechtslehre, Baden-Baden 1983. (Zitiert El Baradie).

Endress, Gerhard: Einführung in die islamische Geschichte, München 1982. (Zitiert Endress).

Erbil, Bahar: Toleranz für Ehrenmörder? Soziokulturelle Motive im Strafrecht unter Berücksichtigung des türkischen Ehrbegriffs, Berlin 2008. (Zitiert Erbil).

Erem, Faruk: Türk Ceza Kanunu Serhi, Özel Hükümler, Cilt 2 (Madde 125-447), Cilt 3 (Madde 448-592), Ankara 1993. (Frei übersetzt: Vormerkungen zum türkischen Strafgesetzbuch, Besondere Bestimmungen, Band 2 (Art. 125-447), Band 3 (Art. 448-590)). (Zitiert Erem).

Eryilmaz, Aytac: Die Ehre der Türkei. Frauen als Arbeitsmigrantinnen, in: Eryilmaz, Aytac/Jamin, Mathilde (Hrsg.): Fremde Heimat. Eine Geschichte der Einwanderung aus der Türkei, Essen 1998, S. 133 - 137. (Zitiert Eryilmaz).

Fabricius, Dirk: Anmerkung zu BGH Urteil vom 12.12.1995 - 1 StR 491/95, in: Der Strafverteidiger 1996, S. 209 - 211. (Zitiert Fabricius StV 1996).

Falk, Svenja: Dimensionen kurdischer Ethnizität und Politisierung. Eine Fallstudie ethnischer Gruppenbildung in der Bundesrepublik Deutschland, Baden-Baden 1998. (Zitiert Falk).

Falsafi-Amin, Rochane: Psychologische und therapeutische Aspekte aus Sicht der Betroffenen, in: Bündnis 90/Die Grünen (Hrsg.): Zwangsheirat ist keine Ehrensache. Dokumentation der Anhörung vom 17.07.2003 in Berlin, Deutscher Bundestag, Berlin 2004, S. 15 - 18. (Zitiert Falsafi-Amin).

Fischer, Thomas: Strafgesetzbuch und Nebengesetze, 56. Auflage, München 2009. (Zitiert Fischer).

Frauenstädt, Paul: Blutrache und Todtschlagsühne im Deutschen Mittelalter. Studien zur Deutschen Kultur- und Rechtsgeschichte, Leipzig 1881. (Zitiert Frauenstädt).

Fuchs-Heinritz, Werner/Lautmann, Rüdiger/Rammstedt, Otthein/ Wienold, Hans (Hrsg.): Lexikon zur Soziologie, 4. Auflage, Wiesbaden 2007. (Zitiert Fuchs-Heinritz/Lautmann/Rammstedt/Wienold).

Führing, Bianca: Für den Erhalt der Familie. Ehrverbrechen in Jordanien, in: Terre des Femmes/Böhmeke, Myria (Hrsg.): Tatmotiv Ehre, Tübingen 2004, S. 30 - 34. (Zitiert Führing).

Geilen, Gerd: Kartei 5 zu § 211 StGB, in: Juristische Ausbildung Jura-Kartei auf CD-Rom, 1980. (Zitiert Geilen JK 1980).

Gemende, Marion: Geschlechterbeziehungen in der Migration. Ein vernachlässigtes Forschungsthema, in: Lenz, Karl (Hrsg.): Frauen und Männer. Zur Geschlechtstypik persönlicher Beziehungen, Weinheim u.a. 2003, S. 251 - 276. (Zitiert Gemende).

Geppert, Klaus: Straftaten gegen die Ehre, in: Jura 1983, S. 530 - 544. (Zitiert Geppert Jura 1983).

Geppert, Klaus/Schneider, Hartmut: Mordmerkmale und Akzessorietät der Teilnahme (§ 28 StGB), in: Jura 1986, S. 106 - 109. (Zitiert Geppert/Schneider Jura 1986).

Göhl, Sandra: Von der Ehre verfolgt. Ehrverbrechen in Deutschland, in: Terre des Femmes/Böhmeke, Myria (Hrsg.): Tatmotiv Ehre, Tübingen 2004, S. 65 - 71. (Zitiert Göhl).

Goldberg, Andreas/Halm, Dirk/Sen, Faruk: Die deutschen Türken, Münster 2004. (Zitiert Goldberg/Halm/Sen).

Göztepe, Ece: Rechtliche Aspekte der sog. Ehrenmorde in der Türkei, in: Europäische Grundrechte Zeitschrift 2008, S. 16 - 21. (Zitiert Göztepe EuGRZ 2008).

Greuel, Luise/Petermann, Axel: Blutrache: Phänomen oder Mythos?, in: Greuel, Luise/Petermann, Axel (Hrsg.): Macht - Nähe - Gewalt (?). (Sexuelle) Gewalt- und Tötungsdelikte im sozialen Nahraum, Lengerich 2007, S. 187-214. (Zitiert Greuel/ Petermann).

Grubig, Rada: Interkulturelles Frauenhaus Berlin, in: Bündnis 90/Die Grünen (Hrsg.): Menschenrechtsverletzungen im Namen der Ehre Dokumentation des öffentlichen Fachgesprächs vom 13.04.2005 im Jakob-Kaiser-Haus des Deutschen Bundestages, Berlin 2005, S. 25 - 30. (Zitiert Grubig).

Grünewald, Anette: Tötungen aus Gründen der Ehre, in: Neue Zeitschrift für Strafrecht 2010, S. 1 – 9. (Zitiert Grünewald NStZ 2010).

Guttandin, Friedhelm: Das paradoxe Schicksal der Ehre. Zum Wandel der adeligen Ehre und zur Bedeutung von Duell und Ehre für den monarchischen Zentralstaat, Berlin 1993. (Zitiert Guttandin).

Halm, Heinz: Der Islam. Geschichte und Gegenwart, München 2000. (Zitiert Halm).

Hannich, Rolf (Hrsg.): Karlsruher Kommentar zur Strafprozessordnung mit GVG, EGGVG und EMRK, 6. Auflage, München 2008. (Zitiert KK-StPO-*Bearbeiter*).

Hartmann, Richard: Die Religion des Islam. Eine Einführung, Darmstadt 1992. (Zitiert Hartmann).

Hauck, Karl/Noftz, Wolfgang (Hrsg.): SGB VIII. Kinder- und Jugendhilfe. Kommentar, Band 1 (§§ 1-41), Loseblattsammlung, Berlin, Stand: 2009. (Zitiert Hauck/Noftz-*Bearbeiter*).

Heine, Günter: Tötung aus „niedrigen Beweggründen". Eine erfahrungswissenschaftlich-strafrechtsdogmatische Untersuchung zur Motivgeneralklausel bei Mord, Berlin 1988. (Zitiert Heine, G.)

Heine, Peter: Der Ehre-Schande-Komplex aus islamwissenschaftlicher Sicht, in: Zentrum für Türkeistudien (Hrsg.): Ehre. Veraltetes Konzept oder Schlüsselbegriff der multikulturellen Gesellschaft? Dokumentation einer Veranstaltung im Rahmen des Sensibilisierungsprojektes gegen Fremdenfeindlichkeit in Duisburg und Essen am Zentrum für Türkeistudien am 24. Juli 1995, Köln 1996, S. 37 - 41. (Zitiert Heine, P.)

Heine, Peter/Heine, Ina: O ihr Musliminnen... Frauen in islamischen Gesellschaften, Freiburg im Breisgau 1993. (Zitiert Heine/Heine).

Heinrich, Brigitte: Die Entstehung und Expansion des Osmanischen Reiches, in: Heinrich, Brigitte/Roth, Jürgen: Partner Türkei oder Foltern für die Freiheit des Westens? Hamburg 1973, S. 12 - 55. (Zitiert Heinrich 1973).

Heller, Erdmute/Mosbahi, Hassouna: Hinter den Schleiern des Islam. Erotik und Sexualität in der arabischen Kultur, München 1993. (Zitiert Heller/Mosbahi).

Heßler, Manfred: Zukunfts- und Rollenvorstellungen von deutschen und ausländischen Mädchen und Jungen. Erfahrungen aus einem Unterrichtsprojekt, in: Bott, Peter/Merkens, Hans/Schmidt, Folker (Hrsg.): Türkische Jugendliche und Aussiedlerkinder in Familie und Schule, Göppingen 1991, S. 103 - 125. (Zitiert Heßler).

His, Rudolfs: Geschichte des deutschen Strafrechts bis zur Karolina, München 1967. (Zitiert His).

Holtbrügge, Heiner: Türkische Familien in der Bundesrepublik. Erziehungsvorstellungen und familiale Rollen - und Autoritätsstruktur, Duisburg 1975. (Zitiert Holtbrügge).

Holtz, Günter: Aus der Rechtsprechung des Bundesgerichtshofs in Strafsachen, in: Monatsschrift für Deutsches Recht 1977, S. 809 - 810. (Zitiert Holtz MDR 1977).

Holzer-Özgüven, Petra: „Helden" retten die Ehre der Familie - Frauen hüten sie. Neue Modelle in der Arbeit gegen Ehrverbrechen in der Türkei, in: Terre des Femmes/Böhmeke, Myria (Hrsg.): Tatmotiv Ehre, Tübingen 2004, S. 39 - 43. (Zitiert Holzer-Özgüven).

Hoppmann, Gerhard: Die Kultur der Ehre - Der „Ehrenmord" an Gülsüm Semin, in: Kriminalstatistik 2/2011, S. 95 - 102. (Zitiert Hoppmann Kriminalistik 2011).

Hönekopp, Elmar: Rückkehrförderung und Rückkehr ausländischer Arbeitnehmer - Ergebnisse des Rückkehrförderungsgesetzes, der Rückkehrhilfestatistik und der IAB-Rückkehrbefragung, in: Hönekopp, Elmar (Hrsg.): Aspekte der Ausländerbeschäftigung in der Bundesrepublik Deutschland, Nürnberg 1987, S. 187 - 341. (Zitiert Hönekopp).

Ilkkaracan, Pinar/Gülcür, Leyla: Aile icinde kadina karsi siddet, in: Ilkkaracan, Pinar/Gülcür, Leyla/Arin, Canan (Hrsg.): Sicak Yuva Masali. Aile ici Siddet ve Cinsel Taciz, Istanbul 1996, S. 21 - 39. (Frei übersetzt: Familiäre Gewalt gegen die Frau, in: Das Märchen von einem warmen Zuhause. Innerfamilliäre Gewalt und sexuelle Belästigung). (Zitiert Ilkkaracan/Gülcür).

Izol, Hamiyet: „Ehrenmorde in der Türkei", in: Internationales Zentrum für Menschenrechte der Kurden - IMK e.V. (Hrsg.): „Mord im Namen der Ehre". Entwicklung und Hintergründe von „Ehrenmorden" - eine in Kurdistan verbreitete Form der Gewalt gegen Frauen, Bonn 2003, S. 7 - 32. (Zitiert Izol).

Jähnke, Burkhard: Über die gerechte Ahndung vorsätzlicher Tötung und über das Mordmerkmal der Überlegung, in: Monatszeitschrift für Deutsches Recht 1980, S. 705 - 709. (Zitiert Jähnke MDR 1980).

Jähnke, Burkhard/Laufhütte, Heinrich Wilhelm/Odersky, Walter (Hrsg.): Strafgesetzbuch. Leipziger Kommentar, Band 5 (§§ 146-222), 11. Auflage, Berlin 2005. (Zitiert LK-*Bearbeiter*).

Jamin, Mathilde: Migrationserfahrungen. Aus Interviews mit MigrantInnen der Ersten Generation, in: Eryilmaz, Aytac/Jamin, Mathilde (Hrsg.): Fremde Heimat. Eine Geschichte der Einwanderung aus der Türkei, Essen 1998, S. 207 - 231. (Zitiert Jamin).

Joecks, Wolfgang/Miebach, Klaus (Hrsg.): Münchener Kommentar zum Strafgesetzbuch, Band 3 (§§ 185-262), München 2003. (Zitiert MüKo-StGB-*Bearbeiter*).

Johnigk, Frank: Blutrache als niedriger Beweggrund - BGH, Urt. vom 07.10.1994 - 2 StR 319/94, in: Der Strafverteidiger 1996, S. 208 - 209. (Zitiert Johnigk StV 1996).

Jung, Hans-Peter (Hrsg.): SGB VIII Kinder- und Jugendhilfe. Kommentar zum SGB VIII mit Schriftsatz- und Vertragsmustern, 2. Auflage, Freiburg 2008. (Zitiert Jung-*Bearbeiter*).

Justizministerium Baden-Württemberg (Hrsg.): Bericht der Fachkommission Zwangsheirat der Landesregierung Baden-Württemberg. Zwangsheirat ächten, Opferrechte stärken, Opferschutz gewährleisten, Prävention & Dialog ausbauen! Problembeschreibung, Statistik und Handlungsempfehlungen, Stuttgart 2006. (Zitiert Fachkommission Zwangsheirat).

Justizministerium Baden-Württemberg (Hrsg.): Stark gegen häusliche Gewalt. Informationen zum Gewaltschutzgesetz, Stuttgart 2009. (Zitiert Justizministerium Baden-Württemberg).

Kagitcibasi, Cigdem: Insan - Aile - Kültür, Istanbul 1991. (Frei übersetzt: Mensch - Familie - Kultur). (Zitiert Kagitcibasi 1991).

Kagitcibasi, Cigdem: Türkische Migranten aus der Sicht des Herkunftslandes, in: Bott, Peter/Merkens, Hans/Schmidt, Folker (Hrsg.): Türkische Jugendliche und Aussiedlerkinder in Familie und Schule, Göppingen 1991, S. 31 - 43. (Zitiert Kagitcibasi 1991a).

Karakasoglu, Yasemin/Subasi, Sakine: Ausmaß und Ursachen von Zwangsverheiratungen in europäischer Perspektive. Ein Blick auf Forschungsergebnisse aus Deutschland, Österreich, England und der Türkei, in: Bundesministerium für Familie, Senioren, Frauen und Jugend (Hrsg.): Zwangsverheiratung in Deutschland, Baden-Baden 2007, S. 99 - 126. (Zitiert Karakasoglu/Subasi).

Kardam, Filiz: Türkiye deki Namus Cinayetlerinin Dinamikleri. Eylem Programi icin Öneriler. Sonuc Raporu, Ankara 2007. (Frei übersetzt: Die Dynamik der Ehrenmorde in der Türkei). (Zitiert Kardam).

Kaser, Karl: Hirten, Kämpfer, Stammeshelden - Ursprünge und Gegenwart des balkanischen Patriarchats, Wien 1992. (Zitiert Kaser).

Kaufmann, Arthur: Zur Frage der Beleidigung von Kollektivpersönlichkeiten, in: Zeitschrift für die gesamte Strafrechtswissenschaft 1960, S. 418 - 445. (Zitiert Kaufmann, A. ZStW 1960).

Kaufmann, Ekkehard: Stichwort Fehde, in: Handwörterbuch der deutschen Rechtsgeschichte, Band 1, Berlin 1971, Sp.1083 - 1094. (Zitiert Kaufmann, E. HRG 1971).

Kehl, Krisztina: Familie und Verwandtschaft - Grundlagen dörflicher sozialer Organisation, in: Die Ausländerbeauftragte des Senats von Berlin in Zusammenarbeit mit dem Paritätischen Bildungswerk e.V. (Hrsg.): Die Ehre in der türkischen Kultur - Ein Wertesystem im Wandel -, Berlin 1988, S. 13 - 15. (Zitiert Kehl).

Kehl, Krisztina/Pfluger, Ingrid: Das Wertgefüge im türkischen Dorf, in: Die Ausländerbeauftragte des Senats von Berlin in Zusammenarbeit mit dem Paritätischen Bildungswerk e.V. (Hrsg.): Die Ehre in der türkischen Kultur - Ein Wertesystem im Wandel -, Berlin 1988, S. 16 - 25. (Zitiert Kehl/Pfluger).

Kelek, Necla: Die fremde Braut. Ein Bericht aus dem Inneren des türkischen Lebens in Deutschland, Köln 2005. (Zitiert Kelek 2005).

Kelek, Necla: Heirat ist keine Frage, in: Bundesministerium für Familie, Senioren, Frauen und Jugend (Hrsg.): Zwangsverheiratung in Deutschland, Baden-Baden 2007, S. 83 - 98. (Zitiert Kelek 2007).

Kestin, Hakki: Imperialismus - Unterentwicklung - Militärregierung in der Türkei, in: Probleme des Klassenkampfes - Zeitschrift für politische Ökonomie und sozialistische Politik Nr. 5, 1972, S. 49 - 120. (Zitiert Kestin).

Khoury, Adel Theodor: Der Koran. Erschlossen und kommentiert, 3. Auflage, Düsseldorf 2007. (Zitiert Khoury).

Khoury, Adel Theodor/Hagemann, Ludwig/Heine, Peter: Islam-Lexikon A-Z. Geschichte - Ideen - Gestalten, Freiburg 2006. (Zitiert Khoury/Hagemann/Heine).

Kindhäuser, Urs/Neumann, Ulfrid/Paeffgen, Hans-Ullrich (Hrsg.): Nomos Kommentar. Strafgesetzbuch, Band 1 (§§ 1-145d), Band 2 (§§ 146-358), 3. Auflage, Baden-Baden 2010. (Zitiert NK-*Bearbeiter*).

Kirkland, Antonia: Die Paragraphen, die das Töten legitimieren. Zur Gesetzeslage in Jordanien, Türkei und Pakistan, in Terre des Femmes/Böhmeke, Myria (Hrsg.): Tatmotiv Ehre, Tübingen 2004, S. 23 - 27. (Zitiert Kirkland).

Kizilhan, Ilhan: Konflikte und Konfliktlösungen in patriarchalischen Gesellschaften am Beispiel der Solidargruppen in Ostanatolien, Conflict & communication online, Vol. 1, No. 1, 2002, S. 1 - 9, www.cco.regener-online.de/2002_1/pdf_2002_1/kizilhan.pdf, abgerufen am 24.02.2008. (Zitiert Kizilhan 2002).

Kizilhan, Ilhan: Ehrenmorde. Der unmögliche Versuch einer Erklärung. Hintergründe - Analysen - Fallbeispiele, Berlin 2006. (Zitiert Kizilhan 2006).

Klauder, Wolfgang: Arbeitsmarktperspektiven unter besonderer Berücksichtigung der Ausländerbeschäftigung, in: Bade, Klaus J. (Hrsg.): Auswanderer - Wanderarbeiter - Gastarbeiter. Bevölkerung, Arbeitsmarkt und Wanderung in Deutschland seit Mitte des 19. Jahrhunderts, Band 2, Ostfildern 1984, S. 696 - 730. (Zitiert Klauder).

Kleff, Hans-Günther: Vom Bauern zum Industriearbeiter. Zur kollektiven Lebensgeschichte der Arbeitsmigration aus der Türkei, 2. Auflage, Mainz 1985. (Zitiert Kleff).

Köhler, Michael: Anmerkung zu BGH Beschluss vom 27.11.1979 - 5 StR 711/79, in: Juristenzeitung 1980, S. 238 - 241. (Zitiert Köhler JZ 1980).

Kohlhaas, Max: Anmerkung zu BGH Urteil vom 17.01.1968, in: BGH Lindenmaier-Möhring § 211 Nr. 59. (Zitiert Kohlhaas BGH LM).

Kondzialka, Heidi: Emanzipation ist Ehrensache. Netzwerkbeziehungen, Sexualität und Partnerwahl junger Frauen türkischer Herkunft, Marburg 2005. (Zitiert Kondzialka).

König, Karin: Tschador, Ehre und Kulturkonflikt. Veränderungsprozesse türkischer Frauen und Mädchen durch die Emigration und ihre soziokulturellen Folgen, Frankfurt am Main 1989. (Zitiert König).

König, Karin/Straube, Hanne: Kalte Heimat. Junge Ausländer in der Bundesrepublik, Hamburg 1984. (Zitiert König/Straube).

König, Karin/Straube, Hanne/Taylan, Kamil: Merhaba... Guten Tag. Ein Bericht über eine türkische Familie, Bornheim 1985. (Zitiert König/Straube/Taylan).

Krämer, Gudrun: Geschichte des Islam, Bonn 2005. (Zitiert Krämer).

Kroeschell, Karl: Stichwort Sippe, in: Lexikon des Mittelalters, CD-ROM-Ausgabe, LexMA 7, Stuttgart 2000, Spalten 1934 - 1935. (Zitiert Kroeschell LexMA 2000).

Kröhn, Silvana: Der Kampf gegen Steinigung. Steinigung im Iran, in: Terre des Femmes/Böhmeke, Myria (Hrsg.): Tatmotiv Ehre, Tübingen 2004, S. 55 - 58. (Zitiert Kröhn)

Krug, Heinz/Grüner, Hans/Dalichau, Gerhard (Hrsg.): SGB VIII. Kinder- und Jugendhilfe Kommentar und Rechtssammlung, Band 1 (§§ 1-50), Loseblattsammlung, Köln, Stand: 2010. (Zitiert Krug/Grüner/Dalichau-*Bearbeiter*).

Kudlich, Hans/Tepe, Ilker: Das Tötungsmotiv der „Blutrache" im deutschen und im türkischen Strafrecht, in: Goltdammer´s Archiv für Strafrecht 2008, S. 92 - 103. (Zitiert Kudlich/Tepe GA 2008).

Kuhlmann, Michael/Meyer, Alwin (Hrsg.): Ayse und Devrim. Wo gehören wir hin?, Bornheim-Merten 1983. (Zitiert Kuhlamm/ Meyer).

Kultus, Eva: Zur Situation von Migrantinnen in Europa und ihr Zugang zu Hilfesystemen. Erfahrungen aus dem europäischen Daphne-Netzwerk, in: Wolff, Mechthild (Hrsg.): Zukunft Europa - Zukunft für Mädchen! Strategien gegen die Ausgrenzung benachteiligter Mädchen und junger Frauen in Europa, Münster 2002, S. 24 - 36. (Zitiert Kultus).

Kunkel, Peter-Christian (Hrsg.): Sozialgesetzbuch VIII Kinder und Jugendhilfe. Lehr- und Praxiskommentar, 3. Auflage, Baden-Baden 2006. (Zitiert LPK-*Bearbeiter*).

Küper, Wilfried: „Blutrache", „Heimtücke" und Beteiligung am Mord, in: Juristenzeitung 2006, Band 1, S. 608 - 613. (Zitiert Küper JZ 2006).

Küper-Basgöl, Sabine: Frauen in der Türkei zwischen Feminismus und Reislamisierung, Münster u.a. 1992. (Zitiert Küper-Basgöl).

Kuzkaya, Hüseyin: Ehre und Scham in der türkischen Sprache - Prototypische Weltkonstruktionen einer traditionell ländlichen Gesellschaft -, Hamburg 2001. (Zitiert Kuzkaya).

Kvinnoforum (Hrsg.): a Resource Book for Working Against Honour Related Violence. Based on the project "Honour Related Violence in Europe - mapping of occurrence, support and preventive measures", Stockholm 2003. (Zitiert Kvinnoforum 2003).

Kvinnoforum (Hrsg.): Honour Related Violence. European Resource Book and Good Practice. Based on the European project "Prevention of violence against women and girls in patriarchal families", Stockholm 2005. (Zitiert Kvinnoforum 2005).

Lackner, Karl/Kühl, Christian: Strafgesetzbuch. Kommentar, 26. Auflage, München 2007. (Zitiert Lackner/Kühl).

Laubenthal, Klaus/Baier, Helmut: Durch die Ausländereigenschaft bedingte Verbotsirrtümer und die Perspektiven europäischer Rechtsvergleichung, in: Goltdammer`s Archiv für Strafrecht 2000, S. 205 - 223. (Zitiert Laubenthal/Baier GA 2000).

Laufhütte, Heinrich Wilhelm/Rissing-van Saan, Ruth/Tiedemann, Klaus (Hrsg.): Strafgesetzbuch. Leipziger Kommentar, Band 1 (§§ 1-31), 12. Auflage, Berlin 2007. (Zitiert LK-*Bearbeiter*).

Lehnhoff, Liane: Sklavinnen der Tradition. Zwangsheirat als weltweite Erscheinung, in: Terre des Femmes (Hrsg.): Zwangsheirat. Lebenslänglich für die Ehre, Schriftenreihe „Nein zu Gewalt an Frauen", Tübingen 2002, S. 12 - 17. (Zitiert Lehnhoff 2002).

Lehnhoff, Liane: Sklavinnen der Tradition. Zwangsheirat als weltweite Erscheinung, in: Terre des Femmes (Hrsg.): Zwangsheirat. Lebenslänglich für die Ehre, Schriftenreihe „Nein zu Gewalt an Frauen", Tübingen 2006, S. 10 - 15. (Zitiert Lehnhoff 2006).

Löhnig, Martin/Sachs, Roman: Zivilrechtlicher Gewaltschutz. Gesetze zur Ächtung von Gewalt in Erziehung, Familie, Partnerschaft und im sozialen Nahbereich, Berlin 2002. (Zitiert Löhnig/Sachs).

Lubig, Evelin: Ehre im Wandel - Erfahrungen mit dem Ehrbegriff in einem türkischen Dorf, in: Die Ausländerbeauftragte des Senats von Berlin in Zusammenarbeit mit dem Paritätischen Bildungswerk e. V. (Hrsg.): Die Ehre in der türkischen Kultur - Ein Wertsystem im Wandel -, Berlin 1988, S. 26 - 43. (Zitiert Lubig).

Malkoc, Ismail/Güler, Mahmut: Uygulamada Türk Ceza Kanunu, Ankara 1996. (Frei übersetzt: Die Anwendung des türkischen Strafgesetzbuchs). (Zitiert Malkoc/Güler).

Maurach, Reinhart/Zipf, Heinz: Strafrecht Allgemeiner Teil. Teilband 1 Grundlehren des Strafrechts und der Aufbau der Straftat, 8. Auflage, Heidelberg 1992. (Zitiert Maurach/Zipf).

Maurach, Reinhart/Schroeder, Friedrich-Christian/Maiwald, Manfred: Strafrecht Besonderer Teil. Straftaten gegen Persönlichkeits- und Vermögenswerte, Teilband 1, 10. Auflage, Heidelberg 2009. (Zitiert Maurach/Schroeder/Maiwald).

Merken, Wolfgang: Staatlicher Opferschutz für gefährdete (Opfer)zeugen - Möglichkeiten, Grenzen und Perspektiven, in: Weißer Ring (Hrsg.): Schutz von Opferzeugen im Strafverfahren. 13. Mainzer Opferforum vom 27./28. Oktober 2001, Mainz 2002, S. 83 - 94. (Zitiert Merken).

Mernissi, Fatema: Beyond the Veil. Male-Female Dynamics in a Modern Muslim Society, New York u.a. 1975. (Zitiert Mernissi 1975).

Mernissi, Fatema: Der politische Harem. Mohammed und die Frauen, Frankfurt am Main 1989. (Zitiert Mernissi 1989).

Mertens, Gabriele: Strukturen türkischer Migrantenfamilien in ihrer Heimat und der Bundesrepublik Deutschland, in: AGG Bonn (Hrsg.): Türkische Migrantenfamilien. Familienstrukturen in der Türkei und in der Bundesrepublik. Angleichungsprobleme türkischer Arbeiterfamilien: Beispiel West-Berlin, 3. Auflage, 1981 Bonn, S. 9 - 135. (Zitiert Mertens).

Mezger, Edmund: Anmerkung zu BGH Urteil vom 26.04.1951 - 4 StR 99/51, in: Juristenzeitung 1951, S. 521 - 522. (Zitiert Mezger JZ 1951).

Momsen, Carsten: Der Mordtatbestand im Bewertungswandel? - Abweichende soziokulturelle Wertvorstellungen, Handeln auf Befehl und das Mordmerkmal der „niedrigen Beweggründe" (§ 211 StGB), in: Neue Zeitschrift für Strafrecht 2003, S. 237 - 242. (Zitiert Momsen NStZ 2003).

Münder, Johannes/Baltz, Joachim/Kreft, Dieter/Lakies, Thomas/ Meysen, Thomas, Proksch, Roland, Schäfer, Klaus, Schindler, Gila/Struck, Norbert/Tammen, Britta/Trenczek, Thomas: Frankfurter Kommentar zum SGB VIII: Kinder- und Jugendhilfe, 5. Auflage, Weinheim und München 2006. (Zitiert FK-SGBVIII-*Münder u.a.*).

Münder, Johannes/Wiesner, Reinhard (Hrsg.): Kinder- und Jugendhilferecht Handbuch, 1. Auflage, Baden-Baden 2007. (Zitiert Münder/Wiesner-*Bearbeiter*).

Neckel, Sighard: Status und Scham. Zur symbolischen Reproduktion sozialer Ungleichheit, Franfurt am Main 1991. (Zitiert Neckel).

Nehm, Kay: Blutrache - ein niedriger Beweggrund?, in: Arnold, Jörg/Burkhardt, Björn/Gropp, Walter/Heine, Günter/Koch, Hans-Georg, Lagodny, Otto/Perron, Walter/Walther, Susanne (Hrsg.): Menschengerechtes Strafrecht. Festschrift für Albin Eser zum 70. Geburtstag, München 2005, S. 419 - 429. (Zitiert Nehm, FS Eser).

Netzwerk gegen Gewalt (Hrsg.): Gewalt im Namen der Ehre. Leitfaden zum Schutz junger Menschen, die von so genannten Ehrverbrechen betroffen sind, Wiesbaden 2009. (Zitiert Netzwerk gegen Gewalt).

Ohlig, Karl-Heinz: Zur Entstehung und Frühgeschichte des Islam. Die religionswissenschaftliche Frage nach den Anfängen. Vortrag am 1. Dezember 2007 in Erfurt, Erfurt 2008. (Zitiert Ohlig).

Olson, Emilie A.: Duofocal Familiy Structure and an Alternative Model of Husband-Wife-Relation, in: Kagitcibasi, Cigdem (Hrsg.): Sex, Roles, Family and Community in Turkey. Indiana University Turkish Studies, Bloomington 1982, S. 33 - 72. (Zitiert Olson).

Ortag, Peter: Islamische Kultur und Geschichte. Ein Überblick, 2006. (Zitiert Ortag).

Özbek, Veli Özer: Yeni Türk Ceza Kanununun Anlami, Aciklamali - Gerekceli - Ictihatli, Genel Hükümler, Cilt 1 (Madde 1-75), 3. Baski, Ankara 2006. (Frei übersetzt: Erläuterungen, Begründungen und Rechtsprechung zur Bedeutung des neuen türkischen Strafgesetzbuches, Allgemeine Bestimmungen, Band 1 (Art. 1-75), 3. Auflage). (Zitiert Özbek 2006).

Özbek, Veli Özer: Yeni Türk Ceza Kanununun Anlami, Aciklamali - Gerekceli - Ictihatli, Özel Hükümler, Cilt 2 (Madde 76-169), Ankara 2008. (Frei übersetzt: Erläuterungen, Begründungen und Rechtsprechung zur Bedeutung des neuen türkischen Strafgesetzbuches, Besondere Bestimmungen, Band 2 (Art. 76 -169). (Zitiert Özbek 2008).

Özcan, Ertekin: Die türkische Minderheit, in: Schmalz-Jacobsen, Cornelia/Hansen, Georg (Hrsg.): Ethnische Minderheiten in der Bundesrepublik Deutschland. Ein Lexikon, München 1995, S. 511 - 528. (Zitiert Özcan).

Özkara, Sami: Zwischen Lernen und Anständigkeit. Erziehungs- und Bildungsvorstellungen türkischer Eltern, Frankfurt am Main 1988. (Zitiert Özkara 1988).

Özkara, Sami: Auswirkungen der Migration auf die Norm- und Wertevorstellungen der Migrantenfamilien in der Bundesrepublik Deutschland, in: Lajios, Konstantin (Hrsg.): Die zweite und dritte Ausländergeneration. Ihre Situation und Zukunft in der Bundesrepublik Deutschland, Opladen 1991, S. 91 - 106. (Zitiert Özkara 1991).

Palandt, Otto (Begr.): Kommentar zum Bürgerlichen Gesetzbuch, 69. Auflage, München 2010. (Zitiert Palandt-*Bearbeiter*).

Papatya (Hrsg.): Verbrechen im Namen der Ehre in Deutschland. Ehrenmorde, versuchte Morde und Körperverletzungsdelikte. Materialsammlung: Zeitraum 1996-2009, Berlin 2010. (Zitiert Papatya).

Paret, Rudi: Der Koran. Übersetzt, eingeleitet und kommentiert, Digitale Bibliothek, Band 46, Berlin 2004. (Zitiert Paret Sure: Vers).

Pelikan, Janine/Brockmeier, Martina/Kleinhanß, Werner/Tietz, Andreas/Weingarten, Peter: Auswirkungen eines EU-Beitritts der Türkei. Reihe Landbauforschung des Johann Heinrich von Thünen-Instituts, Sonderheft 329, Braunschweig 2009. (Zitiert Pelikan/Brockmeier/Kleinhanß/Tietz/Weingarten).

Petersen, Andrea: Ehre und Scham. Das Verhältnis der Geschlechter in der Türkei, Berlin, 1985. (Zitiert Petersen).

Pfluger, Ingrid: Einleitung, in: Die Ausländerbeauftragte des Senats von Berlin in Zusammenarbeit mit dem Paritätischen Bildungswerk e.V. (Hrsg.): Die Ehre in der türkischen Kultur - Ein Wertesystem im Wandel -, Berlin 1988, S. 11 - 12. (Zitiert Pfluger).

Pfluger-Schindlbeck, Ingrid: „Achte die Älteren, liebe die Jüngeren". Sozialisation türksich-alevitischer Kinder im Heimatland und in der Migration, Frankfurt am Main 1989. (Zitiert Pfluger-Schindlbeck).

Pierce, Joe E.: Life in a Turkish Village, New York 1964. (Zitiert Pierce).

Planck, Ulrich: Die ländliche Türkei. Soziologie und Entwicklungstendenzen, Frankfurt am Main 1972. (Zitiert Planck).

Pohlreich, Erol Rudolf: „Ehrenmorde" im Wandel des Strafrechts. Eine vergleichende Untersuchung unter Berücksichtigung des römischen, französischen, türkischen und deutschen Rechts, Berlin 2009. (Zitiert Pohlreich).

Polat, Ülger: Soziale und kulturelle Identität türkischer Migranten der zweiten Generation in Deutschland, Hamburg 1997. (Zitiert Polat).

Rebmann, Kurt/Scharr, Heinz: Der Schutz des gefährdeten Zeugen im Strafverfahren - Möglichkeiten de lege lata, Erfordernisse de lege ferenda, in: Neue Juristische Wochenschrift 1989, S. 1185 - 1192. (Zitiert Rebmann/Scharr NJW 1989).

Rebmann, Kurt/Säcker, Franz Jürgen/Rixecker, Roland (Hrsg.): Münchener Kommentar zum Bürgerlichen Gesetzbuch, Band 5 (§§ 705-853), 5. Auflage, München 2009. (Zitiert MüKo-BGB-*Bearbeiter*).

Rengier, Rudolf: Der Große Strafsenat auf dem Prüfstand, in: Neue Zeitschrift für Strafrecht 1982, S. 225 - 230. (Zitiert Rengier NStZ 1982).

Renner, Erich: Erziehungs- und Sozialisationsbedingungen türkischer Kinder. Ein Vergleich zwischen Deutschland und der Türkei, Rheinstetten 1975. (Zitiert Renner).

Rosen, Rita: „...Muß kommen, aber nix von Herzen". Zur Lebenssituation von Migranten - unter besonderer Berücksichtigung der Biographien türkischer Frauen, Opladen 1986. (Zitiert Rosen).

Rostock, Petra: Souad - dem Tod entkommen. Die Überlebende eines Ehrenmordanschlags im Westjordanland berichtet, in: Terre des Femmes/Böhmeke, Myria (Hrsg.): Tatmotiv Ehre, Tübingen 2004, S. 35 - 38. (Zitiert Rostock).

Rudolphi, Hans-Joachim/Horn, Eckhard/Samson, Erich (Hrsg.): Systematischer Kommentar zum Strafgesetzbuch, Loseblattsammlung, Besonderer Teil, Band 2 (§§ 201-266), München u.a., Stand: 2009. (Zitiert SK-*Bearbeiter*).

Rumpf, Christian: Ehre und Würde - was die türkische Rechtsordnung davon hält, in: Türkeiprogramm der Körberstiftung (Hrsg.): Ehre und Würde. Seref ve Onur, Hamburg 2000, S. 161 - 175. (Zitiert Rumpf 2000).

Rumpf, Christian: Die Ehre im türkischen Strafrecht, Stuttgart 1999/2003. (Zitiert Rumpf 1999/2003).

Rupp, Marina (Hrsg.): Rechtstatsächliche Untersuchung zum Gewaltschutzgesetz, Köln 2005. (Zitiert Rupp).

Russo, Raffaele: Der Islam. Geschichte, Glaubensinhalte, Glaubensrichtungen, Fundamentalismus, Klagenfurt 2002. (Zitiert Russo).

Säcker, Franz Jürgen/Rixecker, Roland (Hrsg.): Münchener Kommentar zum Bürgerlichen Gesetzbuch, Band 8 (§§ 1589-1921 SGB VIII), 5. Auflage, München 2008. (Zitiert MüKo-BGB-*Bearbeiter*).

Sahin, Mukaddes: „Ehrenmorde" in Irakisch-Kurdistan, in: Internationales Zentrum für Menschenrechte der Kurden - IMK e.V. (Hrsg.): „Mord im Namen der Ehre". Entwicklung und Hintergründe von „Ehrenmorden" - eine in Kurdistan verbreitete Form der Gewalt gegen Frauen, Bonn 2003, S. 33 - 73. (Zitiert Sahin).

Sahinkaya, Rezan: Orta Anadolu Köylerinde Aile Strüktürü, Ankara 1966. (Frei übersetzt: Die Familienstruktur in mittelanatolischen Dörfern). (Zitiert Sahinkaya).

Saliger, Frank: Anmerkung zu BGH Urteil vom 20.02.2002 - 5 StR 538/01, in: Der Strafverteidiger 2003, S. 22 - 25. (Zitiert Saliger StV 2003).

Sanri, Yasar-Ihsan: Der Verstädterungsprozess in der Türkei und sein Einfluss auf die Struktur der Städte - dargestellt am Beispiel Istanbul, Bonn 1983. (Zitiert Sanri).

Sauer, Martina/Halm, Dirk: Erfolge und Defizite der Integration türkeistämmiger Einwanderer. Entwicklung der Lebenssituation 1999 - 2008. Herausgegeben von der Stiftung Zentrum für Türkeistudien, Wiesbaden 2009. (Zitiert Sauer/Halm).

Schellhorn, Walter/Wienand, Manfred: Kommentar zum Kinder und Jugendhilfegesetz, Karlsruhe 1991. (Zitiert Schellhorn/Wienand-*Bearbeiter*).

Schellhorn, Walter/Schellhorn, Helmut/Fischer, Lothar/Mann, Horst: Kommentar zum Sozialgesetzbuch VIII Kinder und Jugendhilfe, 3. Auflage, Darmstadt 2007. (Zitiert Schellhorn/Fischer/Mann-*Bearbeiter*)

Scheyhing, Robert: Stichwort Ehre, in: Handwörterbuch der deutschen Rechtsgeschichte, Band 1, Berlin 1971, Sp. 846 – 849. (Zitiert Scheyhing HRG 1971).

Schiffauer, Werner: Die Gewalt der Ehre. Erklärungen zu einem deutsch-türkischen Sexualkonflikt, Frankfurt am Main1983. (Zitiert Schiffauer 1983).

Schiffauer, Werner: Die Bauern von Subay. Das Leben in einem türkischen Dorf, Stuttgart 1987. (Zitiert Schiffauer 1987).

Schiffauer, Werner: Erfahrungen von Fremdheit und Verständnis von Person, in: Die Ausländerbeauftragte des Senats von Berlin in Zusammenarbeit mit dem Paritätischen Bildungswerk e.V. (Hrsg.): Die Ehre in der türkischen Kultur - Ein Wertesystem im Wandel –, Berlin 1988, S. 45 – 60 (Auszug aus: Schiffauer, Werner: Kulturelle Charakteristika als Bedingungen interkultureller Kommunikation, Weinheim 1986). (Zitiert Schiffauer 1988).

Schiffauer, Werner: Die Migranten aus Subay. Türken in Deutschland: Eine Ethnographie, Stuttgart 1991. (Zitiert Schiffauer 1991).

Schiffauer, Werner: Zur Problematik ethnologischer Gutachten, in: Wolf, Gerhard (Hrsg.): Kriminalität im Grenzgebiet. „Ausländer vor deutschen Gerichten“, Band 3, Heidelberg u.a. 2000. (Zitiert Schiffauer 2000).

Schiffauer, Werner: Migration und kulturelle Differenz. Studie für das Büro der Ausländerbeauftragten des Senats von Berlin, Berlin 2002. (Zitiert Schiffauer 2002).

Schild, Wolfgang: Stichwort Zweikampf, in: Lexikon des Mittelalters, CD-ROM-Ausgabe, LexMA 9, Stuttgart 2000, Sp. 723 – 724. (Zitiert Schild LexMA 2000).

Schirrmacher, Christine/Spuler-Stegemann, Ursula: Frauen und die Scharia. Menschenrechte im Islam, Kreuzlingen/München 2004. (Zitiert Schirrmacher/Spuler-Stegemann).

Schirrmacher, Christine: Frauen unter der Scharia. Strafrecht und Familienrecht im Islam, Frankfurt am Main 2005. (Zitiert Schirrmacher 2005).

Schirrmacher, Christine: Ehrenmorde zwischen Migration und Tradition - rechtliche, soziologische, kulturelle und religiöse Aspekte, IGFM Dokumente 5, Frankfurt am Main 2007, www.igfm.de/fileadmin/igfm.de/pdf/Publikationen/Dokumentationen / Doku_ Ehrenmorde_Schirrmacher_IGFM.pdf, abgerufen am 13.12.2007. (Zitiert Schirrmacher 2007).

Schirrmacher, Christine: Ehrenmord und Emanzipation - Geschlechterrollen in Migrantenkulturen vor dem Hintergrund nahöstlicher Begriffe von „Ehre" und „Schande", in: Heiniger, Bernhard (Hrsg.): Ehrenmord und Emanzipation. Die Geschlechterfrage in Ritualen von Parallelgesellschaften, Berlin 2009, S. 11 - 30. (Zitiert Schirrmacher 2009).

Schmidt, Eberhard: Einführung in die Geschichte der deutschen Strafrechtspflege, 3. Auflage, Göttingen 1965.

Schönke, Adolf/Schröder, Horst: Kommentar zum Strafgesetzbuch, 28. Auflage, München 2010. (Zitiert Schönke/Schröder-*Bearbeiter*).

Schreiber, Sibylle: Ehrenmorde: die Spitze des Eisbergs traditionsbedingter Gewalt, in: Werturteile, International Congress on Justice and Human Values in Europe, S., Karlsruhe 2007, S. 1 - 8. (Zitiert Schreiber).

Schröter, Hiltrud: Mohammeds deutsche Töchter, Königstein 2002. (Zitiert Schröter 2002)

Schröter, Hiltrud: Das Gesetz Allahs. Menschenrechte, Geschlecht, Islam und Christentum, Königstein 2007. (Zitiert Schröter 2007).

Schulz, Gabriel García Márquez: „Chronik eines angekündigten Todes" - Totschlag oder Mord?, in: Neue Juristische Wochenschrift 2005, S. 551 - 554. (Zitiert Schulz NJW 2005).

Schumacher, Silvia: Mehr Schutz bei Gewalt in der Familie, in Zeitschrift für das gesamte Familienrecht 2002, Band 1, S. 645 - 660. (Zitiert Schumacher FamRZ 2002).

Schwander, Marianne: Interventionsprojekte gegen häusliche Gewalt: Neue Erkenntnisse - neue Instrumente, in: Schweizerische Zeitschrift für Strafrecht, 2003, S. 195 - 215. (Zitiert Schwander ZStR 2003).

Seiser, Kismet: Konstanz und Wandel der Werthaltungen in türkischen Migrantenfamilien. Ein intra- und intergenerationeller Vergleich zwischen türkischen Migrantenfamilien, nicht gewanderten türkischen Familien sowie deutschen Familien in der Bundesrepublik Deutschland, Regensburg 2006. (Zitiert Seiser).

Sen, Ersan: Yeni Türk Ceza Kanunu Yorumu, Cilt 1 (Madde 1-140), Istanbul 2006. (Frei übersetzt: Kommentar zum neuen türkischen Strafgesetzbuch, Band 1 (Art. 1-140)). (Zitiert Sen).

Sen, Faruk/Goldberg, Andreas: Türken in Deutschland. Leben zwischen zwei Kulturen, München 1994. (Zitiert Sen/Goldberg).

Sen, Faruk/Sauer, Martina: Zentrum für Türkeistudien-aktuell Nr. 115. Islam in Deutschland. Einstellungen der türkischstämmigen Muslime. Religiöse Praxis und organisatorische Vertretung türkischstämmiger Muslime in Deutschland. Ergebnisse einer bundesweiten Befragung, Essen 2006. (Zitiert Sen/Sauer).

Senatsverwaltung für Bildung, Wissenschaft und Forschung: Jugend - Rundschreiben Nr. 2 / 2011 über Definition Inobhutnahme gem. § 42 SGB VIII und statistische Erfassung der Inobhutnahmefälle, Berlin 2011. (Zitiert Senatsverwaltung für Bildung, Wissenschaft und Forschung).

Serap: Ich habe immer wieder Nein gesagt, in: Terre des Femmes (hrsg.): Zwangsheirat. Lebenslänglich für die Ehre, Schriftenreihe „Nein zu Gewalt an Frauen", Tübingen 2002, S. 73 - 74. (Zitiert Serap).

Sezer, Ahmet: Die Rolle der Religion in der Türkei und in der Bundesrepublik Deutschland, in: Özkara, Sami (Hrsg.): Türkische Migranten in der Bundesrepublik Deutschland. Stellungnahme der türkischen Wissenschaftler, Intellektuellen, Lehrer, Gewerkschaftler und Sozialberater zu Ausländerfragen und Ausländerpolitik, Band 2, Köln 1990, S. 200 - 207. (Zitiert Sezer).

Sezgin, Ufuk: Namus Cinayetleri Nedir? Ne Degilildir?, in: KAMER (Hrsg.): Istersek Biter - „Namus" Adina Islenen Cinayetler 2006 Raporu, Diyarbakir 2006, S. 123 - 141. (Frei übersetzt: Was ist ein Ehrenmord? Was ist er nicht?, in: Wir können dies beenden - Bericht 2006 über Morde, die im Namen der Ehre geschehen). (Zitiert Sezgin).

Siegismund, Christian: Der Schutz gefährdeter Zeugen in der Bundesrepublik unter besonderer Berücksichtigung des Gesetzes zur Harmonisierung des Schutzes gefährdeter Zeugen (Zeugenschutz-Harmonisierungsgesetz ZSHG), Osnabrück 2009. (Zitiert Siegismund).

Singer, Karl H.: Alttestamentliche Blutrachepraxis im Vergleich mit der Ausübung der Blutrache in der Türkei. Ein kultur- und rechtshistorischer Vergleich, Frankfurt am Main 1994. (Zitiert Singer).

Soiné, Michael/Engelke, Hang-Georg: Das Gesetz des Schutzes gefährdeter Zeugen (Zeugenschutz-Harmonisierungsgesetz - ZSHG), in: Neue Juristische Wochenschrift 2002, S. 470 - 476. (Zitiert Soiné/Engelke NJW 2002).

Sonnen, Bernd-Rüdiger: Anmerkung zu BGH Beschluss vom 27.11.1979 - 5 StR 711/79, in: Juristische Arbeitsblätter 1980, S. 747 - 748. (Zitiert Sonnen JA 1980).

Sözüer, Adem: Die Reform des türkischen Strafrechts, in: Zeitschrift für die gesamte Strafrechtswissenschaft 2007, S. 717 - 749. (Zitiert Sözüer ZStW 2007).

Steinbach, Udo: Vorwort bei Küper-Basgöl, Sabine: Frauen in der Türkei zwischen Feminismus und Reislamisierung, Münster u.a. 1992, S. i - iii. (Zitiert Steinbach 1992).

Steinbach, Udo: Geschichte der Türkei, 4. Auflage, München 2007. (Zitiert Steinbach 2007).

Steinhaus, Kurt: Soziologie der türkischen Revolution - Zum Problem der Entfaltung der bürgerlichen Gesellschaft in soziökonomisch schwach entwickelten Ländern, Limburg 1969. (Zitiert Steinhaus).

Storr, Christian/Wenger, Frank/Eberle, Simone/Albrecht, Rainer/Harms, Karsten/Kreuzer, Christine (Hrsg.): Kommentar zum Zuwanderungsrecht. Aufenthaltsgesetz und Freizügigkeitsgesetz/EU, 2. Auflage, Stuttgart u.a. 2008. (Zitiert Storr/Wenger/Eberle/Albrecht/Harms-*Bearbeiter*).

Straßburger, Gaby: Heiratsverhalten und Partnerwahl im Einwanderungskontext. Eheschließungen der zweiten Migrantengeneration türkischer Herkunft, Würzburg 2003. (Zitiert Straßburger 2003).

Straßburger, Gaby: Zwangsheirat und arrangierte Ehe - zur Schwierigkeit der Abgrenzung, in: Bundesministerium für Familie, Senioren, Frauen und Jugend (Hrsg.): Zwangsverheiratung in Deutschland, Baden-Baden 2007, S. 68 - 81. (Zitiert Straßburger 2007).

Straube, Hanne: Türkisches Leben in der Bundesrepublik, Frankfurt am Main u.a. 1987. (Zitiert Straube).

Strobl, Rainer/Lobermeier, Olaf: Zwangsverheiratung: Risikofaktoren und Ansatzpunkte zur Intervention, in: Bundesministerium für Familie, Senioren, Frauen und Jugend (Hrsg.): Zwangsverheiratung in Deutschland, Baden-Baden 2007, S. 23 - 67. (Zitiert Strobl/Lobermeier).

Struck, Norbert: Häusliche Gewalt und Aufgaben der Kinder- und Jugendhilfe - Hinweise anlässlich der Verabschiedung des Gewaltschutzgesetzes und von zwei Fachtagungen zum Thema, in: Zentralblatt für Jugendrecht, 2002, S. 380 - 383. (Zitiert Struck ZfJ 2002).

Tellenbach, Silvia: Das Türkische Strafgesetzbuch. Türk Ceza Kanunu. Vom 1. März 1926 nach dem Stand vom 31. Oktober 1998. Deutsche Übersetzung und Einführung. Zweisprachige Ausgabe, Freiburg im Breisgau 1998. (Zitiert Tellenbach 1998).

Tellenbach, Silvia: Zur Ehre im türkischen Strafrecht, in: Wild, Stefan/Schild, Hartmut (Hrsg.): Akten des 27. Deutschen Orientalistentages (Bonn - 28. September bis 2. Oktober 1998), Norm und Abweichung, Band 1, Würzburg 2001, S. 473 - 479. (Zitiert Tellenbach 2001).

Tellenbach, Silvia: Das türkische Strafgesetzbuch. Türk Ceza Kanunu. Vom 1. März 1926 nach dem Stand vom 31. Januar 2001. Deutsche Übersetzung und Einführung. Zweisprachige Ausgabe, Freiburg im Breisgau 2001. (Zitiert Tellenbach 2001a)

Tellenbach, Silvia: Einführung in das türkische Strafrecht, Freiburg im Breisgau 2003. (Zitiert Tellenbach 2003).

Tellenbach, Silvia: Ehrenmorde an Frauen in der arabischen Welt. Anmerkungen zu Jordanien und anderen Ländern, in: Wuquf - Beiträge zur Entwicklung von Staat und Gesellschaft in Nordafrika 13 (2003), S. 74 - 89, www.gair.uni-erlangen.de/ Tellenbach_Wuquf13.pdf, S. 1 - 14, abgerufen am 04.02.2007. (Zitiert Tellenbach 2003a).

Tellenbach, Silvia: Zum neuen türkischen Strafgesetzbuch. Auslandsinformation der Konrad-Adenauer-Stiftung 2005, Heft 4, S. 76 - 93. (Zitiert Tellenbach 2005).

Tellenbach, Silvia: Die Rolle der Ehre im Strafrecht in der Türkei, in: Tellenbach, Silvia (Hrsg.): Die Rolle der Ehre im Strafrecht, Berlin 2007, S. 619 - 662. (Zitiert Tellenbach 2007).

Tellenbach, Silvia: Das Türkische Strafgesetzbuch. Türk Ceza Kanunu. Gesetz Nr. 5237 vom 26.9.2004 nach dem Stand vom 15.11.2008. Deutsche Übersetzung und Einführung, Berlin 2008. (Zitiert Tellenbach 2008).

Tenckhoff, Jörg: Grundfälle zum Beleidigungsrecht, in: Juristische Schulung 1988, Heft 3, S. 199 - 206. (Zitiert Tenckhoff JuS 1988).

Ter-Nedden, Corinna: Erfahrung aus Beratung und Krisenintervention, in: Bündnis 90/Die Grünen (Hrsg.): Zwangsheirat ist keine Ehrensache. Dokumentation der Anhörung vom 17.07.2003 in Berlin, Deutscher Bundestag, Berlin 2004, S. 9 - 14. (Zitiert Ter-Nedden 2004).

Ter-Nedden, Corinna: Zur Evaluierung der Interventionsarbeit, in: Bündnis 90/Die Grünen (Hrsg.): Menschenrechtsverletzungen im Namen der Ehre. Dokumentation des öffentlichen Fachgesprächs vom 13.04.2005 im Jakob-Kaiser-Haus des Deutschen Bundestages, Berlin 2005, S. 31 - 36. (Zitiert Ter-Nedden 2005).

Ter-Nedden, Corinna: Zwangsverheiratung: Erfahrungen in der praktischen Unterstützung Betroffener und Empfehlungen für Politik und Verwaltung, in: Bundesministerium für Familie, Senioren Frauen und Jugend (Hrsg.): Zwangsverheiratung in Deutschland, Baden-Baden 2007, S. 344 - 371. (Zitiert Ter-Nedden 2007).

Ter-Nedden, Corinna: Besonderheiten familiärer Gewalt bei Migrantinnen, in Greuel, Luise/Petermann, Axel (Hrsg.): Macht - Nähe - Gewalt (?). (Sexuelle) Gewalt- und Tötungsdelikte im sozialen Nahraum, Lengerich, 2007, S. 157-170. (Zitiert Ter-Nedden 2007a).

Terre des Femmes/Böhmeke, Myria (Hrsg.): Studie: Ehrenmord, Tübingen 2005. (Zitiert Terre des Femmes/Böhmeke 2005).

Terre des Femmes/Böhmeke, Myria (Hrsg.): Im Namen der Ehre. Misshandelt zwangsverheiratet ermordet. Hilfsleitfaden für die Arbeit mit von Zwangsheirat/Gewalt im Namen der Ehre bedrohten oder betroffenen Frauen, Tübingen 2007. (Zitiert Terre des Femmes/Böhmeke 2007).

Tezcan, Mahmut: Türk Ailesi Antropolojisi, Ankara 2000. (Frei übersetzt: Die Anthropologie der türkischen Familie). (Zitiert Tezcan).

Tezcan, Durmus/Erdem, Mustafa/Önok, Murat: Teorik ve Pratik Ceza Özel Hukuku, 5. baski, Ankara 2007. (Frei übersetzt: Das Strafrecht in Theorie und Praxis - Besondere Delikte, 5. Auflage). (Zitiert Tezcan/Erdem/Önok).

Timmermann, Elisabeth: Ausgrenzung oder Chance?! - Eine Studie über türkische Mädchen und junge Frauen, die aus der Familie geflüchtet sind und ihre ersten selbstständigen Schritte in der Obhut einer Wohngemeinschaft unternehmen, Hamburg 2000. (Zitiert Timmermann).

Timpe, Gerhard: Mord und Totschlag können in Mittäterschaft begangen werden, Anmerkung zu BGH Urteil vom 25.07.1989 - 1 StR 479/88, in: Juristenzeitung 1990, S. 97 - 98. (Zitiert Timpe JZ 1990).

Toprak, Ahmet: „Auf Gottes Befehl und mit dem Worte des Propheten...“. Auswirkungen des Erziehungsstils auf die Partnerwahl und die Eheschließung türkischer Migranten der zweiten Generation in Deutschland, Herbolzheim 2002. (Zitiert Toprak 2002).

Toprak, Ahmet: „Wer sein Kind nicht schlägt, hat später das Nachsehen“. Elterliche Gewaltanwendung in türkischen Migrantenfamilien und Konsequenzen für die Elternarbeit, Herbolzheim 2004. (Zitiert Toprak 2004).

Toprak, Ahmet: Das schwache Geschlecht - die türkischen Männer. Zwangsheirat, häusliche Gewalt, Doppelmoral der Ehre, 2. Auflage, Freiburg im Breisgau 2007. (Zitiert Toprak 2007).

Toprak, Ahmet: Geschlechterrollen und Geschlechtererziehung in traditionellen türkischen Familien. Verheiratung des Mannes als Disziplinarmaßnahme, in: Bundesministerium für Familie, Senioren, Frauen und Jugend (Hrsg.): Zwangsverheiratung in Deutschland, Baden-Baden 2007, S. 167 - 182. (Zitiert Toprak 2007a)

Trück, Thomas: Niedrige Beweggründe - Subjektive Komponente, Anmerkung zu BGH Beschluss vom 10.09.2002, in: Neue Zeitschrift für Strafrecht 2004, S. 497 - 499. (Zitiert Trück NStZ 2004).

Tuna, Soner: „Es ist besser, das Leben als die Ehre zu verlieren“. Eigenverantwortung aus transkultureller Perspektive, in: Neubauer, Bernd (Hrsg.): Eigenverantwortung. Position und Perspektiven, Waake 1998, S. 48 - 56. (Zitiert Tuna).

Türkiye Büyük Millet Meclisi Töre ve Namus Cinayeti Arastirma Komisyonunun Raporu, Ankara 2007. (Frei übersetzt: Bericht des Untersuchungsausschusses des türkischen Parlaments zum Thema Ehrenmorde). (Zitiert TBMM).

United Nations Population Fund (Hrsg.): Weltbevölkerungsbericht 2000. „Frauen und Männer - getrennte Welten?“, New York 2001. (Zitiert UNFPA)

Valerius, Brian: Der sogenannte Ehrenmord: Abweichende kulturelle Wertvorstellungen als niedrige Beweggründe?, in: Juristenzeitung 2008, S. 912 - 919. (Zitiert Valerius JZ 2008).

Volz, Rahel: Definition und Ausmaß von Zwangsheirat. Hintergründe und Vorstellung der Kampagne „Stoppt Zwangsheirat“, in: Bündnis 90/Die Grünen (Hrsg.): Zwangsheirat ist keine Ehrensache. Dokumentation der Anhörung vom 17.07.2003 in Berlin, Deutscher Bundestag, Berlin 2004, S. 6 - 8. (Zitiert Volz 2004).

Volz, Rahel: Gewalt im Namen der Ehre - ein Thema für Europa?! EU-Projekte gegen Ehrverbrechen, in: Terre des Femmes/Böhmeke, Myria (Hrsg.): Tatmotiv Ehre, Tübingen 2004, S. 82 - 86. (Zitiert Volz 2004a).

Walther, Wiebke: Die Stellung der Frau im Islam, in: Islam in Deutschland, Heft 4, 2001, S. 212 - 220. (Zitiert Walther).

Weische-Alexa, Pia: Sozial - kulturelle Probleme junger Türkinnen in der Bundesrepublik mit einer Studie zum Freizeitverhalten türkischer Mädchen in Köln, 4. Auflage, Köln 1982. (Zitiert Weische-Alexa).

Wessels, Johannes/Beulke, Werner: Strafrecht Allgemeiner Teil. Die Straftat und ihr Aufbau, 39. Auflage, Heidelberg 2009. (Zitiert Wessels/Beulke).

Wessels, Johannes/Hettinger, Michael: Strafrecht Besonderer Teil/1, Straftaten gegen Persönlichkeits- und Gemeinschaftswerte, 34. Auflage, Heidelberg 2010. (Zitiert Wessels/Hettinger).

Wiesner, Reinhard (Hrsg.): SGB VIII Kinder- und Jugendhilfe Kommentar, 3. Auflage, München 2006. (Zitiert Wiesner).

Yalcin-Heckmann, Lale: Einige Gedanken zu den drei türkischen Ehrbegriffen „Namus", „Seref" und „Onur", in: Türkeiprogramm der Körberstiftung (Hrsg.): Ehre und Würde. Seref ve Onur, Hamburg 2000, S. 143 - 154 (aus dem Türkischen von Harald Schüler übersetzt). (Zitiert Yalcin-Heckmann).

Yerlikaya, Hayriye/Cakir-Ceylan, Esma: Zwangs- und Scheinehen im Fokus staatlicher Kontrolle. Eine Betrachtung des jüngsten Gesetzentwurfes zur Bekämpfung der Zwangsheirat und Verhinderung von Scheinehen im Lichte des Opferschutzes, in: Zeitschrift für Internationale Strafrechtsdogmatik 4/2011, S. 205 - 213. (Zitiert Yerlikaya/Cakir-Ceylan ZIS online 2011).

Yirmibesoglu, Vildan: Topraga düsen Sevdalar, Töre ve Namus gerekcesiyle islenen Cinayetler, Istanbul. (Frei übersetzt: Tödliche Liebe. Morde, die wegen der Tradition und der Ehre geschehen). (Zitiert Yirmibesoglu).

Zacharias, Klaus: Der gefährdete Zeuge im Strafverfahren, Berlin 1997. (Zitiert Zacharias).

Zemlin, Petra: Erziehung in türkischen Familien, München 1981. (Zitiert Zemlin).

Zentrum für Türkeistudien (Hrsg.): Türkei-Sozialkunde. Wirtschaft, Beruf, Bildung, Religion, Familie, Erziehung, 2. Auflage, Opladen 1994. (Zitiert ZfT 1994).

Zentrum für Türkeistudien (Hrsg.): Türkische Muslime in Nordrhein Westfalen. Endbericht zur Studie „Dialog mit einer neu etablierten religiösen Minderheit in NRW, türkische Muslime und deutsche Christen im Gespräch unter besonderer Berücksichtigung einer Bestandsaufnahme des christlich-islamischen Dialogs und der türkisch-islamischen Dachorganisationen", 3. Auflage, erstellt im Auftrag des Ministeriums für Arbeit, Gesundheit und Soziales des Landes Nordrhein Westfalen, Duisburg 1997. (Zitiert ZfT 1997).

Zentrum für Türkeistudien (Hrsg.): Perspektiven des Zusammenlebens: Die Integration türkischstämmiger Migranten in Nordrhein-Westfalen. Ergebnisse der achten Mehrthemenbefragung. Eine Analyse im Auftrag des Ministeriums für Generationen, Familie, Frauen und Integration des Landes Nordrhein-Westfalen, Essen 2007. (Zitiert ZfT 2007).

Zunkel, Friedrich: Ehre, Reputation, in: Brunner, Otto Conze, Werner/Kosselleck, Reinhart (Hrsg.): Geschichtliche Grundbegriffe. Historisches Lexikon zur politisch-sozialen Sprache in Deutschland, Band 2, Stuttgart 1975, S. 1 – 63. (Zitiert Zunkel).

Zwissler, Finn: Gewaltschutzgesetz: So wehren sie sich erfolgreich gegen Nötigung, Stalking, Mobbing, Regensburg 2005. (Zitiert Zwissler).